Hans J. Kleinsteuber · Tanja Thimm

Reisejournalismus

Hans J. Kleinsteuber
Tanja Thimm

Reisejournalismus

Eine Einführung

2. überarbeitete
und erweiterte Auflage

VS VERLAG FÜR SOZIALWISSENSCHAFTEN

Bibliografische Information der Deutschen Nationalbibliothek
Die Deutsche Nationalbibliothek verzeichnet diese Publikation in der
Deutschen Nationalbibliografie; detaillierte bibliografische Daten sind im Internet über
<http://dnb.d-nb.de> abrufbar.

1. Auflage 1997 (erschien im Westdeutschen Verlag, Wiesbaden)
2., überarb. u. erw. Auflage 2008

Lektorat: Barbara Emig-Roller

VS Verlag für Sozialwissenschaften ist Teil der Fachverlagsgruppe
Springer Science+Business Media.
www.vs-verlag.de

Umschlaggestaltung: KünkelLopka Medienentwicklung, Heidelberg
Satz: Carsten Reimann, Singen
Druck und buchbinderische Verarbeitung: Krips b.v., Meppel
Gedruckt auf säurefreiem und chlorfrei gebleichtem Papier
Printed in the Netherlands

ISBN 978-3-531-33049-5

Inhalt

5 Handwerkszeug des Reisejournalisten: Das Bild ... 77

Vorwort zur zweiten, aktualisierten Auflage

Reisejournalismus – das ist ein alles andere als gesicherter Begriff. Ein Blick in die verfügbare deutschsprachige Literatur bestätigt, dass es kaum fundierte Informationen zum Thema gibt. Teils wohl, weil die Reiseberichterstattung als redaktionelle Aufgabe nicht gerade höchste Achtung genießt. Wenn man die Rahmenbedingungen mancher gesponserter Reportagen bedenkt, sicherlich zu Recht. Andererseits, die Tourismusbranche boomt, die Umsätze der Veranstalter steigen. Ebenso steigt das Bedürfnis nach kleinen Fluchten aus dem Alltag, und sei es auch nur eine „Traumreise", die auf dem Kanapee beginnt und endet. Unbezweifelbar nimmt auch die Nachfrage nach Reiseberichten zu, sowohl in den allgemeinen Publikumsmedien als auch ganz besonders in Form spezialisierter Reisezeitschriften und ebenso im Internet. Unverkennbar ist das ungebrochen starke Interesse daran, dem kalten, industrialisierten und dicht bevölkerten Mitteleuropa zu entfliehen, die Paradiese in der Ferne zu suchen. Der Reisejournalismus bietet hier Startrampen an für reale wie virtuelle Abflüge in die weite Welt. Dazu kommt eine neue Lust an Reisen in die touristische Nahwelt, die ebenfalls des journalistischen Navigators bedarf.

Mit diesem Handbuch wird der Versuch unternommen, in das gesamte Themenfeld des Reisejournalismus einzuführen. Damit wollen wir einerseits dem aktiv schreibenden Praktiker zur Hand gehen, andererseits auch den interessierten, aber nur passiv konsumierenden Leser umfassend informieren.[1] Zumal festzustellen ist, dass beide Zielgruppen so streng nicht zu trennen sind, denn gerade in diesem Metier sind Grenzüberschreitungen nicht selten. Das zeigt die allgemein hohe Zahl von frei tätigen Reisejournalisten, die ihren Broterwerb auch, aber nicht allein als Schreibende bestreiten.

Das Anliegen des Buches mag so umrissen werden: Es sollen Grundlagen vermittelt werden, es werden aber auch weiterführende Kenntnisse in für den Reisejournalismus typischen Gebieten vermittelt. Die Darstellung klärt über das Verhältnis von Reiseberichterstattung und Reisemotivation auf und fährt anschließend mit einem Abriss der Geschichte der Reiseberichterstattung fort. Darauf widmen sich zwei Kapitel den handwerklichen Fähigkeiten rund um die Reisedarstellung in Wort und Bild. Da geht es z. B. um die Geheimnisse der Reportage oder den sinnvollen Einsatz von Bildern. In den zwei folgenden Kapiteln wird ein Überblick über Reisemedien und -ressorts gegeben, wobei im Mittelpunkt der Berichterstattung Hamburger Redaktionen stehen – denn hier entstand das Buch. Ein gegenüber der ersten Auflage stark erweiterter Praxisteil

---

[1] Wir wissen um die Zweigeschlechtlichkeit der Welt und respektieren sie. Lediglich um der Lesbarkeit willen beschränken wir uns auf die männliche Form. Die weibliche ist stets mitgedacht.

lässt Reisejournalisten selbst zu Wort kommen und aus ihrem Arbeitsalltag berichten. Weitere Abschnitte beschäftigen sich mit den Märkten für Reisemedien, mit den Fußangeln der Werbeabhängigkeit, mit den Schäden, die der unerfahrene Umgang mit Stereotypen und dem Fremden hinterlassen können. Das wirft Fragen nach einer Ethik der Reiseberichterstattung auf. Schließlich interessiert uns die Zukunft der Reiseinformation unter dem Vorzeichen von Digitalisierung und Interaktivierung. Die Darstellung besteht nicht allein aus einer „Textwüste". Eingestreute Zitate, Textbeispiele, Tabellen und Zitate sollen für etwas Abwechslung sorgen. Wo die Grenzen der Darstellung erreicht sind, wird auf weitere Quellen verwiesen.

Die erste Auflage dieses Buches von 1997 war gemeinsam mit Studierenden eines Journalistik-Seminars an der Universität Hamburg entstanden. Die Autoren von damals standen nur noch in Ausnahmefällen zur Verfügung, zumindest eine Mitarbeiterin ist jetzt selbst Reisejournalistin. Der Titel war nach einigen Jahren vergriffen. Mit Hilfe des Verlags entstand diese zweite Auflage, die zum großen Teil neu geschrieben wurde. Als zweite Autorin trat Tanja Thimm in das Projekt ein, die nicht nur eine Reihe von Kapiteln verfasste, sondern auch die editorische Gesamtverantwortung übernahm. Die Autoren der zweiten Auflage, Hans J. Kleinsteuber und Tanja Thimm, konnten auf die Unterstützung von Mitautoren und Praktikern bauen, ohne die die Ergänzung des universitären Blicks in die Praxis hinein in dieser Form nicht möglich gewesen wäre.

Hamburg/Konstanz im Januar 2008   *Hans J. Kleinsteuber /Tanja Thimm*

Dank

Die Herausgeber bedanken sich bei Sonja Valentin und Sonja Wielow für die Überlassung der Texte zu Kapitel 3. Die Fassung dieses Kapitels in der zweiten Auflage ist eine Aktualisierung der Texte der beiden Autorinnen der ersten Auflage. Weiterer Dank gilt Sabine Neumann, die ihren Text für Kapitel 8 für die zweite Auflage aktualisiert hat. Ebenso danken die Autoren Katharina Griese, die einen Teil zu Kapitel 9 beigetragen hat. Frau Ricarda Stüwe sei gedankt für die Überlassung des Interviewzitats von Lars Abromeit in Kapitel 6. Karl Alexander Weck und Verena Wolff lieferten für die Kapitel 5 beziehungsweise 7 dankenswerterweise Praxisbeispiele aus ihrer journalistischen Arbeit. Alexander Weck schrieb außerdem das Unterkapitel 5.10 „Betextung von Bildern".

Den Redaktionen von *ADAC reisemagazin*, *GEO SAISON*, *GEO Special*, *Merian* und der *Zeit* danken die Autoren für die Zurverfügungstellung von Beispielreportagen, ebenso Andrian Kreye für die Überlassung des Epilogs aus *Reisen vom Ende der Welt*. Folgende Journalisten standen dankenswerterweise für Gespräche zur Verfügung:

Andrea Bonder	Anna M. Löfken
Peter-Matthias Gaede	Tomas Niederberghaus
Nikolaus Gelpke	Joachim Negwer
Regine Gwinner	Rolf Nöckel
Thorsten Kolle	Peter Pursche
Christoph Kucklick	Georg J. Schulz
Oliver Kühn	Dorothée Stöbener
Dimitri Ladischensky	Helge Sobik
Klaus Liedtke	Monika Spielberger
Bernhard Lill	

Kein Buch kann entstehen ohne Satz und Korrektorat. Wir danken ganz besonders Christoph Reimann für Layout und Satz sowie Philipp Schmerheim für akribisches Korrekturlesen des Manuskriptes.

Hamburg/Konstanz im Januar 2008   *Hans J. Kleinsteuber /Tanja Thimm*

Einleitung in die zweite Auflage

Wie es sich für eine Einleitung gehört, gab es in der ersten Auflage einen allgemeinen Überblick über das, was im Buch folgt. Und den Versuch, die leitenden Fragen provisorisch zu beantworten: Was ist ein Reisender? Wie entsteht Reisejournalismus? Vorsichtige Definitionen und erste Einordnungen standen im Vordergrund, die Details folgten später. Tatsächlich hat sich bis heute, gut zehn Jahre nach Veröffentlichung der ersten Auflage, an den großen Linien wenig geändert. Die geschilderte Symbiose zwischen Massentourismus und Massenmedien scheint ungebrochen.

Und doch hat sich einiges gewandelt. Die Menschen sind erfahrener geworden – auch im er„fahren" der Welt – und so erwarten sie eine tiefgründigere und differenziertere Berichterstattung. Die darf inzwischen auch wieder die wenig exotische Nahwelt umfassen, weil nach angstbehafteter Terrorfurcht und neuen Feindbildern die Reise im eigenen Land wieder populärer geworden ist. Dazu kommt, dass der einst alles beherrschende Massentourismus zu bröckeln beginnt und Reiseinteressenten ihr Schicksal verstärkt in die eigene Hand nehmen. Sie stellen sich ihre Reise aus Bausteinen selbst zusammen, den Billigflieger hier, das Stadthotel dort, den Leihwagen, das Fitness-Programm und den Kurs beim Spitzenkoch über weitere Anbieter. Der Tourismus wird – wie vieles andere auch – individueller. Das fordert vom Einzelnen eine genauere Kenntnis des Reiseziels; wer sich dabei aufs Gefühlige verlässt, kann schnell scheitern.

Natürlich hat es auch damit zu tun, dass die digitale Umkrempelung der Welt Medien und Tourismus gleichermaßen erreicht hat. Das Internet erweist sich als der ideale Raum, in dem sich die Module eines individualisierten Unterwegs vorbereiten und zusammenstellen lassen. Stellten wir 1997 die These auf, dass die Reisereportage eher in Ausnahmefällen zur Vorbereitung einer konkreten Reise dient, so sieht dies heute vielfach anders aus. Inzwischen bieten uns die Websites, Datenbanken und Archive des Cyberspace ein Universum von Wissen über die touristisch interessanten Orte der Welt an. Eine simple Internet-Suche ermöglicht nicht nur eine schnelle Übersicht zum Angebot der Pauschalveranstalter, sie bringt uns auch in unmittelbaren Kontakt mit Touristenorganisationen des Zielgebiets, mit Reisenden, die gerade von dort zurückkehren, oder mit Menschen, die dort ständig leben. Dieser über den Datenhighway hergestellte direkte Zugang scheint bei erster Annäherung den Reisejournalismus, so wie wir ihn kennen, zu bedrohen: Warum sollte man sich noch auf den zwischengeschalteten Tourismus-Schreiber verlassen, wenn die Quellen unmittelbar verfügbar sind? Die naheliegende Sinnkrise des tradierten Journalismus angesichts

der Möglichkeiten des Online-Zeitalters ist oft diskutiert worden. Aber sie be-
droht nicht wirklich den, der vom Reiseschreiben lebt. Vielmehr ist der Journalist gefordert, sich auf veränderte Bedingungen einzustellen. Inzwischen schreibt er die Reportage nicht mehr (allein) für die kleine
Flucht in der Wochenendausgabe der Zeitung. Heute wandert sie nach Veröffentlichung ins Archiv und bleibt abrufbar – auch Jahre später. Dem, der sich
gezielt vorbereiten möchte, bieten inzwischen gute Medien online eine Weltkarte an, auf der man das Reiseziel markiert und umgehend die gespeicherten Berichte erhält. Die Reportage kann damit zur Grundlage einer realen Reise gemacht werden, der Reisende vermag die Behauptungen des Journalisten zu ü-
berprüfen. Der Reiseschreiber hat seine Alleinstellung verloren, wie der Blick in
das Gepäck des gut vorbereiteten Touristen zeigt: Da findet sich der klassische
Buch-Reiseführer gleich neben Ausdrucken örtlicher Tourismusorganisationen
und Reportagen, die gezielt aus dem Netz gezogen wurden.

Diese Ausgangssituation muss der Journalist heute einbeziehen, will er
weiter dabei sein. Er wird weniger gefühlig schreiben, eher den realistischen
Bezug suchen. Aber immer noch wird er der erzählende Augenzeuge sein, der
bildhaft und lebendig berichtet – denn das ist sein Alleinstellungsmerkmal.
Sicherlich sollte er sich auch mehr als früher um begleitende Berichte und Ser-
viceinformationen kümmern, um Hinweise auf ungewöhnliche Hotels und typische Restaurants, auf kulturelle Highlights, romanhafte Buchbegleiter, auf interessante Ereignisse vor Ort. Denn auch die aktuelle, unabhängige Information
wird wichtiger und sie gehört zu seinem Metier. Der Reisejournalist wird weiterhin gebraucht, aber er muss wissen, wie er seine Rolle im digitalen Zeitalter
neu zu definieren hat. Unser ganz persönlicher Eindruck ist, dass unter den
geschilderten Bedingungen der Reisejournalismus neue Chancen gewinnt, er
wird realistischer und kritischer, bewegt sich näher bei den Bedürfnissen des
reisenden Lesers. Und das ist doch für beide Seiten – Journalist und Reisender –
ein optimistisch stimmender Befund.

Hamburg/Konstanz im Januar 2008   Hans J. Kleinsteuber /Tanja Thimm

1 Die Widersprüche des Reisejournalismus

„Reisen, zu verschiedenen Zwecken (hauptsächlich zu solchen des Erwerbs, der Entdeckung und Erforschung, der Belehrung, des Vergnügens, der Heilung oder Besserung Kranker, sowie aus religiösem Eifer) unternommene Bewegung nach entfernten Orten."

(Definition nach: Brockhaus Konversations-Lexikon, Leipzig 1903)

Die Arbeit dessen, der professionell über das Reisen berichtet, also die eines Reisejournalisten, wird immer widersprüchlich bleiben. Dabei sieht auf der Oberfläche alles einfach aus: Gegenstand der Reiseberichterstattung sind offensichtlich Weg und Ziel einer Reise. Die Reise besteht folglich aus zweierlei: Einerseits der „Anreise", andererseits dem „Reiseziel". Letzteres ist „an einem entfernten Ort", also niemals mit dem Wohnort des Reisenden identisch. Damit ist die leitende Perspektive jeder Reiseberichterstattung bereits umrissen, die über das „Fremde" berichtet. Über den Journalisten sagt dies noch nichts, er kann durchaus jemand sein, der vor Ort lebt; seine Aufgabe ist es dann, in die Rolle des ortsunkundigen Besuchers zu schlüpfen.

In der Regel wird die Reise, wie sie Gegenstand journalistischer Berichterstattung ist, nicht aus geschäftlichen oder weiteren, z. B. familiären Gründen angetreten. Die hier in Rede stehende Reise dient dem „Vergnügen", ist eine Reise zur Zerstreuung, Unterhaltung oder auch Bildung. Das muss freilich nicht sein, es gibt auch andere Zielgruppen für Reiseberichte, etwa die Zeitschrift für den Vielflieger *Business Traveller* – aber das sind kleine Ausnahmen.

Legt man das zentrale Muster zugrunde, so erscheint die Rolle des Journalisten klar abgesteckt zu sein. Er reist dem Leser des Reiseberichts voraus, wie ein Pfadfinder oder Scout, ist sozusagen Auge und Ohr dessen, der ein zumindest potentielles Interesse an dieser Reise hat. Fast könnte man (in freier Interpretation eines Bildes von Marshall McLuhan „die Medien sind Massage und nicht nur Message", McLuhan 1964) den Reisejournalisten als Verlängerung menschlicher Sinnesorgane interpretieren. In diesem Bild berichtet der reisende Journalist von entfernten Orten im Auftrag und unter Beachtung der Interessen seiner Leser, der dann in Abwägung der geschilderten Vor- und Nachteile sich selbst auf die Reise macht.

Was so plausibel klingt, ist ein sicherer Weg, den Reisejournalismus nicht zu verstehen und den Leser falsch zu bedienen. Sicherlich gibt es Situationen, bei denen der lesende Kunde sich mental gerade an dem Punkt seiner gedanklichen Erwägungen befindet, da er eine Reise plant, bereits bestimmte Ziele in die nähere Wahl einbezogen hat und sich gezielt informieren will. Dann mag er auf der Titelseite von *GEO* oder *Merian* entdecken, dass „sein" Ziel Thema ist und das Heft daraufhin erwerben. Aber meist ist er dann schon in die Phase gerückt, in der er eher zum Reiseführer in Buchform greift. Und die sind zwar eng mit der Reiseberichterstattung verknüpft (welche als Vorform zum Buch interpretiert werden kann), aber für ihre Erstellung gelten andere handwerkliche Regeln.

Nehmen wir also die Realitäten zur Kenntnis: Die Reisemagazine werden vor allem im Abonnement bezogen, also gilt das Interesse den fremden Welten allgemein und nicht spezifischen Zielen. Und die Reiseseiten der Tageszeitungen oder Reisefilme im Fernsehen erscheinen in schöner Regelmäßigkeit, sind also nicht gezielt nach Interesse abrufbar. Trotz aller damit verbundenen Streuverluste sind Reiseberichte aber bei den Lesern populär. Also muss es andere Gründe für die Motivation zum regelmäßigen Lesen geben.

Der große Reiseschriftsteller William Somerset Maugham schrieb einst: „Der kluge Mann reist nur in Gedanken". Und er setzt noch eines drauf, indem er behauptet: „Die Reisen, die man vor seinem eigenen Kamin unternimmt, sind wahrscheinlich die schönsten; denn dabei büßt man keine Illusionen ein." (Maugham 1951: 215 f.). Tatsächlich ist jeder Reisejournalist gut beraten, wenn er davon ausgeht, dass die Mehrzahl seiner Leser kein oder höchstens ein vages Interesse am geschilderten Reiseziel hat. Dann erscheint das Studium der Reportage nicht als Vorbereitung der Reise zu einem konkreten Ziel, sondern eher als deren Ersatz, die Reportage wird zum Reise-Surrogat. Ein wenig vergleichbar den großen Vergnügungsparks, wo der Besuch von Pappkulissen, von Burgen, Urwäldern und Schatzinseln im Stile von Disneyland, die Suggestion ferner Welten ohne deren Gefahren und Unbill liefert. Dabei wird die Mühsal der Abenteuerreise erspart, weil man familienfreundlich aus dem dazugehörenden Hotelkomplex in die Pseudo-Fremde abtauchen kann. Der Reisejournalist muss wissen: Häufig wird er für einen Leser schreiben, der „Ohrensessel-Reisender" ist.

Die hohe Bedeutung, die der Bebilderung zukommt, nährt diese Einschätzung. Heute werden fast alle Reiseberichte von – inzwischen fast immer farbigen – Abbildungen begleitet, die als „Eyecatcher" den ersten Blickkontakt mit dem Leser herstellen. Entsprechend reizvoll müssen diese Bilder sein, fast immer zeigen sie das Reiseziel in freundlichem Licht, oft kommen die Vorlagen geradewegs aus den Schubladen von Touristikzentralen oder PR-Agenturen. Unsere Träume bestehen vor allem aus Bildern, folglich werden Reiseträume mit Reisebildern beginnen. Richtete sich unser Interesse vor allem auf handfeste Informationen aus dem Reisegebiet, so wären Bilder von geringem Wert, denn die Sehenswürdigkeiten können wir mit viel mehr Genuss selbst in Augenschein nehmen. Bilder – die immer nur reduzierte und konstruierte Abbildungen der Realität darstellen – haben so vor allem eine Aufgabe: dem Leser und seinem Auge den Besuch des entfernten Ortes zu ersetzen.

Ein Ethnologe und Schriftsteller reflektiert über das Reisen: „Im Grunde sind äußere Reisen nicht von ganz anderer Art als innere, imaginäre Reisen. Nur der Aufprall des Fremden wirkt handgreiflicher, sichtbarer. Alles, was einer in der Fremde erlebt, kann er, im Prinzip, auch zu Hause erleben; oder anders gesagt: er wird in der Fremde nur das erfahren, was in ihm (für das Erlebnis) bereit ist. Nur hindert ihn in der eigenen Kultur allzu oft das Eingespielte des Alltagslebens daran, sich für Anderes zu öffnen. Der Zugang zu vielen Erlebnissen in ihm ist erschwert und verstellt.

Er benötigt einen veränderten Standpunkt, einen Ortswechsel. Manchmal geht einer nur von hier nach dort und fühlt sich schon wie ein neuer Mensch. Es ist der alte, aber belebt und zugänglich für den Austausch an Energien, für die Spannung zwischen den Dingen und den übergestülpten Bildern. Keine Erfahrung – so gewöhnlich sie auch sein mag – nimmt nur das auf, was im Augenblick an diesem Ort im eigenen Gesichtsfeld erscheint, sondern ist überlagert und geprägt von eigenen und von kollektiven früheren Erfahrungen, von Traditionen, Symbolen und Klischees."

(Heinrichs 1993: 19 f.)

Vielfach erweisen sich Reiseberichte tatsächlich als *Fluchthelfer in die Paradiese* (Luger 1994: 9). Häufig sollen sie an unser Gefühl appellieren, das uns auf vergangenen – und hoffentlich zukünftigen – Reisen umfängt, und das hier mit Begriffen umschrieben werden soll, wie wir sie sattsam aus den Prospekten der Reiseveranstalter kennen. Die fabulieren gern vom ,Urlaub vom Alltag' oder der ,Freiheit ohne Zwang'. Was hier als gefühlige Stimmung vermittelt wird, ist gleichwohl real: Seit Jahrhunderten leben wir mit der Erfahrung, dass wir oft erst auf Reisen wir selbst sind. Wir finden sie z. B. in der literarischen Reise wieder, etwa wenn der Italien-Reisende Goethe (1786-1788) in Briefen ans kalte Weimar schwärmt vom „freyeren Leben, höherer Existenz, Leichtigkeit und Grazie". Kein erfolgreicher Reiseautor wird ohne Appell an diese Gefühle auskommen. Das impliziert, dass ihm der im Geiste reisende Leser wichtiger sein sollte, als der, der ständig um den Globus jettet. Denn letzterer wird vor allem an handfesten Informationen interessiert, zudem häufig gar nicht im Aktionsradius heimischer Medien unterwegs und damit für sie erreichbar sein. Eher sollte man vom Typ des Ohrensessel-Reisenden ausgehen, der brav daheim auf das spirituelle Abheben zu neuen Abenteuern wartet und dem Schreiber genau deswegen nicht davonläuft. Es ist wie mit dem Sex im Fernsehen: Will man ihn kommerziell ausbeuten, so muss man immer davon reden, aber dafür sorgen, dass er nicht quotenfeindlich praktiziert wird. Zugegeben ein wackeliges Argument, denn der Reiseautor hat den Vergleich mit den Porno-Geschäftemachern nicht verdient.

Legen wir die These zugrunde, dass Reiseberichte oft in Räume der Imagination führen, die von heimatlicher Sicherheit aus durchflogen werden. Nimmt man diese Ausgangssituation ernst, so ergibt sich eine Reihe vielleicht ungewohnt klingender, gleichwohl plausibler Konsequenzen. Zuerst einmal erwartet der Leser wohl oft nicht die Realitäten über das geschilderte Reiseziel, will von Schönheiten und Exotik lesen und nichts von der düsteren Kehrseite erfahren. Eine idealisierte, auf freundliche Stereotypen reduzierte Sichtweise wird ihm wohl am ehesten als Startrampe aus dem unbefriedigenden Alltag hinaus dienen. Nicht zufällig finden sich die Reiseteile der Tageszeitungen meist in der Wochenendausgabe. Die Gründe für die Nutzung der Reiseberichte zur Fantasiearbeit sind wahrscheinlich mannigfaltig: Die Neugier auf das Fremde zählt dazu, gepaart mit Angst vor den Gefährdungen der Reise, schlichte Bequemlichkeit oder auch mangelnde Kaufkraft. Jedenfalls entspricht die so in rosaroten Farben geschilderte Ferne in einer spezifischen Weise den Interessen der Tourismusindustrie, die gern in genau diesem Sinne auf die Berichterstattung Einfluss zu nehmen versucht. Folglich bietet sie Journalisten großzügig und mit Hintergedanken die Finanzierung von Reisen an, für die sie Gegenleistungen in Form von Jubelberichten erwartet. Dazu kommen die mit der Werbung verknüpften Zwänge: Wer wird schon in einem journalistischen Umfeld werben wollen, in dem von Enttäuschungen und Katastrophen die Rede ist? Wir wollen hier keiner kritiklosen Schreibe das Wort reden, aber so sieht die Praxis aus. In diesem Band wollen wir Hinweise geben, wie man verantwortungsbewusst und ethisch mit dem Fremden umgeht.

Offensichtlich möchte der Lesende in seiner Reiseträumerei aber ernst genommen werden. Er möchte als nur virtuell Reisender nicht ertappt werden, weil er sogleich die eigene Enge zugeben müsste. Auch im bequemen Sessel möchte er als Globetrotter angesprochen werden. Deshalb erwartet er eine zwar das Träumen bestärkende Darstellung in der Reportage, aber allzu auffällig darf es nicht werden. Die Berichterstattung muss seriös und verlässlich sein – oder ihm zumindest als solche erscheinen. Die Reportage darf keine Unwahrheiten enthalten – für erfundene Berichte haben sich Chefredakteure schon in aller Form entschuldigt und die Schuldigen demonstrativ gefeuert. Der Ernsthaftigkeit der Reise-Schreibe dienen auch die begleitenden Service-Informationen über Anreisemöglichkeiten, die schönsten Hotels und die ungewöhnlichsten Restaurants. Manchem Leser werden sie den Abschied von seinen Illusionen leichter machen, denn fast immer werden dabei die Preise der edlen Hotels und der Luxusrestaurants genannt. Das mag dem Leser, da er als zahlungskräftig angesprochen wird, zwar schmeicheln, gleichwohl wird er es oft nicht zahlen können. Gebrochene Botschaften also auch hier.

Eine weitere Beobachtung ist unverkennbar: Im Reisejournalismus – vielleicht Glossen ausgenommen – gibt es das nicht, was den organisierten Tourismus auszeichnet, die Massenreise. Berichtet wird nach dem Prinzip „die Lemminge sind die anderen". Ich (der Journalist) und Du (der Leser) begeben sich quasi in ein gemeinsames Komplott gegen den gemeinsam gering geschätzten Massentourismus. Da werden ‚Geheimtipps' verbreitet, da werden noch unentdeckte Ziele so beschrieben, als harrten sie geradewegs der Entdeckung durch den einen Leser. Die Widersprüchlichkeit ist offensichtlich: Massenmedien eignen sich per definitionem nicht für interne Information. Der Tipp hört in dem Moment auf, ein geheimer zu sein, da er die Zeilen eines Mediums erreicht, das sich an ein heterogenes Publikum wendet. Im Ernst: Welcher Journalist wird seinen ganz persönlichen Urlaubsunterschlupf solange öffentlich propagieren, bis er von den eigenen Lesern überlaufen wird?

Seit Jahrhunderten werden die reisenden Mitbürger in ‚bessere Reisende' und ‚blind folgende Lemminge' aufgeteilt. Der Tourismussoziologe Christoph Hennig stellt fest: „Das negative Image des Tourismus ist fast so alt wie der Tourismus selbst." (Hennig 1995: 51 f.). Schon immer ist über stupide und desinteressierte Reisende geklagt worden, normalerweise von den Aristokraten, die ihre Vergnügungs- und Bildungsreisen für sich behalten wollten. Tourismus wurde aber über die Jahrzehnte immer mehr „demokratisiert", neue, „niedrigere" Bevölkerungsschichten schlossen sich an. Dazu kommt, dass vor der Sehenswürdigkeit alle gleich sind, der soziale Unterschied unterwegs verblasst. Dies umso mehr, da heute die Rucksackreisenden mit Niedrigbudget weit mehr zu sehen bekommen, als der verwöhnte Luxustourist. Der Reisejournalist kann diese Dispositionen nicht ändern. Will er sie nicht thematisieren, so wird er sich einpassen müssen. Seinen Lesern wird er dann suggerieren, dass – solange sie ihm folgen – ein Abfall ins Lemminge-Dasein nicht zu befürchten ist.

Christoph Hennig (1997) über den „Anti-Tourismus als Denkblockade":
„Alle reisen, doch niemand möchte Tourist sein. Touristen, das sind die anderen. Dem massenhaften Reisen unserer Zeit haftet im öffentlichen Bewußtsein ein zwar unbestimmter, doch unbestreitbarer Makel an. (...) Man hört von *ausgetretenen Touristenpfaden,* von *Touristenfallen* und *Touristenspektakel.* Dem stehen positiv die *ganz unhistorischen,* die *unverdorbenen* Orte gegenüber. Die Urlauber, so heißt es, lassen sich auf fremde Länder nicht ein, schauen nie richtig hin, bekommen das Wesentliche nicht mit und suchen noch den Fremde Komfort, deutschen Kaffee und Sicherheit. (...)

Die anti-touristischen Haltungen erscheinen vor allem im Alltagsbewußtsein und in journalistischen oder literarischen Texten. Aber immer wieder kommen sie auch in der theoretischen Diskussion zur Geltung. Sie lasten gleichsam als historisches Gewicht auf der Reflexion über den Fremdenverkehr. Das ist nicht verwunderlich. Die Intellektuellen, die über den Tourismus nachgedacht haben, gehören mehrheitlich den Mittelschichten an, in denen die Geringschätzung der Urlauber und die Betonung der eigenen Reise-Originalität besonders verbreitet sind. Man versteht sich hier nicht als Normaltourist, sondern reist engagierter. Von der Insider-Position des Kenners fremder Sprachen und Länder können die Erfahrungen der Massen an spanischen Stränden und österreichischen Skiliften nur als oberflächlich und irrelevant erscheinen: schlimmstenfalls als Folge von Manipulation und Verblödung, bestenfalls als pervertierter Ausdruck des Wunsches nach einem besseren Leben."

(Hennig 1977: 13,23)

Der immer wieder erhobene Anspruch auf Exklusivität kollidiert zudem mit dem häufig kommerziellen Hintergrund der Berichterstattung. Die Reiseveranstalter und Öffentlichkeitsarbeiter, die dem Journalisten die Feder zu führen suchen, vertreten eine aufs Geldverdienen ausgerichtete Industrie, die vor allem eines im Visier hat, nämlich noch mehr Reisende heranzuholen. Es gibt kluge Reisende, die allein deswegen ein Ziel meiden, weil es gerade in einem auflagenstarken Medium als einzigartig angepriesen wurde, um dem erwarteten und gewollten Run zu entgehen. Und die Qualität eines Restaurants wird automatisch nachlassen, wenn es feststellt, dass ihm die Journaille die neugierigen Esser in großer Zahl vorbeischickt. Vielleicht wird man in Zukunft die Reiseseiten vor allem konsultieren, um festzustellen, welche Ziele nicht mehr besuchbar sind.

Ohne zynisch werden zu wollen: Es scheint, dass der Reise-interessierte Leser ein wenig betrogen sein will. Andererseits weiß er aus Erfahrung, dass hinter vielen kumpelhaften Empfehlungen schnöde kommerzielle Interessen stehen. Und dass dieselben Empfehlungen von Zehntausenden seiner Mitbürger zum selben Zeitpunkt gelesen werden, die vielleicht derselbe Impuls packt, dort bald vorbeizufahren. Aber er möchte seine eigene Widersprüchlichkeit nicht noch vorgehalten bekommen, will als Individualist behandelt werden. Auch wenn weder das Massenmedium noch der Massentourismus dies de facto tun – und beide von derselben Produktion für die große Zahl leben und profitieren.

Die Doppelbödigkeit geht weiter. Es gilt als weltbeflissen, wenn wir uns in anderen Teilen des Globus auskennen. Kenntnisse von anderen Völkern, Besuche in entfernten Winkeln der Welt schmücken den Bürger, heben ihn aus der Masse der (mehr oder minder) Daheimgebliebenen hervor. Aber was bedeutet Reisen heute schon? Wer einige Wochen am Strand von Tunesien oder Jamaika verbracht hat, kennt deshalb noch nichts von – um diese abgedroschene Formel einmal zu benutzen – Land und Leuten. Will es wohl auch nicht. Andererseits will er nicht als Urlauber im Hotelghetto dastehen, also entwickelt er ein Maß an Neugierde über das Gastland, das wiederum der Journalist aufgreifen sollte. Die Versuchung dabei ist groß, in die eigene oder zumindest die dem Leser vertraute Kiste von Stereotypen zu greifen und dabei Klischees und Plattheiten zu verbreiten, die uns alle über andere Teile der Welt bekannt sind. Eine andere Herangehensweise ist es, mit der Differenz vom Eigenen und Fremden zu spielen und die Karte der Exotik zu ziehen. Da wird geschildert, wie andersartig, befremdlich, aber auch anziehend oder abstoßend das Leben da draußen sei. So schufen sich die Deutschen ihre imaginär „edlen" Indianer in Amerika in derselben Epoche, da sie andere „Edle", die Hottentotten in Afrika, real abschlachteten. Unser großer Ohrensessel-Schreiber Karl May war ein Meister darin, unsere Innenwelten auf ferne Kontinente zu projizieren. Das konnte er umso besser, da er selbst die Kulissen seiner Abenteuerromane nicht zu Gesicht bekommen hatte. Gerade weil uns viele seiner Fantasien so vertraut schienen, waren sie konstruiert und falsch. May und seine Leser schufen sich Außenwelten, die ihnen als willkommene Flucht vor den komplexen Realitäten anderer Kulturen und unserem Umgang mit ihnen dienten. Jeder Reisejournalist wird den Karl May in sich immer neu bekämpfen müssen.

Viele dieser sich aus früher Sozialisation speisenden und um verquaste Fremden-Gefühle gestärkten Emotionen haben die Reisejournalisten nicht zu verantworten und werden sie auch nicht aus der Welt schaffen können. Allerdings dürfen sie diese nicht noch verstärken. Arbeitet der Autor mit Stereotypen, so muss er sich bewusst bleiben, dass sie schnell in diffamierende Vorurteile umkippen können. Dabei sind sie wahrscheinlich – wie der Wortschöpfer und Journalistenkollege Walter Lippmann (1922) schon argumentierte – unausrottbar. Bleibt nur, verantwortlich mit ihnen umzugehen, sie spielerisch einzusetzen und gleichzeitig zu relativieren, die Reise zu nutzen, um ihrem Wahrheitsgehalt auf die Spur zu kommen. Ähnlich gilt für das Fremde: Weder leben die da draußen genauso wie wir, noch ist alles gänzlich anders. Diese Einsicht macht die Welt vielleicht weniger aufregend, aber die Berichterstattung ehrlicher. Darum sollte der Journalist seinen Leser auf eine Reise zu den Originalschauplätzen (z.B. der Mayschen Abenteuerromane) mitnehmen, die Neigung zum Romantisieren weder ganz ignorieren, noch verstärken, sondern die Zusammenhänge auf ihren rationalen Kern reduzieren.

Wer von dem verantwortlichen Umgang mit dem Reisethema spricht, wird erläutern müssen, was er damit meint. Damit ist angesprochen, dass sich jeder im Reisemetier tätige Journalist der Sitten und damit auch dem Sittlichen seiner Arbeit bewusst sein muss. In der Wissenschaft werden diese Fragen als praktische Ethik behandelt. Es ist keine Frage, die Sitten im Reisejournalismus sind rau und vielfach verlottert. Die Klage darüber, dass Beiträge von der Tourismus-industrie erkauft werden, hilft freilich allein wenig. Dies gilt umso mehr, wenn es Usus für manchen Verleger und manche Chefredaktion ist, den Beitrag möglichst günstig einzukaufen. Wissend, dass ein Dritter ihn faktisch gesponsert hat, ohne dass dies dem Leser deutlich wird. Gibt es überhaupt Möglichkeiten für den Reisejournalisten, sich gegen diese übermächtigen Marktkräfte zu wehren? Wir glauben schon, und diskutieren Prinzipien der journalistischen Ethik und was sie konkret für den Reisebereich bedeuten. Schließlich informieren wir den aufgeweckten Leser gern, was in diesem nicht immer sauberen Gewerbe möglich ist. Es ist in seinem Interesse, dass er fair informiert wird. Schmuddelige Verwischung von redaktioneller Arbeit, Werbung und PR belasten Journalist und Leser gleichermaßen. Nur wenn sie offen angesprochen werden, haben wir die Chance, gemeinsam über Besserung nachzudenken. Wir machen es hier vor allem auch orientiert an Erfahrungen im Ur-Land der journalistischen Ethik, den USA.

2 Reisemotivation und Reiseberichterstattung

Reisen macht süchtig. Aber was treibt uns eigentlich immer wieder in die Ferne? Warum dieser Drang, die Koffer aufs Neue zu packen? Und inwiefern bedienen gerade Reisereportagen dieses Bedürfnis? Reisemotivation, Tourismus und Reiseberichterstattung sind auf das Engste miteinander verwoben. Werfen wir aber zunächst einen Blick auf die Frage, warum sich der Mensch zweckfrei, zum reinen Vergnügen, von A nach B bewegt. Die Tourismuspsychologie hat sich ausführlich mit der Erforschung von Reisemotiven befasst. Eines der frühen Modelle war dasjenige von Hartmann (1962, zitiert in Braun 1993: 200):

1.   Erholungs- und Ruhebedürfnis
2.   Bedürfnis nach Abwechslung und Ausgleich
3.   Befreiung von Bindungen
4.   Erlebnis- und Interessenfaktoren

Bekannt wurde auch die These von Enzensberger (1968), Reisen als „Flucht aus dem Alltag" zu begreifen. Reisemotive wurden auch in der sogenannten Reiseanalyse (RA) abgefragt. Die 90er-RA (Laßberg & Steinmassl, zitiert in Braun 1993: 202 f.) hatte folgendes Ergebnis:

1.   Entspannung/Erholung/Besinnung/Gesundheit
2.   Abwechslung/Erlebnis/Geselligkeit
3.   Eindrücke/Entdeckung/Bildung
4.   Selbstständigkeit/Besinnung/Hobbies
5.   Natur Erleben/Umweltbewusstsein/Wetter
6.   Bewegung/Sport

Der Freizeit- und Tourismusforscher H. W. Opaschowski (1987/1991, zitiert in Braun 1993: 204) nennt in seinen Untersuchungen die folgenden Motive: Sonne, Natur, Ruhe, Spaß, Kontrast, Freiheit, Kontakt, Komfort und Aktivität.

Als Hauptmotiv vieler Erhebungen kristallisiert sich immer wieder „Erholung" als das wichtigste Reisemotiv heraus. Die Beurteilung dessen, was „Erholung" für den einzelnen individuell genau bedeutet, ist schwierig. Erwähnt sei in diesem Zusammenhang noch der Ansatz von Csikszentmihalyi (1975, zitiert in

Braun 1993: 205), der das Entstehen eines „Flow-Erlebnisses" im Urlaub als Motiv für das Reisen annimmt. Flow ist eine Form des konzentrierten Denkens und Handelns, oft bei Verlust des Zeitgefühls. Jemand, der in einer Sache vollkommen aufgeht, befindet sich im Flow.

Vor der Reiseerfahrung steht die Vorstellung von der Reise. Die Gedanken reisen vorab, die Imagination wird aktiviert. Lange bevor der Zündschlüssel umgedreht wird, Wochen vor dem Abflug des Fliegers oder dem Ablegen der Fähre, steht schon das innere Bild vom Zielort. Fast immer ist diese Vorstellung von Träumen, Wünschen und Klischees durchsetzt: Paris als Stadt der Liebe, die Südsee als Paradies und die österreichische Bergwelt als von der Zivilisation verschontes Refugium. Diese Träume sind vielfach Gegenentwürfe zum Alltag, Wunschwelten der Fantasie.

Was geschieht nun, wenn der Reisende auf eine Realität am Urlaubsort trifft, das Live-Erlebnis Urlaub beginnt und der vorgefertigten Erwartung nicht oder nicht hinreichend entspricht? Nun, er passt die Wahrnehmung den Erwartungen an. Schließlich verspricht die Werbung: „Sie haben es sich verdient"! Der Werbespruch von TUI trifft den Kern der Sache: Urlaub ist wertvoll, erarbeitet, und muss dem entsprechen, wofür bezahlt wurde. Bezahlt wurde ein Wunschbild und ausschließlich dieses wird gesucht.

Christoph Hennig hat sich ausgiebig mit dem Thema Reisemotivation befasst und den Begriff der *Imaginären Geographie* geprägt:

> „Vor der Reiseerfahrung steht die Fiktion; daher hat das Wiedererkennen im Tourismus fundamentale Bedeutung. [...] Das Ziel ist nicht der naturwissenschaftliche Blick auf die Umgebung; man sucht vielmehr die aus dem ästhetischen Kanon der Zeit bekannten Motive. Die Kunst, der Traum, das Vorstellungsbild sollen Wirklichkeit werden. Die touristische Wahrnehmung liefert kein ‚realistisches' Bild der besuchten Gebiete. Sie konstruiert eigene Erfahrungsräume, die wesentlich durch Fantasie und Projektion geformt werden. Natur und Kultur, Ökonomie und Lebensgewohnheiten des Reiselandes gehen in die Wahrnehmung nur als Elemente unter anderen ein. [...] Touristen suchen die sinnliche Erfahrung imaginärer Welten, die Realität der Fiktion."
>
> (Hennig 1999: 54, 55, 95)

Wohin sich der Reisende auch begibt, die innere, imaginäre Geographie reist bereits voraus, kommt auch auf der Reise selbst mit und wirkt in der Rückschau nach. Vor Ort wird die Realität zur Not beiseite geschoben, um sie der eigenen Vorstellung entsprechen zu lassen.

Armin Günther steht für eine Auseinandersetzung mit dem Thema Reisen als ästhetisches Projekt und Formenwandel touristischen Erlebens:

> „Die Kunst des Reisens besteht nicht mehr darin, gesellschaftliche Fassaden, Kulissen und Inszenierungen zu durchdringen und zum „wirklichen Lesen" vorzustoßen, sondern eher umgekehrt, das ‚wirkliche Leben' durch die Inszenierung einer in sich stimmigen, interessanten, originellen und möglichst fesselnden Erlebniswelt zu überhöhen."
>
> (Günther 1996: 107)

Ein wichtiges Motiv des Reisenden ist grundsätzlich auch die *Unterbrechung des Gewohnten*. Er kann im Urlaub in eine ganz andere Rolle schlüpfen, frei von zeitlichen Zwängen und gesellschaftlichen Verpflichtungen. Zeitautonomie ist eine der häufigsten Antworten auf die Frage, warum Menschen überhaupt Urlaub machen. Ein Ausbruch aus dem Alltäglichen, eine Abwechslung vom Trott – hier wird die Reise dann oft so gestaltet, dass dem unerfülltesten Bedürfnis Rechnung getragen wird: Der Gestresste sucht die Ruhe, der Gelangweilte die Aufregung, und der Nieselregendeprimierte die Sonne. Neue intellektuelle oder physische Herausforderungen, Perspektiv- und Kulissenwechsel sind gewünscht. Dieser regenerierende Ausbruch in die Urlaubsgegenwelt führt fast immer wieder zur Rückkehr in den bekannten Alltag. Der Urlaub kann also eine *suspensive* (die Zwänge zeitweilig aufhebende), eine *kompensative* (für Defizite in der Alltagswelt entschädigende) und/oder eine *regenerative* (die körperliche und seelische Erschöpfung ausgleichende) Funktion haben (vgl. Müller und Thiem, zitiert in Braun 1993: 281).

Hierzu passt wieder sehr treffend ein Zitat von Christoph Hennig:

> „Die Bewegung, die Reisen grundlegend charakterisiert, ist universell verbreitet und in allen Kulturen nachweisbar: der Impuls, die Ordnungsstruktur des Alltags zu verlassen und in andere Wirklichkeiten einzutreten. [...] Insofern steht es [das Reisen] den Ritualen und Festen, dem Spiel, dem Mythos und dem Theater nahe; es ist allen Formen menschlicher Symbolproduktion und Fantasietätigkeit verwandt, die aus der Gebundenheit ans jeweils Gegebene hinausführt. [...] Die Erfahrung des Nicht-Gewöhnlichen erneuert das Bedürfnis nach der Stabilität der bekannten Abläufe."
>
> (Henning 1999: 73, 91)

Ebenfalls relevant in diesem Zusammenhang ist die *Selbstinszenierung als Kosmopolit*, als weltgewandter Kenner auch entfernter Winkel der Erde, immer aufgeschlossen für das Neue, Ungewöhnliche. Globetrotting als Lebensentwurf. Die Reise dient in diesem Fall zum Aufpolieren der Eigendarstellung.

Wie verhält es sich da mit der *Suche des Touristen nach dem Ursprünglichen*, nach dem *Authentischen*? Auch dieses existiert vorab in seiner Vorstellung. Der ursprüngliche Südseeinsulaner, der typische Franzose, das echte Italien, das wahre Andalusien und der authentische Aborigine. Allerdings nur dort, denn all dies sind Klischees, die in der Realität nicht wirklich vorkommen. Dennoch ist gerade die naive Suche danach auf einer Reise ein starkes Motiv, sich überhaupt aufzumachen. Das typische Schweizer Dorf, die Romantik des griechischen Fischerortes, die Echtheit eines irischen Pubs, der Mythos der keltischen Kultur, das Ursprüngliche der neuseeländischen Ureinwohner – längst sind sie für die Touristen inszeniert. Diesen stört das wenig. Er findet, was er suchen wollte und alle, Tourist, Veranstalter und Gastgeber sind zufrieden. Je größer die Übereinstimmung zwischen den Erwartungen vor und den Erfahrungen während der Reise, desto größer die Urlaubszufriedenheit. Die Wahrnehmung des Reisenden funktioniert hierbei in der Regel selektiv, gerichtet auf das gesuchte Bild vom Reiseland.

Hierzu Schrutka-Rechtenstamm, 1998: 85 ff:

> „Vor allem die Freizeit ist zu einem bedeutenden Faktor für die Erfüllung der Wünsche nach authentischem Erleben und der Suche nach dem wahren Selbst geworden. Die Suche nach Erfahrungen aus erster Hand ist ein Motor der touristischen Entwicklung. [...] Touristen, die sich ländliche Gebiete im Sinne eines sanften Tourismus auswählen, bringen ihre Sehnsüchte nach einer intakten ökologischen und sozialen Umwelt mit. Auch wenn vor Ort erkannt wird, dass im Urlaubsgebiet keine heile Welt existiert, erfolgt die Wahrnehmung durch eine rosa Brille."

Dieses Bild oder Image eines Landes, das der Reisende als innere, imaginäre Geographie in sich trägt und bestätigt wissen will, prägt auch in der Regel die Reiseentscheidung. Erst in zweiter Linie werden Reisezeit, Budget und Art der Fortbewegung definiert. Hierauf hat sich die Werbung der Tourismusbranche schon lange eingestellt: verkauft wird ein Bild, ein Traum, eine Sehnsucht:

> „Die Vorstellungsbilder des Tourismus haben eine oft unterschätzte, praktische Bedeutung. Sie prägen wesentlich die Reiseentscheidung der Touristen. Eine Studie der Welt-Tourismus-Organisation hat 1994 ermittelt, dass weltweit kaum ein Zusammenhang zwischen den Werbeausgaben der Länder und Regionen sowie der Zahl der touristischen Ankünfte und Übernachtungen besteht. [...] Touristenströme lassen sich offensichtlich nur begrenzt gezielt lenken; ihre wesentlichen Triebkräfte liegen in einem Fundus kulturell überlieferter Bilder der imaginären Geographie. Diese Vorstellungen haben daher unmittelbar ökonomische Wirkungen."
>
> (Hennig, 1999)

Auch die marktbeherrschenden Reisemagazine folgen diesem Mechanismus. Klischees werden bedient, und die Verkaufszahlen geben den Magazinkonzepten recht: „Traum-Urlaub: Rügen, Hiddensee, Usedom: Die schönsten Ferieninseln", „New York 2006. Wie die Stadt sich neu erfindet. Was Sie jetzt sehen müssen", „Spanien: vier Frühlingsziele für Genießer", „Karibik nach Lust und Laune. Grenada verführt jeden", „Toskana: sanfte Hügel, süßes Leben", „Osteuropa: Geheimtipps zwischen Balkan und Baltikum". Die wahllos verschiedenen deutschen Reisezeitschriften entnommenen Titel bedienen die Erwartung der Leserschaft. Und hier schließt sich der Kreis. Der Leser möchte sein Klischee finden, der Reisejournalist verpackt es in eine schöne Reportage und die Tourismusindustrie inszeniert den Traum für den Touristen, der seiner Vorstellung vor der Realität den Vorrang gibt und diesen vor Ort auch findet. Klischees in Reiseberichten zu bedienen kann auch bedeuten, den Reisenden zunächst einmal dort abzuholen, wo er steht, um ihm dann ein differenzierteres Bild der Destination zu vermitteln. Dieses Geschäft mit der Sehnsucht jedenfalls funktionierte und funktioniert, solange der Wunsch nach der Reise in eine schönere, andere Welt besteht.

Um den Reisenden zu erfassen und zu klassifizieren, wurden verschiedene *Urlaubertypologien* erstellt. Cohen 1978, Romeiß-Stracke 2001 und Hennig 1999 sind hierfür bekannte Beispiele.

Vorgestellt werden soll hier ein Modell von Vorlaufer (1996: 45), das Phasen touristischer Entwicklung, Touristentypen sowie die Auswirkungen des Tourismus in einen Zusammenhang stellt.

Charakteristika	Stufe/Phase der a) Entdeckung b) Exploration	Stufe/Phase der a) Reaktion und Initiative in den Destinationen b) Involvierung	Stufe/Phase der a) Institutionalisierung b) Entwicklung und Konsolidierung
Zahl der Touristen	sehr klein	klein	Groß
Touristentypen	Forschungsreisende, „Weltenbummler" (drifter)	Forschungsreisende, „Weltenbummler", Pioniere des Massentourismus"	Pauschal- und Einzelreisende Massentourismus
Reisestil	erforschend, müßiggänge-risch, mehrzweck- und mehrzielorientiert	erforschend, müßiggänge-risch, mehrzweck- und mehrzielorientiert	schnell- und zielgerichtet reisend; einzelzweck- und einzelzielorientiert
Interesse der (meisten) Touristen an der Gesellschaft	sehr groß	groß	Oberflächlich
Kontakte zwischen Besuchern und Einheimischen	unmittelbar, persönlich (face-to-face)	noch vornehmlich unmittelbar, persönlich (face-to-face)	vermittelt, unpersönlich
Anpassungsverhältnis zwischen Besuchern und Einheimischen	Besucher passen sich vollständig an	Besucher und Einheimische passen sich jeweils teilweise an	Einheimische passen sich den Besuchern an
Verhalten, Einstellung der Einheimischen gegenüber Tourismus	euphorisch	positiv bis gleichgültig	gleichgültig bis feindlich (bis zum „Protest der Bereisten")
Erwartung touristischer Dienstleistungen durch Besucher	keine	erhofft, erwartet gewisse Leistungen	Verlangt Leistungen „westlichen" Standards
dominante Kulturmuster in den Gastländern	traditionell	traditionell, mit erster Akzeptanz fremder kultureller Werte	westliche Zivilisation aufgestülpt auf Traditionen, tradierten Werten
Umweltbelastungen	fehlend	punktuell gering	punktuell extrem, flächenhaft oft groß
Umwelt-, Denkmalschutz	fehlend	punktuell beginnend	punktuell stark, flächenhaft oft beträchtlich
Organisationsgrad der Tourismuswirtschaft	spontan, improvisierend, „informell"	gelegentliche Organisation; angemessene, aber unkoordinierte Verbesserungen	voll organisiert, standardisiert, „formell"
wirtschaftliche Bedeutung	volks- und regionalwirtschaftlich unbedeutend	regionalwirtschaftlich wachsend, volkswirtschaftlich wenig bedeutend	volks-, vor allem regionalwirtschaftlich große bis dominante Bedeutung
Kontrolle der Tourismuswirtschaft	lokale Bevölkerung	lokale Bevölkerung, erste einheimische Katalysatoren in Kooperation mit (u. Abhängigkeit von) Auswärtigen als „Brückenköpfe" (Vertragspartner) der Quellgebiete	Auswärtige (nationale Eliten, ausländische Investoren)
Raumwirksamkeit, Raummuster	ephemer, flüchtig	punktuell fixiert	linien- und flächenhafte Erschließung, Fixierung

Mit fortschreitender touristischer Erschließung eines Gebietes ändern sich Touristentypen und deren Auswirkung auf Reiseland und Bereiste. Je nach Adressat ändern sich auch die Reisereportagen der Magazine. *GeoSpecial* und *GEO SAISON* beispielsweise wenden sich an den gehobenen Individualreisenden, *REISE*

& *PREISE* an den preisbewussten Traveller, der Reiseteil der *Zeit* an den intellektuellen Individualisten – so existiert für jeden Reisetyp die passende Publikation.

Eine Zuordnung von Reistyp und Reiseregion liefert Hennig 1999: 68 ff.:

„Niveaumilieu: ältere Bildungsschicht, klassische Studienreise, Unterhaltungsbetrieb und Touristenmassen werden abgelehnt, bevorzugte Reiseziele: Rom, Ägypten, Burgund.

Selbstverwirklichungsmilieu: jüngere Menschen der gehobenen Bildungsschichten, Suche nach „untouristischen Orten", Ziele des Massentourismus werden abgelehnt, bevorzugte Reiseziele: Gomera, Hochprovence, Himalaja.

Integrationsmilieu: mittlere Bildungsschichten, Neues wird eher abgelehnt als begrüßt, gute, touristische Infrastruktur wird vorausgesetzt, bevorzugte Reiseziele: Adria, Balearen, Gardasee, österreichische Berge.

Harmoniemilieu: mehrheitlich Angehörige älterer Jahrgänge mit niedriger Schulbildung, Neues macht Angst, man sucht die Wiederholung des Bekannten, bevorzugte Reiseziele im Inland oder deutschsprachigen Ausland: Schwarzwald, Südtirol."*

Reisemotivation, Reisetyp und Reisemedium entwickeln untereinander vielfältige Interdependenzen. Ein bestimmter Reisetyp sucht das jeweils für ihn adäquate Reisemedium: So liest ein Mitglied des Niveaumilieus möglicherweise gerne *Merian.* Der Reisejournalismus könnte in den Urlaubertypologien, die in der Tourismusforschung untersucht und kreiert werden, eine neue Möglichkeit sehen, seine zielgruppenspezifische Ansprache gemäß diesen Kategorien noch spezifischer auszurichten. Die Reisemotivation prägt entscheidend Inhalte und Form der Reiseberichterstattung in den Medien. Die Frage, ob Reisemedien die Erwartungshaltung und Wahrnehmung der Reisenden prägen oder nur bedienen ist eine spannende. Generell verstärken Medien eher vorhandene Trends, als dass sie selber welche schaffen. Mischformen und Wechselwirkungen aus Prägung und Bedienung von Bedürfnissen und Wahrnehmungen der Reisenden durch Reisemedien sind sicher in graduell unterschiedlichen Ausprägungen existent. Gerndt, zitiert in Köck (2001), spricht in diesem Zusammenhang auch von einer *Summierung von Reizwörtern* und der sprachlichen Inszenierung exotischer Erlebnisse.

Wöhler, zitiert in Köck (2001), geht sogar noch einen Schritt weiter und begreift den Touristen aufgrund seiner Wunschbilder an die jeweilige Destination als Mitproduzenten seines eigenen Tourismusproduktes:

„Indem Räume erwartungsgerecht hergerichtet werden, erfolgt die Integration des Touristen in den fremden Raum nicht mehr voraussetzungslos. Man weiß relativ genau, was der Tourist will, weiß man doch, mit welchen Bildern er gefüttert wurde. Diese Bilder wollen die Touristen vorfinden – die Gastgeber tun nur so, als würde man den ‚individuellen' Wünschen ‚just now' entsprechen, doch man hat sich schon längst strukturell auf sie eingestellt. Im Marketing spricht man von einer Kundenorientierung. Und es ist garantiert, dass das Versprochene vorliegt. Entgegen mancher Vermutung steht damit auch fest, dass Reiseträume wahr werden. Aus Imaginationen und Images werden Realitäten, die den Raum neu strukturieren. [...] Die soziale Konstruktion von Tourismusräumen ist demzufolge als eine politische Ökonomie der Wirklichkeit zu verstehen, bei der es essentiell darum geht, Differenzen zwischen dem vom Touristen angetroffenen Realraum und den Raumbildern aufzuheben. Dies gelingt durch eine Inkorporation der Raumbilder in einen touristifizierten Raum. [...] Da es keine Form nicht vermittelter Realitätserfahrung gibt, ‚Wirklichkeit' also immer das Ergebnis eines Konstruktionsprozesses ist, kann es erkenntnistheoretisch ‚nur' um die Beantwortung der Frage gehen, wie der Tourismusraum Realität konstruiert."

Reisemedien wirken an der *Konstruktion von Tourismusräumen* in ganz erheblichem Maße mit. Sie gießen die Erwartungshaltung der Reisenden in die entsprechenden Bilder und Texte; sie sind „Manager der Illusionen" und produzieren „Sehnsuchtsliteratur" (Luger 1995). Die ökonomische Relevanz dessen wird auch vor dem Hintergrund der Tatsache deutlich, dass das *Image einer Destination Hauptmotiv für die Reiseentscheidung* ist (Kliem 2003). Somit bleibt die Arbeit an diesem Image Hauptaufgabe touristischer Marketingstrategien.

Die bedingungslose Verkitschung des Reiseziels durch Reisereportagen nehmen Bernd Loppow und Olaf Krohn in ihrem Beitrag „Überall ist Paradise Island" in der ersten Ausgabe der *Zeit* 1995 aufs Korn: „Ein Silvester-Cocktail aus Reiseberichten des vergangenen Jahres – oder was die klischeefeste Sonne-, Strand- und Säuselprosa enthüllt" – so der Untertitel. Wahllos werden Absätze aus verschiedenen Reiseprintmedien aneinandergereiht und der Name der jeweiligen Destination immer durch „Paradise Island" ersetzt. Besser kann die Austauschbarkeit der „Säuselprosa" nicht demonstriert werden (vgl. hierzu auch Kap. 4).

Reisejournalismus wird immer der „Sehnsucht des Lesers nach Selbstfindung und Selbstverlust" (Honold 2004: 9) Rechnung tragen oder, wie Alain de Botton (2007: 16) es formuliert: „Reisen ist die Suche nach etwas, das innerlich fehlt."

3 Die Geschichte der Reiseberichterstattung

Traveller – Postboy	Reisender und Postillon
T. Postilion, drive slowly.	Postillon (Schwager), fahren Sie langsam.
T. Take care you do not upset us.	Geben Sie Acht, dasz Sie uns nicht umwerfen.
T. The coachman (postilion) is – drunk – impertinent – foolhardy.	Der Kutscher (Postillon) ist – betrunken – impertinent – tollkühn.
T. The carriage is near the precipice.	Der Wagen ist ganz nah dem Abgrund.
T. One of the wheels is off.	Ein Rad ist losgegangen.
T. Oh, dear! The postilion has been thrown (off) down.	O weh! Der Postillon ist heruntergefallen.

Aus: Murray's Handbook of Travel-Talk 1874, einem Handbuch für britische Reisende im Ausland (zit. in Newby 1985: 18)

Reisen ist eine uralte Menschheitsbetätigung, die sich in grauer Vorgeschichte verliert. Man denke nur an die Ausbreitung des Homo Sapiens von Afrika aus über die gesamte Welt, die Wanderung der indianischen Urahnen von Asien nach Amerika, die antiken Seefahrer, die Völkerwanderung, die kolonialen Eroberer - alle nur Vorläufer dessen, was heute den Kern multikultureller Gesellschaften ausmacht. Über Erlebnisse auf diesen Reisen ist immer schon mündlich berichtet worden, lange bevor es irgendwelche schriftlichen Aufzeichnungen gab. Später, als Worte niedergeschrieben wurden, gab es viele Variationen, wie die Erfahrung der Ferne festgehalten wurde. Zahlreiche Reisebeschreibungen transportierten vor allem Mythen, es ging also nicht um eine sächliche Fortbewegung, sondern - zumindest im Vordergrund - um die uralten Menschheitsthemen wie Leben und Tod, Religiosität, Sexualität etc. Homers großes Epos *Odyssee* ist hierfür ein Beispiel, ebenso wie die Geschichten der Antike über das legendäre, versunkene Atlantis.

Aber in der Antike begann auch die sachliche Beschreibung von Reiseerfahrungen, für die mehr als jeder andere der Grieche Herodot (geb. 490 v. Chr.) steht. Es zog ihn bis nach Babylon und in das Ägypten der Pharaonen. Seine Kultur- und Länderberichte wurden begeistert von den Daheimgebliebenen aufgenommen, wenn er seine Eindrücke „zusammentrug" und „zurückbrachte". Genau diese Bedeutung des Heimbringens steckt in dem lateinischen Wort „reportare" (vgl. hierzu auch Kap. 4), womit wir dann direkt bei den Quellen der modernen Reise-„Reportage" wären. Halten wir fest, dass eine ganz zentrale, vielleicht sogar die wichtigste Quelle für das, was wir modernen Journalismus nennen, die antike Berichterstattung über die Fremde war.

Die Sehnsucht nach der Ferne wurde immer schon begleitet von der Angst vor dem Andersartigen, vor den Belastungen und Gefährdungen der Reise. Als Marco Polo aus dem chinesischen „Reich der Mitte" zurückkehrte, hielt man ihn für einen Aufschneider; seine berühmten Erinnerungen musste er im Gefängnis diktieren. Auch wenn die Authentizität der Reisebeschreibungen des Marco Polo bis heute angezweifelt wird. Schon damals galt: die eigene Selbstzufriedenheit ließ man sich nur ungern durch Konfrontation mit dem gänzlich Anderen verunsichern. Andererseits: Seit Herodot hat die Berichterstattung Erstaunliches und Erschreckliches von außerhalb in die Heimat zurückgetragen, und das hat immer seinen Marktwert gehabt, schließlich ließ sich die Reiseerfahrung wegen der Neugier der Zurückgebliebenen wohlfeil versilbern. Ganz weit weg, so lehren es viele Religionen, gibt es ein Paradies, aus dem die Menschen einst vertrieben wurden. Der Reisende sucht immer danach, und der Zurückgebliebene will wissen, ob es wiedergefunden wurde. Da die Realitäten in der Ferne naturgemäß oft recht ernüchternd waren, wurde gern dazugedichtet. Die phantastischen Ausschmückungen dienten der eigenen Selbsterhöhung zum wagemutigen Abenteurer. Oder sie wurden zur Vermarktung eingesetzt, um dem aufgeregten Zuhörer seine Vorurteile zu bestätigen und ihm Schauer über den Rücken laufen zu lassen.

Dies alles darf nicht so verstanden werden, als sei in der Vergangenheit das Reisen gefahrlos gewesen. Im Gegenteil: Wer sich im Zeitalter der Renaissance auf Reisen begab, pflegte vorher sein Testament zu machen, sofern er nicht ein ganz junger Mensch war (Richter 1991: 100). Die Gefährdungen durch Naturgewalten, durch Not, Räuber, Piraten oder feindselige Völker, war absolut real. Es waren diese tatsächlichen Gefahren, die als solche aber auch mythisch überhöht wurden: Skylla, das von Homer beschriebene sechsköpfige Meeresungeheuer, bedrohte zusammen mit seinem Gegenüber Charybdis die vorbeifahrenden Seefahrer. Reisejournalisten neigen mitunter bis heute dazu, moderne Versionen dieser uralten Reisemythen unter die Leserschaft zu bringen.

Das Wechselverhältnis zwischen dem aus der Ferne Zurückkehrenden und dem Daheimgebliebenen prägte, das wird hier sehr deutlich, schon immer jede Art von Reiseberichterstattung. Man kann über Reiseerlebnisse nur schreiben, indem man sich ständig an den Menschen daheim orientiert, die man für seine Reiseberichte interessieren will. Der Marktwert eines Reiseschreibers richtet sich folglich entscheidend nach seiner Fähigkeit, den unausgesprochenen Erwartungen des Gegenübers entgegenzukommen. Früher gingen politisch-faktische und kulturell-impressionistische Berichte über andere Länder oft noch Hand in

Hand. Man war froh, überhaupt Kunde von einem anderen Erdteil erhalten zu können. Heute bedienen dagegen die Nachrichtenagenturen den Markt der politischen und wirtschaftlichen Informationen aus aller Welt, auf die viele schon beruflich angewiesen sind. Diese Nachrichten, auch wenn sie trocken und spröde sind, müssen gelesen werden. Anders bei der modernen Reiseberichterstattung, deren Themen heute die Freizeit bereichern. Die Reisemedien finden sich zwischen Sport und Hobbyzeitschriften am Kiosk oder auf den Wochenendseiten der Zeitung. Der Autor derartiger Berichte wird immer um den Leser werben müssen, dem reichlich andere Möglichkeiten zur Verfügung stehen, seine freien Stunden erlebnisreich zu gestalten. Ihm muss es gelingen, seinen Leser auf eine fiktive Reise mitzunehmen, ohne ihn zu bevormunden oder zu überfordern. Aber ähnliche Probleme, das sollte hier deutlich werden, hatte schon Herodot zu lösen.

Reisen und die Berichte darüber standen in ihrer langen und eindrucksvollen Geschichte immer in engem Wechselverhältnis zueinander. Zur Wiedergabe des Erfahrenen bediente sich der Autor der ihm jeweils zur Verfügung stehenden Techniken zur Speicherung und Weiterverbreitung von Informationen: Vom Altertum bis zum Ende des Mittelalters waren es die handschriftlich weitergegebenen Berichte, mit dem Buchdruck (ca. 1450 eingeführt) hatten alsbald Bücher über fremde Welten Konjunktur. Die ersten gedruckten Periodika kamen im 17. Jahrhundert auf (erste Zeitungen nach 1600), und Nachrichten über ferne Länder wurden zu deren festem Bestandteil. Schwieriger ist es schon, die Anfänge eines eigenständigen Reisejournalismus zu benennen. Wohl erstmals im 18. Jahrhundert, parallel zum Anstieg des europäischen Tourismus, finden sich erste Reiseartikel in der hier zugrunde gelegten Bedeutung. Seitdem hat sich der Reisejournalismus beständig ausgebreitet und diversifiziert. Heute haben wir Mühe, Periodika zu finden, die nicht auch irgendwann Reiseberichte aufnehmen – und sei es zur Fußballmetropole in der Sportillustrierten oder zum Silicon Valley in der Computergazette.

Wegen der langen Geschichte der Reiseberichterstattung widmen wir ihr ein ganzes Kapitel. Darin findet der Leser Hinweise auf Autoren, Quellen und Reiseziele sowie auch kurze Charakterisierungen des Inhalts. Breit ist das Spektrum der vorgestellten Autoren: Literaten und Abenteurer, Forschungsreisende und Entdecker. Ihre Beiträge sind aus mehreren Gründen von großer Bedeutung: Zum einen gibt es für jede Weltregion historische Reiseberichte, Klassiker also, die sich für aktuelle Einstiege eignen (vgl. dazu etwa: Märtin 1987, Newby 1985). Nun ist es keineswegs mehr sehr originell, zum hundertsten Male mit Johann Wolfgang von Goethe nach Italien zu reisen oder mit Theodor Fontane durch die Mark Brandenburg zu wandern. Andererseits ist das Wissen über deren Eindrücke oft schon Bestandteil unseres kollektiven

Gedächtnisses geworden, sehen wir Reiseziele nicht zuletzt durch ihre Augen. Auch heute gilt, dass eine Reportage durch den Hinweis auf das belebt wird, was der Reisende damals als wichtig empfand, was sich inzwischen geändert hat oder gleich geblieben ist. Im Sinne von Service am Leser stellen wir hier Hintergrundinformationen zur Verfügung, verbinden wir den historischen Abriss mit einem Verzeichnis vieler Klassiker einschließlich ihrer Reiseziele. Zudem fügen wir einige typische Textpassagen bei. Schließlich sollte nicht übersehen werden, dass damals wie heute die Verbindung zwischen den Reiseredakteuren und den Reiseliteraten fließend ist. Manch einer der heute gefeierten Reiseliteraten begann als Journalist, wie etwa Graham Greene und Bruce Chatwin bei der *Times*. Oder nehmen wir einen der international erfolgreichsten Bestseller-Autoren, Michael Crichton (Jurassic Park, 1990), der erste Schreiberfahrungen mit Reisereportagen sammelte, die inzwischen unter dem Titel *Travels* (1989) erschienen sind. Seit Jahrhunderten treffen wir auf Autoren, die sowohl mit kurzen Artikeln journalistisch tätig sind, als auch umfängliche Folianten verfassen. Aus der Perspektive eines Autors und seines Überlebensinteresses ergibt das auch Sinn: Oft bietet es sich an, ein Reisegebiet, das man sich mühsam erarbeitet hat, mehrfach zu vermarkten, also in Reportagen, in einem Reiseführer und/oder als literarisches Reisewerk. Offensichtlich ist nichts an diesen Verwertungsstrategien wirklich neu.

Wenn einer eine Reise tut ... und das taten schon die alten Griechen. Darüber erzählt und geschrieben haben sie auch. Die journalistische Reisereportage, wie wir sie heute in Magazinen, Zeitschriften und im Reiseteil der Tageszeitung finden, ist das Ergebnis einer literaturgeschichtlichen Entwicklung, die in der Antike beginnt. Dabei haben sich, abhängig von Reisemotiv und Schreibenden, fast unzählig viele verschiedene Arten der Reisebeschreibung herausgebildet: Da gab es die Pilger des Mittelalters, die Entdecker Amerikas, die Bildungsreisenden des 18. Jahrhunderts. Und alle hatten einen ungestümen Drang, andere am Erlebten teilhaben zu lassen. Schließlich existierte so viel Neues, Fremdes, Exotisches, über das sich zu schreiben lohnte. Heute, im Zeitalter des *homo last minuticus,* macht sich das Unbekannte rar. Denn Reisen ist bequem, billig und die Buchung nur einen Klick im Internet entfernt. Mit eigenen Augen kann man sich von dem überzeugen, was früher einigen wenigen vorbehalten war. Zwar ist auch das *arm-chair-travelling,* das Reisen im Kopf, beliebt. Doch immer häufiger liest man über Länder, von denen man aus persönlichen Gesprächen schon gehört hat, in denen man selbst schon gewesen ist oder die für den nächsten Urlaub als Ziel vorgemerkt sind. Eine harte Zukunft also für alle, die sich der Reiseberichterstattung verschrieben haben. Da heißt es, sich entweder mit ausgetretenen Pfaden zufriedenzugeben und dort immer wieder Neues zu entdecken - oder den letzten Herausforderungen wie Weltraumtourismus und gigantischen, künstlichen Inselwelten vor der Küste Dubais wie *The Palm Jumeirah, Jebel Ali* und *The World* (http://www.thepalm.dubai-city.de) nachzujagen. Tröstlich dabei, dass zumindest die 'Artenvielfalt' innerhalb der Reiseliteratur groß ist. Reiseliteratur ist ein dehnbarer Begriff. Von Reiseführern und Handbüchern mit sachlichen Informationen, über wissenschaftliche Reisebeschreibungen bis hin zu dichterisch ausgestalteten Reiseschilderungen, die entweder tatsächliche Erlebnisse wiedergeben oder von imaginären Gefahren und spannenden Abenteuern in der Fremde erzählen (Reiseromane), zählt alles dazu.

3.1 Reiseliteratur von der Antike bis zur Romantik

Seit dem 3. Jahrhundert v. Chr. verfassten die Periegeten ('antike Fremdenführer', von gr. periegesis = 'herumführen') Beschreibungen von Städten, Ländern und Sehenswürdigkeiten, die als die eigentlichen Vorläufer der modernen Reisehandbücher gelten. Der Baedeker war also nicht der Ursprung der Reiseführer.

3.1.1 Die Väter des literarischen Reiseberichtes

Der literarische Reisebericht als traditioneller Vorläufer für die moderne journalistische Reisereportage hat viele berühmte Väter, deren 'Zeugungsanteil' heute allerdings umstritten ist. Als frühestes episches Muster gilt Homers *Odyssee* (zwischen 900 und 800 v. Chr.), in der wir noch die dichterische Einheit von Reiseschilderungen und Abenteuern erkennen können. Es folgen die griechischen Reisebeschreibungen von Skylax aus Karyanda, der die persischarabische Küste von Indien bis Suez erforschte (um 516 v. Chr.), und von Pytheas von Massilia, dessen Bericht über seine Reise zu den Shetland- und Orkney-Inseln um 325 v. Chr. erschien. Eine erste Verbindung von erotischen und phantastischen Elementen, die später besonders in mittelalterlichen und Barockromanen mit stark exotischem Einschlag aufgegriffen wurden, finden wir in Heliodors *Aithiopika* (Ende 3. Jh. n. Chr.). In journalistischen Handbüchern wird häufig Herodot (ca. 490-425 v. Chr.), bedeutender Chronist und Volkskundler des hellenischen Altertums, als erster Reise- und Länderberichterstatter angeführt. Auf seinen Reisen von Kleinasien nach Ägypten, Griechenland und Italien erhob er die damals übliche Erzählform der Logoi zur literarischen Kunstform (gr. Logos, 'das Sprechen'; menschliche Rede; Wort; Vernunft): kurze, in sich geschlossene Berichte mit Anekdoten und spannenden Geschichten über die Kulturen und Lebensweisen fremder Völker. Bereits in Herodots Logoi finden wir das Urelement jeder modernen Reisereportage: die Absicht, das Fremde und Andersartige dem Vertrauten gegenüberzustellen. Dabei nimmt der gute Erzähler dem Fremden das Befremdliche, lässt Vergangenes für die Leser gegenwärtig werden und vermittelt ihnen durch lebendige, sinnliche Schilderung der Erlebnisse das Gefühl, den Reisenden auf seinen Wegen zu begleiten.

Ein anderer namhafter Vater der modernen Reisereportage ist Gaius Plinius Secundus (der Jüngere). Mit seiner Schilderung vom Ausbruch des Vesuvs im Jahre 79 n. Chr. gelingt ihm ein spannender, eindrucksvoll sinnlicher Augenzeugenbericht, der heute noch als Glanzleistung des Altertums zitiert wird. Plinius schlüpft in die Rolle des Beobachters einer Naturkatastrophe. Es ist sein Anliegen, ein möglichst realistisches Bild der Ereignisse zu liefern.

Als sein Onkel 79 n. Chr. beim Erdbeben von Pompeji ums Leben kam, war der junge Gaius Plinius 18 Jahre alt. Über die Katastrophe und den Tod seines Onkels hat Plinius dem Historiker Tacitus detailliert in Briefen berichtet:

Bericht über das Erdbeben von Pompeji

An Tacitus
(79 n. Chr.)

Der Brief, den ich Dir auf Dein Verlangen über den Tod meines Oheims geschrieben, hat Dich, wie Du sagst, begierig gemacht, auch zu wissen, was ich zu Misenum, wo ich geblieben war - denn da hatte ich meine Erzählung abgebrochen -, für Unruhen und Gefahren ausgestanden.

Bebt mir gleich, es denkend, das Herz –
Dennoch beginne ich –
(Vergil, Aeneis, 2, 12)
Nachdem mein Oheim abgereist war, wandte ich die übrige Zeit aufs Studieren; denn deshalb war ich zurückgeblieben. Späterhin badete ich, aß zu Nacht, legte mich nieder und hatte darauf einen kurzen und unruhigen Schlaf. Viele Tage vorher war ein Erdbeben gewesen, das, als etwas Gewöhnliches in Campanien, uns nicht sehr erschreckte. In derselben Nacht aber wurde es so heftig, dass alles nicht erschüttert, sondern umgekehrt zu werden schien. Meine Mutter stürzte in meine Kammer, als ich eben aufstand, um sie zu wecken, wenn sie noch schlafen sollte. Wir setzten uns in den Hof, der das Meer von dem Haus durch einen kleinen Raum trennte. Ich weiß nicht, ob ich es Standhaftigkeit oder Unbedacht-

samkeit nennen soll; denn ich war erst achtzehn Jahre alt. Ich ließ mir den T. Livius geben und las ihn gleichsam zum Zeitvertreib; ich machte sogar Auszüge, wie ich schon angefangen hatte. Ein Freund meines Oheims, der neulich aus Spanien zu ihm gekommen war, kam dazu. Da er mich und meine Mutter sitzen und mich noch dazu lesen sah, verwies er ihr ihre Gelassenheit und mir meine Sorglosigkeit; dessen ungeachtet blieb ich auf mein Buch geheftet. Es war schon sieben Uhr des Morgens, und noch schien nur ein dämmerndes und mattes Licht; schon waren die umliegenden Häuser zerrüttet und also an einem zwar freien, aber engen Orte die Gefahr des Einsturzes groß und gewiss. Nun erst fiel uns ein, aus der Stadt zu gehen. Das bestürzte Volk folgte nach und – was bei Furcht den Anschein von Klugheit hat – zieht fremden Rat dem seinigen vor; es drückt und drängt haufenweise die Wegeilenden. Nachdem wir zur Stadt hinaus sind, bleiben wir stehen. Hier erfahren wir neue Angst. Die Wagen, die wir hinaus hatten fahren lassen, wurden, obgleich auf flachem Felde, so hin und her geworfen, dass sie nicht einmal von Steinen unterstützt auf einem Flecke stehen blieben. Überdies schien das Meer sich selbst einzuschlürfen und durch die Erderschütterung vom Ufer gleichsam zurückgetrieben zu werden. Wenigstens hatte sich das Ufer erweitert, und viele Seetiere waren auf dem trockenen Sande sitzen geblieben. Auf der anderen Seite spaltete sich eine schwarze furchtbare Wolke, durch mannigfaltig verschlungene und geschwungene Feuerströme zerrissen, in lange Flammengestalten; ähnlich den Blitzen, jedoch größer. Darauf wurde ebenderselbe Freund aus Spanien noch ernstlicher und dringender. Wenn dein Bruder, wenn dein Oheim, sagte er, noch lebt, so wünscht er euch gerettet zu sehen; ist er tot, so war sein Wunsch, dass ihr überleben möget. Was zaudert ihr also und entflieht nicht? Wir würden, antworteten wir, an unsere Rettung nicht denken, solange wir der seinigen wegen in Ungewissheit wären. Ohne länger zu verweilen, eilte er davon und entriss sich im schnellsten Laufe der Gefahr. Nicht lange hernach stieg diese Wolke zur Erde herab und bedeckte das Meer. Sie umhüllte und verbarg die Insel Capri und entzog das Vorgebirge Misenum unseren Augen. Darauf bat, ermahnte, befahl meine Mutter mir, zu entfliehen, wie ich könnte: denn ich sei noch jung, sie als eine alte und schwere Person sei es nicht vermögend und wollte gern sterben, wenn sie nicht Ursache meines Todes wäre. Ich wollte nicht anders, versetzte ich, als mit ihr zugleich gerettet sein; darauf ergriff ich ihre Hand und nötigte sie, fortzueilen; sie folgte mit Mühe und machte sich Vorwürfe, dass sie mich aufhielt. Schon fiel Asche auf uns, doch noch wenig; ich sehe mich um; ein dicker schwarzer Dampf gerade hinter uns ergoss sich wie ein Strom auf die Erde und folgt uns nach. Lasst uns auf die Seite gehen, sagte ich, da wir noch sehen, damit wir nicht auf der Straße von der zudrängenden Menge in der Dunkelheit zertreten werden. Wir hatten uns kaum entfernt, als eine Finsternis einbrach, nicht wie die einer bewölkten oder nicht vom Mond erhellten Nacht, sondern wie in einem verschlossenen Zimmer, wenn das Licht ausgelöscht ist. Man hörte nichts als das Heulen der Weiber, Winseln der Kinder, Geschrei der Männer; einige schrien nach ihren Eltern, andere nach ihren Kindern, andere nach ihren Weibern; und erkannten sich nur am Schreien. Einige beklagten ihr eigenes Schicksal, andere das Schicksal ihrer Verwandten. Verschiedene wünschten sich den Tod aus Furcht vor dem Tode.

Buch 6, 20 der Epistulae

3.1.2 Reisebeschreibungen im Mittelalter

Als frühestes Beispiel einer literarischen Reisebeschreibung aus dem Mittelalter gilt Marco Polos Bericht *Il Milione* (verfasst 1298/99, dt. 1477 unter dem Titel *Die Reisen des Venezianers Marco Polo)* über die Mongolei. Die Echtheit der Reisebeschreibungen Marco Polos ist bis heute umstritten. Im 15. und 16. Jahrhundert entsteht eine wahre Flut an Reiseschilderungen von Pilgern, sogenannte Pilgerführer, die mit ihren Vorläufen bis ins 12. Jahrhundert zurückreichen und innerhalb der Literaturwissenschaft eine eigene literarische Gattung bilden. Aus der Fülle der Pilgerberichte sei ein Titel herausgegriffen: *Die Heyligen Reyssen gen Jherusalem* des Bernhard von Breydenbach (1486). Im Wortlaut des lateinischen Originals, *Peregrinationes in Terram Sanctam,* finden wir bereits das charakteristische Merkmal einer guten Reisebeschreibung: Das Wort peregrinus bedeutet 'der Fremde' und bezieht sich im Kontext der Pilgerreisen auf denjenigen, der in der Fremde sein Heil sucht. In der biblischen Überlieferung gilt Abraham als der erste Pilger, da er auszog, um das verheißene Land zu finden.

3.1.3 Reiseliteraten der frühen Neuzeit

Mit Beginn der Neuzeit und der Epoche der Eroberungskriege, Seereisen und Expeditionen verwandelt sich der klassische Reisebericht mehr in eine Abenteuergeschichte, die Vorurteile gegenüber fremden Kulturen bestärkt und häufig eher zum Zeugnis abendländischer Arroganz und Habgier wird, als der Aufklärung zu dienen. Die Entdeckung neuer Länder führt aber auch zur Verlegung utopischer Staatsromane in ferne Gebiete und regt Autoren wie Hans Jakob Christoffel von Grimmelshausen *(Der Fliegende Wandersmann nach dem Mond,* 1659, *Simplicissimus,* 1668) oder Christian Reuter *(Schelmuffskys Warhaftig Curiöse und sehr gefährliche Reisebeschreibung zu Wasser und Lande,* 1696/1697) zu phantastischen und parodistischen Reisebeschreibungen an.

In der frühen Neuzeit wächst die Reiselust – und mit ihr ein ganzer Bücherwald von Veröffentlichungen. Unter den verschiedenen Formen der Reiseliteratur sind die im 16. Jahrhundert auftauchenden Apodemiken besonders hervorzuheben. Sie beschäftigen sich weniger mit der Beschreibung von Reiserouten oder Sehenswürdigkeiten als mit dem theoretischen Konzept des Reisens als Kunst und Wissenschaft. Ursprünglich in lateinischer Sprache abgefasst, beinhalten apodemische Handbücher philosophische Erörterungen über die Nützlichkeit (und die Schädlichkeit) des Reisens und geben Empfehlungen für das richtige (christlich-moralische) Verhalten des Reisenden in der Fremde. Vor allem im Zusammenhang mit der Verbürgerlichung der *grand tour* junger Adliger liefern Apodemiken wichtige Informationen für die (Bildungs-) Reisekultur der Zeit.

3.1.4 Von romantischen Reiseberichten zu den Anfängen des Reisejournalismus

Seit Mitte des 18. Jahrhunderts beginnt sich der kritische Diskurs über Sinn und Zweck des Reisens in die für die Aufklärung exemplarischen Zeitschriften und Journale zu verlagern, und aus den Apodemiken entwickelt sich das Reisehandbuch im modernen Sinne.

In Deutschland gelangt der Reisebericht als literarische Gattung erst mit dem Niedergang der höfischen Barockdichtung im 17. Jahrhundert zu neuer Blüte und erfreut sich vor allem bei den Dichtern des Sturm und Drang (ca. 1765-1785) großer Beliebtheit, da sie in ihm eine vom Zwang zur Authentizität und Überprüfbarkeit weitgehend befreite Gefühlsschilderung sehen. Für den kometenhaften Aufstieg des empfindsamen Reiseromans in Deutschland gibt Laurence Sterne mit *A Sentimental Journey through France and Italy* (1768, dt. *Yoricks empfindsame Reise durch Frankreich und Italien)* den entscheidenden Impuls. In seiner direkten Nachfolge steht zum Beispiel *Sophiens Reise von Memel nach Sachsen* (1769-73) von Johann Timotheus Hermes. Novalis' *Heinrich von Ofterdingen* (1802) gilt als Musterbeispiel für den frühromantischen Reiseroman. Natürlich darf an dieser Stelle der 'Klassiker' der deutschen Reiseliteratur nicht fehlen: Johann Wolfgang von Goethes *Italienische Reise* (1816/17), eine Zusammenstellung von Briefen und Tagebuchaufzeichnungen des Dichters, markiert den Höhepunkt und zugleich einen neuen, vom Korsett des einheitlichen Handlungsstranges befreiten Typus der Reiseberichterstattung.

Nach den Pilgerreisen des Mittelalters und der frühen Neuzeit, den Kavalierstouren des Barocks, den Handelsreisen der Kaufleute und den Wanderungen des Theaterleute von Hof zu Hof begeben sich seit Mitte des 18. Jahrhunderts vor allem bildungsbeflissene Bürger auf die Reise.

Getrieben von botanischen, archäologischen, literarischen, kunsthistorischen und ökonomischen Interessen, erobern deutsche Reisende im Jahrhundert der Aufklärung Italien, Griechenland, die Schweiz und die britischen Inseln. Vor allem England gehört dank seiner vorbildlichen sozialen und politischen Verhältnisse bald zum unverzichtbaren Bestandteil der bürgerlichen Bildungsreise. London wird zum Anziehungspunkt für anglophile Reisende aus Deutschland, die in der pulsierenden Metropole Abenteuer und Erfahrungsmöglichkeiten suchen, die ihnen die verschlafene Heimat nicht bieten kann. Die Faszination der Großstadt – mit London und Paris als Zentren – schlägt sich in einer Vielzahl von Veröffentlichungen nieder.

Neben Tagebüchern, Briefen, Apodemiken, Naturbeobachtungen sowie politischen und pädagogischen Reiseberichten entsteht im 18. Jahrhundert eine neues Genre der Reiseliteratur: die Stadtbeschreibung. Paris und London besitzen für den modernen, 'säkularisierten Pilger' eine ähnliche Anziehungskraft wie Rom und Jerusalem für seine mittelalterlichen Vorfahren. In seinen *Englischen Fragmenten* (1831) begrüßt Heinrich Heine England als das Land der Freiheit, und er formuliert ein neues Programm des Reisens, bei dem es nicht darum geht, die Fremde nur zu beschreiben, sondern sie im Hinblick auf die politischen und kulturellen Verhältnisse in der Heimat darzustellen. (Ein ähnliches Ziel verfolgte übrigens schon der römische Historiker Publius Cornelius Tacitus, als er 98 n. Chr. seine ethnographische Studie über die Germanen verfasste: *Germania).*

Die Anglophilie der Aufklärer lässt England in das Zentrum europäischer Interessen rücken, und deutlicher noch als andere Reiseberichte prägen Englandbeschreibungen die Verständigung des Bürgertums über eigene Werte. Man kann sogar annehmen, dass sich das moderne Selbstbild einer deutschen Nation nicht ohne Auseinandersetzung mit der englischen entwickelte hätte. Friedrich Engels' Bericht über *Die Lage der arbeitenden Klasse in England* (1845) gehört zwar nicht zum klassischen Repertoire des Reiseliteratur, doch für moderne Englandfahrer bietet die Lektüre interessante Vergleichsmöglichkeiten.

Der österreichische Kommunikationswissenschaftler Kurt Luger zu den Grundmustern des literarischen Reiseberichts:

„Der literarische Reisebericht, der als Genre auf eine große Tradition verweisen kann, gibt dem 'Ich' wesentlich mehr Spielraum. Mehrere Grundtypen lassen sich unterscheiden. Ob sich der Schriftsteller auf eine überwiegend biographische Auffassung vom Dort-Sein festlegt oder auf eine abenteuerliche, eine beobachtende oder reflektierende, er bestimmt damit ein bekenntnishaftes Verfahren, das er im Text zum Ausdruck bringt. Das Grundmuster - Ich war dort - teilt er mit dem Ethnologen, aber im Unterschied zu diesem wird das 'Ich' wichtiger: Es wird zu einem

Filter, das dem öffentlichen Räsonnieren eine andere Richtung gibt. Selbst in der Reflexion drückt sich diese gewollte Subjektivität aus, der Leser soll nachvollziehen können, was der Reisende empfunden hat, soll an dessen Interpretationen teilhaben können, ohne einen Kulturwechsel, eine Perspektivenänderung vornehmen zu müssen. Über die Länder, in die die Reise führte, erfährt man allerdings in vielen dieser literarischen Erkundungen fast gar nichts, über den Autor dafür fast alles."

(Luger 1994: 9)

Während die Entwicklung der langen Reiseberichte seit Herodot und Homer recht präzise belegt werden kann, ist der Beginn der aktuellen Reiseberichterstattung nur schwierig auszumachen. Er liegt, so die Ergebnisse der wenigen Untersuchungen, die vorliegen, im 18. Jahrhundert, als zuerst belehrende, darauf auch unterhaltsame Berichte über andere Länder zum regelmäßigen Inventar von Periodika wurden. (Für diese Darstellung, vgl.: Schmitz-Forte 1995: 23-32.) Deren Zielsetzung lag vor allem darin, über andere Länder ,aufzuklären', also zu bilden, aber auch die Neugierde auf alles Fremde in jenen Jahren der europäischen Welteroberung zu befriedigen. Viele dieser Berichte wollten nicht zum Nachreisen animieren, dazu war die Fortbewegung viel zu teuer und zu beschwerlich, es waren schon damals Anleitungen zum Träumen von der Ferne. In der Art der Darstellung wurde bereits früh experimentiert, in Wielands Weimarer Monatsschrift *Der teutsche Merkur* erscheint der Rest der Welt häufig in Form fortlaufender Briefe beschrieben, was – dem Stile von Briefen folgend – eine intimere und subjektivere Darstellung ermöglichte. Die Reiseberichte folgten jeweils dem Trend und den Moden der Epoche; in der Romantik wurden die Darstellungen insgesamt gemütvoller und wärmer, persönliche Eindrücke gewannen an Bedeutung.

In jenen Jahren gab es bereits einen bescheidenen Tourismus, zumindest für eine kleine Minderheit von Adligen oder auch für religiöse Pilger. Für diese Klientel bedurfte es praktischer Informationen, wie sie in der Form von Reisebüchern bereits eine beachtliche Tradition hatten. Das älteste war bereits 1563 in Augsburg erschienen, Jörg Gails (1563) *Ein neuwes nützliches Raißbüchlein der fürnemesten Land und Stedt.* (Mehr dazu bei Krohn 1987: 315 ff.). Es fällt nicht schwer, von diesem Büchlein eine direkte Verbindung über den Klassiker Baedeker (sein erster Führer zu den Rheinlanden erschien 1828) zur Unzahl moderner Reiseführer zu ziehen. So entstanden auch Reiseartikel, in denen Ratschläge für das Fortkommen unterwegs im Vordergrund stehen, oft auch zur Aktualisierung der Standard-Informationen, die in den weit verbreiteten Reisebüchern zu finden waren.

3.1.5 Reisebeschreibungen im 19. Jahrhundert

Die Form des feuilletonistischen Reiseberichts, wie wir sie aus Magazinen und Tageszeitungen des 19. Jahrhunderts kennen, gewinnt unter dem Einfluss Heinrich Heines und des *Jungen Deutschland* neu an Popularität. Vor allem Heine *(Harzreise*, 1826) gelingt es, Natur- und Landschaftsschilderungen mit kritischer Gesellschaftssatire zu verbinden, ohne das literarische Genre zu wechseln. In zahlreichen Werken der Romantik (ca. 1789-1832) spiegeln sich Abenteuer- und Reiselust (z.b. in Joseph von Eichendorffs Novelle *Aus dem Leben eines Taugenichts*, 1826), begleitet von einem charakteristischen Reisemotiv des 19. und 20. Jahrhunderts: der Sehnsucht in die Ferne von Raum und Zeit.

3.2 Die angelsächsische Tradition

3.2.1 Die britische Reiseliteratur

Kurios, aber wahr: Die Geschichte der britischen Reiseliteratur beginnt im deutschen Heidenheim. In ihrem Kämmerlein schreibt eine Nonne anonym – über den angeblich ersten reisenden 'Englishman' Willibald, der 718 n. Chr. mit seiner Familie nach Rom aufbricht. Doch erst einige Jahrhunderte später, um 1500, boomt der Markt der Reiseliteratur auf der britischen Insel dann zum ersten Mal so richtig. Mit der in Mode kommenden Pilgerreise tauchen unzählige *guidebooks* auf, die über Wegstrecken und Reiseziele informieren.

Doch nicht nur beflissene Schreiberlinge wittern ein Geschäft. An den Pilgerstätten machen sich Souvenirverkäufer breit, kleine Reisebüros öffnen ihre Pforten. Sie locken auch damals schon mit *all-in package tours:* England – Santiago de Compostela hin und zurück, achttägige Schiffsreise, Unterkunft, Verpflegung, Eselsritt inklusive. Bekanntestes Zeugnis einer Pilgerreise dieser Zeit dürften wohl Geoffrey Chaucers *Canterbury Tales* (ca. 1380) sein. Und schon 1357 verfasst Sir John Mandeville seine *Travels*. Allerdings werden hier Fakten und phantastische Ausschweifungen munter miteinander vermischt, geographische Angaben über die verschiedenen Teile der Erde bleiben geradezu bemerkenswert vage.

Der Markt der Reiseliteratur wuchs ständig; besonders ab dem 16. Jahrhundert werden Publikationen über fremde Länder zahlreicher. Denn die Briten wagen sich immer weiter vor in der Welt. Sie machen sich auf zu anderen Kontinenten, sind von der Karibik bis in den Fernen Osten unterwegs. So ziemlich alles wird erforscht, was sich nur irgendwie untersuchen lässt. In den *Principall Navigations, Voiages, and Discoveries of the English Nation* (1598) von Richard

Hakluyt ist nachzulesen, was die Insulaner über Menschen, Flora und Fauna in fremden Ländern erfahren haben.

Zu den *Discoveries* gehören aber nicht nur theoretische Erkenntnisse. Die Entdecker bringen ihre Funde den Daheimgebliebenen auf ganz praktische Art und Weise nahe: Im Park von St. James in London kann der erstaunte Spaziergänger 1623 einige friedlich grasende Kamele bewundern.

Neben denen, die ihre Forschungsergebnisse zu Papier bringen, greifen auch die zur Feder, die in diplomatischer, kirchlicher oder militärischer Mission unterwegs sind. Selbst Kolonisten und Piraten auf Kaperfahrt lassen es sich nicht nehmen, die Öffentlichkeit – in einer oftmals haarsträubenden Orthographie – mit ihren Beschreibungen zu beglücken. Diese haben vorwiegend faktologischen Charakter – Übertreibungen und kleine Phantastereien allerdings eingeschlossen.

Die Laienschreiber treten in den Hintergrund, als sich ein Großer der professionell schreibenden Zunft der Sache annimmt: Der Journalist Daniel Defoe schafft mit einem fiktionalen Werk – dem Roman *The Life and Strange Surprising Adventures of Robinson Crusoe* (1719) – einen literarischen Evergreen und Bestseller. In aller Welt wird das Buch über den nach einem Schiffbruch auf einer exotischen einsamen Insel gestrandeten Robinson begeistert gelesen. Das Reiseabenteuer wird noch Jahrhunderte später in so genannten 'Robinsonaden' zahllose Nachahmer finden.

Doch nicht nur Abschweifungen in große Ferne kommen beim Lesepublikum gut an. Auch die schriftlichen Belege der *home travels* erfreuen sich großer Beliebtheit. Gleichzeitig ist das 18. Jahrhundert aber auch das Jahrhundert der Bildungsreise auf dem Kontinent. Auf der so genannten *grand tour* sollen adlige Jünglinge einen Teil ihrer höfischen Erziehung genießen. *Journals* und *diaries* überschwemmen den Buchmarkt. Ihre Verfasser preisen die Vorzüge eines Aufenthalts in Frankreich und Italien und brandmarken den Daheimgebliebenen als gesellschaftliche Unperson – wie zum Beispiel Lady Mary Wortley Montagu, die als Frau eines Diplomaten den Kontinent bereist und ihre Erlebnisse in Briefform festhält. So widmen sich auch die großen Autoren des 18. Jahrhunderts dem Topos: von Tobias George Smollett bis Laurence Sterne, von James Boswell bis Henry Fielding. Im Zusammenhang mit dieser Epoche darf auch Jonathan Swift nicht unerwähnt bleiben, der mit *Travels into Several Remote Nations of the World* (1726) – besser bekannt als *Gullivers Reisen* – eine utopisch-satirische Reisebeschreibung geschaffen hat, die die Leser in ein Zwergenland und das Reich der Riesen entführt.

Das 19. Jahrhundert ist dann durch eine eher realistische Art der Reiseschilderungen gekennzeichnet. Autoren machen es sich zum Ziel, über Menschen, Länder und Ereignisse unvoreingenommen zu berichten. Charles Dickens ist – mit seinen *Pictures from Italy* (1846) zum Beispiel – einer der Verfechter dieser realistischen Darstellungsweise, die sich bis ins 20. Jahrhundert fortsetzen wird.

3.2.2 Die amerikanische Reiseliteratur

Rund 800 Jahre nachdem die Heidenheimer Nonne am Schreibpult ihr kleines Werk vollendet hat, setzt Edward Haie 1593 den Grundstein der nordamerikanischen Reiseliteratur. Er erzählt von der Fahrt des Engländers Sir Humphrey Gilbert zu den Ufern des knapp hundert Jahre zuvor entdeckten Kontinents. Das *'New-found-land'* bleibt bis ins 19. Jahrhundert das beherrschende Thema der Reiseliteratur. Es bietet so viel Unbekanntes, dass den Reisenden und Schreibenden kaum Zeit bleibt, sich mit anderen Zielen in der Welt zu beschäftigen. Die Schreiber sind keine Literaten, sondern zunächst "nur" englische Seefahrer. Wie Captain John Smith, der Virginia erforscht und in der Schrift mit dem bemerkenswerten Titel *A True Relation of Such Occurences and Accidents of Note as Hath Hapned in Virginia since the First Planting of that Colony* (1608) über die erste Kolonie in Nordamerika berichtet. Auf die Entdeckung des Kontinents folgen Niederlassung, Ausbeutung und Kolonisation, und nun sind es die Grund- und Bodenmakler, die, um potentielle Käufer zu locken, sich über Landschaft und Klima auslassen. Ganz nebenbei, und unfreiwillig, entstehen weitere Reisedarstellungen von Laien. Bei Streifzügen durch den Kontinent werden viele Siedler von Indianern überfallen und gefangengenommen. Einige, die ein solches Abenteuer überleben, schreiben ihre Erfahrungen auf. Mary Rowlandson verfasst 1682 das erste bekannte Werk dieser Art. Im selben Jahrhundert kommen auch die Quäker ins Land und hinterlassen unzählige Berichte, Reisebeschreibungen und Pamphlete über die Neue Welt, geschrieben von Frauen und Männern gleichermaßen. Als erster Freizeit- und Vergnügungsreisender geht dann Alexander Hamilton 1744 mit den Ausführungen über seine Reise von Annapolis nach Portsmouth in New Hampshire in die nordamerikanische Literaturgeschichte ein.

Das Interesse an geographischen Gegebenheiten, Naturwundern, Flora und Fauna wächst. Auf Expeditionen, die diese Neugier mit frisch gewonnenen Erkenntnissen stillen sollen, ist auch immer ein Chronist mit von der Partie. Manchmal greifen die Anführer der Forschungsreisen sogar selbst zur Feder, wie Jonathan Carver oder William Bartram. Letzterer hält seine Beobachtungen in einem *journal,* einem Reisetagebuch, fest. Unter dem Titel *Reisen durch Nord- und Süd-Carolina, Georgia, Ost- und West-Florida, das Cherokee Land etc.* wurde es 1791 veröffentlicht und avancierte zum führenden Werk über die

Amerikanische Naturgeschichte – berühmt nicht zuletzt wegen seiner gelunge-
nen Beschreibungen der amerikanischen Landschaft.

Diese und andere auf ähnliche Art entstandenen Berichte finden in der alten Welt beim britischen Publikum wenig Anklang. So wenig, dass Sydney
Smith im *Edinburgh Review* vom Januar 1820 schreibt: "In the four quarters of
the globe, who reads an American book?" Einen solchen Affront kann und will
man nicht einfach auf sich sitzen lassen. Und so nehmen sich endlich hauptbe-
rufliche Schreiber der Darstellung ihres Landes an: James Fenimore Cooper und
Washington Irving. Mit ihren Werken, wie *The Wept of Wish-ton-Wish* (Cooper,
1829) oder *Astoria, or Anecdotes of an Enterprise beyond the Rocky Mountains*
(Irving, 1836), überzeugen sie die skeptischen Leser auf der britischen Insel,
dass auch fern von der alten Welt „echte" Literaten zuhause sind.

Nachdem das einmal klargestellt ist, wenden sich die Amerikaner wieder
den wirklich wichtigen Dingen des Lebens zu: nämlich der weiteren Erforschung „ihres" Landes. Einzelne Landstriche und Streckenabschnitte werden
zum Gegenstand zeitgenössischer Literatur. Der *Santa Fe Trail* führt Reisende
und Schreibende nach Texas, Arizona und New Mexiko. Der *Oregon Trail*
bringt sie nach Kalifornien und in die Rocky Mountains. Noch heute findet sich
in vielen Bibliotheken der USA ein Standardwerk zu diesem Thema, Thomas
Jefferson Farnhams *Travels in the Great Western Prairies, the Anahuac and the
Rocky Mountains and the Oregon Territory* (1843).

Im Schlepptau der Entdecker befinden sich auch Missionare und Mormo-
nen, die ihrerseits über ihre Erlebnisse schreiben. Professioneller geht ein er-
folgloser Bergarbeiter zu Werke. Zunächst Journalist, wird er Autor von Welt-
klasse: Mark Twain – bekannt durch Tom Sawyers und Huckleberry Finns A-
benteuer – verfasst auch Geschichten, die sich ausschließlich mit dem Reisen
beschäftigen. Sein Lieblingsthema ist dabei immer wieder das Leben an und auf
dem Mississippi.

Life on the Mississippi (Mark Twain)
44. Kapitel: Stadtansichten (1883)

„Das alte französische Viertel von New Orleans - früher das spanische Viertel -
hat keinerlei Ähnlichkeit mit dem amerikanischen Teil der Stadt: dem amerikanischen Teil jenseits des dazwischen liegenden Geschäftszentrums aus
Backstein. Die Häuser stehen in Blocks zusammengedrängt, sie sind von stren-
ger Einfachheit, würdevoll, einheitlich in der Bauart mit hier und da einer angenehm wirkenden Abweichung; alle sind außen mit Putz versehen, und fast alle
haben lange, von Eisengittern umgebene Veranden, die sich an den verschiedenen Stockwerken entlang ziehen. Ihre größte Schönheit liegt in der satten, war-

men, mehrfarbigen Tönung, mit der Zeit und Witterung den Putz bereichert haben. Sie harmoniert mit der gesamten Umgebung und sieht aus, als gehöre sie auf eine so natürliche Weise dorthin wie das Rot der Wolken zum Sonnenuntergang. Diese reizende Zierde lässt sich nicht erfolgreich nachahmen und ist auch sonst nirgends in Amerika zu finden. Auch die Eisengitter sind eine Besonderheit. Ihr Muster ist oft überaus zierlich und anmutig, beschwingt und leicht - mit einer großen Zahl oder einem Monogramm in der Mitte -, ein zartes Spinngewebe von verwirrenden, verschlungenen Formen aus Schmiedeeisen. Die alten Gitter sind handgearbeitet, jetzt verhältnismäßig selten und dementsprechend kostbar. Sie sind zu Antiquitäten geworden. Die Reisegesellschaft hatte das Vorrecht, zusammen mit dem feinsinnigsten literarischen Genius des Südens, dem Autor der ‚Grandissimes', durch diese alten Viertel von New Orleans zu streifen. In ihm hat der Süden einen meisterhaften Schilderer seines Innenlebens und seiner Vergangenheit gefunden. Die Erfahrung hat mich gelehrt, dass das ungeübte Auge und das unbeschriebene Gemüt den Süden tatsächlich in seinen Büchern besser kennen lernen und ihn mit größerem Gewinn betrachten und beurteilen kann als durch persönliche Bemühungen. [...] Wir besuchten auch die ehrwürdige Kathedrale und den hübschen Platz davor – die eine dämmrig in geistlichem Licht, der andere strahlend in dem der weltlichen Art und lieblich mit Orangenbäumen und blühenden Sträuchern geschmückt; dann fuhren wir in der heißen Sonne durch das Häuserdickicht und in die weite leere Ebene dahinter, mit den Landhäusern und den Wasserrädern zur Entwässerung der Stadt und den Gemeindewiesen, die von Kühen und Kindern bevölkert sind, vorbei an einem alten Friedhof, wo, wie man uns sagte, die Asche eines Piraten der alten Zeit liegt, aber wir glaubten es ihm und besuchten ihn nicht. [...] Von dort aus fuhren wir ein paar Meilen durch einen Sumpf, über eine erhöhte Straße mit Muschelschalendecke, die auf der einen Seite von einem Kanal, auf der anderen von einem dichten Wald gesäumt war, und hier und dort ragte in der Ferne mit winkeligen Ästen und Moosbärten eine zottige Zypressenspitze empor und hob sich scharf gegen den Himmel ab, so wunderlich geformt wie die Apfelbäume auf japanischen Bildern. Das war unser Weg und seine Umgebung. Gelegentlich sahen wir einen gemütlich im Kanal dahin schwimmenden Alligator und gelegentlich malerisch am Ufer einen Farbigen, dessen statuenhaft starre Gestalt sich im stillen Wasser spiegelte und der darauf wartete, dass ein Fisch anbiss."

Weder Mittel- noch Südamerika bleiben vom Forschungsdrang der Nordamerikaner verschont. Die entsprechende Reiseliteratur entsteht. Der Goldrausch zieht die Verstreuten in die Heimat zurück. Wieder wird eine Welle von Reisebeschreibungen ausgelöst. Genauso ist es, als die Planungen für die *Pacific Railway* beginnen. Und nachdem sich auch Scouts und Jäger zur schriftlichen

Niederlegung ihrer Erlebnisse entschlossen haben und *Cowboy Poets* zu Ruhm gelangt sind, haben die Amerikaner endlich wieder Zeit, sich dem Rest der Welt zuzuwenden. Sie bereisen Asien, den Orient, die Südsee, die Weltmeere. Man denke hier nur an Herman Melvilles *Moby Dick* (1851). Kaum ist Alaska im Besitz der USA, zieht es die schreibenden Reisenden auch dorthin.

3.3 Moderne Reiseberichterstattung

3.3.1 Britische Reiseliteratur

Im 20. Jahrhundert überschneidet sich der Kanon bedeutender Reisedarstellungen oft mit dem bekannter Autoren. Viele britische Schriftsteller widmen sich neben anderen Themen auch dem des Reisens, wie D.H. Lawrence, Aldous Huxley, Evelyn Waugh und E. M. Forster. Der versteht seine *Passage to India* (1924) als Antwort auf Rudyard Kiplings verklärte Hommage an die ehemalige britische Kronkolonie *Kim* (1901).

In den dreißiger Jahren scheint das intellektuelle Leben im britischen Traditionalismus zu ersticken. Unter den Schriftstellern bricht das große Reisefieber aus. Berlin. Paris. Moskau. Der Ferne Osten. Sie locken die Insulaner auf den Kontinent. Der Reisebericht avanciert kurzfristig zur dominanten literarischen Gattung. Von der Aufbruchsstimmung lässt sich auch Peter Fleming – ein Bruder des *James Bond*-Erfinders Ian Fleming – anstecken. Der exzentrische Weltenbummler unternimmt eine 6000 Kilometer lange Reise von Peking bis nach Indien. Während dieser Zeit macht er eine zentrale – und enttäuschende – Erfahrung der damaligen Zeit: Die anderen sind immer schon vor ihm da gewesen. Davon lässt sich Graham Greene, Zeitgenosse Flemings, nicht entmutigen: Über Jahrzehnte fällt er dem Laster des Reisens anheim, das ihn von Liberia bis nach Südamerika lockt.

In den fünfziger Jahren dann findet selbst Daniel Defoe noch einen späten Nachahmer: William Golding schreibt seine – moderne – Robinsonade *The Lord of the Flies* (1954), in der es gleich eine ganze Gruppe flugzeugbrüchiger Kinder auf eine einsame Insel verschlägt. Weniger dramatisch geht es in Bruce Chatwins und Neal Aschersons Reiseromanen zu, die dem Interessierten heute auf der Suche nach Lesestoff über die Ferne in die Hände fallen. Dabei steht Ascherson wieder ganz in der Herodotschen Tradition: Als Reporter ist der schottische Historiker in der ganzen Welt unterwegs.

3.3.2 Amerikanische Reiseliteratur

Auch amerikanische Schriftsteller zeigen sich im 20. Jahrhundert immer noch reiselustig. Ernest Hemingway und John Steinbeck arbeiteten für die Reiseressorts großer Zeitungen und verbanden den journalistischen Reportagestil mit literarischen Elementen. Sie waren so Vorbilder für die *new journalists* der sechziger Jahre.

Paul Theroux ist ein Name, der seit 25 Jahren eine wesentliche Rolle in der amerikanischen Reiseliteratur spielt. Er sucht nicht nach exotischen Abenteuern, sondern spürt neugierig den kleinen Begebenheiten des Alltags nach, für die man in vertrauter Umgebung so schnell den Sinn verliert. Er berichtet über Land und Leute, fängt aber gleichzeitig auch das Lebensgefühl des Reisens ein. Sein Buch *The Great Railway Bazaar* von 1975 gilt als Wendepunkt hin zu moderner amerikanischer Reiseberichterstattung.

Diese Gabe ist den angelsächsischen Schriftstellern bis heute nicht verloren gegangen, während ihre deutschen Kollegen das Schreiben über das Reisen verlernt zu haben scheinen. In Großbritannien und den USA füllen Reiseromane die Regale ganzer 'Travel-Sections' in den Buchhandlungen. In Deutschland sucht man dagegen vergeblich nach einer solchen Abteilung.

Literarische Reiseliteratur hat in angelsächsischen Ländern eine lange Tradition. Bei uns führt sie häufig ein Schattendasein:

> „Berlin: Ein junger Mann betritt eine Buchhandlung. Er erkundigt sich nach Reiseliteratur. Die Verkäuferin fragt, wo er denn hin will, um ihn auf das entsprechende Sortiment an Reiseführern verweisen zu können: Kunst-Reiseführer, Abenteuer-Reiseführer, Individualreiseführer, Reisen-mit-Kind-Reiseführer.
> Der Mann will aber gar nicht verreisen. Er will lesen. London: Die Frage nach Reiseliteratur führt zu einem Regal, dessen Bücher nicht nach Ländern, sondern nach Autoren geordnet sind: Bruce Chatwin, James Fenton, Norman Lewis, Jan Morris, Eric Newby, Jonathan Raban, Paul Theroux etc. Im Gegensatz zu Deutschland wird in Großbritannien der zweite Teil des Begriffs ‚Reiseliteratur' ernst genommen. Nicht dass es hierzulande keine guten Reiseberichte gäbe, es kennt sie nur kaum einer. Zugegeben, dass Goethe in Italien war, ist allgemein bekannt. Auch Heinrich Böll hätte Irland als Thema der diesjährigen Frankfurter Buchmesse nicht gebraucht. Ob Alfred Andersch, der über Spitzbergen geschrieben hat, mit Norwegen geholfen wäre, ist schon eher wahrscheinlich. Das ‚Verzeichnis lieferbarer Bücher' vermerkt lapidar: ‚Andersch, Alfred, Hohe Breitengrade. Letzte Auflage 1989, z. Zt. vergriffen, Datum der Neuauflage unbestimmt.'"

(Hager 1997)

Michael Shapiro (2004) fasst in seiner Textsammlung *A Sense of Place* Interviews mit 19 zeitgenössischen, mehrheitlich englischsprachigen und überwie-

gend amerikanischen Reisejournalisten zusammen. Zu Ihnen gehören Tim Ca-
hill (USA), Francces Mayes (Italien), Jonathan Raban (USA), Redmond
O'Hanlon (Großbritannien), Isabel Allende (USA), Bill Bryson (USA), Paul
Theroux (USA), Arthur Frommer (USA), Pico Iver (USA), Rick Steves (USA),
Simon Winchester (USA), Jeff Greenwald (USA), Eric Newby (Großbritan-
nien), Sara Wheeler (Großbritannien), Brad Newsham (USA), Tom Miller (U-
SA), Peter Matthiessen (USA) und Jan Morris (Großbritannien).

3.3.3 Deutsche Reiseliteratur

Das Feld der modernen deutschen Reiseliteratur ist in der Tat alles andere als
weit. Kommerzielle Reiseführer und Spezialzeitschriften dominieren den Markt
und sind so die wichtigste Informationsquelle für den modernen Touristen.

Mit der Veröffentlichung des ersten praktischen Reisehandbuchs von Karl
Baedeker im Jahr 1835 *(Rheinreise von Straßburg nach Rotterdam)* vollzieht
sich ein entscheidender Wandel von der literarischen Reisebeschreibung zum
zweckorientierten, schematischen Reiseführer. Statt den Leser in die fremde
Welt zu entführen und ihm eine ästhetisch-sinnliche Reiseerfahrung anzubieten,
geht es im Zeitalter des modernen Massentourismus um schnelle, praktische
Information, die die Reiseplanung erleichtert und das Programm der Sehenswürdigkeiten vorgibt. Natürlich gibt es Ausnahmen und Mischformen auch
unter den Reiseführern: 1948 erscheint im Verlag *Hoffmann und Campe* die
erste Ausgabe des Reise- und Kulturmagazins *Merian,* das bis heute unverändert
jeden Monat pro Heft eine Stadt, eine Landschaft oder eine Region der Erde
vorstellt. Hier verknüpfen sich in vorbildlicher Manier traditionelle, literarische,
geschichtliche und sinnliche Aspekte der Reisebeschreibung mit praktischen
Informationen. Zurück zur literarischen Reisebeschreibung im 20. Jahrhundert.
Die Weimarer Republik ist eine Zeit der kurzen Form: Tagebuchnotizen, Skizzen, kulturkritische Essays und Reportagen spiegeln die Reiseerfahrungen des
modernen Wanderers, den es allerdings nicht mehr – wie seinen romantischen
Vorgänger – in die unbehauste Natur zieht, sondern in die Großstadt. Die Stadt
wird zum prägendsten Erlebnisraum aller modernen Reiseerfahrung. Vor allem
in den zwanziger und dreißiger Jahren unseres Jahrhunderts avanciert die fremde Metropole zum Hauptanziehungspunkt für Journalisten, Schriftsteller, Künstler. In den Berichten der Zeit spiegelt sich die Mischung aus Faszination und
Beklemmung, mit der die Reisenden dem „Mythos Stadt" begegnen. Während
Ludwig Börne sich bei seinen Spaziergängen durch Paris noch der müßigen
Betrachtung seiner Umgebung widmen kann, wird der moderne Großstadtrei-
sende in den Strom der Lichter sowie der Auto- und Menschenmassen gerissen.

Besonders spektakulär scheint allen Reiseliteraten dabei die amerikanische Metropole New York. War Jerusalem das Mekka des Pilgerreisenden im Mittelalter, so wird New York zum Eldorado des modernen Flaneurs und Freizeitmenschen. Wolkenkratzer, Verkehrslärm, Leuchtreklamen und Straßenlabyrinthe beherrschen die touristischen Impressionen – und ihre literarische Umsetzung. In fast hymnischen Beschwörungsformeln drückt zum Beispiel Alfred Kerr seine Begeisterung für das *Yankee-Land* und dessen urbane Zentren aus (1925). Egon Erwin Kisch steht dem Reiseerlebnis Amerika weniger enthusiastisch gegenüber und versucht, in seinen Reportagen auch die soziale Realität im Land der unbegrenzten Möglichkeiten wiederzugeben *(Paradies Amerika,* 1930).

Neben New York zieht vor allem Moskau viele Reisende an, die in der Stadt den Beginn eines neuen (ideologischen) Zeitalters suchen. Ernst Toller *(Russische Reisebilder,* 1926) ist hier ebenso zu nennen wie Walter Benjamin *(Moskau,* 1927) und Heinrich Vogeler *(Reise durch Russland,* 1925).

Das Dritte Reich und der Zweite Weltkrieg bringen einen massiven Einschnitt in die deutsche Reiseliteratur, und mit Ausnahme der literarischen Umsetzung von Exilerfahrung gibt es zwischen 1930 und 1950 keine nennenswerten Reisebeschreibungen. In der Reiseliteratur nach 1945 lässt sich eine Wendung zu nichtfiktionalen, reflektierenden und autobiographischen Formen erkennen. Ein charakteristisches, trotz aller Stereotypen viel zitiertes Beispiel ist Heinrich Bölls *Irisches Tagebuch* (1957). Zu den fiktionalen Entdeckungen neuer Welten gehören *Die Stimme aus Marrakesch* von Elias Canetti (1967) und Peter Handkes Amerika-Erzählung *Der kurze Brief zum langen Abschied* (1972). Da Phantasie und Wirklichkeit sich gerade beim 'Abenteuer Reisen' nicht immer trennen lassen, hat Kurt Tucholsky recht, wenn er sagt: "Es kommt freilich nicht darauf an, wo man seine Koffer hinträgt; es kommt darauf an, was man nach Hause bringt – im Kopf." *(Das Zeltdorf,* 1932). Zeitgenössische deutsche Autoren beleben das Genre neu: Ausgezeichnet mit dem *ITB Buch Award* für das beste literarische Reisebuch, landete Hape Kerkeling mit *Ich bin dann mal weg,* einer Schilderung seiner persönlichen Erfahrungen auf dem Jakobsweg, einen Bestseller. Unter den heutigen Reisejournalisten sei beispielhaft Andrian Kreye genannt, der in seiner Sammlung *Geschichten von Ende der Welt* (2006) sein Anliegen als Reisereporter wie folgt auf den Punkt bringt: „Denn bei Reportagen geht es nicht nur um Fakten, sondern vor allem um Geschichten".

3.3.4 Die Entwicklung des deutschen Reisejournalismus

Ganz trennen lassen sich Reiseliteratur und Reisejournalismus nicht. Hierzu Gianluca Wallisch, zitiert in Weischenberg (2005) et. al.: 321:

> „Bereits Jahrzehnte zuvor hatten es Autoren wie Egon Erwin Kisch, Joseph Roth, Antoine de Saint-Exupéry, William Faulkner oder Ernest Hemingway meisterhaft verstanden, journalistisches Sujet und literarische Methode zu kombinieren. Das Spannungsverhältnis von Literatur und Journalismus erhielt vor allem im deutschen Sprachraum in den Anfangsjahren des 20. Jahrhunderts in der Diskussion um die ‚neue Sachlichkeit' immer wieder Nahrung für Kontroversen."

Dennoch sei an dieser Stelle noch ein separater Blick auf die Entwicklung des Reisejournalismus geworfen.

Aus den Entwicklungen des Buchdrucks entstand die Idee der regelmäßigen Publikation von Druckwerken – zuerst die Zeitungen, später die Magazine. Aus der Verbindung der Berichte über fremde Länder mit der Journaille entstand der Reisejournalismus. Journalismus zeichnet sich schon definitorisch dadurch aus, dass seine Produkte regelmäßig publiziert *(jour = Tag)* werden. Ein Blick in Reiseberichte der Vergangenheit wie der Gegenwart verdeutlicht allerdings, wie gleitend die Übergänge zwischen Buch und Periodikum sind. Viele Buchautoren waren vorher, nachher oder auch währenddessen Artikelschreiber – was deren literarischer Qualität zu Gute kam.

Es wird berichtet, dass bereits 1782 in Hamburg eine Zeitschrift mit dem Titel *Der Reisende* erschienen sei, sicherlich eine der ersten ihrer Art und eine Ausnahme. Die klassische Art des Reiseberichts fand im Feuilleton der Zeitungen statt. Eine Auswertung der *Berliner Vossischen Zeitung* ergab, dass dort im April 1852 der reisebezogene Anteil an den Artikeln des Feuilletons 14,1 % betrug, bei der *Spenerschen Zeitung* waren es 6,8 % (Becker 1938, zit. in Schmitz-Forte 1995: 28 f). Mit beginnender Reaktion nach 1848 wurde die kritische politische Berichterstattung erschwert, statt dessen wuchs das Reisefeuilleton an, aber wohl nur an Umfang, nicht an Gehalt.

Sehr früh erkannten die Verleger auch die kommerzielle Bedeutung des Reiseberichts. Von dem Urvater der Gesellschaftsreise und Begründer erster Reisebüros Thomas Cook wird berichtet, er habe die (britische) Reisezeitschrift *Excursionist* gegründet. Reisen erfährt im 19. Jahrhundert einen ungeheuren Aufschwung; im Mittelpunkt stand meist die Eisenbahn, manchmal das Schiff. Der begüterte Teil des an Bedeutung wachsenden Bürgertums genießt die neue Mobilität.

In der Zeit vor dem Ersten Weltkrieg wandert die Reiseberichterstattung erstmals aus dem Feuilleton aus und es entstehen abgetrennte Reisebeilagen, etwa bei der *Leipziger Zeitung* unter dem Titel *Aus Bädern und Sommerfri-schen*. Darin sind manche der redaktionell daherkommenden Berichte nunmehr auf Waschzettelniveau, dazu sind sie von Reklamen umgeben. Ein reisejouma-listischer Sonderteil ist bei der *Vossischen Zeitung* 1904 belegt, genannt *Für Reisen und Wandern*. Insgesamt waren vor dem Ersten Weltkrieg wohl schon 50 Zeitungen mit Reisebeilagen ausgestattet. (Wagner 1962, zit. in Schmitz-Forte 1995; 30) Längst waren der Reiseteil und die reisebezogene Werbung eine enge Allianz eingegangen.

Wilmont Haake hat viel zum Feuilleton geschrieben. Das Reisefeuilleton sieht er als Kommunikationsmittel eigener Art:

„1. Sinn und Zweck des Reisefeuilletons

Der Reiz des Reisefeuilletons liegt darin, dass es aus dem Milieu entführt, in dem man lebt, liebt, mit Kindern um sich herum von neuem aufwächst und abermals Augenblicke lang glaubt, jung zu sein. Es vermag den Menschen sogar von seinem Arbeitsplatz in der Fabrik, im Büro, im Hör- oder Lesesaal wie unter Zauberkraft entschwinden zu lassen. Durch Reisefeuilleton wird man gewissermaßen seiner Umgebung entrückt. Vor- und Nachgeschmack möglicher Reisegenüsse bietet es in Fülle. Zunächst freilich kaum mehr als dies, denn will man die notierten Genüsse wirklich kosten, gilt es, dem Reiserat zu folgen. Dann tue man sich selbst fern von Gewohnheit und Gewühl um, mag das in Badenweiler oder bei Positano, auf Sylt oder zu Dubrownik geschehen! Was erwartet den Lesenden allen Ortes? Gewisser-maßen im voraus in eine andere Szenerie des Welttheaters. Auf dem Hintergrunde herrlicher Landschaften, vor anderen Stadtkulissen und in anderen Kostümen wer-den überall zwar ewig wechselnde, im Kern allerdings zumeist gleichartige Szenen gespielt. Ihnen nur zuzuschauen bereitet schon Freude. Nur allzu gern sind die Menschen bereit, an ihnen indessen nicht nur als passives Publikum, sondern als a-gierende Komparsen teilzunehmen und, dank der in den Reisefeuilletons ausge-sprochenen Einladung, mitzuspielen. Gut geschriebene Reisefeuilletons stellen Ver-sprechungen auf noch nicht Erfahrenes, noch nicht Geschehenes, noch nie Erlebtes dar. Sie wecken Neugierde – und damit verlocken sie zum Abenteuer. Aus solchen vorweggenommenen Umschreibungen des Reisefeuilletons geht nebenbei hervor, dass sie für Länder und Landschaften, Städte und Stadtschaften, Theater und Muse-en, Kurorte und Ausflugsziele, Dampfschiffe und Schwimmbäder werben. Dem-nach stehen sie im Dienste einer optimistischen und heiteren Publizistik. Sie ist so menschenfreundlich und liebenswürdig, dass sie es nicht ablehnt, Verliebte darüber zu beraten, wo sie ihr Glück im Winkel (es muss nicht immer Reit in Oberbayern sein) finden können."

(Haake 1967: 306 f.)

Die Nähe von Umfang und Erscheinungsbild der Reiseberichterstattung zur politischen 'Großwetterlage' ist unverkennbar. Der erste Weltkrieg erstickte die

Möglichkeiten für 'Lustreisen', nun nutzte das Militär die Verkehrsverbindungen. In der frühen Weimarer Republik hatten die Bürger andere Probleme. Eine eigene, pervertierte Form der Reiseschreiberei entstand im Dritten Reich, in dem staatlich organisiertes Reisen im Stile von 'Kraft durch Freude' zum festen Bestandteil der nationalsozialistischen Propaganda wurde. Dabei wurde das Reisen nicht nur im Sinne von 'Zuckerbrot und Peitsche' zur Lockung der skeptischen Massen genutzt, der Urlaub selbst wurde zum Kalkül in der Politik des Größenwahns. Adolf Hitler dazu: "Ich will, dass dem Arbeiter ein ausreichender Urlaub gewährt wird und dass alles geschieht, um ihm diesen Urlaub [...] zu einer wahren Erholung werden zu lassen. Ich wünsche das, weil ich ein nervenstarkes Volk will, denn nur allein mit einem Volk, das seine Nerven behält, kann man wahrhaft große Politik machen." (angeblicher Führerbefehl, zit. in: Spode 1996: 18).

Interessanterweise wurde im Dritten Reich der Reisejournalismus selbst erstmals zum Thema wissenschaftlicher Durchleuchtung, das große Interesse der Diktatoren an Kommunikation widerspiegelnd. Ernst Groth promovierte 1941 zu dem Thema *Die Zeitung im Dienste des Fremdenverkehrs. Die Reisebeilage der Tageszeitungen und ihre „politische Aufgabe"*. Der Autor zählte 1939 bereits 395 Tageszeitungen, die Reisebeilagen enthielten. Er begrüßte, dass der Fremdenverkehr im neuen Reich mit ganz anderen Augen gesehen werde, da er nun mit nationalsozialistischen Grundsätzen und Lebensanschauungen verwoben sei (Groth 1941, zit. in Schmitz-Forte 1995: 30 f.). Was den glühenden Nazipropagandisten offensichtlich nicht störte, war die von ihm beschriebene unheilvolle Indienststellung der Presse durch die Fremdenverkehrsförderung – solange sie nur unter NS-Vorzeichen erfolgte.

Der Zweite Weltkrieg führte zur nächsten Zäsur im Gewerbe der Reiseschreiberei. Erst mit dem beginnenden 'Wirtschaftswunder' nach der Währungsreform und der Gründung der Bundesrepublik 1949 konnten die Westdeutschen wieder an Ausflüge denken. Die deutschen Konsumenten holten nach, der „Fresswelle" folgte die „Reisewelle". Die *Süddeutsche Zeitung* begann 1949 mit ihrer ersten Reisebeilage, der *Kölner Stadt-Anzeiger* 1950 (wie Schmitz-Forte in seiner sorgfältig erarbeiteten Dissertation 1995 darlegt). Die inhaltsanalytischen Studien ergaben, dass die Reiseberichterstattung im Volumen stark zunahm, zudem sich die Themen mit den veränderten Reisegewohnheiten änderten. Gleichwohl gab es auch Konstanten, etwa indem viele Reiseziele mit recht unwandelbaren Etiketten versehen wurden; der Deutsche ließ sich seine Stereotype nicht nehmen.

Unverkennbar ist weiterhin, dass der Reisejournalismus zunehmend dem 'System Tourismus' unterworfen wurde, das er zu stabilisieren angetreten war. "Für die Zeitung als Wirtschaftsbetrieb ist der Verkauf von Anzeigenraum die wichtigste Einnahmequelle. Touristikanzeigen sind ein lukrativer Teilbereich des Anzeigengeschäfts. Die Reisebeilagen bieten den Inserenten einen Rahmen, innerhalb dessen sie ihre Anzeigen um so wirkungsvoller platzieren können." (Schmitz-Forte 1995: 395).

In dieser Darstellung sollte deutlich geworden sein, welch lange Geschichte hinter der aktuellen Reiseberichterstattung steht, wie differenziert sie auf gesellschaftliche Großtrends reagierte, wie Erwartungen der Touristikindustrie und Gewohnheiten der Leser sie veränderte. Selbst die Annoncenabhängigkeit der Reiseberichte hat ihre Geschichte – bleibt zu hoffen, dass die so bombardierten Konsumenten über die Jahre angesichts immer neuer und immer raffinierterer PR-Bemühungen kaltblütig und nüchtern abwägend geworden sind und gelernt haben, die fundierte Reportage vom bestellten Jubelbericht sorgsam zu trennen.

4 Handwerkszeug der Reisejournalisten: Der Text

"Let me get this straight. You're travelling around the world. You're not spending any of your own money. And you're being paid to do this?"

(George 2005: 8)

Die vorherrschende Form, in der Reisejournalismus stattfindet, ist nach wie vor die gedruckte Reisereportage (vgl. Kap. 6). Die Reportage gilt als Königsdisziplin im Journalismus und eignet sich durch ihre atmosphärische Dichte in besonderem Maße als Darstellungsform im Reisejournalismus. Aber auch andere Formen kommen zum Zuge: kleine Meldungen, Nachrichten, ab und zu ein Bericht oder auch ein Interview. Glossen und Kommentare haben ebenfalls ihren Platz auf den Reiseseiten. In der Folge werden die einzelnen journalistischen Darstellungsformen und ihre Bedeutung für den Reisejournalismus beschrieben und mit konkreten Beispielen aus der Praxis illustriert.

Journalistische Darstellungsformen werden von verschiedenen Autoren unterschiedlich klassifiziert.

Unterteilung nach Mast (1998: 221 f.):

- *Tatsachenbetonte* (referierende) Formen: Nachricht (als Wortnachricht: Meldung und Bericht, aber auch als Bildnachricht: Foto und Infografik), Reportage, Feature, Interview, Dokumentation.

- *Meinungsbetonte* Formen: (politisch urteilender) Leitartikel, Kommentar, Glosse, Kolumne, Porträt, Karikatur, (politisches) Lied und (vorwiegend ästhetisch urteilende) Buch-, Theater-, Musik-, Kunst-, Film-, Fernsehkritik, politisch oder ästhetisch urteilendes Essay.

- *Fantasiebetonte* Formen: Zeitungsroman, Kurzgeschichte, Feuilleton (kleine Form), Spielfilm, Hörspiel, Fernsehspiel, Lied (auch in Form des Schlagers), Comics, Witzzeichnungen.

Unterteilung nach La Roche (2006: 69 ff.)

- *Informierende* Darstellungsformen: Nachricht, Bericht, Reportage, Feature, Interview und Umfrage, Korrespondentenbericht und analysierender Beitrag.
- *Meinungsäußernde* Darstellungsformen: Kommentar, Glosse, Rezension.

In der Realität finden sich selten journalistische Darstellungsformen, wie in diesem Kapitel beschrieben, in Reinform. Die Mischformen überwiegen.

Unterteilung nach Weischenberg (2001: 49 ff.)

- Nachrichten-Darstellungsformen: Nachricht, Bericht
- Meinungs-Darstellungsformen: Kommentar, Glosse
- Unterhaltungs-Darstellungsformen: Feature, Reportage, Porträt

4.1 Vorbereitung und Recherche

„Das Recherchieren ist im engeren Sinne ein Verfahren zur Beschaffung und Beurteilung von Aussagen über reales Geschehen, die ohne dieses Verfahren nicht preisgegeben, also nicht publik würden. Im weiteren Sinne ist es ein Verfahren zur Rekonstruktion erfahrbarer, d. h. sinnlich wahrgenommener Wirklichkeit mit Mitteln der Sprache."

(Haller 2004: 246)

Reisejournalisten bereiten sich gründlich auf eine berufsbedingte Reise vor. Hierbei sind Reiseführer ein klassischer Einstieg. Wichtig inzwischen sind auch die verschiedensten Internetquellen, die zu einer Destination bestehen: von wissenschaftlichen Datenbanken über die offiziellen Websites der Fremdenverkehrsämter bis zu privaten Weblogs steht eine enorme Menge an Daten zur Verfügung. Das Auswärtige Amt ist ebenfalls eine ungemein relevante Informationsquelle, besteht doch hier die Möglichkeit, etwas zur aktuellen Sicherheitslage des jeweiligen Landes zu erfahren. Darüber hinaus sind der vorbereitenden Lektüre je nach Zeit und Aufwand keine Grenzen gesetzt: Literatur über Wirtschaft, Geschichte, Geographie, Politik und Kultur eines Landes oder Fotobände sind meist reichlich vorhanden, ebenso die Werke von Schriftstellern, die ihre Reiseerfahrungen literarisch verarbeitet haben. Experten und Informanten können sowohl im Heimatland als auch vor Ort ganz wichtige Informationsquellen sein. Unerlässlich ist oft auch ein Dolmetscher, der gleichzeitig eine Funktion als Führer haben kann. Manche Reisejournalisten lassen sich ihre Reisen von spezialisierten Reisebüros organisieren, die verschiedenste organisatorische Sonderwünsche realisieren. Rechtzeitig müssen – wie bei jeder Auslandsreise – Einreisebestimmungen, Visum und nötige Impfungen besorgt bzw. erledigt werden.

Roderich Reifenrath (2006: 129 f.) äußert sich zum Thema Recherche wie folgt:

„Ein guter Rechercheur arbeitet ergebnisoffen. Wer sich auf den Weg macht, um sich nur noch seine stabilen Vermutungen oder seine bereits zum unüberwindbar Vorurteil verbogenen Meinungen bestätigen zu lassen, wer demnach entlastende Elemente nicht wahrnimmt oder bewusst sogar ausklammert, wird irgendwann – wenn dies Methode hat – gewaltig einbrechen. Marion Gräfin Dönhoff, die im März 2002 verstorbene Mitherausgeberin der *ZEIT* und eine der ganz großen Persönlichkeiten im deutschen Journalismus, hatte sich am 23. Oktober 1987 in ihrem Blatt zu diesem Problem so geäußert: ‚Niemand ist ganz frei von Vorurteilen, und kaum einer der Rechercheure, der nicht auf der Jagd nach der Wahrheit – seiner Wahrheit – genau die Spuren entdeckt, die zu finden er ausgezogen war.‘ Häufiger als vermutet kann die Spurensuche auch in einer Sackgasse enden, totrecherchiert. Dann bleibt vom Anfangsverdacht nichts übrig, und zu fragen ist, wie mit den aussageschwachen Fragmenten umgegangen werden soll. Wie auch immer: Im Zweifel die ganze Geschichte zu den Akten legen und sich nicht verführen lassen, Storys mit Andeutungen aufzutischen, die nichts bewirken, aber Menschen belasten."

(vgl. zu dieser Thematik auch die Kap. 2 und 8)

Die einzelnen Phasen der Recherche lassen sich untergliedern in die Vorrecherche vor Reiseantritt, die Recherche während der Reise und die anschließende Nachrecherche. Eine gute Recherche kann als Qualitätsmerkmal journalistischer Arbeit dienen. Hierbei ist die Überprüfung der gewonnen Informationen auf ihre Gültigkeit hin unerlässlich.

4.2 Die Reportage

Die Reportage ist sicher eine der schönsten, aber auch eine der anspruchvollsten Darstellungsformen im Journalismus. Der Reisejournalismus in Print, TV, Hörfunk und Internet arbeitet in der Hauptsache mit dieser Darstellungsform.

Reportage kommt aus dem Französischen (lat. reportare = zurückbringen, überbringen, vgl. hierzu auch Kap. 3) und wurde in Deutschland ca. seit Anfang des 20. Jahrhunderts als Begriff verwendet.

„In der Journalistik des deutschen Sprachraums wird heute mit Reportage der als subjektive Erzählung aufbereitete Tatsachenbericht eines Beobachters bezeichnet, der als Augenzeuge am Ort des Geschehens war und das Beobachtete einerseits mit Faktischem, andererseits mit persönlichen Eindrücken, nicht jedoch mit Meinungsäußerungen durchsetzt."

(Reumann 1994: 102)

Die Reportage soll für den Adressaten eine besondere Nähe zum Geschehen herstellen. Probates Mittel ist hierbei der so genannte „szenische Einstieg", d. h. der Leser/Zuhörer/Zuschauer (im Nachfolgenden nur Leser genannt) wird unmittelbar in das Geschehen hineingeworfen. Die Reportage transportiert ihre Geschichte in der Regel über Menschen. Dies können so genannte „guides" sein, Menschen, die quasi durch die Geschichte führen oder auch der Autor selbst, indem er die Ich-Perspektive verwendet, was in der Reportage erlaubt ist. Es empfiehlt sich, mit der Ich-Perspektive sehr sparsam umzugehen. Sie darf nur als Unterstützung der Geschichte dienen und sich nicht dahingehend verselbstständigen, dass der Autor den Leser über jede seiner Befindlichkeiten informiert. Der Leser interessiert sich für die Story und nicht für den Autor. Insgesamt hat die Reportage einen erzählenden Stil.

Ein weiteres Charakteristikum der Reportage sind Brüche und Wechsel. Diese können sich beziehen auf:

- Orte
- Perspektiven
- Chronologie
- Wechsel der Tempi
- Nähe und Distanz
- Wechsel der formalen Mittel (vg. hierzu auch Mast 1998: 244 ff.)

Hierbei kann man sich den Journalisten als Kamera vorstellen: Er übermittelt ein unmittelbares Bild des Geschehens, und zwar 1:1, d. h. ungefiltert. Wie bei einem Film kann er dabei mit Szenenwechseln, Rückblenden, Nah- und Ferneinstellungen und Perspektivwechseln jeder Art arbeiten. Vergleichbar mit Musikvideos, deren Schnitte im Laufe der Zeit immer schneller wurden, nahmen auch die Wechsel und Brüche in der Reportage zu. Die Reportage arbeitet so konkret und anschaulich wie möglich (Haller 2006: 151) und verwendet daher viele Bilder, O-Töne/Zitate und Vergleiche.

„Sie [die Reportage] soll eine Art Drehbuch sein für einen Film, der im Kopf des Lesers abläuft. Rückblenden, harte Schnitte und Überblendungen, die Totale, der

Ausschnitt – aller Stilmittel des Films kann sich auch die Reportage im Printmedium bedienen. Mit dem unschlagbaren Vorteil, die Phantasie des Lesers viel mehr nutzen zu können als es jede Elektronik vermag. Denn wo Fernsehen nur Abziehbilder liefern kann, da kann das Wortbild tiefer dringen, kann gar ‚Seelenlandschaften' beschreiben."

(Haller 2006: 248)

In der Literatur wird die Reportage mal den subjektiven, mal den tatsachenorientierten Darstellungsformen zugeordnet. Für die Subjektivität spricht die Ich-Perspektive, für die Tatsachenorientierung der Fakt, dass die Reportage nicht in dem Maße wertet wie beispielsweise der Kommentar, sondern Atmosphären, Stimmungen und Milieus transportiert.

Was ansonsten eine gute Reisereportage ausmacht: Hierzu haben sich Praktiker des Reisejournalismus in den Kapiteln 6 und 7 geäußert. Mehrere Beispiele für Reisereportagen befinden sich außerdem in Kapitel 6.

4.3 Exkurs 1: Anleitung für eine etwas andere Reisereportage

Eine erschreckende Anzahl von Reisereportagen lebt aus ihrer Normalität, um nicht zu sagen Banalität, heraus: Anreise zu einem Ziel, der Aufenthalt vor Ort, die Schönheit der Landschaft, die Buntheit der Folklore, die Freundlichkeit der Menschen, Essen und Schlafen. Zum Abschluss muss leider tränenreich von paradiesischer Umgebung wieder Abschied genommen werden. Bleiben Wünsche offen, so helfen die Ratschläge im Serviceteil. Das alles wird dem Leser als Geheimtipp verkauft, den der offensichtlich konspirativ reisende Journalist mir – dem geschätzten Reisekenner – ganz speziell zuteil werden lässt. Über Sponsoren und deren Interessen erfahren wir nichts. So oder ähnlich hat es die Touristikindustrie wohl gern, und so kommen leider auch viele Reisereportagen daher. Diese Schlichtheit langweilt, oft ist sie peinlich in ihrer Klischeehaftigkeit. Schlechter Reisejournalismus lebt auch von beliebigen Versatzstücken. Im Extremfall könnte man einen Baukasten entwerfen, aus dem sich jeder im Sinne einer „public domain" bedienen kann, dem nichts mehr zu seinem Thema einfällt. Nehmen wir einmal diesen Beginn einer Reportage:

„Jede Stadt hat ihre magischen Orte. Wo ihr Herz schlägt, wo der Besucher ihren Rhythmus und ihre Seele spürt, wo sie sich ihm zeigt in all ihrer Schönheit oder Verdorbenheit, wo er sie lieben oder hassen lernt."

(stern Nr. 8 1997: 103 – Reisesonderteil)

Für den Autor mag es der Vorteil eines derartigen Allgemeinplatzes zu sein, dass er universell einsetzbar ist. Aus der Schublade zu ziehen, wenn ihm nichts Spezifisches einfällt. Aber Qualität entsteht so nicht. Es handelt sich übrigens um Sydney, Australien – wären Sie darauf gekommen?

Hier werden einige Beispiele vorgestellt, wie man sich äußerer Thematik und innerer Dramaturgie einer Reisereportage einmal ganz anders nähert. Es handelt sich dabei um bereits gelaufene Projekte, gleichwohl soll nicht das Abkupfern unterstützt werden. Vielmehr geht es um eine andere Herangehensweise, bei der eine Reportage herauskommt, die eingefahrene Bahnen verlässt, unkonventionell und für den Leser überraschend.

4.3.1   Das „verlorene Paradies"

Die Vorstellung eines Paradieses ist eng mit der Ferne verbunden. Seit der Vertreibung von Adam und Eva liegt dieses Paradies der Christen immer woanders. Paradiese gibt es in vielen Religionen und Mythen rund um die Welt. Eine Erklärung dafür mag sein, dass tief im kollektiven Gedächtnis des Homo Sapiens die Erinnerung an die eigene Herkunft bewahrt ist: Ein Land von mildem Klima und harmonischer Natur – so wie die Wiege der Menschheit in der Savannenlandschaft des afrikanischen Hochlandes aussah (Zimmer 1991: S. 56-64). Zurückkehrende Weltreisende haben in der Vergangenheit oft behauptet, sie hätten das Paradies gefunden – etwa in Amerika oder der Südsee. Gerade in schlechten Reportagen taucht das Etikett paradiesisch besonders häufig auf.

Längst ist das Paradies kommerzialisiert, in den Reiseprospekten ist der Begriff abonniert, der Garten Eden führt geradewegs zum Eden Hotel. Wer auf derartige Versprechungen hereinfällt, nun, dem ist nicht zu helfen. Die *ZEIT* machte sich 1995 einen Spaß daraus, unter dem Titel „Paradise Island" den ganzen Schmus der schreibenden Reisebranche in eine geschlossene Darstellung zu bringen (vgl. hierzu auch Kap. 2). Fündig wurden die Autoren in Zeitungen von A bis Z, von *abenteuer und reisen* bis zu *ZEIT*-Artikeln im eigenen Haus. Eine Kostprobe: „Fröhliche Menschen singen und tanzen, legen frische Blütenkränze auf fremde Schultern. Die sanfteste aller Weisen erklingt, das Lied von der Dankbarkeit, hier leben zu dürfen. Geformt wie ein Schmetterling, liegt die Insel inmitten der blauen Weite des Ozeans. Sie wirkt so unberührt, so glückstrunken, wirklich wie ein zurückgeholtes Paradies." (Loppow/Krohn 1995)

Wie viel intelligenter erscheint es da, die Trauer um das unwiederbringlich verlorene Paradies ironisch zu brechen und ganz neu aufzuarbeiten. In einer Reportage von *GEO SAISON* zum Thema „Die Suche nach dem Paradies" wurden in den USA alle 19 Orte aufgesucht, die auf den Namen „Paradise" hören

(Shnayerson 1996). Dabei handelt es sich um mehr oder weniger vergessene Ansiedlungen in der Weite des Landes, irgendwo zwischen Texas und Washington State. In dieser „wahrhaft biblischen Mission" von Autor und Fotograf wird nicht eine Anleitung zum Nachreisen gegeben, dazu sind die Nester viel zu sehr über den ganzen Kontinent verstreut. Vor allem wird ein Einblick in tiefste Provinzialität eröffnet, werden Menschen beleuchtet, die in das „Paradies" einzogen sind, und denen es nicht anders geht als uns. Ironisch wird so die Trauer aufgearbeitet, dass viele Einwanderer einst in Amerika das Paradies suchten und in öder Provinzialität strandeten.

4.3.2 Reisen als Fortbewegung

Wer in die Wortgenese der Begrifflichkeit vom „Reisen" und „Wandern" einsteigt, der wird feststellen, dass hier viel Deutsch-germanisches enthalten ist, ohne Entsprechung in anderen Sprachräumen. Auf jeden Fall verweisen die Begriffe auf Ortswechsel und Unterwegssein, aus einer Zeit stammend, da Pauschaltourismus und Sonnenbaden noch gänzlich unbekannt waren.

Historisch gesehen ist Reisen immer Arbeit gewesen, das englische „travel" ist mit dem französischen „travail" für Arbeit verwandt. Auch neuere Begrifflichkeiten, etwa die des Tourismus, seit ca. 1800 im Englischen belegt, betonen die Tour, also die Bewegung in Form eines Rundgangs oder einer Wanderung. Erst Begriffe wie Urlaub und Ferien lösen die Reise von der Anstrengung, knüpfen an die Freistellung vom Dienst (Urlaub) oder meinen die schulfreie Zeit (Ferien). In dieser modernen Bedeutung ist jeder Bezug zu Fortbewegung geschwunden. Nun wird der ‚Urlaub auf dem eigenen Balkon' möglich, die Reise dagegen nicht (zur Begrifflichkeit: Opaschowski 1989: 11-28).

Die wirkliche Reise ist immer mit einer Ortsveränderung verbunden. Reisen bildet bekanntlich, danach sind wir „be-wandert" und „er-fahren". Auch uns erscheint das ständige Unterwegssein meist noch als Krönung der Reisetätigkeit, der Pauschaltourist wird belächelt. Eine ganze Kategorie von Berichten widmet sich dem Metier der Fortbewegung. Eine Sondernummer des *ZEIT-Magazins* steht unter dem Motto „Man reist ja nicht, um anzukommen" (Unterwegs sein 1995: 6ff.). Deutlich wird dabei, dass weit mehr möglich ist als Charter-Flieger und Mietauto. Vorgeschlagen werden Eisenbahnreisen quer über sämtliche Kontinente, Frachtschiffrouten, Segeljacht-Törns, Reisen mit einer PS (also auf dem Pferderücken), Abenteuer mit Heißluftballon und Schlittenhunden. In konkreten Reports geht es um Skiwandern zwischen Dörfern in Lappland, eine Fahrt auf dem Mekong – 4900 km von der Quelle in Tibet bis zur Mündung in

Vietnam, mit der U-Bahn um die Welt (geht nur virtuell im Computer), mit dem Fahrrad nach Rom oder einfach zu Fuß durch die Dolomiten. Die Welt vom Verkehrsweg aus betrachtet, das schafft eine ganz neue Perspektive. Zumal die Fortbewegung auch die Art bestimmt, wie wir die vorbeigleitende Landschaft aufnehmen. Eine stimmungsvolle Reportage muss diese Eindrücke einfangen und wiedergeben können. Schon in der Postkutsche unterhielten sich die Reisenden über das Erfahrene. „Angenehme Gesellschaft und gutes Wetter sind die vorzüglichsten Bedingungen einer vergnüglichen Reise", so wird ein Bericht von 1810 zitiert (Beyrer 1991: 138). Oft wird das Verkehrsmittel zum Selbstzweck. Dann kann man selbst dem allerweltlichen Automobil noch neue Seiten abgewinnen: „Die Reise als Roadmovie" (Unterwegs sein 1995: 7). Zum Stereotyp ist es dann nicht mehr weit. Vielen Ausländern fällt bei den Deutschen vor allem deren Neigung zur Raserei auf den letzten Highways ohne Geschwindigkeitsbegrenzung auf. „The brainchild of Adolf Hitler [...] ha[s] long been the envy of petrolheads in the Western World." Und zum (angeblichen) deutschen Nationalsport, dem Stau: „you can be Michael Schumacher in a red Ferrari and drive as fast as your tiny Trabant will take you." So sah es zumindest ein Autor in der *Travel Section* des *Australian* aus Sydney (17. Aug. 1996).

4.3.3   Literatur nachreisen

Wie oft ist schon der Versuch gemacht worden, auf Goethes Spuren nach und durch Italien zu reisen? Sehr originell ist das nicht mehr, zumal auch manch ein Reisender im deutschen Traumland Italien den Goethe schon im Original mitnimmt. Aber die Eindrücke von früheren Reiseberichten einzubeziehen, das verleiht einer Reportage doch einen Hauch von Klassik und Exklusivität. Bereits im ersten Kapitel dieses Buches haben wir einen Überblick gegeben und viele historische Darstellungen mit konkreten Hinweisen der besuchten Orte versehen. Das soll nicht wiederholt werden, hier geht es um zeitgenössische Autoren und deren Bezug zum Reisethema.

Wer mit dem Mietwagen in den USA unterwegs ist, dem sei angeraten, Jack Kerouac zu lesen, dessen *On the Road* von 1957 Furore machte, erst in Amerika, inzwischen auch bei uns. Wie kein anderer lebte er die Unruhe und Entwurzelung vieler Amerikaner aus und raste wie ein Besessener kreuz und quer durch die USA, immer auf der Suche nach Abenteuer und Freiheit und Rausch und Gott und dem wahren Geist Amerikas (wie es in einer *ZEIT*-Reportage heißt). Auf seiner Spur die USA neu zu entdecken, das kann nicht danebengehen. Zumal, wenn gerade auch noch eine neue Verfilmung von Kerouacs bekanntestem Opus herausgekommen ist. Kerouac ist heute schon ein Klassiker in den USA, und Bars, Motels und Restaurants entlang seiner Piste – darunter die notorische Route 66 – bekennen sich inzwischen stolz zu ihm. In San Francisco gibt es eine Kerouac Lane. Viele andere literarische Vorlagen eignen sich für ein ähnliches Unterfangen.

Wer kommt schon darauf, dass sich ein berühmter Kriminalroman von Friedrich Dürrenmatt als ideale Besuchsanleitung für die Region Bielersee in der Schweiz entpuppt. Von *Der Richter und sein Henker* heißt es in einem Artikel: „So kann man mit dem Roman als Wander- und Reiseführer in der Hand auf Tour gehen." (Schaefer 1996: 47). Offensichtlich ließ Dürrenmatt seine Schurken vor einer Bilderbuchkulisse agieren, die gegenüber vielen anderen Krimis den Vorteil hat, auch real zu existieren. So viele Synergie-Effekte wirken sich auf den Service-Teil aus; dort wird nicht nur der Verkehrsverbund Biel-Seeland genannt, es gibt auch Verweise auf das Dürrenmatts Buch und dessen Verfilmung.

Ein ähnliches Bild entwirft die Reportage „Die mörderische Eifel". Darin wird eine Einführung in das recht neue Phänomen des Eifel-Krimis gegeben. Begleitet von einer Karte mit Hinweisen auf die Stätten des grausigen Tuns. In der Umgebung von Bitburg heißt es „Bitte ein Mord" (so auch ein Krimi Titel). Wir erfahren, dass hier nicht nur die geruhsame Provinz gebietet, sondern den Urlauber auch eine brisante Mischung übler Gestalten erwartet: „Im Bundeswehrdepot wimmelt es von Spionen; Kölner Loddel mit Spitznamen wie Koks-Frenzi und Dom-Bomber fallen ein, Dorftresen werden zu konspirativen Treffs von Agenten des BND, der CIA und des KGB; in Provinzdiskotheken geben sich Ecstasykuriere die Klinke in die Hand ..." (Kieffer 1997). Die meisten Sommerfrischler nutzen die Ferien, um zu lesen. Warum also nicht die Lektüre mit der bereisten Nahwelt korrespondieren lassen? Ist das Wetter gut, werden die Tatorte erkundet, ist es schlecht, wird geschmökert. Bleibt man ganz daheim, hat man zumindest gute Lesetipps erhalten.

4.3.4 Die politische Reise

Bei erster Annäherung scheint der Reisejournalismus unpolitisch zu sein. Die harten, oft bedrückenden Fakten aus den anderen Teilen der Welt werden in den Ressorts Politik und Wirtschaft ,verwaltet', die Reise zählt zur Freizeit, von ihr wird geradezu verlangt, dass sie ein ablenkendes, die Phantasie beflügelndes Bild der Welt entwirft. Das ,garstige Lied' der Politik wirkt da völlig deplatziert. Man könnte es so sehen. Dennoch: Welche Berichterstattung ist schon unpolitisch? Weder das Kleinschreiben der ökologischen Zerstörungen durch den Tourismus ist es, noch das Ignorieren des Elends und der Ungerechtigkeiten in vielen Zielländern. Schon in der Auswahl der Reisegebiete werden Präferenzen deutlich. Derzeit wissen die Chefs, dass z.b. Hefte zu den Schönheiten der USA, Kanadas und Australiens Selbstgänger sind. Alles auch politisch stabile Länder.

Für den Journalisten stellt sich immer neu die Frage, ob er ausgetretenen Pfaden folgen soll, oder ob er das Experiment suchen will und die Reise in politisch kritische, aber genau deswegen auch interessante Gebiete propagieren soll. Hier werden innere Widersprüche des touristischen Konsumenten deutlich. Er will den Massenbetrieb von Mallorca vermeiden, gleichwohl sollen vertraute Ruhe und Berechenbarkeit am Zielort garantiert sein. Vieles von den daheim verlorenen Welten – unverfälschte Ursprünglichkeit und Distanz von westlicher Zivilisation – finden wir zudem gerade in politisch heiklen Gebieten. Wo ist Asien noch ursprünglicher als im von den Militärs unter Verschluss gehaltenen Burma/Myanmar? Wo lässt sich islamischer Alltag besser studieren als im Iran der Ayatollahs?

Der Journalist wird immer für das verantwortlich sein, was er empfiehlt: Sind Diktaturen darunter, Länder, in denen Frauen und Kinder gegen Geld verkauft werden, in denen sich kleine Oligarchien am Geld der Touristen bereichern, in denen die Natur vernichtet wird? Der Journalist ist bereits bei der Auswahl des Ziele ein – wie es der Kommunikationswissenschaftler nennen würde – klassischer Gatekeeper, der selektiert und bestimmt, welche Gebiete überhaupt ins Bewusstsein der Reiseinteressierten gerückt werden. Aber seine Aufgabe muss auch sein, eingefahrene Vorurteile auszuräumen, etwa deutlich zu machen, dass der einstige ‚Kriegsgegner' des Westens, Vietnam, heute ein wunderschönes Reiseland abgibt.

Zu der theoretischen Unmöglichkeit, unpolitische Reportagen zu schreiben, tritt ein zweites Moment. Immer wieder entstand in der Geschichte der Berichterstattung über eigene Reisen das Bedürfnis, Sozialkritik einfließen zu lassen. So eine Faszination ging früher z.b. vom politischen Frankreich aus, nachlesbar in den Berichten zur französischen Revolution von Joachim Heinrich Campe (1790) oder Gerhard Anton von Halem (1791). Später sandten Heinrich Heine und Ludwig Börne ihre Korrespondenz und Briefe aus Paris in die Heimat (Wuthenow 1980). Dabei wurde nicht nur kritisch durchleuchtet, was am Zielort geschah, die Botschaft richtete sich ja an die Daheimgebliebenen und war auf sie gemünzt. Diese Praxis, in der Fremde das Eigene kritisch zu beleuchten, wandte übrigens schon der römische Schreiber Tacitus in seinem Bericht über die Germanen an, deren erster Triumph über die imperiale Militärmaschine er mit germanischer Sittentreue begründete – römische Dekadenz gegen germanische Unverdorbenheit.

Aus alledem ergibt sich, dass Ausflüge in die Politik nicht nur geboten sind, um das Bild von der Welt abzurunden. Sie geben vielen Reportagen erst Farbe und Aktualität.

Hier einige Beispiele:

- Machtwechsel in Hongkong: Es ist Tatsache, dass die touristischen Buchungen in der Kronkolonie vor der Übernahme durch die Volksrepublik China 1997 noch einmal Rekordhöhe erreichten. Wie sehen die Jahre des Übergangs aus? Wie bereitet sich die Stadt auf die neue Situation vor? Was ist von den neuen Machthabern zu erwarten und wie sichtbar werden sie sein? *(ZEIT 46/1996: Schon regiert China mit* von Bernd Loppow).
- Militärs in New Mexico, USA: Eine grandiose Landschaft, kaum besiedelt, aber auch das traditionelle Terrain des US-Militärs mit riesigen Manövergebieten, wo immer noch – im Geheimen, gleichwohl für den interessierten Touristen mitunter sichtbar – neue Waffensysteme erprobt werden. Militäranlagen wurden in Museen verwandelt, Überbleibsel der Nuklearrüstung bereiten ökologisches Kopfzerbrechen *(taz: Ein Road Movie für Pazifisten durch New Mexico).*
- Panzerfahren in der Ukraine: Ein ehemaliger Hamburger Klempner hat sich mit seiner *ARG X-TREME Travel Agency* selbständig gemacht. Mit offensichtlich finanziell klammen Generälen in Kiew sprach er ab, Panzerfahrten mit Nachtschießen und MiG-Fliegen im Überschall anzubieten. Die 3-Tages-Reise kostet so um DM 10.000. *(FAZ: Panzer fahren total und Nachtschießen im Urlaub).*
- Wiederaufbau nach dem Hurrikan: Mitte 1994 fegte mit 200 Meilen pro Stunde ein Hurrikan über die karibische Insel St. Thomas hinweg und hinterließ eine Spur der Zerstörung. Die gutbetuchte Touristen-Klientel buchte kurzerhand auf die unversehrten Nachbarinseln um. Was tun die Verantwortlichen für den Wiederaufbau und die Belebung des Geschäfts? *(USA Today: Stormy Road Back to St. Thomas).*
- Burma, eine Diktatur als Touristenziel: Hier gilt es, die Sirenengesänge der Reisebranche mit den Realitäten der Menschenrechtsverletzungen zu konfrontieren. Man wird nachdenken müssen über die wohl einzigartige Ursprünglichkeit dieses asiatischsten aller Länder, dessen touristischer Reiz vielleicht auch der harten Faust der Macht habenden Militärs geschuldet ist. *(ZEIT-Magazin: Nach Burma reist man nicht im Zustand der Unschuld.)*
- Die Südsee als Paradies und letzte Kolonie: „Nirgends ist der Südpazifik schöner als im französischen Polynesien. Der Sonnenuntergang (...) ist tat-

sächlich ein unvergessliches Ereignis". Dennoch: Hier wird auch ein hartes Kolonialregime durch Deutschlands engsten Verbündeten Frankreich aufrechterhalten, finden Großmachtspiele mit der Atombombe statt, werden Kritiker wie Greenpeace vom Geheimdienst weggebombt. *(ZEIT: Muroroa ... war da nicht was?)*

4.3.5   Das Spiel mit Stereotypen

An anderer Stelle haben wir beschrieben, in welchem Umfang Stereotypen den Reisejournalismus durchdringen (Kap. 2 und 8). Hier soll einmal nicht vor Klischees gewarnt, sondern deren spielerischer Einsatz beschrieben werden. Mitte der 90er Jahre tauchte in den Reiseregalen der Buchhandlungen eine neuartige Buchreihe auf. Die Serie stammt vom Fischer Taschenbuch Verlag und wirbt mit dem eingängigen Spruch: „Kaum etwas verbindet die Menschen mehr als die Bestätigung insgeheim gepflegter Vorurteile." Neben dem Namen der jeweils karikierten Nation prangt deutlich der Stempel „pauschal" auf dem Titelblatt. Der Band zu „Die Amerikaner pauschal" beginnt wie folgt: „Amerikaner sind wie Kinder: Laut und vorwitzig, unfähig, ein Geheimnis für sich zu behalten, ohne Gespür für Zwischentöne und mit einem gewissen Hang, sich danebenzubenehmen. Hat man jedoch erst einmal diese grundsätzlich etwas pubertäre Art der Amerikaner akzeptiert, bereitet der Umgang mit ihnen keine weiteren Schwierigkeiten mehr." (Faul 1997: 9). Würde dies ein Politiker absondern, so wäre wohl eine Regierungskrise fällig. Aber die Autorin Stephanie Faul ist selbst Amerikanerin, womit sich das Dargestellte als Autostereotyp entlarvt und akzeptabel ist.

Stereotypen können, richtig eingesetzt, aus einer faden und farblosen Beschreibung einen lebendigen, ja sogar schrill überzeichneten Text werden lassen. Das Geheimnis liegt im offenen und unverkrampften Umgang mit ihnen, in der Übertreibung und Selbstironie. „Amerika: O'zapft is in Tschortscha" beginnt im *stern* der Bericht über das ehemalige Holzfällerdorf Alpine Helen in der Nähe von Atlanta/Georgia, dessen Bürgermeister einst aus finanzieller Not auf die bayerische Masche verfallen war. Nun hängen an den mit ausladenden Holzbalkonen geschmückten Berghütten blauweiße Fahnen. Oans-Zwoa-Kapellen mit Namen wie ‚Lorelei und Schatzi' oder ‚The Sauerkrauts' spielen zum Verzehr von Knackwürsten und Superbrezn auf. Ganz nebenbei erfährt der Leser, dass die Umgebung dieses Stein gewordenen Stereotyps wunderschön ist (Fiedler 1997). Zum Schmunzeln über diese gelungene Glosse mischt sich die Erkenntnis, dass wir alle verfangen sind. Unsere Südsee-Idylle im Badeparadies nebenan folgt im Prinzip denselben Regeln.

Man kann den Spieß auch herumdrehen. Nichts ist aufschlussreicher, als einen aufmerksamen Ausländer zu bitten, über seine Eindrücke in Deutschland zu berichten. Der brasilianische Journalist und Schriftsteller Joao Ubaldo Ribeiro zeigte sich – wären Sie darauf gekommen – besonders von den nackten Deutschen an unseren Badeständen fasziniert. Immerhin kommt dieser Gast aus dem Land, das uns die Copacabana und den Tanga gab und oft als erotischste aller Weltecken beschrieben wird. Ribeiro: „Hier gibt es keinen Sex, nur Nackte." Und zu seiner Reaktion: „Ich hätte nie gedacht, dass ich ein so erstaunliches Verblassen der Libido erleben (und daran teilhaben) würde." Wie so oft sagt der pauschal Urteilende eigentlich mehr über sich und den eigenen Hintergrund als über die Deutschen. Ribeiro aus dem inflationserfahrenen Lateinamerika schaut sich auch sonst interessiert um und erstaunt über deutsche Zahlteller und die Selbstverständlichkeit fester Preise. Ihn verwundert das Stehenbleiben der Menschen bei roten Ampeln und das Auftreten von Radfahrern in Horden. „Wenn es etwas Heiligeres gibt als den Zahlteller, dann ist es der Radweg ..." (Ribeiro 1991: 89). Wirklichkeiten sind immer konstruiert, und sie basieren auf subjektiven Vorerfahrungen, das wird hier bestens demonstriert.

Stereotypen selbst zum Gegenstand der Berichterstattung zu machen, das ist sicherlich ein legitimes Stilmittel. Es kann allerdings auch unbeholfen daherkommen. *GEO SAISON* brachte es nicht über sich, eine Irland-Reportage ohne das Konterfei einer rot behaarten Person zu illustrieren. In der Bildunterschrift wurde dann ganz ernsthaft betont, dass es ein Irrglaube sei, Iren generell für das zu halten; was man gerade im Bild zeige, nämlich Rotschöpfe. Stereotypen sind nicht dazu da, seriös dementiert zu werden. Sie müssen für sich selbst sprechen und in der Konfrontation mit der Realität ironisch diese erst herstellen können. Sonst ist etwas danebengegangen.

4.4 Die Meldung

Eine Meldung ist eine Kurznachricht (siehe 4.5), meist von einer Länge von ca. 20 bis 30 Zeilen.

4.5 Die Nachricht

„When a dog bites a man, that's not news, but when a man bites a dog, that's news." (La Roche 2006: 71). Nachrichten beinhalten aktuelle Sachverhalte, die von öffentlichem Interesse sind. Prominenz und emotionale Aspekte eines Ereignisses sind ebenfalls von Interesse für eine Nachricht (Mast 1998: 226 f.). Sie wird zu den objektiven, tatsachenorientierten Darstellungsformen gerechnet. Ganz am Anfang werden die *journalistischen Ws* (Wer?, Was?, Wann?, Wo?) erläutert, dann folgen Details: Warum?, Woher? (Quelle), Wie? (La Roche 2006: 94). Man spricht in diesem Zusammenhang auch von dem Aufbau der umgekehrten Pyramide: Das Wichtigste am Anfang, die Details später. Der Beginn oder Vorspann einer Nachricht, in dem die journalistischen Ws beantwortet werden, wird *Lead* genannt.

In Reisemagazinen und Reiseteilen anderer Medien finden sich kleinere Meldungen, Nachrichten oder auch Berichte.

4.6 Der Bericht

Der Bericht ist eine Langform der Nachricht (siehe 4.5), oft angereichert mit Zitaten/O-Tönen. Unterschieden werden Tatsachenbericht, Handlungsbericht und Zitatenbericht (Weischenberg et al. 2005: 307).

4.7 Der Report

Report wird als Synonym für längere Dokumentarbericht oder Hintergrundbericht verwendet. Es werden komplexe Wirkungszusammenhänge analysiert und die Erstellung ist entsprechend aufwändig (Mast 1998: 285). Diese Form der journalistischen Darstellung ist im Reisejournalismus sehr selten.

4.8 Die news story

Die news story wird oft zwischen Reportage (siehe 4.2) und Feature (4.18) angesiedelt. Thematisch setzt sich die news story insbesondere mit Entwicklungen auseinander. Sie wird im Reisejournalismus nicht so häufig verwendet wie die Reportage.

4.9 Das Porträt

Das Porträt stellt interessante Menschen mit den außergewöhnlichen Teilen ihrer Biographie vor. Hierbei sind Porträts weder Hymnen noch Demontagen von Personen. Sie erfordern eine intensive Recherche und Vorbereitung (Mast 1998: 264). Im Reisejournalismus sind Porträts eher selten.

4.10 Das Interview

Das Interview ist journalistische Darstellungsform und Rechercheinstrument zugleich. Es können bestimmte Sachverhalte im Mittelpunkt stehen oder die interviewte Person (Mast 1998: 258). Im Reisejournalismus ist das Interview als Darstellungsform weniger gebräuchlich.

4.11 Der Leitartikel

Der Leitartikel hat in der Regel die Form eines Kommentars (siehe 4.12). Er ist beispielsweise auf der ersten Seite einer Tageszeitung zu finden, wird häufig vom Chefredakteur geschrieben und gibt die Meinung des Blattes wieder. In Reisemagazinen übernimmt manchmal das *Editorial* die Funktion eines Leitartikels. In der Summe ist diese Darstellungsform im Reisejournalismus wenig gebräuchlich.

4.12 Der Kommentar

Der Kommentar ist die klassische meinungsorientierte und subjektive journalistische Darstellungsform. Der Kommentar bewertet und interpretiert und bietet somit eine Meinung, eine Orientierung an. Unterschieden werden Argumentationskommentare, Geradeaus-Kommentare und Einerseits-andererseits-Kommentare (Mast 1998: 268 f.). Häufig bezieht sich ein Kommentar auf eine Nachricht oder einen Bericht im gleichen Medium zum gleichen Thema. Kommentare finden sich in Reisemagazinen und in den Reiseteilen anderer Medien.

4.13 Die Kritik

Die Kritik richtet sich auf eine Veranstaltung. Sie kann einen kommentierenden, einen berichtenden Stil haben oder auch eine Mischform ausbilden. Der Adressat soll einerseits eine Vorstellung vom Geschehen bekommen andererseits eine Bewertung dessen. Kritiken haben manchmal auch reportageähnliche Elemente, wenn sie sehr in die atmosphärische Wiedergabe eines Ereignisses eintauchen. Kritiken und Rezensionen sind im Reisejournalismus existent, aber vergleichsweise selten.

4.14 Die Rezension

Bücher, CDs oder DVDs werden in der Regel rezensiert. Inhaltlich unterscheidet sich die Rezension nicht von der Kritik (siehe 4.13).

4.15 Die Glosse

Die Glosse ist die spielerischste und freieste aller journalistischen Darstellungsformen. Sie kann mit Ironie und Sarkasmus arbeiten, darf sprachlich und stilistisch anspruchsvoll, ja akrobatisch sein, polemisieren und pointieren und bringt mit Originalität, Spott oder Groteske den Adressaten zum Schmunzeln. Der Zweck der Glosse ist die reine Unterhaltung. Somit muss sie nicht dem Credo der Aktualität folgen, sondern darf sich auch ausführlich unbedeutenden Nebensächlichkeiten widmen. Glossen finden im Reisejournalismus durchaus Verwendung.

4.16 Das Feuilleton

Als Feuilleton (frz. Blättchen) wird sowohl die Kulturseite einer Zeitung als auch eine journalistische Darstellungsform bezeichnet.

Hierzu Mast (1998: 302):

„Das Feuilleton als Darstellungsform schildert in betont persönlicher Weise die Kleinigkeiten und Nebensächlichkeiten des Lebens und versucht, ihnen eine menschlich bewegende, erbauende Seite abzugewinnen. Der feuilletonistische Sprachstil ist literarisch, im Plauderton oder auch humorvoll gehalten. Er geht von Einzelheiten oder Kleinigkeiten aus und unterzieht sie einer subjektiven, persönlichen Betrachtung, die zum Allgemeinen führt. Das Feuilleton kann durch Übertreibung des Artifiziellen und durch blumige Umschreibung von der Sache ablenken."

Diese Form findet im Reisejournalismus heutzutage fast keine Verwendung.

4.17 Die Kolumne

Eine Kolumne hat meistens die Form eines Kommentars (siehe 4.12), hat in einem Medium immer den gleichen Platz und wird häufig von derselben Person geschrieben.

4.18 Das Feature (engl. feature story)

Auf den ersten Blick sind Feature und Reportage schwer voneinander zu unterscheiden.

Mast (1998: 250) beschreibt den Unterschied wie folgt:

> „Die Hauptfunktion der Reportage ist das Teilnehmenlassen, diejenige des Features besteht im Anschaulichmachen abstrakter Sachverhalte."

To feature – veranschaulichen, dies ist also die Hauptaufgabe des Features. „Verfeaturen" und „Anfeaturen" sind in diesem Zusammenhang Begriffe, die sich im journalistischen Sprachgebrauch durchgesetzt haben. Das Feature stellt komplexe Zusammenhange anschaulich und lebendig dar und arbeitet daher viel mit Fallbeispielen, Ereignissen und Szenen. Das Feature ist im Reisejournalismus weniger verbreitet als die Reportage.

4.19 Die Dokumentation

Der Begriff Dokumentation wird synonym zu Report (siehe 4.7) oder Hintergrundbericht verwendet.

4.20 Das Essay

Das Essay gilt nicht wirklich als journalistische Darstellungsform, wird aber manchmal in diesem Zusammenhang erwähnt.

Hierzu Mast (1998: 302)

> „Obwohl es [das Essay] als urteilende Darstellungsform eingeordnet ist, ist es auch dem Feuilleton ähnlich. Beide bedienen sich eher literarischer als journalistischer Stilformen. Ein Essay ist ein kürzeres, in sich geschlossenes Prosastück, das den

Leser mit allen Seiten eines Themas bekannt macht. Der Gegenstand eines Essays wird in literarisch anspruchsvoller Form kritisch von vielen Seiten beleuchtet. Der Autor des Essays verfährt dabei gern assoziativ und anschauungsbildend, er unterhält seinen fiktiven Partner, den Leser oder Hörer im geistigen Gespräch und versucht dessen Bildung, Denken und Phantasie erlebnishaft einzusetzen. Ein Essay verbindet interpretierende und kommentierende Darstellungsformen."

4.21 Der Serviceteil

Der Serviceteil enthält Informationen für den Leser, insbesondere zu Hin- und Rückreise, Unterkunft und Gastronomie. Je nach Medium kann er vom kleinen Infokasten (möglicherweise mit exklusiven Angaben des Sponsors) bis hin zu seitenlanger Information mit länderkundlichen Angaben und Tipps zu kulturellen Veranstaltungen reichen. Der Serviceteil wird vielfach gesondert in der Redaktion recherchiert und einer Reisereportage nachgestellt. Manchmal beauftragen Redaktionen Einheimische vor Ort mit der Recherche. Reisemagazine, die einen entsprechenden Qualitätsstandard haben, achten darauf, dass sämtliche Angaben im Serviceteil aktuell sind.

4.22 Exkurs 2: Der Reiseführer

Der Reiseführer enthält in der Regel keine journalistischen Darstellungsformen. Wenn man seine sprachliche Form aber beschreiben will, dann kann man sie in der Nähe des Berichts einordnen. Gelegentlich sind Sonderthemen auch in Form von Essays oder Kurzreportagen oftmals in besondere Kästen gesetzt. Zu den frühen Formen und der Entwicklung von Reiseführern vgl. Kap. 3. 1835 schlug die Stunde des ersten deutschen Reiseführers. Karl Baedeker brachte die „Rheinreise von Mainz bis Köln" heraus – der Rest ist bekannt. In den 70ern erschienen die ersten Traveller- und Globetrotterhandbücher, von denen nicht alle eine solche Erfolgsstory schrieben wie die legendäre Lonely Planet Reihe.

Strauch (2003: 141) listet die zehn größten, deutschen Reiseführerreihen (hier nach Anzahl der lieferbaren Titel) wie folgt:

Polyglott Reiseführer
Marco Polo
DuMont Reise TB
Reise Know How
Baedeker Allianz
Polyglott APA
HB Bildatlas

Merian live!
Reisehandbuch Michael Müller
DuMont Kunstreiseführer

Inzwischen ist beispielsweise der ADAC-Verlag mit einer neuen Reiseführerreihe, mit der er niedrigpreisig auf den Markt gegangen ist, in die Liste der Top Ten aufgestiegen.

Der Heyne-Verlag begann Anfang 2000 mit der Herausgabe der *Jetlag Travel Guides* wie beispielsweise *Phaic Tan*, *Molwanien* und *San Sombrero*, die einerseits die typische Einteilung und Themenwahl moderner Reiseführer und andererseits sämtliche nur auffindbaren Klischees eines erdachten „asiatischen", „osteuropäischen" oder „südamerikanischen" Landes durch den Kakao ziehen.

4.23 Das Redigieren

Ist eine journalistische Darstellungsform fertig komponiert, folgt noch ein wichtiger Arbeitsschritt: das Redigieren. Formulierungen können noch klarer, präziser, genauer und anschaulicher werden, Füllwörter werden rausgeworfen, insgesamt wird der Text auf Prägnanz und Stimmigkeit getrimmt.

Reifenrath (2006: 123 f.) macht zum Thema Redigieren 19 Anmerkungen:

„1. Redigieren heißt ganz allgemein, den Text eines/einer anderen zu bearbeiten.
2. Redigieren heißt, ‚das Textangebot der Agenturen, der Pressestellen, der eigenen Korrespondenten und Reporter, der freien Mitarbeiter zu sichten, zu gewichten, zu prüfen, auf Länge zu bringen und gegebenenfalls zu verbessern, dazu Überschriften zu machen, oft auch Vorspänne und Zwischentitel' (Schneider/Raue, *Handbuch des Journalismus*).
3. Redigieren heißt, Platz zu schaffen für das Wesentliche.
4. Redigieren heißt vor allem bei Nachrichten, das Wesentliche in die richtige Reihenfolge zu bringen.
5. Redigieren heißt, Nachrichten-Beiträge auf kurze, klare Sätze zu trimmen.
6. Redigieren heißt sorgfältige Kontrolle aller im Text auftauchenden Zahlen.
7. Redigieren heißt, die Texte mehrerer Autoren zu einem Artikel zusammenzufügen – zum Beispiel Agenturberichte mit denen der eigenen Korrespondenten.
8. Redigieren heißt, Rückkopplung mit dem Korrespondenten, wenn sein Beitrag inhaltlich von dem abweicht, was die Agenturen berichten.
9. Redigieren heißt, verschwommene Begriffe gegen treffende auszutauschen.
10. Redigieren heißt, abgenutzte Worte zu ersetzen (gute Beispiele bei Schneider/Raue, *Handbuch des Journalismus*)

11. Redigieren heißt, allzu fremde Fremdworte durch jedermann verständliche deutsche Worte zu ersetzen.
12. Redigieren heißt, in Texten auftauchende Synonyme auf ein Minimum zu beschränken.
13. Redigieren heißt, informative Schlagzeilen für Nachrichten und pfiffige für Reportagen und Features zu finden.
14. Redigieren heißt nicht, einem anderen den eigenen Stil aufzuzwingen.
15. Redigieren heißt, die Texte der Autoren mit Respekt vor ihren gedanklichen und sprachlichen Leistungen zu behandeln.
16. Redigieren heißt, schiefe Sprachbilder gerade zu rücken oder durch treffende zu ersetzen.
17. Redigieren heißt nicht nur, einen Text zu kürzen – auch das Gegenteil ist gelegentlich notwendig.
18. Redigieren heißt, Kommentare auf formale Logik zu prüfen.
19. Redigieren heißt, Texte orthographisch und grammatisch einwandfrei an das Umbruchteam weiterzuleiten."

4.24 Exkurs 3: Travel Writing

Britische und amerikanische Handbücher zum Thema Travel Writing geben sehr handfeste, praxisorientierte Empfehlung auf dem Weg zum Reisejournalisten. Perry Garfinkel (1989) beispielsweise empfiehlt für den Anfang, sich den Satz „here and now I am" zu vergegenwärtigen oder aufzuschreiben und darauf hin den sich einstellenden Eingebungen und Assoziationen zu folgen. Dies ist eine pragmatische Anleitung, einen szenischen Einstieg (s. o.) zu erstellen oder, wie Cynthia Dial (2003: 111) es ausdrückt:

„Start at the climactic moment – whatever point pulls the reader into the setting. It might be when the penguin brushed against your leg during a swim off the Galapagos' island of Bartholome. Perhaps it's the instant you reached into your coat pocket and realized your wallet had been lifted. Or it could be as serene a moment as emerging from the light-deprived military bunker atop Diamond Head to encounter the first rays of daybreak."

Ein ganz wichtiges Credo Garfinkels (1988: 63), das Reisejournalisten quasi immer und jederzeit wie ein Mantra vor sich her singen sollten, ist: „show, don't tell." Diese ebenso simple wie schwierig umzusetzende Anweisung gilt als unbedingtes *must* für eine gute Reisereportage. Allzu leicht verfällt man in einen erzählenden Stil über das, was man gesehen hat, anstatt den Leser ganz unmittelbar am Geschehen teilhaben zu lassen (s. o.). „Murder your darlings" (Garfinkel 1988: 62) und „Clichés are the direct result of lazy writing" (Garfinkel

1988: 62) sind weitere wichtige Tipps, die einem Schreiben auf ausgetretenen Pfaden und in nichts sagenden Phrasen entgegen wirken. Zur Frage nach einer guten Reisegeschichte äußert sich Don George (2005: 65) in der Lonely Planet-Edition *Travel Writing*:

> What makes a wonderful travel story? In one word, it is *place*. Successful travel stories bring a particular place to life through a combination of factual information and vividly rendered descriptive details and anecdotes, characters and dialogue Such stories transport the reader and convey a rich sense of the author's experience in that place. The best travel stories also set the destination and experience in some larger context, creating rings of resonance in the reader.

Die Lonely Planet-Publikation *Travel Writing* enthält neben handwerklichen Aspekten des Reisejournalismus eine ganze Reihe von nützlichen Hinweisen zum beruflichen Einstieg und zu Marktstrukturen für Reisejournalisten in Großbritannien, den USA und Australien. Eine ebenfalls brauchbare, pragmatische Anleitung zum Reisejournalismus liefert Louise Purwin Zobel mit ihrem *Travel Writer's Handbook* (2002).

5 Handwerkszeug des Reisejournalisten: Das Bild

Reiseberichterstattung ist in unserem visuellen Zeitalter ohne Bilder nicht mehr denkbar. Was für Film und Fernsehen schon selbstverständlich ist, gilt zunehmend auch für die Printmedien. Sie werden durch Bilder geprägt, deren Volumen und Zahl zunimmt. Der gesamte Medienbereich hat sich in den letzten Jahrzehnten visualisiert, was bedeutet, dass Bilder zunehmend im Zentrum stehen. Wir sprechen von einer Visualisierung der Kommunikation, bei der eine Verbildlichung von Inhalten und Kommunikation stattfindet (Müller 2005: 470). In aller Regel stellen Bilder den ersten Kontakt zu dem Beitrag dar, wirken wie ein Blickfang und ziehen den Leser damit in die Darstellung hinein. Der Text wird erst auf der zweiten Stufe genutzt, dann allerdings oft bewusster, intensiver und mit höherem Zeitaufwand.

Typische Reisebilder sollen in den Sekundenbruchteilen der ersten Begegnung mit dem Thema wie eine Chiffre Ort und Inhalt der Berichterstattung signalisieren. Zudem haben sie die Aufgabe, das vom Text gelangweilte Auge mit thematisch begleitenden, zugleich aber eigenständig wirkenden Fotos zu unterhalten. Vom Inhalt her kann es sich um Bilddokumente zu dem textlich Dargestellten handeln, meist gehen sie aber eher in Richtung Urlaubsromantik, Exotik, visuelle Stereotype, mitunter handelt es sich auch um provozierende oder nachdenklich stimmende Fotos. Sicherlich ist die Auswahl dieser Bilder von zentraler Bedeutung, da sie einerseits den Text illustrieren, zum anderen auch aus sich heraus wirken sollen. Häufig finden wir eine eigenständige Bilddramaturgie in Größe, Farbigkeit und inhaltlicher Abfolge. Von den verschiedenen Aspekten der Reisefotografie handelt dieses Kapitel.

5.1 Zu den Anfängen

An anderer Stelle war bereits der Zusammenhang zwischen Massenmedien und Massentourismus dargelegt worden. Auch die Geschichte der Fotografie zeigt eine enge Wechselbeziehung zum Reisethema. Erste Anfänge gehen in das frühe 19. Jahrhundert zurück. Die älteste erhaltene fotografische Abbildung entstand um 1826, als Joseph Nicéphore Niépce eine Straßenszene in der französischen Ortschaft Saint-Loup-de-Varennes aufnahm. Entsprechend den Entstehungsumständen, der Fotograf war auf Reisen, kann es auch als ältestes Reisefoto gesehen werden (I'Anson 2004: 13). Die frühe Fotografie war eine Art Geheimwissenschaft und erforderte umfangreiche Ausstattung; Fotografen arbeiteten von den ersten Jahren an oft mobil und waren mit einer Art Werkstattwagen unterwegs, nutzten ein verdunkeltes Zelt und setzten ein kleines Labor an Chemikalien ein. In der Frühzeit der Daguerreotypen entstanden naturgemäß viele Bilder von Landschaften und Sehenswürdigkeiten. Erst am Ende des 19. Jahrhunderts wurde der Rollfilm eingeführt, der nicht nur das Handwerk des Fotografierens erleichterte, sondern erstmals erlaubte, dass auch Laien in großem Umfang Fotos erstellten. Damit trennte sich – bis heute – die Welt der professionellen Fotografen von derjenigen der Hobby-Knipser, die ihre Erinnerung bedienten. Die Grenzen sind seitdem fließend, hier allerdings wird es um professionelle Reisefotografie gehen.

5.2 Zur Problematik von Bildern

Angesichts der komplexen Natur von Bildern und ihrer unbestreitbaren Bedeutung wissen wir über sie nach wie vor recht wenig (Die Begrifflichkeit folgt: Müller 2003). Im Unterschied zu den Reisereportagen, die wie jeder Text linear konsumiert, also vom Anfang bis zum Ende werden, wird ein Bild als Ganzes geschaut. Bei einem Bild wandert das Auge über die Fläche, sucht nach vertrauten Symbolen oder Anknüpfungspunkten für den Text oder genießt einfach die Schönheit der Bildkomposition. Bei einer typischen Reisereportage sind ein oder mehrere Bilder in die Darstellung eingebunden, wobei ein erstes, großformatiges Bild im Regelfall als „Aufreißer" dient, der auf den Text aufmerksam machen soll. Üblich ist, dass die Redaktion bei der typischen Zeitungsseite ein großes, thematisch ein klares Signal aussendendes Bild inmitten der Reportage platziert. Dieses Bild hat dann geradezu symbolische Funktion, so wie eine Heiligen-Ikone („Ikone' ist griechisch für „Bild') auf den darauf abgebildeten Heiligen und seine Bedeutung hinweist oder der Icon auf dem Computer auf die dahinterstehende Funktion. In dieser Sicht handelt es sich also nicht nur einfach um ein größeres Eingangsbild, sondern um den Versuch, wichtige Botschaften und Deutungen der Reportage in einem Bild festzuhalten. Oft wird dieses Zentralbild von weiteren (kleineren) Bildern flankiert, die es ergänzen oder in ihrer Abfolge eine eigene kleine Geschichte erzählen. Zu dem festen Bilderinventar zählt in der Regel auch eine kleine Infografik, die den Ort der Beschreibung oder die Route der Reise visualisiert. Hiermit ist das Bilderrepertoire beschrieben, das eine typische Reiseberichterstattung in der Zeitung begleitet.

Die Theorie des Bildes bietet uns ganz unterschiedliche Sichtweisen an, was die Bildauswahl betrifft. Sicherlich handelt es sich bei Reisebildern überwiegend um Abbilder, also die Ablichtung einer materiell vorhandenen Umgebung, etwa Landschaften, Städte, Sehenswürdigkeiten, Menschen etc. Diese Bilder dienen einem Zweck, nämlich auf die begleitende Reportage zu verweisen; deshalb geht es nicht einfach um eine ästhetisch reizvolle Fotografie, sondern um das Auslösen eines Denkanstoßes oder einer Assoziation. Ginge es nur um die Botschaft, dass hier eine Reiseregion thematisiert wird (Mallorca, Venedig etc.), so könnte ein Bild à la Andenkenpostkarte ausreichen, also eine Allerweltsdarstellung (z. B. der Eiffelturm für Paris). Allerdings wäre genau dies der falsche Weg: Der Überraschungseffekt wäre gering, Langeweile machte sich breit.

Wir haben in anderen Passagen dieses Buches betont, dass Reisedarstellungen vor allem Stimmungen erzeugen sollen. Es ist weniger ihre Aufgabe, Reiseregionen sachlich zu beschreiben, als angenehme Emotionen zu erzeugen. Es geht deshalb nicht darum, die Realität 1:1 abzubilden, sondern einzustimmen auf das, was die meisten mit der Reise verbinden: Urlaub, Abenteuer, Entspannung oder Exotik. Die resultierende Bildauswahl wird daher zwei unterschiedliche Dinge miteinander verbinden: Einerseits sollte sie im Ausschnitt des Fotos die reale materielle Umgebung abbilden, dies aber auf eine Weise, dass an Gefühle von Ferne und Anderssein appelliert wird. Es wird dabei wichtig sein, besonders bei bekannten Zielen die konventionelle Bildstrategie der Ansichtspostkarte zu verlassen und mit provokanten und außergewöhnlichen Perspektiven die Symbolorte zu präsentieren; also kein Eifelturm in der Mitte des Bildes, sondern z. B. eine Großaufnahme aus der stählernen Turmkonstruktion mit dem Pariser Häusermeer im Hintergrund, oder ein Suchbild, auf dem das berühmte Bauwerk erst gefunden werden muss.

5.3 Objektive Bilder?

Im Zusammenhang mit der Pressefotografie wird vielfach diskutiert, ob Bilder ein objektives Abbild einer Szene liefern sollen. Der Kunstwissenschaftler Hans D. Baumann (2007) weist daraufhin, dass die Kamera ein Ding ohne eigene Interessen sei. Aber moderne Ansätze des Konstruktivismus betonen, dass es diese 1:1-Ablichtung der Realität gar nicht geben kann. Baumann (2007) argumentiert folglich, dass heute fast alle Fotos, die in Medien erscheinen, „digital optimiert" wurden, bei ihnen wurden Ausschnitt, Farbgebung, Lichtverteilung etc. technisch verändert. Bei dokumentarischen Fotos, die z. B. die politische Berichterstattung begleiten, sind derartige Manipulationen sicherlich problematisch; so wurde in der Fachwelt kontrovers diskutiert, ob es verantwortbar war, während des Libanon-Feldzugs 2006 Bilder von Rauchwolken über der Stadt Beirut digital zu verstärken. Bei der Reisefotografie sind die vergleichbaren Probleme geringer, aber auch hier gilt, dass der Leser einen Anspruch auf faire Darstellung des Reiseziels hat. Zudem ergibt sich die Frage, ob digitale Veränderungen überhaupt sinnvoll sind, denn es sind oft nicht perfekte Kompositionen, die das Auge anziehen. Eher reizen ungewöhnliche Bilder, die den Beschauer zwingen, sich eingehender damit zu beschäftigen. Oft empfindet er Unübersichtlichkeiten oder Brüche als spannender, das Bild darf durchaus zu einer Art Puzzle werden. Dennoch bleibt die doppelte Anforderung an jede Abbildung: Sie soll einerseits den Gegenstand fotografisch neutral wiedergeben und sie soll zum anderen ästhetischen Kriterien genügen.

5.4 Zur Kamera

Was den Fotoapparat betrifft, der eingesetzt werden soll, gibt es ganz unterschiedliche Philosophien. Vieles spricht für moderne Digitalkameras, aber manche Profis schwören auf die weniger störanfälligen Apparate mit Zelluloidfilm. Handbücher für Reisefotografen diskutieren die Vor- und Nachteile der unterschiedlichen Standards und geben Ratschläge, was das Zubehör in der jeweiligen Situation betrifft, also den Einsatz von Linsen, Filtern, Stativen und auch die weitere Ausstattung, also Tragetaschen, Batterien, Reinigungsmaterial etc. Weiterhin zählen spezifische Fragen dazu: Wie bereitet man sich auf die Reise vor? Welches ist das richtige Film- bzw. Speichermaterial? Sollte eine Versicherung für das Equipment abgeschlossen werden? Sind Schwierigkeiten während der Einreise beim Zoll zu erwarten?

Die sorgfältige Pflege der empfindlichen Fotoausstattung während der Reise ist eine Selbstverständlichkeit, insbesondere muss das auf Film oder Digitalspeicher gespeicherte Bildmaterial geschützt werden. Ein Tagebuch und eine präzise Buchführung über die Fotos ist notwendig, um sie später sicher zuordnen zu können. Nach der Rückkehr wird der Fotograf das Bildmaterial sichten und in Absprache mit den anderen Beteiligten – Autor und/oder Redaktion – eine Auswahl treffen. Details zum empfohlenen Prozedere finden sich in den entsprechenden Handbüchern (I'Anson 2004: 17-86, 121-140; Caputo 2005: 32-49, 150-157).

5.5 Bildjournalistische Darstellungsformen

Im modernen Bildjournalismus debattieren wir unterschiedliche Darstellungsformen. Neben der einfachen Bebilderung einer Reportage oder eines Berichts finden sich auch komplexe Darstellungsformen (vgl. Sachsse 2003: 72ff). Hier werden die wichtigsten aufgeführt:

1. Bildreportage: Es stehen Sequenzen von Abbildungen im Mittelpunkt, sie „zeigen eine Abfolge und erzählen eine Geschichte" (Sachsse 2003: 72). Dabei ist es durchaus möglich, dass in zwei Darstellungssträngen gearbeitet wird, die Bilder also neben dem Text einen eigenständigen Erzählstrang bilden. Die Fotostrecke sollte dabei den publizistischen Kriterien der Reportage folgen, also z. B. auch mit Mitteln der persönlichen Sicht, des überraschenden Szenenwechsels, der Konfrontation arbeiten.

2. Dokumentations-Fotografie: Hier handelt es sich um eine Variante der Nachrichten-Fotografie, die überzeitlich orientiert ist, also nicht an aktuelle Ereignisse anknüpft. Es handelt sich um ein auch in der Reiseberichterstattung übliches Prinzip, etwa wenn über historische Orte und deren aktuelle Situation berichtet wird, was am besten mit parallelen Fotos zu dokumentieren ist.

3. Porträt-Fotografie: Dabei stehen die Gesichter von Menschen in der Zielregion im Mittelpunkt. Häufig sind es Personen, die dem Reporter begegnet sind und in der Reportage eine eigenständige Rolle spielen, etwa als Führer oder Gastgeber. Natürlich kann es sich auch um andere Bezüge handeln, etwa Feste, Folklore, Kleidung etc. Gruppen-Fotos von Menschen, etwa von Familien oder Künstlern spielen in Reportagen eine ähnliche Rolle.

4. Feature-Fotografie: Im Unterschied zur journalistischen Darstellungsform Feature, bei der in erzählender Form ein problemhaltiges Thema dargestellt wird, geht es hier eher um die ästhetische Seite. Beim visuellen Feature soll die künstlerische Seite der Fotografie angemessen umgesetzt werden (z. B. an architektonisch oder landschaftlich hervorgehobenen Orten), was in der Regel mehr Zeiteinsatz von dem Fotografen fordert, etwa wenn es um besondere Tageszeiten, Stimmungen oder Ereignisse geht.

Wer mit seinen Fotos mehr als nur illustrieren will, also eine eigenständige Geschichte visualisieren möchte, der sollte sich vor Beginn der Arbeiten eine Dramaturgie zurecht legen, mit einer Vorstellung vom möglichen Ablauf der Bilder die Arbeit beginnen. Gleichwohl wird er sich nicht sklavisch daran halten dürfen, wenn das Motiv sich unerwartet anders darstellt oder ganz andere, viel spannendere Begegnungen auf ihn warten.

5.6 Die Verortung der Bilder

Reisefotos haben immer mit einem spezifischen Ort zu tun, den sie visuell präsentieren. Das unterscheidet sie z. B. von Bildbänden, die vor allem nach der schönen Optik in der Welt suchen. Dieser spezifische Ort steht in der gegebenen Situation immer für das Fremde, das sich vom Eigenen unterscheidet und erst damit seinen besonderen Reiz gewinnt (zu Eigenem und Fremdem vgl. Kap. 8). Erfolgreiche Reisebilder müssen also das Besondere des Anderen in der Sprache der Bilder einfangen. Der erfolgreiche *National Geographic*-Fotograf Robert Caputo beschreibt dies so: „Jeder Ort, den wir aufsuchen, hat sein eigenes Aussehen, seinen eigenen Charakter, seine besondere Stimmung. Wenn wir auf unseren Reisen gute und nachhaltig wirkende Fotos machen wollen, sollten sie all diese Eigenschaften einfangen und über einen Ort so viel aussagen, dass sie – im Wortsinn – ein Bild von ihm vermitteln." (Caputo 2005: 8). Der Fotografierende sollte sich also mit dem genius loci beschäftigen (dem Geist eines Raumes, wie er schon in der Antike beschrieben wurde), also die ganz besonderen Eigenheiten des Ortes einfangen, den er auf Bilder zu bannen hat.

5.7 Bildstrategien

Je nach Zielgruppe werden unterschiedliche Bildstrategien eingesetzt. In den Regenbogenmagazinen mit Boulevard-Charakter finden sich rund um Reiseberichte oft Bilder, die sich von illustrierten Reiseprospekten nur wenig unterscheiden. Sie lassen das Ziel einfach in bestem Licht erscheinen: Sonnenschein und blauer Himmel, leere Strände, glückliche Urlauber, keine Umweltprobleme. In differenzierten Reportagen, die auf Qualität Wert legen, wird man dagegen mit überraschenden Bildelementen arbeiten, das Bild darf auch provozieren oder Rätsel aufgeben. Vertraute Ikonen wie der Eiffelturm tauchen nur am Horizont auf oder umgekehrt in einer ungewöhnlichen Nahaufnahme, was den Betrachter zur Dekonstruktion zwingen soll, bis er die Bildbotschaft zu verstehen vermag. Er soll erst einmal im Bild lesen, bevor er dessen verborgene Signale zu entschlüsseln vermag.

Geht es um längere Reportagen, so sind oft extensive Bildstrecken zu finden, die – begleitend zum Text – eine eigene Strategie verfolgen, etwa vom Allgemeinen zum Speziellen: bildlich ausgedrückt von der Totalen zum Detail oder von der Oberfläche zur Tiefe oder von der Location allgemein zum Ambiente speziell.

Für die professionelle Bildauswahl sind die Bildgröße (welches Bild übernimmt den Startpunkt), der Bildausschnitt (Unwichtiges wird weggeschnitten), die Bildplatzierung (hoch oder quer), die Perspektive (von oben oder unten, aus der Ferne oder aus der Nähe) sowie die Spannung zwischen Vordergrund und Bildhorizont wichtig. Es sollten Bildhierarchien beachtet werden, basierend auf der Einsicht, dass gleichförmige Bildformate ermüden, es darf mit dem Bildmaterial gespielt werden, es können unauffällige Bilder auch als Hintergrund für den Text dienen, es kann mit Freistellern gearbeitet werden, kleine vignettenartige Bilder können in den Text eingestreut werden.

Im Rahmen unserer Gespräche mit Reisejournalisten fragten wir auch, inwieweit spezielle Bildstrategien beachtet werden. Die Antworten korrespondierten im wesentlichen mit den hier dargelegten Vorstellungen. Die *Zeit* legt Wert darauf, dass die Fotos atmosphärisch zum Sujet passen, ungewöhnliche Perspektiven sind erwünscht. Das *ADAC reisemagazin* arbeitet mit viel Farbe (siehe unten) und moderner Fotografie, ungewöhnliche Perspektiven spielen eine wichtige Rolle, ebenso das Spiel mit Schärfe/Unschärfe oder mit besonderen Kontrasten zwischen Vorder- und Hintergrund. Reiseredakteure der *Brigitte* betonten, dass Postkartenmotive nicht in Fragen kommen, im Vordergrund steht opulente und ausgefallene Optik. Das auf umweltbewusste Reisende spezialisierte Blatt *Verträglich Reisen* ist auch bereit, Autorenfotos aufzunehmen – was Kosten sparen hilft, aber auch lebendige und ungewöhnliche Perspektiven erlaubt (vgl. hierzu auch Kap. 6).

Beispiel: Eine Reportage zur Spielerstadt Las Vegas.

Sie umfasst im *ADAC reisemagazin* zwölf Seiten. Dort werden insgesamt 23 größere Fotos in unterschiedlichsten Perspektiven neben dem Text eingesetzt. Der Einstieg erfolgt unter der großflächigen Überschrift ‚Las Vegas' (ohne weitere Präzisierung) und einem über zwei Seiten gehenden Foto eines Hotelkomplexes, der die weltbekannte Wolkenkratzer-Architektur New Yorks nachahmt ('Manhattan in der Wüste'), ein Bild, wie es es so nur in Las Vegas zu finden ist. Das Bild löst Verblüffung aus, weil es die vertraute Skyline von New York zu zeigen scheint und doch etwas ganz anderes präsentiert. Dieses als Aufreißer dienende Bild ist von gängigen Las Vegas-Symbolen eingerahmt, darunter Casinochips und Spielwürfel. Sämtliche Seiten sind farbig unterlegt, wobei die Stadt in für sie typische Bonbonfarben getaucht wird (rosa, gelb, hellblau etc.). Die großen Fotos umspielen kleine Bilder, ähnlich wie Vignetten, die wiederum das Leben in der Stadt ikonographisch beschreiben, darunter Casino-Werbung und Kondom, Spielkarten, Las Vegas-Socken für Touristen, ein Glücksschwein und vieles mehr. Die fast Comic-haft aufgezogene Geschichte inkl. Service-Teil, kleiner Landkarte und Tipps eines bei uns bekannten TV-Schauspielers aus einer Las Vegas-Krimi-Serie, geben insgesamt die schräge Stimmung in der künstlich wirkenden Stadt Las Vegas gekonnt wieder. Ironisch wird der Text kommentiert: „Oh, Las Vegas! So sieht es aus, wenn eine talentierte Fotografin hoch fliegt und ein Spieler tief fällt – Geschichte von einem, der auszog und mit 500 Dollar Millionär werden wollte." Im Ergebnis dominieren bunte Bilder in allen Größen aus der Glitzerstadt, während der Text fast wie Begleitwerk wirkt. Die Präsentation selbst vermittelt schon etwas von der Stimmung in der Casinostadt mitten in der Wüste. Von den Schattenseiten der Urbanität, den ruinierten Spielern, den tristen Vororten für das Servicepersonal, der Prostitution, der Mafia erfahren wir allerdings so gut wie nichts.

(*ADAC reisemagazin* USA Westküste, Jan./Febr. 2007: 68-79)

Beispielreportage 1:

USA Westküste

ADAC reisemagazin, Jan./Febr. 2007: 68-79

VEGAS

Oh, Las Vegas! So sieht es aus, wenn eine talentierte Fotografin hoch fliegt und ein Spieler tief fällt – Geschichte von einem, der auszog und mit 500 Dollar Millionär werden wollte

Text von Stefan Nink, Fotos von Kerstin zu Pan

Manhattan liegt in der Wüste Nevadas: New York New York Hotel am Vegas-Strip. Oben der Ortseingang zur 1,7-Millionen-Einwohner-Stadt

Im Hotel Venetian ist selbst
der Himmel Kulisse, nur
die Hochzeitler sind echt

Die Welt glitzert, Blick
über den Strip vom
Foundation Room oben
im Mandalay Bay

Die Lady links wirbt vor einem Casino in der Fremont Street, rechts wird für die Show der Blue Man Group im Hotel Venetian getrommelt

MANDALAY BAY

Im Mega-Po

Bay gibt's a
des Man

88 Seku
eine Rie
welle fü
Badegä

Das Hotel-Restaurant Aureole hat den größten „Wein-Turm" der Welt mit 60 000 Flaschen – eine angeseilte Schöne holt den gewünschten Tropfen ganz cool aus dem Regal

Als Siebeneisen an seinem letzten Morgen in der Stadt aufwachte, war das Dröhnen so laut, dass es die ganze Welt auszufüllen schien. Zuerst konnte er das Geräusch nicht einordnen, und er wollte schon „Ruhe!" brüllen, als er merkte, dass der Lärm aus seinem Schädel kam. Fühlte sich an, als sei eine Armee Zwerge dabei, sein Hirn sehr sorgfältig auszukehren. Siebeneisen ließ die Augen geschlossen und stöhnte ganz leise. Er versuchte, sich an die Nacht zu erinnern. Sieben Sekunden später riss er die Augen auf und drehte sich ruckartig zur linken Bettseite, wobei sein komplettes Schädelinneres hin- und herzuschwappen schien: leer. Zum Glück. Irgendwo in ihm drinnen verschwand eine Last so schnell, wie sie sich auf ihn gelegt hatte. Er sah auf die Leuchtdioden neben seinem Bett: 6:05 Uhr. Kein Wunder, dass er Kopfschmerzen hatte. Er schloss die Augen. Im Zimmer nebenan brüllten sich zwei Menschen an, im Schädelinnern fegten munter die Zwerge. Dann kehrte die Erinnerung zurück, fetzenweise. Siebeneisen seufzte. Wie hatte das nur alles passieren können?

SO HATTE DAS ALLES ANGEFANGEN: Siebeneisen hatte bei einem Pokerabend zu Hause in Erkenschwick damit geprahlt, mit 500 Dollar in der Tasche Las Vegas zu nehmen. „In drei Tagen verzehnfache ich euch das!", hatte er gerufen, und seine Kumpels hatten noch nicht mal mit ihm wetten wollen – sie wollten nur, dass er abreiste und ihnen später detailliert erzählte, wie er mittellos geworden war. Also war Siebeneisen nach Las Vegas geflogen. Also hatte er sich auf Las Vegas gestürzt. Und Vegas, dieses Flittchen, hatte ihn mit offenen Armen empfangen.

Sein Hotel war eine Glaspyramide am Strip und kostete nicht mehr als ein Motel in, sagen wir, Wilmerton, Nevada. Am Eingang brabbelten zwei riesige Stoffkamele, als hätte man Sammy Davis jr. und Jerry Lewis mit dem Stimmmodul von Darth Vader ausgestattet. Siebeneisen sah sie finster an, und die beiden verstummten.

„Check-out ist morgens um elf Uhr", flötete die Rezeptionistin, „wann immer Sie uns verlassen wollen. Wir haben

viel Platz." Das wunderte Siebeneisen nun nicht. 16 der 20 größten Hotels der Welt stehen in Vegas, fast alle am Strip, der Hauptschlagader der Stadt. Das Luxor hier hat gut 4400 Zimmer. Der Ort, aus dem er ursprünglich stammt, hat weniger Einwohner.

Siebeneisen packte seine Reisetasche aus, duschte, setzte seine Sonnenbrille auf und verließ das Hotel. Das heißt: Er wollte das Hotel verlassen. Hotels in Vegas tun aber sehr viel, um das zu verhindern, von Zimmern für 60 Dollar die Nacht kann man ja nicht leben. Deswegen muss jeder Gast an etwa 10 456 Spielautomaten vorbei, bevor er im Freien ist. Siebeneisen war etwa bis Slot-Machine Nummer 7665 gekommen, als er an seine Mission dachte. Er steckte zwei 25-Cent-Münzen hinein, die Rollen setzten sich in Bewegung, und Sekunden später lagen drei Spiderman-Figuren im Sichtfeld nebeneinander. Eine giftgrüne Leuchtanzeige knatterte, blieb bei 400 stehen, und Siebeneisen war um 100 Dollar reicher. Er zog einen Hocker heran und setzte sich vor Spidy. Er hatte gelesen (in „Las Vegas for Dummies", 334 Seiten, 15,95 Dollar), dass diese Geräte per Computer-Programm gesteuert werden, das große Gewinne gerne unmittelbar nacheinander ausspuckt. Bei der nächsten Runde erschienen zwei Spidermänner und ein kryptisches Symbol. Die giftgrüne Anzeige tickerte auf 650. Siebeneisen ließ sich den Gewinn auszahlen: 162,50 Dollar. Eine reptilienähnliche Spielerin an der Slot-Machine nebenan lächelte ihm anerkennend zu. Sie atmete durch Nasenschläuche, die mit einer Art Taucherflasche verbunden waren. Siebeneisen trat auf die Straße, als hätte man ihm Endorphine gespritzt.

Vegas nach Einbruch der Dunkelheit ist ein Spektakel. Es leuchtet und funkelt, es

schimmert und blitzt, und
weil selbst vorbeifahrende Taxis Lichtreklame
auf dem Dach haben, hat man manchmal den Eindruck,
als flögen ein paar Kometenschweife umher. Wahrscheinlich muss man bloß lange genug stehen bleiben, dachte Siebeneisen, irgendwann kommt bestimmt jemand und mon-
tiert einem eine Neonreklame auf die Frisur. Am hellsten
leuchteten natürlich die Hotels. Überall sonst auf der Welt
stehen die ja in der Nähe der Hauptattraktionen – in Vegas
sind sie das selbst. Gerade wurde für knapp 14 Milliarden
Dollar renoviert, was in etwa dem Bruttosozialprodukt von
Staaten wie Laos entspricht. Die Baugruben waren größer
als Ground Zero, aber Siebeneisen hatte nicht das Gefühl,
die Stadt habe sich sehr verändert. Im Gegenteil. Vegas
führte sich auf wie immer: Es kopierte die halbe Welt. Das
Bellagio tat so, als sei es ein Dorf am Comer See, vor dem
Paris Las Vegas stand ein Eiffelturm, und durch Caesars
Palace marschierten noch immer römische Kohorten, als
seien sie auf der Suche nach dem „Gladiator"-Set.
Siebeneisen entschloss sich zu einem Abstecher ins
Excalibur. Das Hotel sah aus, als habe sein Architekt es
aus überdimensionierten Legosteinen errichten lassen. Am
Eingang gurrte ihm ein Burgfräulein im Dirndl ins Ohr,
er möge doch rasch zu König Artus' „Roundtable Buffet"
eilen, „Labsal und Trunk für nur 6,99!". Worauf Siebeneisen mit einem im besten Shakespeare-Englisch vorgetrage-
nen „Shall we hurry there together, thou pretty young mai-
den?" („Sollen wir zusammen dorthin eilen, holde Maid?")
konterte. Das Burgfräulein sah ihn alarmiert an. Wahrscheinlich kam sie aus Los Angeles. Da wird man für so
etwas verklagt und muss anschließend drei Millionen Dollar Strafe wegen sexueller Belästigung bezahlen.

Siebeneisen öffnete die Augen und starrte zur Zimmerde-
cke. Doch, er hatte alles richtig gemacht an diesem ersten
Tag. Er war vorsichtig gewesen, aber nicht ängstlich. Hatte das Gelände sondiert, beobachtet, hatte abgewartet und
später am Abend dann zugeschlagen. Im Venetian. Das
war ein Hotel-Casino nach seinem Geschmack, eine Ver-
beugung vor dem alten Europa, mit einem überdachten
Plastik-Venedig im zweiten Stock, wo Gondolieri „O sole
mio!" schmetterten und japanische Touristen sich auf der
Rialto-Brücke fotografieren ließen. Später behaupteten sie
dann zu Hause wahrscheinlich frech, sie seien während ihres fünftägigen Jahresurlaubs auch eben noch mal kurz in
Italien gewesen, dachte Siebeneisen. Er selbst verbrachte
mehrere Stunden am Roulette-Tisch. Siebeneisen liebte dieses Spiel: Schwarz oder Rot, gerade oder ungerade, Ziffern-
kombinationen oder Null, da wusste man doch, was man
hatte. Siebeneisen hatte am Ende ein Plus von 370 Dollar. Er
konnte gerade noch der Versuchung widerstehen, vor dem
Nach-Hause-Gehen in den Canal Grande zu springen.

IM NEBENZIMMER WAR ES STILL GEWORDEN. Siebeneisen zwang sich aufzustehen. Er schlurfte zum Fenster. Bei
Tageslicht sah der Strip weit weniger eindrucksvoll aus.
Stattdessen konnte man der Stadt beim Wuchern zusehen. Vegas ist seit Jahren die am schnellsten wachsende
Metropole der USA, 7000 Neubürger monatlich, 1,7 Millionen schon insgesamt. Aus der Oase war ein Moloch
geworden, dessen Ränder sich wie außer Kontrolle gera-
tene Karies in die Wüste hineinfraßen. Gerade entstanden
70 Apartment-Wolkenkratzer. Plus etwa 20 neue Hotels
für noch mehr Besucher. Im letzten Jahr waren 38 Millionen gekommen – mehr als nach ganz Großbritannien. 38
Millionen! Siebeneisen schwindelte es ein bisschen. Er ging
zurück zum Bett. Auf dem Nachttisch lag Ernst Blochs
Theorie von der „Melancholie des Erreichten". Siebeneisen
erinnerte sich, im
Flugzeug darin
gelesen zu ha-

Nüssen machte daraufhin piep!, und der Page kam angelaufen und mahnte Siebeneiesen, doch bitte nichts zu berühren. Bei den Knabberschälchen registriere ein Mikrochip die Entnahme von Nüssen und setze den Betrag auf die Zimmer-Rechnung. Siebeneisen war sprachlos.

Insofern war er heute Morgen dann doch froh, dass er in der Pyramide wohnte. Er rief den Zimmer-Service an, das war in diesem Hotel finanzierbar. Als er die Nummer wählte, liefen die Zwerge zur Höchstform auf. „Breakfast, please", krächzte etwas, was ihn nur entfernt an seine Stimme erinnerte. „Breakfast?", fragte der Mann am anderen Ende der Leitung arrogant. Da war er bei Siebeneisen und den Zwergen genau richtig. Ohne Vorwarnung brüllte er in den Hörer, welches Wort seiner Bestellung denn wohl schwer zu verstehen gewesen sei. Der Mann am anderen Ende der Leitung schwieg einen Moment. Dann versprach er, dem Mr Siebeneisen ganz schnell sein Frühstück bringen zu lassen.

Vor ein paar Jahren hatte es Vegas ja mal als Feinschmecker-Mekka probiert – nachdem die Versuche, als Familiendestination, Kunstmetropole und Wellness-Ziel zu reüssieren, nacheinander schiefgelaufen waren. Jetzt hatte sich die Stadt schon wieder ein neues Image verpasst: Sex – beziehungsweise das, was die Amerikaner dafür halten. Die neuen Shows der „Cirque du Soleil"-Truppe sahen aus, als ob David Hamilton zu viele Romane von Martin Walser gelesen hätte. Die Piratenshow vor dem „TI at the Mirage" hatte man ausgetauscht gegen ein Stück, bei dem langbeinige Dessous-Models dilettierten. Im Hard Rock konnte man Black Jack im Pool spielen, gegen Bikini-Croupiers, die mit all ihrem Silikon wahrscheinlich auch im Taucherbecken nicht sinken würden. Und im Palms, dem neuen In-Hotel-Casino, sahen erstaunlich viele Frauen aus, als seien sie von Spezialisten für gefragte Einzelteile zusammengesetzt worden. Eine glitt tatsächlich neben Siebeneisen an die Bar, in einem Kleid, das sorgfältig gefaltet wahrscheinlich in eine Streich-

ben. Blochs Theorie besagte, dass Wünsche und Sehnsüchte stets an der Schwelle zur Erfüllung sterben. Wenn er das beherzigt hätte, wäre er jetzt um einige Dollar reicher.

Auch der zweite Tag hatte fulminant begonnen. Siebeneisen war aus dem Zimmer gleich zu den Tischen mit Black Jack gegangen (was wie „17 und 4" gespielt wird – mit seinem piratösen Unterton aber natürlich viel gefährlicher klingt). Dort wartete Mary-Lou, aus dem lieblichen North Dakota, wie man auf einem kleinen Messingschild an ihrer Bluse lesen konnte. Sie besaß jene tödliche Kombination aus Schmoll-Lippen und Grübchen, denen man am liebsten gleich einen Witz erzählen möchte, um zu sehen, wie sie sich verändern. Die ersten Runden gewann Siebeneisen, weil Mary-Lou immer auf mehr als 21 kam. Das nennt man in Vegas „to bust", und Mary-Lou tat das derart oft, dass sich die Chips vor Siebeneisen ziemlich türmten. Siebeneisen erhöhte den Einsatz auf zehn Dollar – Mary-Lou gab ihm 21. Er setzte wieder zehn Dollar – Mary-Lou musste bei 17 noch mal ziehen und erwischte eine 8. Siebeneisen ärgerte sich ein bisschen, weil sie so ja nie lachen würde, erinnerte sich dann aber an seine Wette und spielte regungslos weiter. Als er drei Stunden später 530 Dollar im Plus war, hörte er auf. Beim Verlassen des Hotels pfiff er laut den Refrain von „Viva, Las Vegas". Den Sicherheitsleuten am Eingang spielte er ein kleines Luftgitarrensolo vor.

ANSCHLIESSEND BELOHNTE ER SICH mit einem feinen Lunch im neuen Wynn Las Vegas. Das erste Haus am Strip hat 2716 Zimmer und 2,7 Milliarden Dollar gekostet. Siebeneisen ließ sich eine Juniorsuite zeigen – wenn es mit ihm und Vegas so weiterginge, würde er sich das bald leisten können. Während der Page damit beschäftigt war, ihm die hochkomplexe elektronische Steuerung der Fenstervorhänge zu erläutern, naschte Siebeneisen von den Erdnüssen auf der Anrichte. Irgendetwas an der Schale mit den

beginnt: mit einer plötzlichen Erkenntnis und der Suche nach dem nächstbesten Casino.

Innerhalb der nächsten vier Stunden verlor Siebeneisen 1258,50 Dollar. Er verlor beim Baccarat, wo er mit vier Taiwanesen am Tisch saß, die literweise grünen Tee tranken und ihre Karten bemurmelten, bevor sie sie umdrehten. Er verlor beim Video-Poker im Bellagio, wo die Bedienung ihm immer neue Margaritas auf Rechnung des Hauses brachte. Und dann, als nur noch ein Strohhalm geblieben war, da verlor Siebeneisen auch noch beim Roulette. Er hatte fünf Dollar auf die 2 gesetzt, und die 2 war gekommen. Er hatte fünf Dollar auf die 23 gesetzt, und die 23 war gekommen. Er wollte einen doppelten Bourbon bestellen, aber sein Sprachzentrum hatte offensichtlich die Vokale verzottelt, es kam nur ein „'n brbn pls!" heraus. Ekelhaft. Er konzentrierte sich und setzte alles, was er hatte, auf die 18. Jetzt war alles möglich, jetzt konnte er die Algebra austricksen und Fortuna bezirzen und den Mond vom Himmel stehlen. Jetzt. Jetzt. Jetzt!

Jetzt kam die 19.

Das Leben, dachte Siebeneisen in seinem Hotelbett, ist eine Schlampe. Statt seine 500 Dollar zu verzehnfachen, hatte er sie halbiert. Er drehte den Kopf und sah zum Strip hinaus, wo gerade Tausende, ach was, Zehntausende ein Vermögen machten. 26 Stockwerke unter ihm fuhr ein Sattelschlepper mit 20-Meter-Palmen vorbei, die über Nacht vor einer Hotelbaugrube gepflanzt würden – morgen würde es aussehen, als stünden sie seit Jahren dort. Nur die Wüste kann Vegas stoppen, dachte Siebeneisen, nur die Wüste. In ein paar Jahrhunderten werden Archäologen über den ausgegrabenen Relikten der Stadt grübeln und folgern, dass sich hier einmal ein bedeutendes religiöses Zentrum befunden habe, mit Dutzenden gewaltigen Tempel, zu denen Pilger von weit her geströmt seien.

Im Nebenzimmer donnerte der Fernseher. Siebeneisen horchte nach innen. Die Zwerge in seinem Kopf schienen ihre Arbeit allmählich zu beenden, nur ein paar letzte Ecken mussten offensichtlich noch gefegt werden. Er sah erneut auf die Uhr: 8.20. Draußen war es mittlerweile dunkler geworden. Dunkler?!? Siebeneisen sprang auf und rannte zum Fenster: Es dämmerte, tatsächlich. Und ihm dämmerte, dass er nicht bloß zwei, sondern mindestens 14 Stunden geschlafen hatte. Und sein Flieger mittlerweile im Anflug auf Frankfurt sein musste.

Er beschloss zu duschen. Anschließend würde er sich sein Geld zurückholen. ■

Info und Karte Seite 78

holzschachtel gepasst hätte. Leider begann sie augenblicklich, mit einer dieser Mickey-Mouse-Stimmen zu sprechen und sämtliche Floskeln zu verwenden, die das Amerikanische oft so schwer erträglich machen: „Germany? Oh! My! God! I was there, like, ten times, in Berlin, Frankfurt and Amsterdam, and I just loved it!" Siebeneisen suchte nach der schlimmsten Beleidigung, die keine Zivilklage zur Folge haben würde. Mickey Mouse suchte das Weite. Kurz darauf gewann er lässig 75 Dollar an einer Slot-Machine.

Es klopfte: das Frühstück. Eine mexikanische Hotelangestellte knallte ein Plastiktablett auf den Tisch. Siebeneisen gab ihr zwei Dollar Trinkgeld. Die Frau zog ein Gesicht wie der Besitzer eines französischen Nobelrestaurants, dem man eine Amex-Karte vorlegt. Siebeneisen gab ihr einen weiteren Dollar. Sie sagte etwas, was sich entfernt wie „Gracias" anhörte, in Wirklichkeit aber bestimmt ein schlimmer Aztekenfluch war. Er nippte am Kaffee. Er schmeckte wie etwas, womit man Holzschuppen gegen Trockenfäule behandelt. Siebeneisen legte sich wieder hin und wartete darauf, dass sich das Koffein durch sein System boxte. Falls welches drin war in dieser Brühe. Ihm war ein bisschen übel. Nach und nach kamen die Details seines letzten Zockertages zurück.

MORGENS UM ZEHN hatte Siebeneisen in einem Diner gesessen, dessen Bedienungen zum servierten Spiegelei gerne aufweckende Gassenhauer wie „There's a guy works down the chips shop swears he's Elvis" oder „Ramalamadingdong" intonierten. Siebeneisen hatte stattdessen einer inneren Stimme gelauscht, die ihm vorwarf, dass er an diesem Hammertag gestern nicht mit größeren Einsätzen gespielt hatte. Da war natürlich was dran. Mit seinem bescheidenen Risiko hatte er bislang einen Gewinn von rund 1000 Dollar eingefahren. Und wenn er nun regelmäßig 100 Dollar statt seiner läppischen zehn gesetzt hätte? „Genau!", flüsterte die Stimme: „Je weniger du setzt, umso mehr verlierst du, wenn du gewinnst." Er wusste beim besten Willen nicht, wo er das herhatte. Aber es schien ihm logisch. Und so begann das Debakel, wie es in Vegas immer

Der Autor **STEFAN NINK** wird auf Seite 170, die Fotografin **KERSTIN ZU P/N** im Editorial auf Seite 3 vorgestellt.

5.8 Typische Motive

Richard I'Anson hat viele Jahre für den berühmten australischen Reiseführer-
verlag für Individualreisende, *Lonely Planet,* als Fotograf gearbeitet und mehr
als 300 Reiseführer illustriert. Von ihm stammt auch ein Führer zu *Travel Photography,* in dem er aus reicher Erfahrung Tipps gibt, die hier nur in Stichworten wiedergegeben werden können (I'Anson 2005: 141-240). Zu den typischen
Motiven auf Reisen fällt ihm dieses ein:

Menschen: Sie abzulichten ist eine der schwierigsten Aufgaben. Typisch sind
Aufnahmen, bei denen – aus angemessener Entfernung - Menschen bei ihren
alltäglichen Arbeiten fotografiert werden (Arbeit, Marktgeschehen, Feierabend
etc.) Weil es dabei sehr oft um Momentaufnahmen geht, sind schnelle Entscheidungen in Sachen Technik und Bildkomposition erforderlich. Anders steht es
bei Aufnahmen, die aus der Nähe gemacht werden und mit den Fotografierten
abgesprochen sind. Hier erweisen sich bildfüllende Portraits als besonders aus-
drucksstark, die ein außergewöhnliches Gesicht zeigen, etwa das gegerbte Ant-
litz eines Fischers oder der indische Sadhu-Heilige, der sich zeremoniell bemalt
hat. Aber es müssen auch ganz andere Fragen aufgeworfen werden. Wollen die
Menschen überhaupt fotografiert werden? Missbrauche ich sie möglicherweise
für folkloristische Klischees? Und wie geht der Fotograf damit um, wenn der
Abgelichtete Geld verlangt? Eine Lösung kann sein, dass dem Fotomotiv als
Dank das Foto später zugesandt wird. Besonders verantwortungsvoll muss der
Umgang mit Kindern sein: Sie mögen gern vor der Kamera posieren. Aber wissen sie wirklich, was sie dort tun? Wenn sie Gegengaben verlangen, etwa Sü-
ßigkeiten, sollte man Abstand vom Vorhaben nehmen.

    Landschaften: Oft bieten Totalen von Landschaften den Einstieg in eine
Reportage. Sie wirft sozusagen den ersten Blick auf den Ort, so wie er auch den
Besucher mit einem ersten Eindruck begrüßt hat. Reicht der Blick bis zum Horizont, so raten Profis davon ab, mit ihm das Bild mittig zu teilen. Vielmehr soll
der Horizont das obere Drittel abteilen, insbesondere dann, wenn der Himmel
wenig Besonderheiten zu bieten hat. Für typische Landschaftsaufnahmen gelten
aber ganz unterschiedliche Regeln: Bei einem Gebirge ist besonders auf die
Beleuchtung zu achten (ideal: Abendsonne), Schneeszenen sollten im glitzernden Sonnenlicht aufgenommen werden, Wüsten eignen sich besonders für abs-
trakt komponierte Bilder (mit harten hell-dunkel Kontrasten), Küsten leben vom
Gegensatz zwischen Land und Meer, Seen werden durch Reflexionen belebt etc.
Bei besonders eindrucksvollen Naturmonumenten kann es wichtig sein, Personen im Vordergrund einzubeziehen, um die Proportionen nachvollziehbar zu
machen.

Städte: Hier wird empfohlen, die Städte zu durchwandern, in verschiedene Richtungen zu gehen und zu verschiedenen Tageszeiten zu flanieren, um ihre Atmosphäre einfangen zu können. Entscheiden sollte der Fotograf, wie er diese Stimmung zum Ausdruck bringen soll, etwa durch Ablichten des gesamten Stadtpanoramas, Darstellung einzelner Gebäude (berühmte Sehenswürdigkeiten oder unspektakuläre Allerweltsbauten), ungewöhnlicher Details der Architektur, oder Innenaufnahmen. Natürlich kann man auch Menschen in den Mittelpunkt stellen, die auf den Boulevards eilen, in den Restaurants sitzen oder auf den Bus warten. Eine besondere Stimmung vermitteln Nachtaufnahmen, weil künstliches Licht die Akzente setzt, angestrahlte Highlights oder glitzernde Boulevards ermöglichen einen ganz eigenen, viel konzentrierteren Blick auf die Dinge. Zu beachten ist auch, dass sich städtisches Leben auch innerhalb von Gebäuden abspielt, in Markthallen, Bahnhöfen, religiösen Stätten etc.

Festlichkeiten: Feste sind immer ein Höhepunkt im kulturellen Leben, sei es ein Nationalfeiertag, ein Kirchenfest, ein sportlicher Wettbewerb – oder der Karneval irgendwo zwischen Köln und Rio de Janeiro. Dazu können Paraden oder Prozessionen zählen, Musik und Theater oder andere Auftritte in der Öffentlichkeit, die eine Fülle lebendiger Motive abgeben. Feste dienen in aller Regel zur Demonstration eigener Identität und ermöglichen den Zugang zu Folklore in einer unverfälschten Form. Dabei zu fotografieren ist meist kein Problem, weil die Menschen stolz sind und gern ihr Kulturgut präsentieren.

Märkte: Alles, was mit Märkten und Handel zu tun hat, gibt einen guten Einblick in den Alltag uns fremder Kulturen. Dabei geht es nicht nur um die zahlreichen Produkte auf den Basaren, sondern damit verbunden auch um die Menschen zwischen den angebotenen Produkten, um deren Gewohnheiten des Essens und Trinkens, um das Angebot handwerklicher und künstlerischer Produkte. Die Buntheit der Märkte überträgt sich auf die Fotos.

Sonnenauf- und -untergänge: Viele Objekte werden durch das horizontal einfallende Licht an den Rändern des Tages in besonders stimmungsvolle Farben getaucht. Gegenlichtaufnahmen mit schwarzen Silhouetten im Vordergrund zählen hier zu den Klassikern.

Bewegte Objekte: Bilder, die in Bewegungen hinein geschossen werden, erhalten dadurch eine besondere Dramatik und Dynamik. I'Anson stellt dazu folgende Regel auf: „Du wirst erfolgreicher sein, wenn du bei Objekten in Bewegung einer Politik des ‚fotografiere zuerst und denke später' folgst." (I'Anson 2005: 219).

Wildnis, Tiere: Gute Tieraufnahmen erfordern Geduld, weil sich das „Fotomodell" an keine vorgegebenen Regeln hält. Wichtigste Aufgabe ist, nahe an das Objekt heranzukommen, eine zweite, dass Augen sichtbar sein müssen.

Teleaufnahmen sind besonders bei Safaris und Nationalpark-Fahrten der Standard, nur im Zoo kann man sich den Tieren problemlos nähern.
Luftaufnahmen: Es sind besonders die bilddominierten Magazine wie *Geo* oder *National Geographic*, die immer wieder mit spektakulären Aufnahmen aus Flugzeugen, Helikoptern oder Heißluftballons brillieren. Dafür werden allerdings angesichts des Kostenrisikos nur Profis geheuert, denn eine sorgfältige Vorbereitung und handwerkliche Durchführung sind absolute Voraussetzung für den Erfolg.

5.9 Die Bildredaktion

Mit der Redaktion sollte der Reisejournalist vorab klären, wie die Bebilderung laufen soll. Große Redaktionen beschäftigen eigene Bildredakteure, dabei können die Ansichten zwischen bilderkomponierenden Fotografen und selektierenden Bildredakteuren durchaus differieren. Der Fotograf wird eher auf die ästhetische Qualität seiner Produkte achten, der Bildredakteur eher die dem Leser vertraute Bildersprache seines Mediums in den Vordergrund stellen. Die beste Ausgangssituation ist sicherlich, wenn dem Autor ein Fotograf beigeordnet wird, der nach dessen Vorgaben die Fotos liefert. Das ist aber extrem teuer und wird von den wenigsten Redaktionen mitgetragen. Manche Redaktionen fordern den schreibenden Journalisten auf, die Fotos gleich mit abzuliefern. Das hat für den Auftraggeber den Vorteil, dass keine separaten Bilderkosten entstehen, es hat für den Autor den Vorteil, dass er auch die Bild-Seite seines Beitrags unter eigener Kontrolle hat. Andererseits trauen Redaktionen ihren Autoren oft nicht zu, dass sie professionelle Fotos abzuliefern vermögen, und bemühen lieber Agenturen, die meist ein großes Repertoire von Bildern zu Reisezielen zur Verfügung stellen. In Deutschland sind eine Reihe bekannter Fotoagenturen tätig, die in ihren Archiven Millionen von Fotos vorhalten. Der Bildredakteur kann sich bei ihnen bedienen. Dabei können besonders stimmungsvolle Fotos den Weg in die Reportage finden, allerdings haben sie häufig auch nur wenig mit der geschilderten Reise zu tun. Gern sind auch Fremdenverkehrsämter bereit, Bildmaterial zur Verfügung zu stellen; der Vorteil ist, dass es im Regelfall kostenfrei angeboten wird, der Nachteil ist, dass es Allerwelts-Fotos sind, die meist eher in Richtung Ansichtskarte gehen und keinen Bezug zur Reportage haben.
Dem Medium sieht man an, auf welche Weise es die Bebilderung einer Reportage handhabt. Handelt es sich um allgemeine Fotos, wie sie auch in einem Reisekatalog genutzt werden, oder beziehen sie sich spezifisch auf diesen Text und visualisieren bestimmte Botschaften (Porträt eines Gesprächspartners, der geschilderte Luxuszug beim Besteigen etc)? Mitreisende Fotografen sind

teuer und die Zeitungen haben in den letzten Jahren gerade bei festangestellten und freien Fotografen gespart. Ebenso wird versucht, beim Aufkauf von Fotos den Preis zu drücken und die gesamten Bildrechte zu erwerben, um die Fotos bei Bedarf weiter verwerten zu können. Fotografen sind derzeit besonders von der Krise mancher Medien betroffen.

Das Interesse eines Reisejournalisten sollte es gleichwohl sein, mit einem professionellen Fotografen zusammen zu arbeiten, um damit einerseits auch die Bilderseite der Erzählung unter Kontrolle zu haben, andererseits besonders qualitätsvolle Fotos zu bekommen. Das hilft dann auch den in den letzten Jahren besonders gebeutelten Fotografen. Sucht die Redaktion die Fotos aus, sollte man sich beteiligen, um sicherzustellen, dass die Botschaft des Textes nicht konterkariert, sondern ergänzt und erweitert wird.

5.10 Betextung von Bildern

„Bildjournalisten sind für die Presse heute noch wichtiger als vor der Einführung des Fernsehens. Das Publikum ist optisch verwöhnt und anspruchsvoll geworden; es erwartet auch bei der Lektüre Zusatzinformationen und Auflockerung durch gute Bilder" (La Roche 1991: 44). Ein Zitat aus der *Einführung in den praktischen Journalismus,* das den „Nagel" auf den Kopf trifft, aber leider so nicht vollständig ist. Walther von La Roche fährt daher damit fort, dass „auch der Fotoreporter recherchieren und texten muss, z. B. die Facts für die an Stelle eines Berichts festgelegte, erweiterte Bildunterschrift bzw. die Bildunterschrift selbst" (La Roche 1991: 44). Das Urteil "ein Bild sagt mehr als tausend Worte" ist für manchen so vielleicht richtig, aber journalistisch gesehen falsch - auch im Ressort Reise. Denn „nach dem ersten Blick setzt normalerweise die Verstandestätigkeit ein, die das Bild verorten möchte. Man liest die Bildunterschrift. Man stellt einen Zusammenhang her. Man orientiert sich" (Sichtermann 1995: 30).

Ein ausdrucksstarkes oder einfach wunderschönes Bildmotiv ist deshalb ohne einen Textzusatz nur die Hälfte wert, aufgrund des fehlenden Bezugsrahmens und weil sonst ja keinerlei gerichtete Information enthalten wäre. Konkret umrissen sind die Aufgaben einer Bildunterschrift, dem Betrachter zu verdeutlichen, worum es in dem Bild geht, neugierig auf Bild und Artikel zu machen, über Wichtiges, auf dem Bild aber nicht Sichtbares zu informieren, Emotionen zu wecken und einen Überblick über den Inhalt des Artikels zu geben, falls der Leser sich nur kurz informieren möchte.

Mehrere Bildunterschriften zusammen ergeben am besten eine Minigeschichte. „Die Bildunterschrift ist der Aperitif des Beitrags, sie macht Appetit auf das ganze Menü. Geben Sie präzise Informationen: (...) Jubeln Sie in der Bildunterschrift nichts hoch, was der Lauftext wieder zurücknimmt" (Hamburger Journalistenschule 1996 – Der Bildtext: 11).

Es gilt also festzuhalten: Bildtexte sind die meist gelesenen Texte in der Presse; sie bilden den „Einstieg" in den Artikel. Fotos sind der „Blickfang" einer Zeitungsseite. Deshalb kommt auch der Bildunterschrift eine exponierte Bedeutung zu. „Ist sie dürr und nichtssagend, wird der Leser häufig auch den Text überspringen, zu dem das Bild gehört. Die Unterschrift muss deshalb ‚sitzen' und zum Weiterlesen anregen" (Hamburger Journalistenschule 1996 – Der Bildtext: 13). „Das ist also eine Feststellung: ‚Jedes Bild braucht einen Text.' Weiter: ‚Ein Bild ist nur so gut wie die dazugehörige Bildunterschrift'" (Waller 1984: 193). Eine gewagte These? Offensichtlich nicht, denn ein Bild ohne Bildunterschrift wird man in der Presselandschaft lange suchen, selbst in visuell dominierten, optisch attraktiv gestalteten Reise-Publikationen. "Ganz wichtig: Stimmen Sie die Bildunterschrift und Textüberschrift aufeinander ab und vermeiden Sie Wiederholungen. Die Bildunterschrift sollte immer zusätzliche Informationen enthalten und nie das, was schon in der Überschrift steht" (Hamburger Journalistenschule 1996 – Der Bildtext: 13).

Im Idealfall, der hier gleichzeitig auch die Mindestanforderung bedeutet, sind Bild und Bildunterschrift eine Einheit, ergänzen sich also. Leider lässt sich dieser Idealfall beim Blick durch den ‚Blätterwald' nur vereinzelt feststellen. Das liegt einerseits daran, dass Fotojournalisten oft nicht in der Lage (oder willens) sind, ihre Bilder selbst zu betexten" (Waller 1984: 193). In der Regel ist für Reise-Redaktionen aber heutzutage ohnehin die freiberufliche „Hybridform" des „fotografierenden Schreibers" unterwegs. In jedem Fall müssen bei Reiseberichten, die in Personalunion Bild und Text liefern, qualitative Abstriche hingenommen werden. Außer spezifischen Reise-Fachjournalen (z.B. *ADAC reisemagazin)* oder finanziell gut gepolsterten Zeitschriften (z.B. *stern)* leistet sich kaum noch eine Reise-Redaktion ein Team aus Schreiber und Fotograf unterwegs. „Entgegen anderen Meinungen sind für das Texten einer guten Bildunterschrift gewisse (lernbare) Fertigkeiten vonnöten. Genauso, wie man es als schreibender Journalist auch lernen muss, komplexe Sachverhalte in wenigen Nachrichten-Zeilen zu vermitteln" (Waller 1984: 193).

Wie sieht er nun im Einzelnen aus, der gelungene Bildtext? Er korrespondiert, wie bereits angesprochen, generell und auch im Detail mit dem dazugehörigen Artikel; nimmt Bezug auf die Thematik, ohne dabei die bildeigene Information einfach nur zu beschreiben; animiert in Verbindung mit dem Bild zum Weiterlesen; vermittelt, wenn nötig, aber auch in Zusammenhang mit dem Bild wesentliche Zusatzinformationen für eilige Leser. Er besteht aus „kurzen prägnanten Sätzen, die erstens dem Charakter einer Kurzinformation entsprechen, zweitens aber auch das Hin- und Herspringen zwischen Bild und Text ermöglichen." Und: „Je länger der Bildtext ausfällt, um so größer wird die Gefahr, dass der Texter Abweichungen oder gar Widersprüche zwischen Bildtext und Artikel produziert" (Waller 1984: 195).

Die Funktion der Einheit Bild/Bildunterschrift variiert zuweilen in Bezug auf formale Aspekte. Sie kann als Bildnachricht, also als eigenständige, unabhängige Info-Komponente, vorkommen, die den Artikel mit zusätzlichen Informationen aufwertet. Eine andere formale Variante der Bildunterschrift steht im Einklang mit der illustrativen Funktion des dazugehörigen Fotos. Die Bildunterschrift kann „über Aphorismen oder gaghafte Texte bis zur ausführlichen „Bild-Betrachtung" reichen. (Was schnell zum Schwafeln geraten kann). Hier sind „Formulierungskünstler" gefragt" (Waller 1984: 198). Eine weitere stilistische Variante ist der Einsatz von Zitaten als Bildunterschrift. Das jedoch funktioniert wirklich nur, wenn eine nahezu vollkommene Verzahnung aller Elemente des Artikels erreicht werden kann. Zitate, die weder mit dem Bild, noch in Verbindung mit dem Bild mit dem Artikel korrespondieren, sind allerdings tunlichst zu vermeiden. Ähnliches gilt für Zitate, die von Personen stammen, die ihrerseits selbst erst vorgestellt werden müssten.

Um welche stilistische Form es sich bei der jeweiligen Bildunterschrift auch immer handelt, einige Grundsätze sind generell gültig:

- Der Text muss gut zu verstehen und leicht zu lesen sein.
- Zu viele Adjektive sind zu vermeiden.
- Alle wichtigen Informationen müssen enthalten sein.
- Beschreibungen von Verhaltensweisen oder hineininterpretierten Eigenschaften abgelichteter Personen sollten vermieden werden.
- Das Gleiche gilt für das „in-den-Mund-legen" von Aussagen und die Zuschreibung von Emotionen, Stimmungen und Empfindungen sowie andere Prinzipien, die aber auch zum generellen „Form-Kodex" journalistischer Arbeit gehören.

Insgesamt muss natürlich auch die Vielfalt der verschiedenen Publikationen mit ausschließlichem oder rubrikalem reisejournalistischem Inhalt bedacht werden. Die Übergänge zwischen informativen Aufgaben und offensichtlichem Unterhaltungswert der Artikel im Ressort Reise sind fließend. Dennoch: Was im „seriösen" Zeitungs- oder Zeitschriftenmarkt als Todsünde gilt, ist in Gazetten oder der „Yellow Press" manchmal durchaus üblich. Generell zu kritisieren ist die Manipulation des Bildmaterials durch falsche Bildunterschriften. Ein Strand mit Palmen, aufgenommen in der Karibik, aber betextet als „verstecktes Juwel einer Südseeinsel" ist leider keine Seltenheit. Ob nun aus Nachlässigkeit oder vorsätzlich ist dabei am Ende fast unerheblich. Der Betrug am Leser ist in solchen Fällen nicht mehr rückgängig zu machen. Zum Glück für die Verantwortlichen fliegen solche Manipulationen selten auf, weil sie für den Betrachter kaum nachvollziehbar sind.

Seit 1888 geht *National Geographic* auf „Entdeckungsreise". Das traditionsreiche Blatt gilt als das beste seiner Gattung.

> „Weltweit betreibt keine Zeitschrift Journalismus mit so hohem Aufwand und solcher Akribie wie das *National Geographic*. So gibt es zum Beispiel eine eigene Abteilung für Bildunterschriften, die die Angaben der Fotografen zusammenstellt und überprüft. Um das Thema ‚Wolle' vorzubereiten, las Fotografin Cary Wollinsky 65 Bücher und kontaktete 160 Personen in elf Ländern. Die Produktionszeit für ein Thema beträgt in der Regel allein für die Fotografie ein halbes Jahr. Dabei werden oft über tausend Filme belichtet. Insgesamt lieferten im Jahr 1993 alle *National Geographic*-Fotografen 46.769 Filmrollen ab – das sind 1.683.600 Dias. Veröffentlicht wurden im gleichen Jahr 1.048 Fotos, im Durchschnitt also etwa jedes Tausendzweihundertste."

> (Schamberg 1996: 62)

Zusammenfassend ist zu sagen: Bild und Bildunterschrift sind eine untrennbare Einheit und sollten als zwei sich ergänzende Bestandteile mit derselben Sorgfalt hergestellt werden. Wo es sich (aus welchen Gründen auch immer) nicht bewerkstelligen lässt, dass beide Elemente von derselben Person angefertigt werden, sollte eine möglichst nahe Zusammenarbeit angestrebt werden. Vom Fotografen ist in jedem Fall zu verlangen, dass er alle wichtigen Fakten über das Bild weitergibt, vom Bildtexter, dass er sich um noch fehlende Zeilen einer Bildunterschrift bemüht.

Je mehr Hintergrundwissen hinter den wenigen Zeilen einer Bildunterschrift steht, desto informativer und wertvoller wird sie für den Leser sein" (Waller 1984: 199). Eine Aufgabe, die anspruchsvoll und verantwortungsvoll zugleich ist, bedenkt man den bereits geschilderten Effekt, den Bildtexte haben: „Die Bildunterschrift soll zum Lasso werden, das die Leser hineinzieht in die Geschichte: Sie hat eine ähnliche Funktion wie Titel und Vorspann" (Meyer 1995: 54). In einer vollendeten Symbiose von Bild/Artikel – das ist sicher unstrittig – ist deshalb auch in Zukunft die Bildunterschrift ein elementares Bindeglied.

5.11 Die Infografik

Die Theorie des Bildes betont, dass nicht alle fotografische Repräsentationen reale Gegenstände darstellen. Im Kontext dieser Einführung ist zumindest eine

Form der Visualisierung wichtig, die immaterielle Sachverhalte wiedergibt: die Landkarte. Als Serviceangebot an den Leser werden die meisten Reisereportagen um einen Kartenausschnitt ergänzt, der den beschriebenen Ort oder die bereiste Route grafisch darstellt. Oft erfolgt dies zweistufig, indem eine kleine Karte die Großregion (etwa den Kontinent oder das Land) darstellt und eine detailreichere Karte die örtlichen Verhältnisse wiedergibt (den bereisten Ort oder die Route). Beispielsweise stellt die erste Karte den afrikanischen Kontinent inklusive den Staat Senegal dar, während die zweite den Küstenstreifen zeigt, an dem der Touristenclub liegt.

Die Kommunikationswissenschaft spricht hier von einer Infografik, ein in den 80er Jahren entstandener Begriff, in dem „Information" und „Grafik" verschmelzen (Knieper 1995: 3). Diese Visualisierungen sollten grafisch ansprechend aufbereitet sein und den Sachverhalt verständlich präsentieren. In der Regel handelt es sich hier um kleine und akzentuierte Ausschnitte aus topografischen Karten oder kartenverwandte Darstellungen, seltener um Variationen, also etwa Luft- und Satellitenbilder, Panoramen, Blockbilder (perspektivische Darstellungen), schiefe Axonometrien (auf der Grundlage von Aufrissen oder Grundrissen) (zur Breite der Möglichkeiten: Knieper 1995: 84ff). Die genannten Variationsmöglichkeiten sind als Vorschläge zu sehen, um einmal von der fast immer verwandten Standardkarte wegzukommen.

Während die Infografiken der Zeitungen, welche die aktuelle Berichterstattung begleiten, oft zentral von Agenturen erstellt werden, ist deren Angebot im Fall des Reiseressorts kaum nutzbar. Es müssen also eigene Grafiken erstellt werden. Inzwischen beschäftigen aber viele Redaktionen spezielle Infografiker, bei denen sollte die entsprechende Karte rechtzeitig in Auftrag gegeben werden. Allerdings legt der schreibende Journalist am besten eine Vorlage, z. B. eine Kartenkopie mit Erläuterungen vor, damit keine Missverständnisse entstehen und die Grafik zum Text passt.

5.12 Exkurs: Reiseberichterstattung im Fernsehen

Ein Praxisbericht von Karl Alexander Weck:

„Wie denn der ‚berufliche Abenteuer-Urlaub' gewesen sei?", fragten mich Freunde, Bekannte und neidvoll-interessierte Kollegen nach Rückkehr von Dreharbeiten für einen deutschen Privatsender. Sicher, das Team (Autor, Kameramann, Assistent) war fast neun Wochen in exotischen Südsee-Gebieten (West-Samoa und Tonga) sowie in Neuseeland unterwegs gewesen und hatte viel erlebt. Vielleicht waren sogar einige Abenteuer dabei, aber Urlaub, in welcher

Form auch immer, war es sicher nicht. Im Gegenteil, was am Ende dabei herauskommen sollte, bedurfte harter Arbeit.

5.12.1 Der Alltag des Fernsehjournalisten

Wie sieht er denn nun wirklich aus, der Alltag des Fernseh-Reisejournalisten unterwegs? Die Drehtage beginnen früh, oft vor Sonnenaufgang, und enden meist erst bei Sonnenuntergang. Beides sind unverzichtbare Zeiträume für atmosphärische Bilder und müssen genutzt werden. Was sich bei Tageslicht abspielt, steht in teilweise traumatischer Abhängigkeit von unverrückbaren, nicht zu beeinflussenden Faktoren. Budget-Druck schreibt einen festen Zeitrahmen für den Drehablauf vor. Meist ist dieser aber trotz eingeplanter ‚Puffertage' bereits schnell völlig überholt. Wettereinbrüche können gleich mehrere Drehtage kosten. Wartezeit auf mögliche Besserung der Bedingungen ist entweder nicht kalkulierbar oder von vornherein illusorisch. Tiere, die seit Jahren an der gleichen Stelle regelmäßig auftauchten, sind trotz perfektem Timing bei den Dreharbeiten plötzlich verschwunden. Flugverbindungen fallen aus, Straßen sind gesperrt und so weiter und so weiter.

Dinge, die der Reisejournalist für Print-Medien und Hörfunk noch aufgrund seiner Eindrücke beschreiben kann und mit einzelnen, ergänzenden Bildern (nach Qualität sogar punktuell selektiert) flankieren kann, sind für den Reiseberichterstatter im Fernsehen oft verloren, weil aus verschiedensten Gründen nicht in bewegten Sequenzen abzubilden. Wo das Reporterauge und auch die Fotokamera unter ungünstigen Bedingungen weiterbetrachten können, sind der Film- und Videokamera aus technischen Gründen, Einsatz- oder Handhabungsproblematiken und anderen mediumspezifischen Schwierigkeiten vergleichsweise deutliche Grenzen gesetzt.

In Hast (aber unbedingt ohne Panik) ist Ersatz für Entgangenes zu finden. Der „Doppelpass" mit der Spontaneität auf Drehreisen muss ständig gespielt werden, um im Rennen zu bleiben, denn nicht nur die Natur hält laufend Überraschungen parat, die das Produkt in seiner ursprünglichen Form gefährden können. Interviewpartner oder Protagonisten erscheinen nicht oder stellen plötzlich unerfüllbare Forderungen. Manchmal verliert man sogar eine Geschichte, weil der Tod schneller vor Ort war oder andere Fernseh-Teams „verbrannte Erde" hinterlassen haben. Behörden blockieren trotz Absprachen und Genehmigungen bestimmte Dreharbeiten. Technisches Gerät versagt regelmäßig, wonach in aufwendigen Aktionen Ersatz beschafft werden muss. Kameraleute, Assistenten oder Autoren verletzen sich oder werden krank. Fernsehproduktionen sind mit Beginn der Dreharbeiten absolutes Teamwork. Fallen Teile des Teams aus, so lahmt das gesamte Projekt und das wiederum kann in schlimmen Fällen sogar zum Abbruch führen.

Die Liste der möglichen, realistischen Pannen lässt sich endlos fortsetzen. Was sich hier wie ein bewusst überspitztes Horrorszenario anhört, ist leider (vielleicht nicht immer in dieser akkumulierten Form, so doch in seinen Facetten) Teil des reisejournalistischen Alltags im Fernsehen. Besonders heikel wird es, wenn durch unvorhersehbare Ereignisse in der Zielregion sogar ein Totalausfall des Reisefilms droht. Ist der Autor und Regisseur (wie bei aufwändigen Produktionen in Übersee nicht selten) auch Produzent in Personalunion, kann das Ganze sogar im „Horror-Trip" mit anschließendem wirtschaftlichen Ruin enden. Zur Verdeutlichung: Dreharbeiten im unbekannten afrikanischen Zwergstaat São Tomé e Príncipe waren der Höhepunkt meines Produktionsjahres 2003. Eine spannende Nische, denn noch kein Reisefilm war bislang über dieses vergessene Inselparadies im deutschen Fernsehen gelaufen. Ich bekam den Zuschlag, eine ganze Sendung über dieses Land sendefertig zu produzieren. Eigentlich eine tolle Aufgabe, wäre da nicht der erste Militär-Putsch seit 15 Jahren dazwischen gekommen. Das Reisefilm-Team konnte nach nur wenigen Tagen Aufenthalt plötzlich keinen Reisefilm mehr drehen. Schwer bewaffnete Soldaten an jeder Straßenecke waren nicht gerade die Bilder und Geschichten, die mit der Sender-Redaktion zuhause abgesprochen waren. Eine Ausgangssperre hinderte uns dazu lange daran, überhaupt irgendwelche Bilder zu machen. Verweigert der Auftraggeber letztlich die Abnahme oder Kostenübernahme aus Kulanz im Ernstfall, wird es düster am Horizont für den produzierenden Reisejournalisten fürs Fernsehen. Er hat erhebliche Vorkosten bereits verauslagt (Reisekosten, Kamera-Team usw.) und bleibt im Ernstfall darauf sitzen. Sogar die vorsorglich abgeschlossene Produktionsausfallversicherung half in diesem Fall nicht. Ausgeschlossen war neben dem Wetter die „Höhere Gewalt". Die Art, wie das Projekt letztlich dennoch gerettet werden konnte, würde den Rahmen dieses Kapitels sprengen, aber es gelang – letztlich auch durch großes „Glück im Unglück". Verlassen sollte man sich aber tunlichst nicht darauf!

5.12.2 Ohne perfekte Planung geht nichts

Wer jetzt aber glaubt, bei diesen potentiellen Desastern ohne konkrete Planung oder gar Konzept auf Reisen gehen zu können, weil all dies ohnehin nichts bringt, hat sich getäuscht. Dabei spielt – neben der eigenen, gezielten Vorbereitung – der Einsatz von so genannten ‚Stringern' eine entscheidende Rolle, als Bindeglied zwischen den Reisejournalisten und der Zielregion. Dies sind in der Regel „einheimische freie Mitarbeiter (...), die ihnen Informationen beschaffen,

Kontakte vermitteln, Assistentenarbeit verrichten und als Dolmetscher behilflich sein können" (Buchholz/Schult 1990: 267).

Stringer kennen zudem die Parameter einer Reise im betreffenden Land am besten, können Transportzeiten kalkulieren, Mentalitäten einschätzen, zentrale Koordinationsstelle während der Drehreise sein und ‚Feuerwehr' bei Problemen jedweder Art. Sie sind es, die das Konzept mit dem Autor auf Machbarkeit hin überprüfen, erfahrungsbedingt sinnvolle Änderungs- oder Ersatzvorschläge machen und das Resultat zeitlich so komfortabel, wie es das jeweilige Budget erlaubt, und logistisch so effizient wie möglich mit dem Film-Team planen.

Das ist die Grundlage, um dem Schrecken der möglichen Pannen auf einer Drehreise, mit Hilfe einer konzeptionellen ‚Sicherheitsleine', überhaupt eine Struktur entgegenzusetzen.

Kurz: Kann Plan A nicht ausgeführt werden, tritt zumindest theoretisch sofort Plan B in Kraft, bevor möglicherweise tatsächlich frei improvisiert gedreht werden muss.

5.12.3 Die „post-production" und der Schein der Leichtigkeit

In unserem Fall waren interessante Reportagen, Feature-Beiträge, Kurz-Dokus und Profile repräsentativer Persönlichkeiten schließlich die vorzeigbare Ausbeute des „beruflichen Abenteuer-Urlaubs".

Die post-production, also die Nachbearbeitung des Rohmaterials, bescherte uns dann ein Produkt, bei dessen Betrachtung die ersten Zuschauer des Werkes im engen Familienkreis, sogar den Zusatz „beruflich" vor „Abenteuer-Urlaub" zuweilen vergaßen. Alles sah so spannend, so leicht, so schön, ja sogar teilweise traumhaft aus. Selbst wir als „Macher", konnten uns der Faszination unserer eigenen Bilder (hier noch ohne Sprachaufnahme, nur mit Original-Ton und unterlegter Musik) nicht entziehen.

Das Klischee des sich sonnenden, Abenteuer erlebenden oder zumindest sein eigenes Fernweh stillenden Reisejournalisten, hatten wir indirekt durch unsere eigenen Bilder paradoxerweise selbst bestätigt. Eine Katastrophe? Ja und Nein, denn einerseits war es ja genau so nicht gewesen, andererseits hatten wir mit diesem Produkt, meiner Ansicht nach, unsere Aufgabe voll erfüllt.

Der Zuschauer-Traum von geheimnisvoller, exotischer Kultur, atemberaubender Naturschönheit, spannungsgeladener Action oder Begegnungen mit leibhaftigen „Südsee- Prinzen" und anderen faszinierenden „Charakter-Köpfen" der Destination, war in unseren Filmbeiträgen materialisierte Realität geworden. Aber war es denn auch Wirklichkeit oder gar Wahrheit, was dort abgebildet wurde? Tatsache ist, dass 14 - 18 Stunden täglich an dieser Realität gearbeitet,

sie oft sogar zurechtgezimmert werden musste, was gegenüber den Abgebildeten vielfach manch sanftes Drängen zur Eile beinhaltete.

Auch die Frustration über Schlechtwetterperioden, die nicht nur den Dreh-
plan durcheinander warfen, sondern auch wertvolle Zeit kosteten, taucht im
Beitrag nicht auf. Regen in der Südsee will schließlich niemand sehen, zumindest keiner, der ein Reisemagazin mit dem Thema Südsee einschaltet. Ein Holz-
schnitzer, der mit der Ausführung seiner Arbeit für die Filmaufnahmen warten
muss, weil es regnet und wir ihn (aus diversen Gründen) lieber bei Sonnenschein sehen, ist zwar am Ende filmische Realität geworden, ist aber sicher kein
Abbild von Wirklichkeit und schon gar nicht Wahrheit. Daran ändert auch die
Tatsache nichts, dass er zweifelsohne hin und wieder den gleichen Arbeitsablauf
bei Sonnenschein absolvieren dürfte.

5.12.4 Bildsprache, Stil und Aussagekraft

Wie sieht sie nun aus, die gelungene Reiseberichterstattung im Fernsehen, ihre
Bildsprache, ihr Stil, ihre Aussagekraft? Es gibt, wie in den meisten Bereichen
des Journalismus, dafür kein Patentrezept. Zu unterschiedlich sind die Darstellungsformen im Ressort „Reise", um generalisieren zu können. Es gibt die so
genannten News- oder Info-Blöcke in Reisesendungen. Hier kommt es vor allem darauf an, mit Hilfe der Bilder in kurzer Zeit möglichst viel auszusagen,
Neuigkeiten oder informative Übersichten von Zielgebieten und anderen Themen aus der Reisebranche komprimiert zu vermitteln. Die Devise „das einzelne
Bild ist die News" steht im Mittelpunkt. Ganz anders das Stilmittel Reportage.
Hier lautet die Devise „dranbleiben", also verstärkter Einsatz bewegter oder
auch subjektiver Kamera, um das „mit-dabei-sein-Gefühl" beim Zuschauer zu
wecken, eine Atmosphäre zu erzeugen. Features sind eine Art Hintergrundbe-
richterstattung, mit durchaus subjektiven Zügen, also aus dem Autoren-
Blickwinkel betrachtet. Dokumentarische Beiträge oder ganze Sendungen leben
von der möglichst korrekten Wiedergabe von Wirklichkeit mittels filmischer
Realität. Das heißt, ein thematischer Gesamtzusammenhang muss geschickt
mittels Bildsprache auf das zur Verfügung stehende Sendevolumen ‚getrimmt'
werden, ohne das Darzustellende inhaltlich zu verfälschen. Mischformen aus
Reportage und Dokumentation sind deshalb besonders anspruchsvoll, da oft
Personen im Mittelpunkt stehen und wertneutrale Darstellung unweigerlich mit
Emotionen und Atmosphäre durcheinander gerät. Manche Kollegen schwören
auf diesen Effekt, formalistischen Puristen ist allein der Gedanke daran schon
ein Greuel. Insgesamt gelten bei der Produktion für Reisesendungen aber die
gleichen stilistischen und technischen Richtlinien wie auch in anderen Fernseh-

Ressorts. Tipps wie: schon beim Drehen an den Schnitt denken –, also nicht wahllos jagen und sammeln, reichlich neutralen Ton aufzeichnen usw., sind in anderen umfangreicheren Einführungen bereits ausreichend beschrieben worden (z. B. La Roche 2006).

Neben stilistischen Mitteln ist für die Ausdruckskraft vor allem der Ablaufplan einer reisejournalistischen Fernsehsendung entscheidend. Ist sie moderiert oder nicht, monothematisch oder in unzusammenhängende Themenkomplexe gegliedert, serviceorientiert mit festen Informationseinheiten oder eher appetitanregend durch verträumte „Bildspaziergänge" oder Mini-Features? Diese Kriterien beziehen sich wohlgemerkt auf eine Magazin-Sendung. Ist aber die gut gemachte Reportage oder Dokumentation im Rahmen von 30 bis 45 Minuten nicht auch eine Form des Reisejournalismus im Fernsehen? Ich meine ja, denn schließlich geht es vor allem darum, die Welt dem Zuschauer näher zu bringen, in ihm Interesse zu wecken für die dargestellte Zielregion, ihre Natur, ihre Kultur, ihre Menschen und alles, was sonst noch dazugehört. Mein Kollege Jürgen Drensek, lange Jahre unterwegs, unter anderem für die 30-minütige Reihe *Traumziele/Erlebnisreisen* (WDR), unterscheidet lediglich in „nicht-formatierte Träumereien auf Film" (z.b. Traumziele) und „nachvollziehbare Reisen" (z.B. Erlebnisreisen). Beiden Formen gemeinsam ist aber, die weite Welt zu Hause auf dem Bildschirm zu erzeugen.

Wer kann – das zeigt die Position der Deutschen als „Reiseweltmeister" deutlich – fährt selber hin. Damit wächst natürlich auch die kollektive Urteilskraft dem Medium Fernsehen gegenüber. „Die ‚erste' Realität wird immer bewegender bleiben, (...). Den zweidimensionalen, geruchlosen Fernsehbildern ist ihre Herkunft aus einem Sender, also aus einer ‚zweiten', reflektierten Realität, sofort anzumerken" (Sichtermann 1995: 30).

5.12.5 Fernseh-Reiseberichterstattung – ein Boom-Segment?

Ungeachtet von formalen Unterschieden, erlebte die Reiseberichterstattung im Fernsehen Mitte der neunziger Jahre einen wahren Boom, verdeutlicht allein durch die Anzahl der Sendungen zu jener Zeit. Da war zunächst der bereits angesprochene *ARD-Ratgeber Reise*, nachweislich die beliebteste Ratgeber-Sendung im Ersten (1995: 16% Marktanteil/Quelle: Südwestfunk-Statistik 1995), welche außerdem in überarbeiteter/gekürzter Fassung alle 14 Tage im Wechsel mit *Unterwegs* (SWF) im *ARD-Kurzratgeber Reise* für das ARD/ZDF-Vormittagsprogramm aufbereitet wurde. Die Dritten Programme hatten mit Sendungen wie *nix wie raus ...* (Hessen 3); *NORDtour* (N3); *Telejournal* (Südwest 3); *Ticket* (WDR); *on tour* (BR) ihre eigenen Reisemagazine, die teilweise

(Ticket, Unterwegs) wiederum zusammen mit den Magazinen des Österreichischen und Schweizer Fernsehens, sowie dem ZDF-Magazin *Reiselust* auf 3SAT in Wiederholung ausgestrahlt wurden.

Hinzu kam der immer stärker expandierende, private Fernsehmarkt im Ressort Reise. Der Nachrichtensender n-tv bot wöchentlich sein Magazin *reise* an, das Vollprogramm VOX leistete sich mit *Voxtours* und *Wolkenlos* sogar zwei Reisemagazine im Programmablauf, wobei ersteres sich als ein journalistisches Reportagemagazin verstand (und versteht), bei dem der Service-Gedanke weiter hinten steht, wogegen letzteres – genau umgekehrt – den Service-Gedanken im Mittelpunkt sieht. Ein Beispiel dafür, wie verschiedene Philosophien von Reisemagazinen auf dem gleichen Kanal koexistieren und sich ergänzen können. Selbst Regional- bzw. Lokalsender wie puls tv in Berlin/Brandenburg (*Traumreisen*), Hamburg 1 (*Relax*) u.a. sprangen auf den „Reisezug" auf. Eigene Spartenkanäle zum Thema folgten, wie z. B. der Wetter- und Reisekanal aus Düsseldorf, der täglich Reise-Infos im Programmablauf sendete.

Während nicht wenige der aufgeführten Sendungen und Sender 2007 schon lange nicht mehr existieren, sind andere noch immer im Programmheft zu finden. Der ARD-Ratgeber-*Reise* ist nicht totzukriegen und auch Formate wie *Voxtours* sind standhaft. Dennoch ist gut zehn Jahre nach dem Boom der Reisesendungen im deutschen Fernsehen selbst bei solchen „Platzhirschen" deutliche Ernüchterung eingetreten. *Voxtours* z. B. wurde vom angestammten Sonntagabend auf den Samstag vorverlegt und auf die Hälfte der Sendezeit zusammengestrichen. Klar, dass dadurch Auftragsproduktionen deutlich eingeschränkt werden mussten. Auch andere namhafte Reisesendungen wie die *ZDF-Reiselust* operieren mit deutlich reduzierten Budgets oder bedienen sich wie die HR-Sendung *Nix wie raus* notgedrungen inzwischen weitläufig der Wiederholung. Keine guten Aussichten für Reisejournalisten beim Medium Fernsehen. Jürgen Drensek (2006) beziffert die Schrumpfung des Marktes seit den Boomjahren auf 35 bis 40 Prozent. Was ist passiert? Mehrere Faktoren haben dem Segment zeitgleich zugesetzt. Wie so oft im Fernsehen schaufelte auch mancher Reisesendung der Quotendruck das Grab. Die Reihe *Länder, Menschen, Abenteuer* beim NDR, schlägt sich mit der Maßgabe herum, zehn Prozent Marktanteil mit jeder Sendung erreichen zu müssen. Deswegen wird auf nachvollziehbare, erlebbare Inhalte der Produktionen gesetzt. Auch die Wahl der inzwischen gezeigten Destinationen hat sich geändert, denn es laufen vermehrt jene, die nachweislich beim deutschen Fernsehzuschauer gute Quoten bringen und deshalb auch gerne mehrfach bedient werden - auf Kosten weniger bekannter Länder. Den Quoten-Erwartungen nicht zu genügen hat die gleiche Reihe beim WDR sogar den Etat für jegliche Neuproduktionen gekostet. *Länder, Menschen, Abenteuer* kommt beim Kölner Sender nur noch aus dem Archiv. Teure Reisesendungen aus fernen Ländern müssen also messbar erfolgreich sein, um wieder vom recycelten „Lückenbüßer" zum gut finanzierten „Highlight" des Programms zu werden. Dass der Erfolg selbst bei öffentlich-rechtlichen Kanälen so unverblümt an der Einschalt-Quote fest gemacht wird ist für ambitionierte Macher von reisejournalistischen Filmen natürlich zutiefst frustrierend und reduziert die thematische Vielfalt des Genres ungemein. Die groß angelegte Diskussion um Sponsoring oder versteckte Werbung im deutschen Fernsehen war ein weiterer Nackenschlag für den Markt der TV-Reisejournalisten. Um mit schmalen Budgets trotzdem teilweise ans „Ende der Welt" zu gelangen, waren vergünstigte oder gar kostenlose Kalkulationsposten wie Transport, Kost und Logis durch Kooperationspartner, fast schon unerlässlich. Sie wurden dafür im Gegenzug mit Einblendungen oder Abspann-Nennung kompensiert. Seit diese Möglichkeiten zuhauf vertraglich ausgeschlossen werden, ohne finanziellen Ausgleich dieser fixen Kosten von Seiten der Auftraggeber, bleibt so mancher tolle Reisefilm als Exposé in der Schreibtischschublade liegen. Schlussendlich hat das Segment Reisejournalismus im Fernsehen aber in den letzten Jahren ein noch viel größeres Problem zu bekämpfen: Inhaltliche Konkurrenz. Waren Mitte der neunziger Jahre noch fast ausschließlich Reisesendungen als bunte Bonbons im Programm dafür zuständig, den Zuschauer in bezaubernde oder fremde Welten zu entführen, so hat sich seitdem das Bild gründlich gewandelt. Der damalige Boom der Reisesendungen wurde von einem Boom der Wissenssendungen abgelöst. Die Welt wurde medial nicht mehr bloß bereist, sondern quotenträchtig populärwissenschaftlich erforscht. Der vielfältigere thematische Ansatz der Wissensformate entführte den Zuschauer plötzlich dynamischer und nachhaltiger als die Reisesendungen aus dem Alltag und sorgte so für deren stetige Verdrängung von den Programmplätzen.

5.12.6 Der „ideale" Fernseh-Reisejournalist

Welche Qualitäten braucht also der ideale Reisejournalist beim Fernsehen? Wiederum gibt es kein pauschales Patentrezept, aber Anhaltspunkte. Jürgen Drensek (2006) beschreibt ihn als „sprachensicher, souverän im Umgang mit schwierigen Aufnahmesituationen, möglichst nicht introvertiert, geschult in allen Spielarten des Bildjournalismus, mit reiseerfahrener Persönlichkeit und gutem Nervenkostüm". Ich würde noch extreme Belastbarkeit und die Fähigkeit zur Diplomatie hinzufügen. Zusammenfassend wird aber deutlich, dass Reisejournalismus im Fernsehen keine Aufgabe für „Newcomer" oder absolute Einsteiger ist, was in den mannigfaltigen Zusatzbelastungen neben den normalen journalistischen Aufgabenfeldern begründet liegt. Erst Erfahrung und Sicherheit auf diesen grundlegenden handwerklichen Gebieten schaffen Reserven für das zwangsläufige und bereits angesprochene „Krisenmanagement" auf Reisen. Wer im Notfall mit profilneurotischen Politikern, korrupten Polizeibeamten, aggressiven Putschisten, hasserfüllten Stammesführern unterdrückter Minderheiten und anderen „Problemfällen" notfalls mit Händen und Füßen oder gegen Bares hart verhandeln muss, um die Kamera überhaupt laufen lassen zu dürfen – der muss genau wissen, was zu tun ist, wenn die Dreherlaubnis dann für vielleicht nur kurze Zeit doch noch erteilt wird.

Außerdem wiegt auf Auslandsreisen ein Fehler doppelt schwer. Die Chance einen „Patzer" notfalls irgendwie wieder auszubügeln, ist gleich Null. Darüber hinaus fordert Gottfried Aigner (1992) von kritischen, urteilsfähigen Reisejournalisten außer einem steifen Rückgrat: „Einfühlungsvermögen (...) in die Situation der Bereisten; Kenntnisse der Geschichte und Kultur der Reiseziele, über Wirtschaft und Sozialprodukt, Religion und Sitten, Geographie und Vegetation, Regierungssystem, Menschenrechte" (zitiert in Guilino 1996: 16). Ist man dann unter den beschriebenen Voraussetzungen schließlich dabei, wird man natürlich auch die Vorteile des Berufsstandes genießen können. Wer darf schon als Normalsterblicher den Kronprinzen von Tonga durch einen seiner Tage geleiten? Ein treffendes Argument, aber es beinhaltet auch die eingangs geschilderte Problematik der Subjektivität in Reiseberichten. Subjektivität, die meist dem „Nachreisenden" weder in der technisch manipulierbaren Pracht des Films begegnen wird, noch im exklusiven Erlebnis des im journalistischen Auftrag Reisenden insgesamt. Ist dies deutlich als solches kenntlich gemacht, ist es ein vertretbares Stilmittel, doch selbst dann hat der Autor die ethische und moralische Verpflichtung, zumindest den Versuch zu unternehmen, die filmische Realität so nah wie möglich an die erlebte Wirklichkeit heranzurücken. Vor allem, wenn man die unbestreitbare Machtposition des Mediums Fernsehen bedenkt. „Das Fernsehen schlägt alle anderen Medien so leicht aus dem Feld, weil es ein Bildmedium ist. Das gedruckte Wort, die Töne aus dem Radio – sie entwickeln nie die suggestive Magie des bewegten Bildes" (Sichtermann 1995: 28).

Eben weil der Zuschauer die bewegten Bildsequenzen oft für Wirklichkeit hält, trägt der Fernsehjournalist eine besondere Verantwortung. Die Dargestellten haben es nicht verdient, als etwas porträtiert zu werden, was sie nicht sind und dann auch noch darüber im Unklaren gelassen zu werden. Den Dargestellten muss die Chance gegeben werden zu erfahren, was wir mit den von ihnen erzeugten Bildern anstellen. Das gilt besonders für klischee- oder vorurteilsbeladene Völker und Kulturen. Ein hohes Maß an Achtung für die Bereisten sollte demnach vor allem dem Fernseh-Reisejournalisten zu eigen sein, denn er bringt von einer Reise an materiellen Ergebnissen schließlich mehr visualisierte,

angebliche Wirklichkeit mit als bei jeder anderen journalistische Darstellungsform.
Dabei kann man als Reisejournalist durchaus in Situationen geraten, die massives Kopfzerbrechen verursachen und einem trotz aller Erfahrung seine Grenzen aufzeigen. Eine Reisereportage führte mich vor einigen Jahren in die ehemalige holländische Kolonie Surinam im Nordosten Südamerikas. Ein Kleinstaat mit einer bunt gemischten Bevölkerung von extremer ethnischer Vielfalt. Indios als Ureinwohner, Nachfahren ehemaliger schwarzer Sklaven, Malayen, Inder, Chinesen – alles Vertragsarbeiter nach Beendigung der Sklaverei – und Europäer haben sich dort in einer nicht mehr zu entwirrenden Melange vermischt. Noch nie habe ich in einem Reisefilm auf so viele unterschiedliche kulturelle und religiöse Befindlichkeiten unterschiedlicher Bevölkerungsgruppen in der Darstellung eines Landes Rücksicht nehmen müssen. Ich glaube es ist mir dennoch gut gelungen – bis auf eine Ausnahme. Die Nachfahren der ehemaligen schwarzen Sklaven leben seit ihrer Flucht vor den ehemaligen holländische Kolonialherren in ungebrochener afrikanischer Tradition mitten im südamerikanischen Regenwald. Dorthin begleiteten wir einen jungen Mann, der seine Braut in spe indischen Ursprungs vor der Hochzeit vom Ältestenrat seines Heimatdorfes absegnen lassen musste. Dazu gehörten auch Rituale und geheime Zeremonien, die ich ausnahmsweise mit der Kamera beobachten durfte. Der Film war am Ende eine sehr authentische Reise durch die vielfältige landschaftliche und kulturelle Vielfalt Surinams. Der Redakteur beim Sender sah das glücklicherweise weitgehend genauso, bis beim Texten das Wort „Buschneger" (eine wortgetreue Übersetzung des holländischen Begriffs) auftauchte. Mehrfach hatte ich mich vor der Abreise aus Surinam vergewissert, dass diese Nachfahren schwarzer Sklaven sich tatsächlich selbst so bezeichnen – und das sogar mit großem Stolz. Authentisch wäre also deshalb auch der entsprechende Begriff im Text gewesen. Es entbrannte eine hitzige Diskussion über die Möglichkeit eine solche Bezeichnung – bei aller damit verbundenen Authentizität und Respekt für die dargestellte Kultur – im deutschen Fernsehen auszustrahlen. Wie die Geschichte ausging, lasse ich an dieser Stelle aus gutem Grund offen. Interessanter ist aber ohnehin eher, auf welche Seite sich der Leser dieser Geschichte – als angehender Reisejournalist – geschlagen hätte?

5.12.7 Qualitätsunterschiede der Fernseh-Reiseberichterstattung

Der Qualitätsstandard der Reiseberichterstattung – auch im Fernsehen – ist höchst unterschiedlich. „Der durchschnittliche Reisebericht stutzt ein Reiseland auf touristisch Anziehendes zurecht. Der Autor zählt auf, was ‚lohnend, reizvoll, paradiesisch, typisch, urig, preiswert' ist, reichert den Steckbrief mit einschlägigen Stimmungsbildern (...) an und liefert manchmal mehr Verklärung als Aufklärung" (Guilino 1996: 18). Das gilt natürlich auch für die eingangs geschilderte Produktion unserer Südsee-Sendungen. Sicher, dramaturgisch haben wir versucht, auch in sechs bis sieben Minuten jeweils einen Spannungsbogen aufzubauen; in zweidimensionale Bilder die Illusion räumlicher Tiefe hineinzubringen; durch Lichtgestaltung Charakteristika von Umgebung und Personen hervorzuheben usw. Doch all diese Maßnahmen, wie auch der permanente Wechsel der Stilformen innerhalb eines Beitrags oder gezielter Einsatz von Musik haben im Grunde nur ein Ziel: den Zuschauer vor dem Gerät zu fesseln, sein Interesse ständig aufs Neue zu wecken und seine Aufmerksamkeit zu lenken. Also Manipulation im klassischen Sinne. Was im fiktionalen Fernsehbereich als gelungen eingesetztes Handwerkszeug gelten würde, wirkt im non-fiktionalen Beitrag manchmal verwerflich deplatziert. Dass es dennoch so und nicht anders läuft, ist eine Folge des sich schleichend auch auf alle anderen Fernsehbereiche ausbreitenden Virus „Traumfabrik". Und wo passt dieser Ausdruck im non-fiktionalen Fernsehen schließlich besser als bei der Reiseberichterstattung?

So düster die Prognose für Beschäftigung für Reisejournalisten im Kapitel 5.12.5 auch geklungen haben mag, so vielfältig sind die Chancen auf Filmberichterstattung im Segment Reise zukünftig in einem anderen Medium – dem Internet. Die flächendeckende Versorgung hierzulande mit Breitbandanschlüssen wie DSL ermöglicht eine ganz neue Form des Publizierens von Bewegtbildinhalten. Das sogenannte IPTV (Internet-TV) ist derzeit hochaktuell und seine Vorteile liegen auf der Hand. Zum Beispiel ist das Nadelöhr der durch Frequenzen limitierten Sender in der Fernsehlandschaft im Internet ausgehebelt. Jeder kann inzwischen theoretisch mit geringem Aufwand online „broadcasten", also senden. Nicht erst seit dem Erfolg von *YouTube* und anderen Bewegtbildbörsen im Internet reagieren die TV-Sender deshalb nervös auf diese neue Herausforderung. Sie werden deutliche Marktanteile der Mediennutzung an die „Neuen Medien" verlieren und tun es bereits. Immer mehr Deutsche – vor allem junge Menschen in der sogenannten werberelevanten Zielgruppe – betrachten das Internet inzwischen sogar als primäre Quelle ihrer Informationen und Unterhaltung. Die werbetreibende Wirtschaft hat diese Tendenz erkannt und schaufelt immer größere Etats in die Internetwirtschaft. Anders als die oft kritisierte und völlig überkommene Quoten-Messung beim Fernsehen kann im Internet eine „echte" Erfolgsmessung von publizierten Inhalten stattfinden. Und anders als im linearen Medium Fernsehen sind alle Inhalte ohne zeitgleichen Konkurrenzdruck eines flüchtigen TV-Mediums jederzeit „on demand" verfügbar. All das spielt nicht zuletzt auch der filmischen Reiseberichterstattung in die Karten.

Zugegebener Maßen dominiert am Anfang sicherlich noch der kommerzielle Charakter des Genres im Internet. Der Reisemarkt ist noch immer ein Boom-Markt mit hohen Zuwachsraten. Reiseunternehmen müssen sich von der Konkurrenz durch ein möglichst lukratives „Rahmenprogramm" innerhalb ihres Internet-Angebots abheben. Dazu gehören natürlich auch möglichst gut gemachte Filme über die verschiedensten Destinationen. Hinzu kommen die Vorteile der Interaktivität zur Kundenbindung und die Möglichkeit, ansprechend im Bewegtbild vorgestellte Destinationen direkt zu buchen. Doch auch journalistische Reisefilmformate haben gute Chancen, durch Werbeeinnahmen zu reüssieren. Wenn sich im werbefinanzierten Privat-Fernsehen vor Jahren passable journalistische Reisesendungen etablieren konnten, warum sollte das in einem neuen werberelevanten Medium in Zukunft nicht auch möglich sein? Nicht zuletzt werden aber auch die öffentlich-rechtlichen TV-Sender – trotz Auflagen – das Feld nicht der privaten Konkurrenz überlassen wollen. Selbst wenn anfangs „Konserven" aus den Archiven auch im IPTV recycelt werden sollten, so müssen diese trotzdem den medienspezifischen Möglichkeiten des Mediums Internet anpasst werden – also vor allem mit interaktiven Optionen versehen werden. Schließlich ergibt sich auch noch eine riesige „Spielwiese" für ambitionierte Reisefilmmacher. Der vergleichsweise geringe technische Aufwand, um einen passablen Reisefilm online zu publizieren, könnte ganze neue „Stilblüten" des Genres im Internet hervorbringen. Und wie so oft bei Innovationen kann daraus ein neuer Boom der Reiseberichterstattung entstehen, der den in der TV-Landschaft Mitte der neunziger Jahre vielleicht sogar noch haushoch übertreffen kann.

6 Bestandsaufnahme der Reisemedien

Die in diesem Kapitel vorgestellten Redaktionsporträts basieren auf intensiven Gesprächen in den fünfzehn besuchten Redaktionen. Mit aufgenommen wurden auch die Magazine *GEO*, *National Geographic* und *mare*, obwohl alle drei keine Reisemagazine sind. Allerdings besitzen sie aufgrund ihrer Schwerpunkte auf Bildern und Reportagen in der Machart eine Nähe zu Reisemagazinen. Der Schwerpunkt liegt einerseits auf Hamburger Medien, da Hamburg fast alle wichtigen Reiseredaktionen Deutschlands aufweist – *abenteuer und reisen* ist eine der wenigen großen Reisezeitschriften, die nicht ihren Sitz in Hamburg haben, sondern in München. Andererseits wird bevorzugt der Printbereich beschrieben. Auch wenn Print zunehmend durch das Internet Konkurrenz erfährt, so ist er immer noch das vorherrschende Medium im Reisejournalismus. Alle in diesem Kapitel beschriebenen Printmedien haben ein Online-Pendant, das in das jeweilige Porträt mit aufgenommen wurde. Der Hörfunk hingegen hat an Gewicht verloren. Die NDR-Sendung „Von Hamburg nach Haiti" beispielsweise existiert zwar immer noch, ist aber im Konzert der Reisemedien weitgehend bedeutungslos. Die 2006er Ausgabe von „Touristik Medien" weist nicht eine einzige Hörfunkredaktion aus.

Das Fernsehen hat verschiedene Reiseformate. So finden sich bei den öffentlich-rechtlichen Sendern beispielsweise die Reise-TV-Sendungen *Fernweh*, *Bergauf/Bergab*, das *Freizeit Magazin*, *Weltreisen*, *Service: Reisen*, *Biwak*, *Rucksack*, *Weltbilder*, *Service-Zeit: Mobil*, *Reiselust* und *100% Urlaub*. Der Privatsender *Vox* bietet die Formate *Wolkenlos* und *Voxtours*, die jeweils auch Gewinnspiele mit Reisen als Hauptgewinn beinhalten. Generell weisen die Reisesendungen der Öffentlich-Rechtlichen einen höheren Informationsgehalt und diejenigen der Privaten einen höheren Unterhaltungswert auf.

Reiseteile finden sich außerdem in Special-Interest-Magazinen wie beispielsweise Frauenzeitschriften, Lifestylemagazinen, Wirtschaftsmagazinen oder Kochzeitschriften, und natürlich in den Tageszeitungen. Ab und zu verschwindet ein Titel vom Markt wie das Reisemagazin *Globo* (1989-2001) oder *Traveller's World* (1979-1990), oder ein neuer erscheint wie beispielsweise *Adieu Tristesse* Anfang 2007. Andere Projekte wie *Reisebild* oder der multithematische *ADAC traveller* wurden nach einiger Zeit wieder eingestellt. Der Markt der Reisemedien ist also in Bewegung.

Den Interviews in den Redaktionen lag der folgende Fragebogen zu Grunde, ohne dass dieser in jedem Fall schematisch abgearbeitet wurde:

- Wie wurden Sie Reisejournalist?
- Wie sieht der optimale Einstieg in diesen Beruf aus?
- Wie schafft man es in Ihre Redaktion?

- Wie sieht Ihr Alltag aus?
- Wie genau entsteht eine Reisereportage?

- Wie viele Mitarbeiter haben Sie im Reiseressort?
- Wie ist das Verhältnis feste/freie Mitarbeiter?
- Wie groß ist der Jahresetat Ihrer Reiseredaktion?
- Wie werden freie Mitarbeiter entlohnt?

- Nach welchen Kriterien werden Themen/Länder ausgewählt?
- Was sind Kriterien der Texterstellung und -auswahl?
- Wie ist das Verhältnis eigen- und fremdproduzierter Texte?
- Nach welchen Kriterien werden Bilder ausgewählt?
- Wie ist das Verhältnis eigen- und fremdproduzierter Bilder?
- Welche Bedeutung messen Sie Bildunterschriften zu?
- Wie gewichten Sie das Verhältnis zwischen Bild und Text?
- Wie entsteht der Serviceteil?

- Was verstehen Sie unter gutem Reisejournalismus?
- Was macht eine gute Reisereportage aus?
- Wie hat sich der Reisejournalismus in den letzten zehn Jahren verändert?
- In welche Zukunft deuten aktuelle Trends im Reisejournalismus?

- Was möchten Sie als Reisejournalist bewirken
  a) in Bezug auf den Leser/Hörer/Zuschauer?
  b) in Bezug auf das beschriebene Gebiet?
- Welche Funktion haben hierbei Text und Bild?
- Welche Zielgruppe bedienen Sie?

- Wie gehen Sie mit dem Fremden um?
- Wie begegnen Sie Stereotypen?
- Bedienen Sie Klischees?

- Denken Sie, das Ihre journalistische Darstellung einer Destination der Realität gerecht wird?
- Wie subjektiv ist Ihre Reiseberichterstattung?

- Würden Sie uns eine – Ihrer Meinung nach besonders gelungene – Reisereportage Ihres Mediums übermitteln, damit diese ggf. Eingang in die Neuauflage finden kann?

Daten zu Leserschaft, Auflage und Verbreitung der unten beschriebenen Medien finden sich in den jeweiligen Redaktionsporträts. Vorab sei hier eine Übersicht der verkauften Auflagen der unten beschriebenen Medien aufgeführt. Die Tabelle folgt den Angaben der Informationsgemeinschaft zur Feststellung der Verbreitung von Werbeträgern, IVW 3/07 und kann daher von den Angaben der einzelnen Medien unten abweichen:

ADAC reisemagazin	163.806
Brigitte	751.071
GEO	418.534
GEO SAISON	111.641
GEO Special	59.087
Hamburger Abendblatt	239.049
Mare	26.849
Merian	67.625
National Geographic (D)	213.388
REISE & PREISE	74.170
Stern	1.007.724
Urlaub Perfekt	101.612
Verträglich Reisen	k. A.
Westdeutsche Zeitung	133.455
Die Zeit	480.232

6.1 ADAC reisemagazin

Das *ADAC reisemagazin* ist mit einer Auflage von etwas mehr als 150.000 Exemplaren Marktführer unter den Reisemagazinen in Deutschland, obwohl es später als andere Reisemagazine, nämlich erst 1991 auf den Markt kam. Es erscheint alle zwei Monate im ADAC Verlag und konnte somit gut Abonnenten aus dem Kreis der ADAC-Mitglieder gewinnen. Diese bilden mit ca. 110.000 den Kern der Leserschaft. Der Durchschnittsleser des *ADAC reisemagazins* gehört zu den gehobenen Bildungs- und Einkommensgruppen, verreist überdurchschnittlich häufig und ist zwischen 30 und 50 Jahre alt. Neben dem Chefredakteur Joachim Negwer arbeiten in der Hamburger Redaktion acht Rechercheure und zwei Redaktionsassistenten. Die Redaktion verfügt darüber hinaus über ca. 30 bis 40 freie Autoren und Fotografen. Bei den Autoren existiert ein innerer Kreis, der sehr regelmäßig für das Heft arbeitet. Als monothematisches Heft enthält das Magazin zwölf bis 15 Reportagen über ein Land. Nicht nur die Freien, auch die Mitarbeiter der Redaktion werden zumindest hin und wieder auf eine Reise geschickt. Der Chefredakteur kommt selbst nicht mehr dazu – das Blattmachen nimmt ihn vollständig in Anspruch.

Begonnen wird in jedem Heft mit sieben bis neun Doppelseiten Fotostrecke als Einstimmung. Für deren Erstellung werden bis zu zehn Fotografen losgeschickt und dann ca. 1000 Fotos gesichtet. „Werbige", nichtssagende Bilder haben keine Chance – es wird Wert gelegt auf Formen moderner Fotografie, die ungewöhnliche Perspektiven findet, mit Vorder- und Hintergründen sowie Schärfe/Unschärfe im Bild arbeitet und mit Farbenvielfalt nicht geizt. Mindestens ein Strandmotiv ist bei der Eingangsfotostrecke immer dabei. Die einzelnen Reportagen werden individuell von der Agentur *Büro Hamburg* im gleichen Gebäude gestaltet. Neben den Reportagen, die den Großteil des Heftes ausmachen, gibt es einen speziellen Teil zu Hintergrundthemen, wie Wirtschaft, ethnische Gruppen, Menschenrechte oder Religion. „Galleria" ist eine Rubrik zu kleineren Meldungen, „Gut und Günstig" informiert über bezahlbare Mitbringsel, und unter „Service" findet sich u. a. eine Zusammenstellung ausgewählter und klassifizierter Internet-Adressen. Schlusspunkte des Heftes sind eine weitere große Reportage, eine differenzierte Übersichtskarte und eine Glosse zum Ausstieg.

Den Reportagen selbst folgt meistens ein ausführlicher Informationsteil zu Unterkünften, Essen und Trinken, Einkaufen, Anschauen und Ausgehen. Durch das Heft läuft eine Karte des Themenlandes mit, die mit einem roten Kreis den Punkt zeigt, zu dem gerade berichtet wird. Detailkarten zu Routen und Städten, sowie eine illustrierte Landeskarte ergänzen die Orientierung. Die Reportagen porträtieren Menschen, zeigen das Kaleidoskop ihres Alltags, thematisieren

Küche und Kultur, aber auch schon mal schwierige, politische Themen. Fotos und Texte im *ADAC reisemagazin* wurden des Öfteren ausgezeichnet. So erhielt beispielsweise der Mainzer Reisejournalist Stefan Nink 2006 den Columbus-Autorenpreis für die beste Reisereportage. Sie erschien im Heft „USA Westküste" und beschreibt Aufstieg und Fall eines Spielers in Las Vegas. Eingebettet in das ADAC-Imperium ist das *ADAC reisemagazin* vergleichsweise finanzstark und kann einerseits sämtliche Reisen selbst finanzieren, andererseits sich die besten Autoren leisten. „Unser Blick ist der touristische. Wir wollen Lust machen auf eine Reise und liefern die passenden Tipps dazu", so Joachim Negwer. Das alles beginnt beim Cover. Dieses operiert meistens ganz bewusst mit dem Klischee, um den Leser dort abzuholen, wo er gerade steht, aber es ist – schon allein durch entsprechende Fotografieansätze – modern gebrochen. Die Reportagen selbst können dann Klischees hinterfragen, überprüfen und differenziert in die Tiefe gehen. „Wir brauchen nicht unbedingt Reisejournalisten, sondern insbesondere gute Reportageschreiber", so der Chefredakteur.

Über ein Jahr im Voraus geht die Planung für ein Heft los. Hierbei wird bei der Themenfindung für die Jahresplanung die Bedienung von Deutschland-, Europa-, und Ferndestinationen bedacht und im Rahmen einer Verlagskonferenz festgelegt. Einmal im Monat trifft sich Joachim Negwer zu einer Magazinkonferenz mit Verlagsleitung, Vertriebs- und Anzeigenabteilung zum Meinungsaustausch in München. Ein Redaktionsteam erarbeitet jeweils zusammen mit den Autoren die Themen für einzelne Hefte. Nach einem briefing sind Autoren und Fotografen ca. ein bis zwei Wochen unterwegs und liefern ihre Beiträge spätestens drei Monate vor Erscheinen des Heftes ab. Bildauswahl und Erstellung von Kleintexten, wie zum Beispiel Bildunterschriften oder Headlines, Redigieren, Nachrecherchieren und Umschreiben, finden in der Redaktion statt. Sämtliches Material, das im Heft veröffentlicht werden soll, durchläuft die Dokumentation – jeder Fakt wird akribisch überprüft.

Der *ADAC Verlag* hatte 2005/2006 auch ein multithematisches Reisemagazin herausgebracht, den *ADAC traveller*, der aber wieder eingestellt wurde, da er die Erwartungen an die Auflage nicht erfüllte. Ein starker Bezug zum Medium Internet war hier eine der Säulen des Konzeptes. Viele Ideen aus dem *ADAC traveller* wurden für das *ADAC Reisemagazin* übernommen: den so genannten Internet-Mehrwert, ausgesuchte Webtipps und zusätzlich bereitgestellte Informationen und Bilder im Internet findet man inzwischen in jedem Heft. Im *ADAC traveller* wurden auch andere Darstellungsformen ausprobiert, so schreiben beispielsweise zwei Autorinnen „gegeneinander" ihre Erlebnisse auf einem Bauernhof auf, Starköche geben kulinarische Reisetipps, Prominente nennen ihre Lieblingsziele, oder China wird mit dem Wohnmobil erkundet.

Ein Textbeispiel aus dem *ADAC reisemagazin* befindet sich im Kapitel 5.

6.2 Brigitte

Brigitte aus dem Verlagshaus Gruner + Jahr ist die führende Frauenzeitschrift in Deutschland. Sie erscheint alle 14 Tage. Sie hat eine Auflage von ca. 800.000, davon sind 250.000 Exemplare abonniert. Brigitte bildete das Derivat *Brigitte Woman* für Frauen ab 40, das seit Anfang 2006 monatlich (vorher sechs Mal im Jahr) erscheint. Die Auflage von *Brigitte Woman* beläuft sich auf ca. 250.000 bei ca. 30.000 Abos. Darüber hinaus wurde die Website www.brigitte.de mit einem eigenen content ausgestattet. Sämtliche Brigitte-Reisereportagen können dort über den Ort per interaktiver Weltkarte oder über spezielle Interessensangaben herausgefiltert werden. Die Online-Datenbank enthält 3000 Brigitte-Reisetipps, dort können auch User ihre eigenen Reise-Geheimtipps eingeben. Alle drei Medien verfügen über einen Reiseteil. Der Reiseteil in *Brigitte* richtet sich an Frauen, die unabhängig, individuell und sicher reisen möchten, oder die Reise auch nur in ihrer Vorstellung machen. Hierbei muss der Spagat zwischen 20- und 60jährigen hergestellt werden, wobei 35- bis 45jährige Frauen die Kernzielgruppe bilden. Ein Land wird beispielsweise anhand eines Ausschnittes dargestellt und im Serviceteil in umfassender Form behandelt. Eine Autorin und eine Fotografin (in der Regel sind es Frauen) fahren gemeinsam. Charakteristisch für die Brigitte-Reisereportage ist hierbei, das die Autorin bewusst die Ich-Perspektive wählt, um so eine sehr große Nähe zur Leserin zur erzeugen. Auch auf den Fotos sind Autorin und Fotografin schon mal selbst zu sehen. Im Serviceteil werden verschiedene Alternativrouten und zusätzliche Adressen und Tipps dargestellt. Auf weitere Fotos und Reiseinformationen ist bei www.brigitte.de verwiesen. Der Online-Bereich wird von dem Brigitte-Reiseressort beliefert, erstellt aber auch eigene Beiträge. Die Reisereportage in *Brigitte Woman* ist noch spezieller auf die Zielgruppe Frauen ab 40 zugeschnitten, die mehr Lebens- und Reiseerfahrung hinter sich haben, noch höhere Ansprüche an eine Reise stellen und gleichzeitig eine kritische Haltung bezüglich der Qualität entwickelt haben. Hierbei kann die Reisereportage auch schon mal ein Familienthema, wie ein Mutter-Tochter-Verhältnis oder Reisen mit Liebeskummer beinhalten.

Brigitte nimmt nicht an Pressereisen teil und finanziert die Reisen selbst. Vor Ort werden manchmal Kooperationen mit Reiseführern eingegangen, und der Serviceteil wird häufig von einem Ortsansässigen geschrieben. Die Reisejournalisten sind ca. eine bis zwei Wochen im Auftrag von *Brigitte* vor Ort. Das *Brigitte*-Reiseressort erstellt darüber hinaus Extrahefte zu Themen, die zum Beispiel Reisen mit Kultur- oder Gourmettipps kombinieren.

Die Redaktion wird von Frau Anna M. Löfken geleitet, die über den Tageszeitungsjournalismus zur Reiseredaktion der Brigitte fand. Neben ihr arbeiten dort noch eine fest angestellte Redakteurin und zwei Pauschalistinnen. Frau Löfken kann außerdem auf einen Pool von etwa 20 freien Mitarbeitern zurückgreifen, von dem auch Themenideen und Anregungen an sie herangetragen werden. Manche Ideen werden auch durch Abfrage aus anderen Ressorts der Brigitte generiert – hierbei geben *Brigitte*-Mitarbeiterinnen ihre persönlichen Tipps ab. Bei der Themenplanung werden die Bereiche Deutschland, Europa und Fernreise abgedeckt sowie pro Jahr zwei Winterthemen. Die Themen werden etwa ein Jahr im Voraus geplant und im Voraus produziert. Kurz vor Drucklegung wird der Informationsteil auf Aktualität hin überprüft. Als Redakteurin schreibt Frau Löfken auch hin und wieder selbst eine Reisereportage. Bei den Beiträgen von Fremdautoren achtet sie darauf, dass die Reportage einen eigenen, persönlichen Ton hat. Darüber hinaus müssen die Reisereportagen politisch korrekt sein, d. h. Reportagen über Länder mit politisch zweifelhaften Regimen werden nicht erstellt. Einen „Brigitte-Stil" als solchen gibt es nicht. Bei der Bildauswahl spielt eine opulente, ausgefallene Optik eine große Rolle. Postkartenmotive haben keine Chance. Insgesamt soll die Leserin das Gefühl haben, dass die Reisereportage für sie ganz persönlich geschrieben wurde.

6.3 GEO

Das Reportage- und Wissenschaftsmagazin *GEO* des Verlages Gruner + Jahr hat sich seit seiner Gründung im Jahre 1976 der „Horizonterweiterung" verschrieben. Dabei war es nie im engeren Sinne den Reise-Magazinen zuzuordnen. Seine thematische Bandbreite erstreckt sich auf Themen aus Kultur und Ethnologie, Gesellschaft und Soziologie, Geographie und Ökologie sowie neuerdings Medizin, Psychologie, Philosophie und nicht zuletzt Technik. Im Unterschied zu internationalen Fachpublikationen wie *Nature* oder *Science* zeichnet sich *GEO* durch einen visuell geprägten, erzählerischen Reportage-Journalismus aus, der nicht nur Expertenzirkel bedient. Im Unterschied zu klassischen populärwissenschaftlichen Magazinen verzichtet *GEO* gleichwohl auf Vereinfachung und rhetorische Überhöhung vermeintlicher „Geheimnisse", „Mythen" und „Wunder". Seinem Selbstverständnis als „optisches Magazin" entsprechen lange Fotostrecken aus der Hand internationaler Top-Fotografen. Bei der Darstellung beispielsweise von Kultur-, Geographie- und Expeditionsthemen kommt *GEO* dem Reisejournalismus nahe, auch wenn seine Zielsetzung dabei weniger die Generierung von Touristenströmen in das beschriebene Gebiet als die entdeckerische Veranschaulichung der Region ist: „Das neue Bild der Erde", das *GEO* in seinem Untertitel verspricht. Zu diesem neuen Bild gehören zunehmend die Menschen, welche die Erde gestalten, – nicht mehr wie anfangs der Planet in seiner materiellen Beschaffenheit. Entsprechend haben seit den 1980er Jahren Themen wie Klima, Ressourcenverbrauch, Bevölkerungsentwicklung, Regenwald, Ernährung im Heft ein besonderes Gewicht.

1976 begründeten der Fotograf Rolf Gillhausen und der Journalist Rolf Winter das Magazin *GEO*, das inzwischen mit einer Auflage von zirka 450.000 Heften zu Deutschlands größtem Monats-Magazin avanciert ist und in weiteren elf europäischen Ländern sowie der Türkei mit eigenen Ausgaben erscheint. Über 70 Prozent der Auflage werden im Abonnement verkauft. *GEO* bildete außerdem mehrere eigenständige Derivate, sogenannte Line Extensions: zunächst das monothematische Reise-Magazin *GEO Special*, später das Wissenschafts-Magazin *GEO WISSEN*, das multithematische Reise-Magazin *GEO SAISON*, das Kinder-Magazin *GEOlino*, das Geschichts-Magazin *GEO EPOCHE*, das Magazin für Grundlagenwissen *GEOkompakt* sowie die Ableger *GEO SAISON EXTRA* und *GEOlino extra*. Darüber hinaus werden unter der Marke GEO Bücher, Bildbände und Kalender, Hörbücher, DVDs, Globen sowie Spiele für Kinder vertrieben. Aktuelles Projekt ist die Herausgabe eines Themenlexikons in 35 Bänden. Darüber hinaus existiert ein TV Format, *„360° – Geo-Reportage"*, und ein Online-Programm, das unter anderem wöchentliche Podcast-Sendungen produziert.

Die Auswahl der Themen erfolgt auf Vorschlag der Redakteure, aber auch freier Autoren und der Fotografen. Überzeugendes Bildmaterial ist häufig der Ausgangspunkt für eine Reportage – schließlich lebt *GEO* ganz wesentlich von der optischen Darstellung seiner Geschichten. Der typische *GEO*-Leser ist gut verdienend, zirka 45 Jahre alt und verfügt über einen Hochschulabschluss. Der Männer-Frauen-Anteil liegt bei 56 zu 44 Prozent.

Das äußere Erscheinungsbild von *GEO* wurde im Laufe der Zeit nur vorsichtig modifiziert. Die grüne Umrandung mit dem weißen Schriftzug GEO blieb nahezu unverändert – die Typographie aber wurde etwas bunter und „lauter". Die immer noch weit überdurchschnittliche Textlänge der Reportagen wurde im Laufe der Jahre reduziert, der Anteil der Anzeigen am Gesamtumfang eines Heftes steigerte sich leicht von zunächst zirka 20 Prozent auf bis zu 28 Prozent im Maximum.

Das persönlich gehaltene Editorial des Chefredakteurs Peter-Matthias Gaede, das Inhaltsverzeichnis und die Leserbriefe hinter sich lassend, taucht der Leser ein in eine erste, jeweils drei Doppelseiten lange Fotostrecke der Rubrik GEOKOSMOS, die blitzlichtartig ganz verschiedene Themen mit einem inneren Zusammenhang in Szene setzt. Es folgen kurze Texte im Nachrichtenstil zu Kuriosem, Neuem und Interessantem aus aller Welt. Den Kern des Heftes bilden sechs bis acht bis zu zwanzigseitige anspruchsvolle Reportagen, auf die der Leser jeweils durch eine lange Bildstrecke eingestimmt wird. Die Textbeiträge unterliegen einer strengen Qualitätskontrolle. Alle Aussagen und Faktenangaben werden von einer eigenen Verifikationsabteilung nachrecherchiert und überprüft. Das GEOSKOP setzt den Schlussakzent des Heftes mit kürzeren Berichten naturwissenschaftlichen Inhaltes, allgemeinverständlich aufbereitet.

Die Realisierung einer *GEO*-Reportage beginnt mit einem Exposé, das der Chefredaktion und/oder in einer Themenkonferenz vorgestellt wird. Fällt eine positive Entscheidung für einen Vorschlag, beginnt die eigentliche Recherche der beauftragten Reporter. Bei Reiseplanung und Logistik werden sie von der Redaktion unterstützt. Über die Wahl von Autor und Fotograf entscheiden Text- und Bildredaktion in der Regel getrennt. Dabei wird auf bisherigen Erfahrungen mit den Betreffenden aufgebaut, also auf Spezialbegabungen etwa in Portrait- oder Technikfotografie, in Krisenberichterstattung oder „Übersetzungsfähigkeit" schwieriger wissenschaftlicher Materie. Von *GEO*-Autoren wird erwartet, dass sie sich vor Ort angstfrei jeglicher Erfahrung in fremden Zusammenhängen aussetzen. Und dass sie einen „roten Faden" auch über Texte von 20 Blatt in der Hand halten können. Der eigentlichen Textarbeit geht daher häufig noch einmal eine konzeptionelle Phase voraus. Die fertigen Texte werden mehrfach gegengelesen, bevor sie zum Chefredakteur zur Freigabe gehen. Vorbereitende Recherche und Reportagereise dauern zusammen oft zwischen einem und zwei Monaten. Die sich anschließende Schreibphase kann sehr unterschiedliche Längen haben, nicht selten vergeht von der Idee über die Realisierung bis zur Fertigstellung einer Geschichte ein ganzes Jahr. Bei der Finanzierung der Reportagen möchte *GEO* unabhängig und glaubwürdig bleiben; es sucht Kooperationen allenfalls mit Forschungsorganisationen oder einer der ausländischen *GEO*-Redaktionen, um sich in seiner journalistischen Freiheit nicht einschränken zu lassen. Es vermeidet daher mit ganz raren Ausnahmen Pressereisen.

GEO arbeitet mit einem Pool von Freiberuflern zusammen, die neben den fest angestellten Redakteuren zirka 50 Prozent der Beiträge liefern. Die festen *GEO*-Redakteure rekrutieren sich zu etwa der Hälfte aus der Henri-Nannen-Journalistenschule und haben in der Regel zusätzlich ein Fachstudium absolviert, andere verfügen über langjährige Reportererfahrung bei Tageszeitungen oder Magazinen. Praktika bei *GEO* sind begehrt und mit Wartezeiten von bis zu zwei Jahren verbunden. Auszuschließen ist allerdings nicht, dass sich daran dann eine freie Mitarbeit anschließt und dies die Eintrittskarte in die *GEO*-Welt ist.

GEO lebt nicht unwesentlich vom visuellen „Impact" der Bilder, die eine ganz eigene Dimension über den Text hinaus haben können. Sie sollen und dürfen eine eigene Geschichte erzählen – und dabei reicht es nicht, dass sie „nur" von technisch einwandfreier Qualität sind. Speziell die neueren Themen von *GEO* – etwa die Unendlichkeit, der freie Wille, das Bewusstsein, das Ich –

verlangen nach einer „konzeptionellen", mitunter auch sehr symbolischen Fotografie, manchmal auch nach einer freien, künstlerischen Übersetzung. *GEO* arbeitet ausschließlich mit freien Fotografen zusammen, mit einigen von ihnen regelmäßig. Deutsche Fotografen sind dabei mittlerweile die Minderheit.

Ein wichtiges Bindeglied zwischen Foto und Text sind Vorspänne und Bildunterschriften, die von den Redakteuren verfasst werden. Auf beide wird erheblicher Aufwand verwendet, da sie sowohl eine direkte Bildsprache leisten sollen wie auch den Transfer in die Dimension des Gesamtthemas.

Lars Abromeit (2006), *GEO*-Redakteur, auf die Frage, was er unter gutem Reisejournalismus versteht:

> „Ich denke, guter Journalismus bedeutet, jenseits des Klischees zu überraschen, unverbrauchte Geschichten zu finden, die Leser zu faszinieren, auch mit einer ‚Exotik' in jenen Bereichen, in denen man sie nicht unbedingt vermuten würde. Es ist vergleichsweise einfach, eine fesselnde Geschichte etwa über die Antarktis zu verfassen, viel schwieriger ist es jedoch, über die Schwäbische Alb eine packende Geschichte zu schreiben. Aber ich glaube, die große Kunst ist es, im Gewohnten immer noch Ungewohntes zu entdecken und sich damit auseinanderzusetzen. Ich glaube, eine gute Reisereportage kann nicht nur aus der puren Wiedergabe des Erlebten bestehen. Sie muss auch zeigen, was hinter der Erlebnisebene steckt, was die Menschen bewegt, deren Leben der Reporter beobachtet."

GEO versucht, in seinen Geschichten ein ausgewogenes Verhältnis zwischen den globalen Problemlagen und den Schönheiten des Planeten Erde herzustellen. Neben Reportagen etwa über Flüchtlingslager, den Krieg in Darfur, die Lage der Migranten, das Schicksal der Aidswaisen oder die Psychostruktur von Selbstmordattentätern finden sich im Magazin auch Berichte über die Erforschung der Macht der Zuversicht, über erfolgreiche Entwicklungsprojekte, über die Genese von Friedensschlüssen – oder einfach über das Leben auf einem Eichenblatt in den vier Jahreszeiten.

6.4 GEO SAISON

1989 wurde der *GEO*-Ableger *GEO SAISON* ins Leben gerufen. Es ist das multithematische Reisemagazin der *GEO*-Familie und erscheint zwölfmal im Jahr (bis 2006 zehn Ausgaben pro Jahr). Die Themenwahl orientiert sich überwiegend, aber nicht nur, an den Hauptreisezielen der Deutschen. So liefern Reportagen über Frankreich, Italien und Spanien häufig die Titelgeschichte. Ein weiteres Kriterium ist der touristischen Saisonalität geschuldet. Im Sommer der europäische Süden und im Winter Skigebiete oder wärmere Gegenden, in denen das Überwintern leicht fällt, wie die Kanarischen Inseln oder Afrika.

Die Handschrift des „Muttermagazins" *GEO* ist unverkennbar: großer Schriftzug des Zeitschriftennamens, das Heft umrandet, diesmal in gelber Farbe. Im Editorial begrüßt Chefredakteur Christoph Kucklick die Leserschaft, die nach den Rubriken *Forum* (Leserbriefe) und *Traveller's World* (kurze Tipps rund um das Reisen) durch eine nicht selten sechs Doppelseiten lange Fotostrecke auf die erste Destination eingestimmt wird. Etwa vier bis sechs Reisereportagen übermitteln das Hauptanliegen des Heftes: Sprachlich anspruchsvolle, atmosphärisch dichte Texte lassen in Kombination mit den Bildern die Geschichte über ein Gebiet als Kinofilm im Kopf des Lesers entstehen, der sich entweder mit einer „Lehnstuhlreise" begnügt oder die Reportage als gedankliches Vorausreisen einer noch zu realisierenden Reise versteht. Als Textformen finden sich in *GEO SAISON* kürzere Meldungen und Nachrichten, mal ein Kommentar, auch Interviews oder Hintergrunddossiers, aber in der Hauptsache längere Reisereportagen in opulenter Optik.

Die Redakteure sind ca. zwei- bis dreimal im Jahr in der Regel jeweils für 14 Tage unterwegs. Neben dem eigenen Schreiben nehmen die Themenfindung, die konzeptionelle Arbeit und die Betreuung freier Autoren einen Großteil der Arbeit ein. *GEO SAISON* greift dabei auf einen großen Pool an freien Journalisten und Fotografen zurück. Auf einer wöchentlichen Heftkonferenz werden Themen besprochen und neue beschlossen. Die Vorlaufzeit für ein Thema kann ein Jahr betragen. Die Geschichten werden immer aktuell erstellt, nur beim Bildmaterial kann es vorkommen, dass man sich mangels Alternativen, oder um Kosten zu sparen, aus dem Archiv bedient.

GEO SAISON bringt das Abenteuer Reisen ins Wohnzimmer. Die Geschichten sind exotisch, aber auch gediegen; neu und entdeckend, aber dennoch nicht allzu weit vom gängigen Klischee der jeweiligen Region entfernt. Die Erwartungen des Lesers sollen bedient werden, er wird dort abgeholt, wo er steht, so dass es zwar schöne Überraschungen geben darf, jedoch keine wirkliche Irritation. Das zu bereisende Gebiet soll interessant bleiben und Lust auf Reisen machen. *GEO SAISON* versteht sich insbesondere als Ideengeber für den Reisenden oder auch den Lehnstuhlreisenden, als Handreichung beim freudvollen Entdecken.

Darüber hinaus erscheint das monothematische *GEO SAISON* Extra zwei- bis dreimal im Jahr zu Themen wie „Reisen mit Kindern" oder „Toskana". In der Redaktion arbeiten 18 Redakteure, Bildredakteure und Grafiker. *GEO SAISON* beschäftigt 30-50 freie Autoren und 15-20 Fotografen.

„Reisejournalismus ist ein unterschätztes Genre – manche Autoren scheitern an der Schwierigkeit, auch dann eine komplexe, vielschichtige Geschichte zu erzählen, wenn die Ereignisse vor Ort dies nicht unbedingt erleichtern", so Kucklick. Darüber hinaus sei Reisen und damit der Reisejournalismus inzwischen sehr abhängig von politischen Ereignissen, etwa dem 11. September oder dem Management von SARS oder der Vogelgrippe. Außerdem hat der Journalist nicht mehr im gleichen Maße wie früher einen Vorsprung vor dem Leser, der im Laufe der Zeit deutlich reisekompetenter geworden ist. Umso wichtiger sind immer neue Zugänge und Aspekte zu den beschriebenen Destinationen und thematische Zuspitzung. Dem Trend der Zeit folgend, hat *GEO SAISON* im Laufe der Zeit seine Serviceorientierung immer weiter gesteigert und filtert für den Reisenden relevante Informationen vor.

Die Leserschaft von *GEO SAISON* hat ein überdurchschnittliches Einkommen und unternimmt durchaus mehrere Reisen pro Jahr. *GEO SAISON* wendet sich an den individuell reisenden Natur- und Kulturtouristen. Die verkaufte Auflage beläuft sich auf ca. 127.000 Exemplare, von denen ca. 45.000 im Abonnement verkauft werden.

Beispielreportage 2

Kairo – Die menschliche Metropole

GEO SAISON 2/2005

Kairo

Von Charlotte Wiedemann

DIE MENSCHLICHE METROPOLE

Sie hat Dürren, Beben und Kriege überstanden: El-Qahira, die Siegreiche. Heute kämpfen die 16 Millionen Einwohner der grössten Stadt Afrikas mit Übervölkerung, Automassen, Smog – und schaffen es jeden Tag aufs neue, dem Moloch Oasen der Lebenslust und Intimität abzutrotzen.

»Fly Over« heißt die Stadtautobahn: Überflug – ein Wunschtraum im Kairoer Verkehrschaos, das sich meist im Schritttempo entfaltet. Das Mädchen vor der Hussein-Moschee trägt zum Opferfest sein bestes Kleid. Am Stadtrand: das Reich der Pharaonen, die Pyramiden von Gizeh

Wenn der Abend sich über Kairo senkt, werden die Konturen weicher, die Geräusche leiser, und der hell erleuchtete Cairo Tower streckt sich zu den Sternen. Die grell illuminierten Barkassen am Nilufer legen meist erst nach Mitternacht ab – zu Partytouren bis in die kühleren Morgenstunden

Freudentänze: Ausgelassen feiert die Hochzeitsgesellschaft im »Marriott«-Hotel, der Ke
macht eine Pause, um sich ein altes Video des Bauchtanzstars Dina anzusehen. Sie
berühmt für ihre gewagten Kostüme, nach einem Sexskandal beendete sie ihre Kar

SZENEN VERSCHWENDERISCHER EBENSLUST

»**Menschliche Orte**« – was für ein seltsamer Ausdruck. Er schlich sich in meine Notizen am dritten Kairo-Tag, als alle Sinne noch mit dieser Stadt kämpften, mit dem Lärm, mit der abgasblauen Luft, mit der Hitze. Da merkte ich, dass hier etwas nach westlichem Verständnis ganz Unmögliches geschah: Inmitten des Molochs schufen die Menschen sich leichthändig Inseln der Ruhe und Intimität.

Der Teeausschank zwischen den rohen Betonpfeilern einer Hochstraße: Bei einbrechender Dämmerung saßen die Gäste auf winzigen Stücken weinroten Teppichs; vertieft ins Gespräch oder ins Händchenhalten nahmen sie den tosenden Verkehr ringsum gar nicht wahr. Oder der Mann mit Zeitung auf einem Klappstuhl vor seinem Laden im dichtesten Gewühl: Er las, als säße er in der stillsten Bibliothek. Und die Wasserpfeifenraucher am Stadttor Bab es-Suwela: Sie zogen nur die Füße ein wenig ein, als der Bus kam, damit er ihnen nicht über die Zehen fuhr, kein Grund zur Hektik.

Nach einer Weile spürt man, wie sich ein Netz solcher Orte über die ganze Stadt legt. Sie sind stationär oder ambulant, sie können an jeder Straßenecke entstehen, durch eine Einladung zum Tee, eine Geste, einen Scherz. Kairo, diese unregierbare Megalopolis, erzählt zwei große Geschichten, die einander ständig ins Wort fallen. Die eine handelt davon, was Menschen sich antun durch eine selbstzerstörerische Lebensweise. Die andere Geschichte erzählt, was Menschen aushalten – und wie wundersam resistent sie sein können gegen jene Verrohung, zu der die Unwirtlichkeit der Verhältnisse sie doch zu zwingen scheint.

In Kairo ballen sich zwischen 16 und 20 Millionen Menschen, hunderttausende Familien leben in jeweils nur einem Zimmer. Rund zwei Drittel der Kairoer gelten als arm – und

doch ist die Kriminalität niedriger als in vielen westlichen G städten. Kairo erschöpft, reizt die Augen, färbt den Hemdkr schwarz, aber Kairo macht keine Angst. Man kann nachts u sorgt durch finstere Winkel der Altstadt laufen – von irgend her wird eine Stimme »Welcome!« rufen. Vielleicht ist K Chaos nur so zu überleben: mit einem Ausmaß an Herzlich Selbstironie und Humor, das unsere geordnete, leise Welt r aufzubringen vermag.

Schnell wird hier Freundschaft geschlossen, das geringfüg Einverständnis mit einem überschwänglichen Handsc bekräftigt. Szenen von kindlicher Heiterkeit: In der Lobby feinen »Marriott«-Hotels packen ein Polizist und ein Po (samt Fez) einander quiekend im Nacken, sie raufen wie Sc jungs. Im hell erleuchteten Foyer der Nationalbank rangel Wächter nachts zum Zeitvertreib um eine Tüte Brot Schreckensmomenten hört man entwaffnende Kommen »Al-hamdulillah!«, Gott sei Dank, ruft der Taxifahrer, als Motorhaube seiner Schrottkarre auffliegt und ihm bei v Fahrt die Sicht verstellt. Gott sei Dank? Ja, denn vorne is Straße gerade frei. Wann hat man das schon mal in Kairo?

Verschwenderische, absichtslose Freundlichkeit macht Stadt einladend. Ausländer fühlen sich schnell zu Hause. W Fremder suchenden Blicks an einer Ecke steht, wird bi kurzem gefragt: »What do you need?« – »Möchtest du etw sagen Ägypter am Telefon, wenn sie sich von einem Freund abschieden. Die beliebteste Art des Telefonierens besteht d auf der Straße ins Mobiltelefon zu brüllen. Man könnte me der Anrufer stünde in einer frühindustriellen Fabrikhalle.

Kairos Lärm ist schwer zu beschreiben, es handelt sich eine Lärmsuppe aus tausend Quellen, ein Lärmmeer. Man

Allah ist groß! Als 1823 eine Pulverexplosion viele Gebäude der Zitadelle zerstörte, ließ Mohammed Ali die Lücke mit der Alabaster-Moschee schließen, deren Kuppel 52 Meter hoch über dem tonnenschweren Lüster schwebt. Fünfmal am Tag wird gebetet. Wenn die Gläubigen gehen, bleiben nur Touristen auf dem Teppich

»Limun! Limun!«: Die Straßenhändler, die Tabletts mit Limonade durchs Gedränge Souks balancieren, finden immer wieder wechslung bei temperamentvollen Verka gesprächen und ausdauernden Debatten

morgens wird eine Karawane durch die Wohnviertel getrieben. Ihr Ziel ist der Kamel-
markt vor der Stadt. Über den Booten am Nilufer die Hochhäuser der City: die Hilton-Hotels
»Nil« und »Ramses«, dahinter der Turm des Ägyptischen Fernsehens

NEUES KOMMT, DAS ALTE BLEIBT

einem Rauschen zu Bett und wacht damit auf. Über das nie endende Hupkonzert legen sich fünfmal am Tag die Rufe aus mehr als 4000 Moscheen und Gebetshallen, dazu husten rund 80 000 betagte Taxis, aber das alles sagt noch nichts über die Lust am Krach, mit der jede erdenkliche Lautnische gefüllt wird. In der Metrostation hängt ein dröhnender Fernseher an der Decke. Mofafahrer installieren Lautsprecherboxen am Fahrzeug, der Eselskutscher knallt mit seiner Peitsche, als produziere er eine elektronisch verstärkte Fehlzündung, und wenn der Verkäufer von Butangasflaschen werbend auf sein Leergut hämmert, will der arme Mann nicht zurückstehen, der in der Straße der Rohrsesselmacher zum eigentlich leisen Staubwischen verurteilt ist: Er haut den Staub, dass es nur so kracht.

Unterhalb der Zitadelle, die Sultan-Hassan-Moschee links liegen lassend, führen ein paar Stufen hinunter in eine Welt beschaulicher Beschaulichkeit. Hinter der ersten Biegung wird Wolle gesträhnt, Schafe reiben sich an Hausecken, Ziegen steigen über Türschwellen, und ehe man sich's versieht, hat man einen Teller Essen in der Hand und wird von einer Anwohnerin auf den Stuhl vor ihrem Haus gezogen. Kairo setzt sich aus zigtausenden solcher Mikrokosmen zusammen. Dörfliche Milieus bestehen nicht nur zwischen Mausoleum und Minarett, sondern auch zwischen dem Wolkenkratzer und der Betontrasse der Stadtautobahn »Fly Over«. Sie liefern jenen sozialen Kitt, der das Chaos in einem leidlich stabilen Zustand hält.

Eine Sackgasse im Arbeiterbezirk Schubra, das Pflaster bedeckt ein Kunstwerk aus Sand und knallbunter Farbe: eine Burg, ein Krokodil, ein Herz für Mansour und Henna. Sie heiraten

morgen, für sie ist die liebevolle Dekoration gedacht, heute Abend wird schon gefeiert. Sieben Familien in 14 Wohnungen teilen sich dieses Stück Gasse, sie ist so schmal, dass die Balkone nur eine Armlänge trennt. Hier bleibt nichts verborgen. Eine Kairoer Gasse, wie sie Ägyptens berühmtester Schriftsteller Nagib Machfus schon vor einem halben Jahrhundert schilderte. Noch eine Stunde bis zum Beginn der Party. Plötzlich wummern die Lautsprecher zu einem Probelauf, und als würden sich in einem Adventskalender alle Türchen auf einmal öffnen, erscheinen Köpfe an allen Fenstern. Rhythmisches Klatschen beginnt, auf den Balkonen werden die ersten Tanzschritte versucht.

»Das enge Beieinander-Leben in überschaubaren Abteilungen, wo es kaum Einsamkeit gibt, erst recht keine Anonymität, wo die Nachbarn einander kennen und die Familien Wert legen auf ihre Reputation, all dies trägt zum bemerkenswerten Niveau öffentlicher Sicherheit bei«, schreibt Max Rodenbeck, ein renommierter Kairo-Kenner. In dieser verstopften Stadt gelänge einem Übeltäter selbst über die flachen Dächer kaum die Flucht: Dort stellen sich ihm Hühnerställe, Taubenhäuser und Satellitenschüsseln in den Weg, ein typisches Kairoer Gestrüpp aus Tradition und Moderne.

Die Mehrzahl der Einwohner lebt in wild wuchernden Stadtteilen ohne jedwede Planung, wo bis zum Horizont kastenförmige Häuser aus roten Ziegeln stehen, die nie genehmigt wurden und stets unfertig aussehen, weil sie bis zur Einsturzgefahr um zusätzliche Stockwerke erhöht werden, wann immer der Platzbedarf es fordert. So auch in Manshiet Nasser, der Heimat der 20 000 Müllsammler Kairos. Überall liegt hier Müll, Müll ist

Macht Platz! Die neue Matratze ist da! In den Gassen rund um den El-Muski-Markt kommen sich Last-Auto, Mensch und Esel in die Quere. Der Taxifahrer hat den Außenspiegel eingeklappt – so eng ist die Durchfahrt

Erleuchtetes Gotteshaus: In der Sultan-Has[...]
Moschee aus dem 14. Jahrhundert – e[...]
von über 500 altislamischen Baudenkm[...]
Kairos – wurden traditionell liberalere For[...]
des Islam gelehrt

, Müll ist Leben. Ein Geruchsteppich wabert durch die
, eine seltsam taube Süße, der Geist aus der Flasche, aus
derttausenden Plastikflaschen, die hier sortiert, geschred-
recycelt werden. Die Gassen sind ungepflastert, ein festge-
nes Irgendetwas, über dessen Buckel Kinder in halsbreche-
er Fahrt ihre Eselkarren jagen. Die Müllsammler sind
ische Christen, gerade ist ihre Fastenzeit, an Drähten quer
die Straßen hängen Laternen aus Holz und Papier, groß wie
ugskartons, aus denen abends bunt die Marienbilder leuch-
Wenn die Dunkelheit fällt, tauchen gelbe Glühbirnen das
tel in ein mildes Licht, marode Kutschen werfen bizarre
tten, und Manshiet Nasser wird ein menschlicher Ort. Ent-
nt sitzen die Leute mit Tee und Wasserpfeife zwischen Hau-
on Müll, so wie anderswo die Leute zwischen Geranien und
enzwergen sitzen.

mses II. ist schwarzbraun gefleckt, seine Zehen sind gerollt
vie vertrocknete Zigarren. Dünn der Hals, die flache Brust
entblößt, am Hinterkopf beiges Haar, wüstensandfarben.
Pharao im Mumiensaal des Ägyptischen Museums hält sei-
andagierten Ärmchen über der Brust verschränkt, hilflos, als
e ihn. Eine Hand ist halb erhoben wie zu einer Geste der
ehr. Ein junger Italiener lehnt sich über den Glaskasten,
sein Foto-Handy hastig übers Glas, schießt die Mumie ab,
t über der spitzen Nase.

m 17.30 Uhr ist Stoßzeit bei Tutanchamun. Die berühmte
lmaske steht hinter Panzerglas in der Mitte eines gut gekühl-
Raums, umbrandet von leicht bekleideten Badetouristen, die

mit Pyramiden und Museum ihren Kultur-kompakt-Tag absolvieren. Irritierend schön das Gleichmaß in den Zügen des
Pharaos, die Obsidian-Augen auf einen fernen Punkt gerichtet;
unbeteiligt wie Laserstrahlen geht der Blick durch das Gewühl
von sonnenverbranntem Fleisch, kurzen Hosen und unbefange-
ner Cellulitis.

Die meisten westlichen Touristen kommen der pharaoni-
schen Altertümer wegen an den Nil. Viele übersehen oder ver-
drängen darüber, dass Kairo eine islamische Metropole ist. Und
wer sich mit dem Islam vertraut machen möchte, mit seiner Geschichte, seiner Architektur und seinem gegenwärtigen Alltag,
der ist hier am richtigen Ort. Kairo zählt mehr altislamische
Baudenkmäler als jede andere Stadt der muslimischen Welt, weit
über 500. Man kann Tage, Wochen damit zubringen, die Altstadt zu erkunden. Seit 1979 ist sie von den Vereinten Nationen
als Weltkulturerbe anerkannt, erst viel später haben Restaurie-
rungen in großem Stil begonnen.

Hundert Jahre lang, etwa bis 1970, war Kairo die einzige moderne Metropole im arabischen Raum. Hier wurden die ersten
arabischen Filme produziert, die ersten Schallplatten gepresst,
die ersten Tageszeitungen gedruckt. Immer noch hat Kairo alleine mehr Leser, mehr Autoren, mehr Verleger als jedes einzelne
arabische Land. Doch Ägyptens geistige Vormachtstellung hat
gelitten, seit das fundamentalistische Saudi-Arabien mit seinem
Ölgeld an Einfluss gewinnt.

Zeichen davon sind im Kairoer Straßenbild zu sehen: Einige
Frauen verschleiern sich bis auf die Augenpartie. Ihre Radikal-

ZENTRUM DER ARABISCHEN *W*ELT

Zucker, keine Kalorien«, verspricht das Schild im Café »Cilantro«: Zu Hause gibt's den
süßen Mokka, hier trinkt man lieber Saft oder Haselnuss-Kaffee, importiert aus Ameri-
e Scheichs im »Ramses Hilton« entspannen sich, ganz traditionell, an der Wasserpfeife

verhüllung sei »unägyptisch«, kritisiert sogar der Religionsminister. Aber auch viele Muslime, die so extremen Regeln nicht folgen, zeigen heute in Kairo ihr Muslimisch-Sein demonstrativer als früher. In manchen Geschäften, selbst in einer Chocolaterie im Diplomatenviertel Zamalek, kniet die Belegschaft zu den Gebetszeiten Richtung Mekka.

Das öffentliche Bekenntnis zum Glauben ist allerdings nicht immer nur religiös motiviert. Der Kreativdirektor einer Werbeagentur zum Beispiel sagt, er bete auch, um sich vom Stress zu befreien. Die Frau in Scharlachrot vom Kopftuch bis zu den Pumps – die Farbe der Saison – gibt zu verstehen: Schaut her, Islam ist schick! In einer Bar der High Society stoßen zwei Männer an: »Al-hamdulillah« – Gottlob sind wir Muslime! Und nehmen einen Schluck Whisky. Auf der Sharia Talaat Harb in Kairos Downtown stellt ein Geschäft im linken Schaufenster Schleier und züchtige Umhänge aus, im rechten Schaufenster Reizwäsche. String-Tangas sagen »I love you«, wenn man sie drückt; die Schneiderin, die so etwas entwirft, schnürt ihr Kopftuch eng. Kairo ist religiös, aber keineswegs prüde.

Nachts am Nil: Die Dunkelheit verzaubert. Als hätte jemand eine Scheibe gewischt, so klar scheint plötzlich die Luft, ein blankes Panorama großstädtischer Gelassenheit. Auf der Tahrir-Brücke blähen sich die Schleier der flanierenden Frauen in der auffrischenden Brise. Hochzeitspaare posieren für Videokameras, begleitet von tanzenden Trupps, Frauen erzeugen mit vibrierendem Zungenschlag einen erregend durchdringenden Ton, einem Kampfesschrei ähnlich. Nach Mitternacht breiten Familien Tücher auf dem Pflaster aus, lassen sich zum Picknick auf der Brücke nieder. Kairo schläft nie.

Ein Uhr früh ist die richtige Zeit, eine Nilbarkasse zu be[...]gen, bespannt mit Ketten bunter Glühbirnen, die abwechs[...] aufleuchten wie in einem Partykeller der achtziger Jahre. Au[...] nem Höllenlautsprecher bricht Musik los, die Barkasse kreuz[...] gibt schon wieder Tee, in der hinteren Bootshälfte schwir[...] sich junge Frauen im Bauchtanz, in der vorderen Hälfte blei[...] Verschleierte artig sitzen.

An Land ist Stau jetzt nur noch stadtauswärts. Taxis ra[...] ohne Licht durch die Dunkelheit – der betagten Batterie[...] gen. Aus dem Nachtclub im 36. Stock des »Ramses Hilton« [...] der Blick auf eine nächtliche Stadtlandschaft und auf einen [...] nen Wirbel im Strom der Spielzeugautos. Da ist ein Verkehr[...] lizist am Werk, in weißer Uniform, wie ein hilfloser Kadett. [...] 30. Stock des Hotels ist abgesperrt, »Emir«, flüstert der Lift[...] In der Hotel-Lobby Szenen schwüler Dekadenz, als hätte C[...] Dix arabische Bourgeoisie gemalt, mit aufgetakelten Frau[...] dicklichen Kindern, verzogenen Prinzen. Ein junger Mann [...] ausdruckslos da, lässt seine Wasserpfeife vibrieren, eine Hand [...] Oberschenkel, selbstvergessen.

Kairo verstrickt, lässt nicht mehr los – als mache die stän[...] Überreizung der Sinne süchtig. Nach ein paar Wochen erta[...] ich mich bei seltsamen Vorlieben. Sitze nachts kurz vor [...] gemütlich beim soundsovielten Tee im grauen Laternenlic[...] ner Durchgangsstraße, mit Blick auf die fleckige Verschalung [...] Fly-Over-Autobahntrasse und den zaghaft nachlassenden [...] kehr. »Limun, Limun!«, ruft der Limonen-Mann und schw[...] ein Netz mit Früchten, der Mobiltelefonladen hat geöffnet, [...] das Schuhgeschäft. Es ist drei Uhr nachts, und das alle[...] irgendwie ganz normal.

ℛELIGIÖS, ABER KEINESWEGS PRÜDE

In der Sharia Talaat Harb, der belebten Einkaufsmeile Kairos, erhaschen Passanten [...] Vorübergehen einen Blick auf die neueste Reizwäsche. In den Seitengassen ist es ruhiger [...] Verkäufer vor dem Elektro- und Tandladen macht die Straße zum Wohnzimmer und bew[...] seinen Kunden: Seht her, meine Ware funktioniert

Karawanserei, dann Sklavenmarkt. Heute
kaufen die Händler des Khan-el-Khalili-
s Souvenirs an die Touristen. An Ständen
hinter der reich verzierten Fassaden wird
gekocht, billig und gut

1000-jährige Stadt

Die Zitadelle des Sultans, die junge Kunstszene, die Kaffeehäuser der Literaten – unsere Tipps für die größte Metropole Afrikas.

▸ **Telefon:** Vorwahl Ägypten: **0020**, für Kairo: **02**; bei Anrufen vom Ausland ohne o.

▸ **Geld:** 1 Euro = ca. 8 Ägyptische Pfund (EGP), 100 EGP = ca. 12,50 €.

▸ **Zeit:** 12 Uhr Berlin = 13 Uhr Kairo.

▸ **Visum:** Kostet 15 US$ und wird bei der Einreise am Flughafen ausgestellt. Reisepass mitnehmen.

▸ **Anreise**

Lufthansa fliegt direkt ab Frankfurt/Main. Günstiger ist manchmal Egyptair, ab ca. 350 €.

▸ **Gesundheit**

Keine Pflichtimpfungen, Polio auffrischen, Hepatitis A sinnvoll. Wasser nur aus gut versiegelten Flaschen trinken. Die oft öl- und ge-

te islamische Kairo an, die Altstadt, ein Weltkulturerbe. Auf vier Quadratkilometern sind über tausend Jahre islamische Baukunst versammelt. Westlich von Downtown, auf einer Nilinsel, liegt der ruhigere Stadtteil Zamalek mit Pensionen und Restaurants. Bestes Transportmittel in Kairo ist das Taxi. Kürzere Fahrten kosten 5 Pfund, etwa 65 Cent. Taxameter werden nicht benutzt. Lassen Sie sich von der Hotelrezeption das Fahrtziel auf Arabisch aufschreiben: Die wenigsten Taxifahrer sprechen Englisch.

▸ **Sicherheit**

Auch Frauen können sich problemlos allein durch die Stadt bewegen, selbst bei Nacht. Sie sollten allerdings viel Toleranz aufbringen für die ständig gestellte Frage, ob sie verheiratet seien.

▸ **Veranstalter**

Gute Programme bieten **Helios Reisen**, Tel. 089-54 49 52 00

Haut zeigen. Frauen: keine nackten Schultern, Oberarme, Oberschenkel, Männer: nicht ohne Hemd/T-Shirt. Fotografieren Sie Einheimische nur mit deren Einverständnis. Alkohol wird in den großen Hotels und in manchen Restaurants ausgeschenkt. Auf offener Straße ist er verboten.

Kaffeehauskultur: auf dem Platz vor der berühmten Hussein-Moschee

und ägyptischen Hochzeitsgesellschaften heimgesucht.

▸ **Essen**

Abu El Sid

Zamalek

Sharia 26. Juli 157 (Seitengasse)

Tel. 749 73 26 (reservieren)

Angesagtes Restaurant mit Ba und gutem ägyptischem Esser zum Beispiel *Mahschi Betinga* (Auberginen mit Reisfüllung) un *Haman Mahschi* (gefülltes Täubchen mit Minze).

Absolute & Sangria, *Downtown* Corniche el-Nil, gegenüber des Conrad International Hotel Tel. 579 65 11

▸ **Übernachten**

My Fair Hotel

Sie mit nicht. Und: Meiden Sie Sala-
te, Eiswürfel, Speiseeis, ungeschäl-
tes Obst und Essen an Straßenstän-
den. Für den Durchfall-Fall gehören
abgepackte Glukose-Elektrolyt-Mi-
schungen in die Reiseapotheke.

▸Alltagskultur

Ägypten ist ein islamisches Land.
Auch für Touristen gilt: nicht zu viel

▸Unterwegs in der Stadt

Kairo hat mehrere Stadtzentren.
Östlich des Nils liegt Downtown,
das ab etwa 1800 entstandene, eu-
ropäisch geprägte Wohn- und Ge-
schäftsviertel mit sternförmigen
Plätzen und breiten Straßen. Im
Osten schließt sich das so genann-

billig, sehr einfach, aber sauber und
günstig gelegen. Art-déco-Haus
mit großer Terrasse.

Grand Hotel
Downtown, Sharia 26. Juli 17
Tel. 575 77 00, Fax 575 76 62
E-Mail: grandhotel@link.net
DZ/F 27 €
Große Zimmer mit Holzfußboden
und Balkon, im alten Speisesaal mit
Klavier servieren livrierte Diener.
Leider sind die Klimaanlagen etwas
laut. Gleich nebenan zwei populäre
Kaffeehäuser: »Andalusia« (mit
Frauenraum im 1. Stock) und »El-
Shams«.

Golden Tulip Hotel (Flamenco)
Zamalek, Sharia El-Wosta 2
Tel. 735 08 15, Fax 735 08 19
www.flamencohotels.com
DZ/F ab 57 €
Mittelklassehotel im grünen Bot-
schaftsviertel Zamalek. Unbedingt
die etwas teureren Zimmer mit Nil-
blick verlangen!

Cairo Marriott Hotel
Zamalek, Sharia El-Gezira
Tel. 735 88 88, Fax 735 66 67
www.marriott.com
DZ ab 83 €
Legendäres Luxushotel am Nilufer,
1869 von Khedive Ismail zur Eröff-
nung des Suezkanals gebaut.
Ganzjährig von saudischen Prinzen

und schaut auf den Nil.

Café Riche
Downtown, Sharia Talaat Harb 17
Kaffeehaus und Restaurant, in der
sich früher Literaten und Revolu-
tionäre trafen. Gegessen wir[d]
ägyptisch: *Falafel, Farakh* (gegril[l]
tes Hähnchen), dazu reichlich *Hu[m]
mus* (Kichererbsenpüree).

▸Einkaufen

Bashayer
Dokki, Sharia Mosaddak 58
Tel. 336 10 06
Teppiche aus Oberägypten, Kame[l]
decken vom Sinai, schönes Kunst[
handwerk, kein Touristenkitsch.

Atlas Silks
Im Basar Khan el-Khalili
Hauptgasse nahe Machfus-Café
Tel. 590 61 39
Seidenpumps in modernem Desig[n]
(auch auf Bestellung), max. 30 €.

Galerie Al-Khatoun
Sharia Scheich-Mohamed-Abdo 3
(neben der El-Azhar-Moschee)
Tel. 510 04 48
Stoffe und Lampen mit Kalligrafie[
Design.

▸Anschauen

Achtung: Das weltberühmte Muse[um]
um für islamische Kunst ist bis au[
weiteres geschlossen.

Zwischen Wüste und Meer: Die Pyramiden erreicht man mit dem Taxi

Info Kairo

Moscheen

Die Gebetshäuser der Kairoer Moslems gehören zu den prächtigste der Welt. Touristen können s besichtigen, sollten sich aber während der Gebetszeiten im Hintergrund halten. Nicht vergessen: Schuhe ausziehen und, für die Frauen, Kopf bedecken. Unbedingt ansehen: El-Hakim-Moschee mit Innenhof aus weißem Alabaster, die Hussein- und die Ak-Sunkur-Moschee, letztere wegen ihrer türkisblau bemalten Fliesen besser bekannt als »Blaue Moschee«; alle drei im islamischen Viertel.

Ägyptisches Museum

Midan et-Tahrir
9–16 Uhr
Eintritt 5 €
Mumiensaal 10 €

Mehr als 250 000 Exponate aus allen Perioden des Alten Ägypten, Mumien, Grabbeigaben und Goldschätze. Vormittags weniger Andrang.

Altes Gold: der Sarg des Tutanchamun im Ägyptischen Museum

▶ Spazierengehen

Nördliche Altstadt

Gespickt mit Sehenswürdigkeiten, ein Freilichtmuseum des Alltags mit Hunderten von Werkstätten und Läden. Ab Platz Bab el-Scharija (Taxifahrer fragen) durch die Straßen der Küchenutensilien-Hersteller zur restaurierten Gasse Darb el-Asfar mit schönem Steinboden (und ohne Autos) gehen. Dort den 1648 errichteten Scheichspalast Beit es-Suhaimi besuchen, ein zum Museum umgewandeltes 115-Zimmer-Anwesen. Der historische Männer-Empfangsraum im 2. Stock ist mit türkischen Kacheln aus der Zeit der Erbauung dekoriert.

Südliche Altstadt

Erst in die Sultan-Hassan-Moschee, dann Richtung Norden bergab in die Gassen entlang der mittelalterlichen Stadtmauer. Dieses Quartier wird gerade saniert, die Bevölkerung kann dabei mitbestimmen. Seit Herbst 2004 gibt es östlich der Stadtmauer den El-Azhar-Park (mit dem schönen Parkrestaurant), ein Stück rares Grün in der dicht bebauten 16-Millionenstadt. Bei der El-Maridani-Moschee kann man das Minarett besteigen. Schöner Blick über die Altstadt auch vom Dach der El-Ghuri-Moschee, nahe dem Stadttor Bab es-Suwela.

▶ Ausgehen

Garten am westlichen Zamalek-Ufer
Südlich Brücke 26. Juli
(gegenüber Aquarium-Eingang)

Kleine Anlage am Nil mit Laternen und Liebespärchen. Bequeme Holzbänke, an denen Mangosaft serviert wird.

Cairo Jazz Club
Mohandessin
Sharia 26. Juli 197
Tel. 345 99 39 (besser reservieren)
www.cairojazzclub.com

Ägyptische Folklore meets Acid Jazz: tagsüber Restaurant, abends Lounge-Bar mit DJ-Musik. So, Di, Do Live-Musik. Entspanntes Publikum, teure Drinks.

El-Sawy Cultural Center
Zamalek, Sharia 26. Juli, unter der 15.-Mai-Brücke, Tel. 736 61 78
www.culturewheel.com

Jeden Abend Konzerte, Theater (arabisch und englisch), Lesungen, Filme oder Seminare.

Junge Kunst

Inmitten des Kairoer Automechaniker-Distrikts hat der Kanadier William Wells eine leer stehende Fabrik gekauft und auf drei Stockwerken einen Ort für die junge Kairoer Kunst und Fotografie geschaffen. »Ich weiß oft selbst nicht, was in meinen Räumen passiert, aber das ist gerade das Spannende«, sagt der ehemalige Lehrer, der Mitte der achtziger Jahre nach Ägypten kam. Fotografin Hala El Koussy und Poparist Basim Magdy präsentierten hier ihre Arbeiten. Künstler wie Moataz Nasr, Shady al-Noshakaty und Wael Shawky hatten große Einzelausstellungen, bevor sie zur Biennale nach Venedig eingeladen wurden. Nicht immer sind

die Behörden begeistert. Zuletzt wurde die Galerie im April 2004 durchsucht, weil einige Bilder angeblich Sicherheit und Ruf des Landes gefährdeten.

Townhouse Gallery
Downtown
Sharia Hussein El-Memaar Pasha, Tel. 576 86 00
www.thetownhouse gallery.com

Lollipop-Kunst: So sah das »Townhouse« 2003 innen aus

▶ **Bücher**

Cairo, *Lonely Planet, auf Englisch, 2002, ca. 16,50 €.*
Mit guten Karten für die wichtigsten Stadtviertel.

Kairo-Luxor-Assuan, *Reise Know-How Verlag 2000, 17,50 €.*
Ziemlich veraltet, aber immer noch der beste Guide auf dem deutschen Markt.

▶ **Internet**

www.aegypten-online.de

Charlotte Wiedemann lernte während eines Arabischkurses Kairos Alltag gründlich kennen. Die Asien-Expertin, die lange in Malaysia lebte, ist GEO SAISON- und GEO-Lesern durch viele Reportagen bekannt. Sie wohnt in Berlin.

▶ **Ausflüge**

Nilfahrt auf einer Feluke

Ab »Dok-Dok«-Anleger gegenüber Meridian-Hotel, pro Stunde ca. 5 €. Die Kreuzfahrt mit einem dieser altertümlichen Segelboote nach Maadi und zurück dauert drei bis vier Stunden.
Mit dem hohen Mast unter den Nilbrücken durchzukommen ist Maßarbeit.

Pyramiden von Gizeh

Gizeh wirkt wie eine Westernstadt mit China-Restaurant, Kentucky Fried Chicken und riesiger Pferderanch. Nach 18 Uhr, wenn die Pyramiden schließen, wird es ruhiger, die Händler rauchen im Café »El-Sokaryo« ihre Wasserpfeife, man kann sich dazusetzen und den Pferde-Mietpreisen beim Fallen zusehen (morgens 60, abends 30 Pfund). Am schönsten ist der Ausritt in der Dunkelheit. Die Schatten der Pyramiden stehen vor den milchigen Lichtern der Großstadt.

Besichtigung der Pyramiden: 8.30–16 Uhr. Für die Cheops-Pyramide werden morgens und mittags nur je 150 Eintrittskarten ausgegeben, die rasch an Tourgruppen gehen. Einzelreisende müssen um 8 Uhr da sein oder vorher über ein Reisebüro eine Gruppentour buchen.

Stufenpyramide

Die Besichtigung der Stufenpyramide von Sakkara lässt sich mit einem entspannten Tag im Sakkara Country Club kombinieren (ab Pyramide 10 Min. mit dem Taxi, *Tel. 38 11 22 82, Tageskarte für Mittagessen und Poolbenutzung 8 €).*

6.5 GEO Special

„Seit mehr als 20 Jahren sind die GEO Specials, wie wir glauben, eine ganz eigene Kategorie im Reise-Journalismus. Das hat mit ihrem genetischen Potenzial zu tun, der Gründung aus GEO heraus. Was bedeutet, dass sie einem Reportage-Journalismus verpflichtet sind, der sich von der klassischen Reiseschriftstellerei unterscheidet. Auf rund drei Vierteln der Heftstrecke bekommen die Leser frische journalistische Ware zu einer Stadt, einer Region, einem Land geboten. Subjektiv, authentisch, seriös und also unabhängig von den Partialinteressen diverser Veranstalter recherchiert. Ein klassischer Anspruch der Specials ist der Perspektivwechsel. Um ein Beispiel zu nennen: Zwei Millionen Besucher jährlich sehen die Dresdner Semperoper von außen und die Bühne vom Zuschauerraum her, die GEO Specials liefern dazu den Blick hinter die Kulissen. Oder ein anderes Exempel: Hunderttausende blicken in Venedig, in Paris oder New York an den Fronten besonderer Häuser hinauf; die GEO Specials erzählen von denen, die in diesen Häusern wohnen. Auf dem verbleibenden Viertel des Heftes: Nutzwert, Tipps und Adressen, Routenempfehlungen und Karten. Und seit einiger Zeit ein großes Dossier: die Rundumversorgung mit Informationen zu Geographie, Wirtschaft, Politik, Geschichte eines Reiseziels. In diesem Sinne sind die GEO Specials auch ein Wissens-Magazin über Länder und Städte. Sie haben den Vorteil, ein Thema von vielen verschiedenen Seiten beleuchten zu können, vielfältig auch in den journalistischen Formen: von der Reportage bis zum Interview, vom Report bis zum Portrait. Der Grund für dieses Konzept: Das Special-Publikum besteht nicht unbedingt auf der deutschsprachigen Speisekarte, bucht nicht einen Swimmingpool, sondern ein Land, interessiert sich für Menschen, Hintergründe, Zusammenhänge. Für die Natur, die Kultur, die Gesellschaft fremder Länder. Es will mehr wissen als den Weg zum nächsten Surfbrett. Und deshalb: Wo viele Reise-Magazine aufhören, nämlich am Ende des Strandes, da fangen die GEO Specials erst an – und zwar ohne die Strandfreuden zu vergessen.“

Peter-Matthias Gaede, Chefredakteur GEO, GEO Special, GEO WISSEN

1981 gegründet, erscheinen die *GEO Specials*, die monothematischen Reisemagazine der GEO-Gruppe, sechsmal im Jahr; mit einer verkauften Auflage von derzeit etwa 120.000 Exemplaren. Seinem Selbstverständnis verpflichtet (s. o.), nimmt das Magazin seine Leser als kompetente Reiseprofis ernst und lädt sie neuerdings auch zur Mitarbeit ein. Die Leser werden dazu aufgefordert, Fotos, Hotel- und Restauranttipps, Anekdoten und Kurzberichte einzuschicken, von denen die besten jeweils auf einer Doppelseite veröffentlicht werden.

Wie *GEO SAISON*, das multithematische Reise-Magazin der Gruppe, tragen auch die *GEO Specials* die Handschrift des Muttermagazins *GEO*: opulente Bilder und mehrseitige Reportagen oder Essays, die historische, geographische und kulturelle Hintergründe zu der jeweiligen Destination liefern. Die vorherrschenden Klischees zu einer Destination werden dabei durchaus aufgegriffen, dennoch gehen die *GEO Specials* in der Regel weit über gängige Schablonen hinaus und liefern auch weniger „reiseaffine" Informationen.

Mit der Ausgabe 6/2006 zum Thema Japan vollzog sich ein Wandel im Magazin-Konzept hin zu noch mehr Informationsvermittlung. So wurde mit dem „Kompass" am Heftbeginn ein Kaleidoskop aktueller Nachrichten zum jeweiligen Thema eingeführt, die Routen der *GEO*-Reporter werden durch Nutzwertkästen zum Nachreisen ergänzt, ein jeweils zwölfseitiges „Dossier" vermittelt Grundlagenwissen. Dem Foto als stimmungsvolle Ouvertüre einer jeden Reisereportage bleibt das Magazin natürlich treu, legt also unverändert Wert auf die erzählerische Kraft der Bilder.

Beispielreportage aus GEO Special Nr. 4 Aug./Sept. 2005 - Australien: Nirgendwo und sowieso

Der Weg zu Patch? Ganz einfach: beim verrottenden Sessel links abbiegen, am halben Fernsehgerät vorbeifahren und vor dem roten Ford Falcon stoppen. Auf dem Dach des Autos steht eine übergewichtige Ziege. Im Schatten unter einem Wohnwagen, direkt neben dem Auto, lungert ein schlammverkrustetes Schwein. Als wir aussteigen, quiekt es so schrill, dass die Tür des Wohnwagens sofort auffliegt: Patch kommt heraus. Er schaut uns an, eine schwarze Augenklappe, deren Band verdreht ist, verdeckt sein rechtes Auge. Über dem linken klafft eine Narbe, groß wie eine Zwei-Euro-Münze. Dort war die Kugel, die seinen Schädel durchschlug, wieder ausgedrungen. Zwei Dosenbier später erzählt uns Patch, dass er in Algerien versucht hatte, mit Vollgas durch eine Straßensperre zu fahren. Angeblich war er dort im Urlaub, Fragen nach diesem Vorfall mag er nicht. Schon gar nicht so früh am Tag. Viel lieber lässt er Chops, die Ziege, auf Kommando ihre rechte Klaue heben. Dann ruft er „Sit!", und Pig, das Schwein, sitzt wie ein Hund.

Eigentlich sollte die Ziege auf den Grill. Genau wie Pig, das er halb tot auf der Schotterpiste fand. Aber Patch brachte es nicht übers Herz; heute teilen die Tiere bisweilen mit ihrem Herrn das Bett. Keine ihrer Befindlichkeiten entgeht ihm. „Pig ist gerade eifersüchtig", warnt er uns. „Vorsicht, dann zwickt sie gern."

Patch heißt eigentlich Michael Kooyman und hat sieben Jahre studiert: Psychologie und Soziologie – bis zum Doktortitel. Er und seine Frau, eine Kinderärztin aus Adelaide, haben zwei Söhne und eine Tochter, verdienten 12000 australische Dollar die Woche. „Aber war ich glücklich?" Als Antwort krault Patch seine Ziege.

Heute lebt der Mann mit der Augenklappe von 824 Dollar Arbeitslosengeld im Monat inklusive remote area allowance, einem Bonus für Einwohner besonders abgelegener Gebiete. Das neue Leben kostete ihn außer Entschlossenheit nur sechs Flaschen Bier, die er gegen den klapprigen Wohnwagen tauschte. Reifen hatte seine Bleibe keine, ihre Felgen versanken rostend im Staub, aber das war unerheblich. Sie sollte genau da stehen bleiben, wo sie stand: auf dem Mond.

Patch lässt den Blick über das Gelände gleiten: Er kann keine andere Behausung erkennen, kaum einen Baum oder Strauch, bis sich in der Ferne Himmel und Erde treffen. Alles, was er sieht, sind Krater aus weißem Staub. Sie umgeben Patch zahlreicher als Buschfliegen – und diese Biester schwärmen immer gleich zu Hunderten aus, direkt nach Sonnenaufgang. Patch ist schon zu lange hier, um noch nach ihnen zu schlagen. Eigentlich wollte er nur eine Woche im Urlaub bleiben, das war 1972, aber er ist süchtig geworden. Süchtig nach der Freiheit, die der Wind in White Cliffs mit sich trägt.

Im Sommer leben nicht einmal 75 Menschen in diesem Ort. White Cliffs liegt im nordwestlichsten Winkel des Bundesstaates New South Wales. Im Central Darling Shire, einem Verwaltungsbezirk mehr als doppelt so groß wie Hessen – aber mit nur 2600 Einwohnern. Wer zum nächsten Supermarkt in Broken Hill will, fährt 590 Kilometer hin und zurück. Doch niemand im Outback rechnet in Kilometern. Entfernungen werden in Tagesreisen angegeben – und Temperaturen in getrunkenen Litern, die man ausschwitzt: Gewöhnlich sind es wolkenlose „14 Liter am Tag und nur zweimal aufs Klo" von November bis Februar, also etwas über 45 Grad.

Aber auch 51 Grad hat Wendy Dowton schon gemessen, wir treffen sie in ihrem Postamt, das gleichzeitig die Wetterstation von White Cliffs ist. Jeden Tag füllt sie einen Bogen aus, schickt ihn an das australische „Bureau of Meteorology". Es ist an den extremen Messdaten besonders interessiert. Auch ein Feld für die Schneetiefe hat das Amt vorgesehen. Dowton lacht, da hat sie noch nie etwas eintragen müssen. In die Spalte „Regen" schreibt sie heute 0,0 Milliliter – wie seit Wochen.

Die flirrende Luft lässt Bäume am Horizont gedeihen und riesenhafte Seen schimmern, wo keine sind. Vor uns springt ein Hügel von einer Straßenseite auf die andere, und auch die Menschen in White Cliffs tun seltsame Dinge: Die meisten graben sich ein, leben das ganze Jahr in Höhlen – bei konstanten 22 Grad ganz ohne Klimaanlage. Natürlich fragen sie kein Bauamt um Genehmigung für ihre dugouts. Wachsen Familie oder Ansprüche, wächst auch das unterirdische Reich im Sandstein – bis der Presslufthammer zum Nachbarn durchbricht. Acht von zehn Wohnungen im Ort verraten sich nur durch Lüftungsschächte und Satellitenschüsseln, die aus dem Staub ragen. Oberirdisch besteht White Cliffs aus nicht viel mehr als zwei kurzen Teerstraßen. Dort, wo sich die

Straßen kreuzen, sind ein Pub und der corner store, ein winziger Laden mit Konservendosen, gekühlten Getränken und zwei Zapfsäulen. 100 Meter entfernt das Postamt, eine Krankenstation und die Schule für zehn Kinder.

Unvorstellbar, dass White Cliffs mal eine prosperierende Stadt war: 1889 hatte ein Känguru-Jäger hier per Zufall einen Opal entdeckt – sein Pferd war über den Stein gestolpert, der in Regenbogenfarben schillerte. Als sich die Nachricht verbreitete, strömten Glücksritter schnell in die lebensfeindliche Wüste, in der Wasserlöcher fast ausgetrocknet waren. White Cliffs wurde zum ersten Opalfeld in Australien. 1899 wühlten schon 2500 Männer, viele hatten Frau und Kinder mitgebracht. Es gab sieben Lebensmittelläden, fünf Hotels, vier Cricketclubs, drei Konditoreien – und zwei Dutzend Bordelle. Kamele trugen einen Großteil des Nachschubs für die junge Stadt heran. Der Reichtum war so offensichtlich, dass die Postkutscher von White Cliffs mehrfach in Pistolenläufe blickten. Mancher Ganove flüchtete beladen mit Opalen und Schecks, trotz der großen Distanzen auf dem Fahrrad, dem gebräuchlichsten Fortbewegungsmittel jener Zeit.

1914 brachen die Opalmärkte zusammen: Der Krieg in Europa machte aus den deutschen Händlern, den einstigen Hauptabnehmern der glitzernden Steine, fast über Nacht Feinde der Australier. Im Pub schüttete sich ein verzweifelter Opalsucher Strychnin in seinen Brandy, weitere Selbstmorde folgten. Zu Fuß, mit Fahrrädern oder Kutschen verließen Hunderte den Ort. White Cliffs blieben gerade 30 Menschen – und 50000 Krater, die bis heute wie frisch ausgehobene Gräber klaffen.

Doch ausgestorben sind sie nie ganz, die Opalsüchtigen, die davon reden, befallen worden zu sein vom opal bug, und sich fiebrig durch die Erde quälen. Der Süchtigste von allen sei ihr Schwager, hat uns Wendy Dowton, die Frau vom Postamt, verraten. Irgendwo aus den Tiefen seiner Höhle holt er für uns einen so genannten pineapple, einen dieser äußerst seltenen Opale in Form eines faustgroßen Kiefernzapfens, wie sie nur in White Cliffs gefunden werden. Mit dem Stein steht Graeme Dowton vor dem Dugout in der Mittagssonne, um ihn herum flattern Hühner im Sand, seine drei Kinder – vier, sieben und neun Jahre – fahren Moped.

Dowton ist ein blasser Typ mit sanftblauen Augen und dünnen Lippen. Das aber ändert sich, als er den Stein ein ums andere Mal wendet, ihm ein Geheimnisgrün entlockt und ein Blau, in dem der Himmel Wellen schlägt. Außer den Farben scheint für Dowton nichts mehr zu sein. Die Hühner gackern in weiter Ferne, der Sohn streitet mit der ältesten Tochter, schreit nach seinem Vater. „Bezaubernd", sagt Dowton nur und dreht den Opal ein weiteres Mal.

Wahrscheinlich ist Dowtons Pineapple der makelloseste überhaupt, der bisher aus der Erde kam. Sein Wert: eine halbe Million Dollar. An einem Sonntagabend 1996, Dowton weiß es wie heute, war er in den aufgegebenen Schacht gestiegen. Redback-Spinnen, eine Spezies an der Spitze von Australiens langer Liste tödlicher Kreaturen, suchten an den Wänden Kühle. Die Decke bröckelte, das Herz klopfte – und plötzlich sah Dowton den Regenbogen. Wie eine reife Frucht ließ er sich pflücken. Dowton, damals erst 24, raste, seinen ersten Pineapple im Handschuhfach, mit „einer Million km/h" in den Ort.

Spätestens in diesem Augenblick ist White Cliffs für ihn zum Gefängnis ohne Gitter geworden. Heute suchen er und sein Vater Ron im großen Stil. Von zwölf gefundenen Pineapples weiß das Finanzamt. Doch die wirkliche Zahl ist dreistellig. Er bringt den Pineapple zurück, zeigt uns seinen Dugout: Die Wohnung ist kühl, es dringt kaum Tageslicht ein. Ihre Wände sind grob behauen, die Decken gewölbt, Luftschächte führen nach oben. Kein Zimmergrundriss gleicht einem anderen: Das Wohnzimmer ist ein kathedralenartiger Raum, die Kinder spielen in eher runden Zimmern. Dowtons Sofa, Kühlschrank oder Küchenzeile sind weder besonders neu noch teuer. Ihr Geld investiert die Familie in Maschinen.

Nach zehn Minuten Fahrt sind Vater und Sohn auf dem Opalfeld. Mit einem tonnenschweren Bohrer, riesig wie ein Lkw, stoßen sie in die Tiefe. Kreischend schraubt das Metall sich Zentimeter um Zentimeter in den von Hitze gestählten Boden. Am Horizont blühen Fata Morganen, der glutheiße Wind dreht sich immer schneller um sich selbst. Bald fegt er als Schlauch über den Staub, saugt einen Wolkenschleier nach dem anderen gierig in sich auf.

Dowton beachtet die Windhose nicht, er starrt auf die kleinen Steinchen, die nun, da sich der Bohrer wieder aus dem Boden windet, zu seinen Füßen rieseln: wertloser potch, milchig-trübe Steine, bei dieser Probebohrung glitzert nichts. Dowton fährt die Maschine zwei Meter weiter. Eigentlich dürfte er nicht überall suchen. Müsste jeden Claim, auf dem er bohrt, registrieren lassen. „Stimmt, im Moment ist das Gesetz nicht ganz auf unserer Seite", gibt er zu. Aber für Bürokratie fehlt die Geduld, denn irgendwo hier versteckt sich der Jahrtausendfund – the big one, Dowton ist absolut sicher. „Ich werde den neuen Rausch starten."

Wir fahren die staubige Piste zurück in den Ort. Das Lenkrad des Autos ist kaum anzufassen, die Luft im Fahrzeug kocht. Im Pub zapft Graham Wellings Bier, das eiskalt ist und schon jetzt, am frühen Nachmittag, Abnehmer findet. An den Barhockern lehnen sechs Männer und eine Frau, die offensichtlich nicht das erste Glas trinken. „Die beste Opalmine im Ort bleibt mein Pub", witzelt Wellings. Er ist Pubbesitzer, Beerdigungsunternehmer, Putzfrau, Buschpilot, Psychiater und Bürgermeister in einer Person.

Der wahre Grund für seine Macht: Wellings weiß genau, wann „die Schnüffler" kommen. Sie rufen bei ihm an, buchen die durchgelegenen Betten seines Hotels für 30 Dollar die Nacht, Insektenspray inklusive. Die sensible Nachricht könnte nirgends besser aufgehoben sein – bis die Polizisten von Broken Hill oder Wilcannia eintreffen, ist White Cliffs ausgestorben, auch im Pub sitzt dann niemand mehr. Acht von zehn Autos sind nicht angemeldet, und sechs von zehn Einwohnern möchten aus anderen Gründen der Polizei nicht begegnen. Weil sie sich zum Arbeitslosengeld etwas viel dazuverdienen oder unerlaubterweise Kängurus im Garten halten, zum Beispiel.

Anfangs hockten abends nur die Polizisten einsam am Tresen. Schon nach ein, höchstens zwei Victoria Bitter gingen sie ins Bett. Dieser völlige Umsatzeinbruch passte Wellings überhaupt nicht. Also handelte er ein, wie er es nennt, „Arrangement" aus: Sobald die fremden Herren an den Tresen rücken, sind sie nicht mehr im Dienst – aber meist äußerst amüsiert, wie schnell sich der Pub wieder füllt.

Graham Wellings mixt einen Drink – halb Wodka, halb Cola. Auf das, was seine Hände tun, muss er sich längst nicht mehr konzentrieren. In White Cliffs, erzählt er uns, galten Gesetze bisher nur, wenn a) die Polizisten gerade im Ort waren oder b) die Regeln nicht mit der persönlichen Freiheit jedes Einzelnen kollidierten. „Also eigentlich nie." Nach dem Willen der Landesregierung und des Central Darling Shire wird sich das ändern: Direkt neben dem Pub entsteht ein Besucherzentrum für den Nationalpark Paroo-Darling, 35 Kilometer östlich. 1,3 Millionen Dollar werden verbaut, in einigen Monaten sollen bis zu 16 Ranger hier arbeiten – und mit ihnen werden mehr Touristen kommen.

Schon bald gelten neue Sicherheitsvorschriften: Die Minenschächte müssen abgedeckt, die Dugouts dürfen nicht mehr einfach wild gegraben werden. Sogar vor dem Friedhof hat die Behörde ein Schild aufgestellt: „Wer eine Leiche beerdigt, ohne zuerst eine Genehmigung eingeholt zu haben, macht sich strafbar."

Rodney Kennewell trinkt den letzten Schluck. Ihm wird bei dem Thema ganz schlecht. „Das Schlimmste", sagt er, „ist die neue Teerstraße." Sobald die demnächst eröffnet werde, könnten die Polizisten in kürzester Zeit heranrauschen. Bestimmt werden sie dann nicht mehr im Pub anrufen, weil auch der Rückweg noch am selben Tag zu schaffen ist. Kennewell verlässt die Kneipe. In seinem früheren Leben hat er den Mercedes einer Millionärin aus Adelaide gelenkt, dessen Lack in der grellen australischen Sonne glänzte. Die verbeulte Schrottkiste, die er heute fährt, parkt direkt vor der Tür des Pubs – und lässt sich nur noch mit einem Schraubenzieher starten. Lange stochert er im Motorraum, dann, endlich, springt der weiße Kombi an.

Kennewell lenkt ihn tief hinein ins Minenfeld, er will uns noch zu jemandem lotsen, der etwas anderes in White Cliffs sucht. Wir stoppen an einem Friedhof: Gut zwei Dutzend Karosserien verwittern hier, jedes einzelne Auto hat ein scheuer Mann zu Schrott gefahren, der sich nur selten im Ort sehen lässt. Noel Valpy tritt vom Schatten eines Unterstands ins Nachmittagslicht. Von den Unfällen ist ihm – sichtbar – nur eine lange Narbe geblieben. Sie zieht sich vom rechten Mundwinkel weit nach unten. Valpy erwartet uns. Für ihn ist heute ein besonderer Tag, er hat seine neueste Hose an und sogar die Haare feucht gekämmt: Seit Jahren ist niemand zu ihm in die Höhle gestiegen. Nun aber führt Valpy uns zu den Schafschädeln, die den Eingang seines Dugouts markieren. Nur zwei dünne Drähte, wirr umeinander geschlungen, halten die Eisenleiter, die in die Tiefe führt. „Keine Panik", sagt er, aber in seiner Stimme schwingt Unsicherheit.

Die Leiter schneidet in die Hände, dünn und kantig wie sie ist. Sie dreht sich von der Wand weg, knallt dann mit Wucht zurück. Steine lösen sich. „Noch alles in Ordnung?", fragt Valpy besorgt. Er ist schon unten angekommen. Auch wir erreichen mit einem Sprung den Höhlenboden.

Als Erstes machen die Augen eine Feuerstelle aus, wenig mehr als verbeultes Wellblech. Dann werden Details sichtbar: die Puddingtüte, deren Inhalt sich auf einem Tisch mit dem Hundefutter mischt, die Eier im Staub neben der provisorischen Dusche aus Eimer und Seife. Der Boden ist übersät von abgebrannten Streichhölzern, die untersten liegen dort seit zwei Jahrzehnten. „Ein Albtraum", sagt Valpy.

Er erzählt mühsam, verschluckt Silben, als wir fragen, wie er in den Albtraum geraten ist. „Junge, als Schafscherer bist du wer im Leben", hatte sein Vater ihm geraten. Valpy sollte die elterliche Farm in Neuseeland übernehmen, merkte aber bald, dass nichts zu übernehmen war, außer einem erdrückenden Berg Schulden. „Damit fing es an", sagt Valpy – und mit „es" meint er Alkohol, Schlägereien, enttäuschte Frauen. 1977 floh er das erste Mal vor seiner Vergangenheit – nach Australien. Hier stellten sie keine Fragen. Anfangs lachte Valpy befreit auf und zerrte ein widerspenstiges Schaf nach dem anderen aus der Herde – jedes fast so schwer wie er selbst.

In guten Zeiten verdiente er 700 Dollar die Woche, er heuerte bei Farmen in halb Australien an und hatte Kraft für drei. Aber die Zeiten sind nicht mehr gut. Lange hat Valpy kein Schaf mehr geschoren, er braucht dafür inzwischen acht Minuten. Andere können schon nach drei Minuten ein nacktes Tier in den Schacht nach unten stoßen. Das allein zählt.

Der ersten Flucht folgten weitere. Im Grunde unzählige – seit Valpy vor 21 Jahren auf der Durchreise seine Höhle in White Cliffs entdeckte. Denn jeder Abstieg in den aufgegebenen Minenschacht ist eine Flucht vor der Welt. Meist brennt in der Dunkelheit nur eine Kerze, die neben dem Bett. An dieser tiefsten Stelle der Höhle ist Valpys Platz zum Vergessen. Ausgerechnet hier hat er eine Tagesdecke glatt gestrichen, in der Nacht Bierflaschen und Dosen aufgesammelt – und damit einen Anfang gemacht. Nun will Valpy auch „den Rest der Sachen" richten: Die einsturzgefährdete Decke der Höhle sichern, einen Teppich verlegen, mit seinem Leben Frieden machen. „Wenn ihr das nächste Mal kommt, ist alles anders", verspricht er. „Möchtet ihr frische Trauben? Ich habe frische Trauben gekauft." Valpy klettert die Leiter nach oben, ist geblendet vom Licht der Abendsonne.

Auf unserem Rückweg zum Ort winkt Patch uns von seinem Wohnwagen aus zu. Er füttert gerade Ziege und Schwein mit Hundefutter und erzählt, dass er sich vorgenommen hat, ein anderes Auto zu besorgen. Sein Ford, Baujahr 1973, springt nur noch selten an. „Aber es müsste ein rotes sein", sagt Patch. „Chops mag nur rote Autos."

Patch wird sich das Auto ertauschen. Er wird Dreck schaufeln oder Kompressoren reparieren. Allerdings nur, wenn er Lust hat – und wenn es in diesem flüchtigen Augenblick zufällig einmal nicht zu heiß ist. Bei „14 Liter Wasser und zweimal Klo" schart Patch viel lieber Ziege und Schwein vor dem Wohnwagen um sich, dreht die Musik bis zum Anschlag und sitzt nackt unter seinem Plastiksack mit Duschkopf.

Das kühle Wasser rinnt auf seine Haut – und Patch blickt in den Himmel. Unmöglich kann er sich satt sehen am Stahlblau, Zartblau, Unendlichblau, das White Cliffs überspannt. Von seinem Stuhl aus sammelt er Opale am Himmel: Diese Momente, wenn ein zunächst kaum wahrnehmbares Rot im Westen aufglüht und schließlich in Nacht übergeht. Dann steht Patch auf, abgetrocknet vom Wind.

Meike Kirsch brachte leider keinen Opal, sondern nur einen blauen Fleck aus White Cliffs mit: Patchs eifersüchtiges Schwein hatte ihr in die Wade gebissen. Sie ist geschäftsführende Redakteurin der *GEO Specials*. Sie studierte Politik und Journalistik in München und in Sydney, absolvierte die Deutsche Journalistenschule und war vor ihrem Wechsel zu *GEO* unter anderem Assistentin eines Abgeordneten im Europa-Parlament in Brüssel sowie Mitarbeiterin des *Tagesspiegel*, Berlin.

6.6 Hamburger Abendblatt

Georg J. Schulz ist Absolvent der *Axel Springer Journalistenschule* von 1994 und brachte Erfahrungen auch aus anderen Ressorts mit, zum Beispiel Wirtschaft, Nachrichten und Auto. Er arbeitete u. a. für *Auto Bild*; für die Entwicklungsredaktion *Ergo* und für die *Welt am Sonntag*, bevor er Ressortleiter beim *Hamburger Abendblatt* für Reise und Touristik wurde. Die Reiseredaktion des *Hamburger Abendblattes* besteht nur aus ihm und seinem Stellvertreter aus dem Ressort Auto, bei der Seitenproduktion hilft tageweise noch eine Pauschalistin. Das Reservoir an freien Mitarbeitern im Reiseressort ist groß: Zum engeren Kreis gehören 15 bis 20 freie Autoren, dazu gibt es noch einmal die gleiche Anzahl von Journalisten, die eher locker an die Redaktion angebunden sind und unregelmäßig Artikel liefern. Alle freien Mitarbeiter sind angehalten, zumindest regional exklusiv für das *Hamburger Abendblatt* zu schreiben. Einige wenige Themen stammen von dem DPA-Themendienst *gms* bzw. dem Journalistenbüro *srt*, das größte seiner Art in Deutschland mit der Spezialisierung auf Reise und Tourismus.

Am Reiseressort reizt Georg J. Schulz die Vielfalt der Themen und die immer wieder neuen Blickwinkel, die sich erschließen. Die Finanzierung der Reisen erfolgt in Mischkalkulation, d. h. die Unterstützung durch Reiseveranstalter ist bei den freien Mitarbeitern gängig. Reisekosten für Festangestellte trägt in der Regel die Redaktion, Ausnahmen bedürfen der Genehmigung des Chefredakteurs.

Für Fotos zahlt die Redaktion € 72 pro Bild und pro Zeile (30 Anschläge) 95 Cent. Bei der Auswahl werden Autorenfotos, wenn sie qualitativ hochwertig sind, bevorzugt, oft wird aber auch auf Agenturfotos z.B. von Laif, Corbis, Mauritius bzw. aus dem Fotofinder-Angebot zurückgegriffen. Die Geschichten werden mit unterschiedlichen Vorläufen, manchmal bis zu ein Jahr im Voraus, produziert.

Seine Themen entwickelt der Ressortleiter, der selbst eher selten zum Schreiben längerer Reportagen kommt, auch in Zusammenarbeit mit den freien Autoren, die nach vorheriger Absprache eigene Vorschläge einreichen können. Das Spektrum der Themen ist breit gefächert, in jeder Ausgabe soll sich eine Mischung aus Nah- Mittel- und Fernthemen ebenso finden wie Hotels oder Kreuzfahrten sowie Wintersport.

Jeden Dienstag gegen 18 Uhr legt Georg J. Schulz nach Erhalt der aktuellen Blattstruktur die Themenmischung fest, um dann bis Donnerstag 18 Uhr die Seiten fertig zu produzieren. Der Reiseteil umfasst je nach Anzeigenlage sechs bis vierzehn Seiten und erscheint immer in der Samstagsausgabe. Alle Artikel, die im gedruckten Abendblatt stehen, werden auch Online zugänglich gemacht.

Der Reiseteil des *Hamburger Abendblattes*, der es regelmäßig unter die Top Ten der besten Reiseteile im Printbereich in Deutschland schafft (Columbus-Wettbewerb des VDRJ), hält die verschiedensten Formen journalistischer Darstellung vor: Neben der klassischen Reportage finden sich Meldungen und Berichte, Glossen, Kommentare und Kolumnen. Ein gute Reisereportage ist für Georg J. Schulz auf einen Themenbereich fokussiert, sprachlich erstklassig, enthält keine Plattitüden, wechselt mehrfach in den Perspektiven und arbeitet mit authentischen Menschen, die eine Geschichte erst mit Leben füllen. Zum Thema Klischees äußert sich der Ressortleiter pragmatisch: „Bleibe beim Leser und seiner Erlebniswelt".

Die verkaufte Auflage des *Hamburger Abendblattes* belief sich im ersten Quartal 2007 auf über 250.000 Exemplare (sonnabends ca. 311.000) und ist rückläufig, was u. a. die Schwierigkeit von Printmedien, speziell Tageszeitungen, widerspiegelt, jüngere Leser zu gewinnen. Die Leserschaft ist grundsätzlich reisefreudig und verfügt zu einem großen Teil über ein Nettohaushaltseinkommen von über € 3000.

6.7 mare

Obwohl nicht den klassischen Reisemagazinen zuzuordnen, wird *mare*, „Die Zeitschrift der Meere", hier ebenso wie *GEO* mit aufgeführt, da es durchaus Gemeinsamkeiten mit diesen gibt. Die Themen von *mare* sind Geschichten immer aus der Perspektive des Meeres. Dies versinnbildlicht auch die *mare*-Weltkarte, die das Meer in das Zentrum der Betrachtung rückt. Mare wählt Themen wie „Muschel", „Welle", „Hafen" oder „Seepferdchen", die einen Bezug zum Meer sofort erkennen lassen, aber auch andere wie „Schweiz", „Sex" oder „Wüste", wo sich der Zusammenhang erst auf den zweiten Blick erschließt. Das Konzept der reinen Schwerpunktthemen wurde – unter Beibehaltung eines Titelthemas – inzwischen aufgegeben zugunsten einer Rubrizierung mit „Politik", „Leben", „Wirtschaft", „Kultur" und „Wissenschaft". Diese Umstellung ist auch ein Ergebnis regelmäßiger Leserumfragen. Die Gesichten sind zeitlos, aber oft an einem aktuellen Ereignis aufgehängt. Mit dem Reisejournalismus identisch ist der Ansatz, Menschen in den Mittelpunkt zu stellen. Anders als klassische Reisemagazine enthält *mare* keinen Serviceteil, der zu Anreise und Unterkunft der beschriebenen Region Auskunft gibt. Leserfragen werden von Forschern über „Das Blaue Telefon" beantwortet, eine der manchmal wechselnden Rubriken. Weitere Rubriken sind beispielsweise „Schatztruhe" (Fundstücke aus Kunst und Literatur), „Salon" (Buchrezensionen), „Strandgut" (kleinere Meldungen) oder „Meeresrauschen", eine Seite, auf der ein meerbezogenes Lied visuell durch einen Künstler umgesetzt wurde. *mare* ist laut eigener Kurzdefinition „ein Kultur- und Reportagemagazin, in dem jeder Bericht eine direkte oder indirekte Verbindung zum Meer aufweist", und erscheint im zweimonatlichen Rhythmus.

Am Anfang stand die Idee des jetzigen Chefredakteurs Nikolaus Gelpke, eine Zeitung mit dem Thema Meer zu machen und stieß damit auf eine journalistische Lücke. Bei seiner Arbeit an seiner Doktorarbeit in Kiel las der Schweizer Meeresbiologe den Spiegel, hinterfragte die dortige Weltaufteilung und die Keimzelle für *mare* war geboren. 1994 entwickelte er erste Ideen zusammen mit Zora del Buono, der heutigen stellvertretenden Chefredakteurin, und Michael Rittendorf (Textarchiv). 1995 erfolgte die Gründung des dreiviertel Verlags in Kiel, der kurz darauf nach Hamburg umzog. 1996 wurde eine Nullnummer aus der Taufe gehoben und ein kleines Redaktionsbüro in Berlin eingerichtet. „Drei Viertel der Erdoberfläche sind von Ozeanen, ihren Rand- und Nebenmeeren bedeckt. Mare, die Zeitschrift der Meere, möchte den Stellenwert, den das Meer als Lebens-, Wirtschafts- und Kulturraum für den Menschen hat, in das Bewusstsein der Öffentlichkeit rücken", so das Selbstverständnis des neuen Blattes, dessen Erscheinen 1997 mit der ersten Ausgabe „Transatlantik" von Leserschaft und Medien gefeiert wurde. Vorbild war durchaus die Zeitschrift *Du*. Parallel zum Erscheinen der Printausgabe ging der Webauftritt www.mare.de ins Netz. Bilder und Texte der Zeitschrift wurden in der Folge mehrfach mit Preisen ausgezeichnet. Die Marke *mare* bildet ihre Derivate: 1999 erscheint bei Kiepenheuer & Witsch das erste *mare*-Buch „Mit den Meeren leben" (2002 wird der hauseigene *mare*-Buchverlag gegründet), im Januar geht beim NDR *mare-TV* auf Sendung gefolgt von *mare*-Radio im Januar 2004, produziert von Radio Bremen/Nordwestradio. Inzwischen werden auch Bildbände, Kalender und Hörbücher unter dem Label *mare* vertrieben.

Die Redaktion in Hamburg umfasst neben dem Chefredakteur vier Textredakteure mit den Ressorts Kultur, Wirtschaft/Wissenschaft, Leben, Politik, einen Schluss- und ein Bildredakteur sowie einen Art Director, einen Photo Director, einen Online-Redakteur und einen Verantwortlichen für das Textarchiv. Weitere Mitarbeiter sind in Marketing, Vertrieb und Buchhaltung beschäftigt. Darüber hinaus arbeitet *mare* mit ca. 20-30 renommierten freien Autoren und Photographen zusammen und auch mit der Fotoagentur Magnum. Im Schnitt ein bis zwei Wochen sind Redakteure oder Freie unterwegs, um eine Geschichte zu recherchieren, in seltenen Fällen auch länger. Bezahlt wird nach Aufwand, Rubrik oder Darstellungsform. Es existiert ein fester Honorarsatz, der aber verhandlungsfähig ist. Ein Autor wird in der Regel von einem Fotografen begleitet. Die Freien werden von der Redaktion aus gebrieft und textlich betreut. Der Prozess der Heftplanung beginnt in der Redaktion immer mit kreativem

Brainstorming zu potenziellen Themen, um auch entfernte Assoziationen zuzulassen. Reisen könne in *mare* auch Thema sein, zum Beispiel aus einer historischen Perspektive heraus. Hierbei geht es nicht um einen Nutzwert für den Fremdenverkehr, sondern um Menschen, die in der Geschichte im Vordergrund stehen. Die Leserschaft von *mare* ist hochgebildet, oft promoviert, manchmal habilitiert. 60% von Ihnen sind Abonnenten, die auch eine hohe emotionale Bindung zu der Zeitschrift haben und deren haptischen Charakter schätzen. „Wir lieben *mare*", wird aus Leserumfragen rückgemeldet. Konzeptionelle Weiterentwicklungen werden daher mit Vorsicht angegangen und der Heftcharakter eher im Sinne einer Feinjustierung behutsam innoviert. Laut Leseranalyse 2005 werden ca. 35.000 Hefte verkauft, die Verbreitung beläuft sich auf ca. 44.000 Exemplare und jedes Heft hat 78.000 Leser. Über 86% sammeln die Zeitschrift. Fast 70% der Leser sind Männer, 24% haben einen akademischen Titel und 66% ein abgeschlossenes Hochschulstudium. *mare*-Leser verdienen gut, 24% über € 4500 Haushaltsnettoeinkommen und ca. 43% über € 3500. In ihrer Freizeit zeigen sie sich kulturell interessiert und reisen gern. Das Durchschnittsalter der männlichen Leser liegt bei 45 Jahren, dasjenige der Leserinnen bei 43.

6.8 Merian

Merian war die erste deutsche Nachkriegszeitschrift und hatte, gegründet 1948, bis in die 70er Jahre eine Monopolstellung auf dem Markt. Danach sank die Auflage und ist heute bei ca. 100.000 Exemplaren stabil. Beginnend mit deutschen Städten in der Nachkriegszeit begann *Merian*, parallel zu den steigenden Reisemöglichkeiten der Deutschen auch Ziele in Frankreich, Italien und sukzessive in der ganzen Welt zu thematisieren. Über die Jahre wurde das Heft nur vorsichtig verändert, so wurde zum Beispiel der Schriftzug „Merian" modernisiert. Charakteristisch bis heute ist der Vertriebskanal über den Buchhandel, wo die Titel durchaus drei bis vier Jahre vorgehalten werden. 50% der Merian-Leser sind Abonnenten und sammeln häufig jede Ausgabe. Das Heft ist monothematisch, erscheint zwölfmal im Jahr und gehörte seit jeher in Haushalten des Bildungsbürgertums einfach dazu. „Die Lust am Reisen" ist der Slogan des Magazins, das von Andreas Hallaschka als Chefredakteur verantwortet wird und zur Ganske-Verlagsgruppe gehört. *Merian* ist ein sprachlich anspruchvolles, mitunter feuilletonistisches Medium und mit € 7,50 deutlich teurer als beispielsweise GEO SAISON. *Merian* leistet sich auch Themen wie Burma oder die Mongolei, die am Markt nicht so gängig sind. Große Bildstrecken und Reportagen sind Hauptmerkmal von *Merian*, wobei durchaus auch kritische Töne angeschlagen werden. Den Einstieg in ein Heft leistet immer ein großes Bilder-portfolio, das eine Einstimmung auf die Region ermöglicht. Im Serviceteil bei-gefügt ist immer eine detaillierte Karte, die extra für die jeweilige Ausgabe erstellt wird. In der Redaktion arbeiten ein Chefredakteur, ein stellvertretender Chefredakteur, ein Chef vom Dienst, zwei Sekretärinnen, eine Textchefin, vier Heftredakteure, von denen jeder für drei Hefte pro Jahr verantwortlich ist, eine Art Direktorin, vier Grafiker, zwei Bildredakteure und zwei Dokumentare. Die Merian-Onlineredaktion ist getrennt von der Printredaktion, stellt kleinere Rei-seskizzen ins Netz und hält Tipps zu Reisezielen vor. Ein harter Kern von etwa 20 freien Mitarbeitern arbeitet für die Redaktion, die auch des Öfteren bekannte Schriftsteller aus den Zielgebieten als Autoren verpflichtet. Aber auch neue Autoren haben eine Chance. Die Freien werden gebrieft, aber nicht in ein enges Konzept gepresst. Eine ursprüngliche Idee zu einer Geschichte kann sich vor Ort ganz anders entwickeln. Der verantwortliche Heftredakteur reist zunächst ein bis zwei Wochen in das entsprechende Gebiet zur Vorrecherche und knüpft Kontakte. Die eigentliche Recherchereise dauert dann nur ungefähr eine Woche und wird mischfinanziert.

Konzeptionell relativ neu ist *Merian extra*, dessen Ausgaben zum Beispiel in Kooperation mit einer Stadt oder durch ein hohes Anzeigenaufkommen un-abhängig von den Verkaufszahlen finanziert werden. Inhaltlich und optisch unterscheidet es sich ansonsten nicht von der klassischen *Merian*-Reihe, ist allerdings preislich niedriger angesetzt.

Beispielreportage aus *Merian*, Las Vegas, 2007:

Die wollen doch bloß spielen

Keine Angst vor dieser Stadt, dem Mutigen gehört die Welt. Ein Streifzug durch die Casinos und eine Hommage an das Spiel und das Glück

Für den Touristen mag Las Vegas bloß eine wirbelige, verrückte, abgefahrene Stadt sein; für uns Spieler ist sie eine routinierte Geliebte, die gerne gibt, was wir brauchen, zwar mit Silikon und Botox aufgebrezelt wie ein alterndes Call-Girl, aber unter ihren bunten, tief ausgeschnittenen Gewändern Geborgenheit verbergend. Eine Stadt, deren so oft gescholtene Künstlichkeit dem Zocker gemütliche Heimat ist, deren Anonymität ihm die Angst vor den Blicken der Öffentlichkeit nimmt und den kindlichen Glauben an Wunder bewahrt oder zurückgibt.

Du glaubst das nicht? Dann komm mit hinein in die Spielzeugwelt der Casinos, lass deinen Job und die Familie und den Rest Vernunft und den ganzen anderen Quatsch draußen zurück. Du brauchst bloß ein paar Dollar und ein kleines bisschen Mut – und dann wird sich ganz schnell das Kind, das irgendwo noch in jedem Herzen wohnt, melden, und es wird dich lenken und leiten und Du wirst schon bald mit traumwandlerischer Sicherheit zwischen Black Jack und Craps schweben, vom Roulette zum Poker gleiten und Las Vegas wird dich aufnehmen, ans Herz drücken, dich mit kostenlosen Drinks und schönen Frauen verführen und dir die Hoffnung auf das große Mirakel in die Seele pflanzen – jeder der auch nur noch einen Dollar hat, wird von Las Vegas betüttelt wie ein Millionär. Solltest Du allerdings pleite gehen ... ach, besser Du gehst nicht pleite.

Es ist 6.30 Uhr an einem Dienstag oder Mittwoch morgen, so genau weißt du das nach einigen Tagen in der Stadt nicht mehr, und die Temperaturen klettern jetzt bereits auf 30 Grad Celsius im Schatten, aber das merkst du nur in den kurzen Momenten, die du außerhalb der klimatisierten Welten verbringst, also bloß rein jetzt: Im „New York New York", einem der großen Motto-Casinohotels an der Prachtstraße, die offiziell „Las Vegas Boulevard" heißt, von allen aber „Strip" genannt wird, klingeln-knattern-rattern-fiepen-piepen-tröten-und-trompeten 1 800 Slotmachines, 24 Stunden am Tag, 365 Tage im Jahr, ein Hit für die Ewigkeit. Angsthasen behaupten, dies sei ein in der Hölle gewebter Lärmteppich, der höhnisch kreischend den Verlust von Haus und Hof zudeckt und so Kollateralschäden an Geist und Gemüt verantwortet, aber in Wirklichkeit malen die Slots magische Melodien in die mit Sauerstoff angereicherte Casinoluft, lieblich säuselnd im Ohr des Siegers, aufmunternd animierend, wenn es mal nicht so läuft. Außerdem sind die Slots eine Legende und der „Sound of Vegas" – mehr noch als Frank Sinatra oder Elvis Presley (sinnigerweise ziert deren Konterfei so manchen der geldfressenden Automaten). „Einarmige Banditen", bei denen die Spielelektronik mittels Hebelzug ausgelöst wird, gibt es übrigens kaum noch, heutzutage rotieren die Walzen mit ihren „7"- „BAR"- oder „$"-Symbolen auf Knopfdruck, lediglich für Nostalgiker stehen ein paar „Einarmige" in der Ecke, wie Veteranen nach einer verlorenen Schlacht, Glück aus einer vergessenen Zeit verheißend, als wenn „Verdammt in alle Ewigkeit" schwarzweiß in einem modernen Multiplexkino laufen würde. Und bei einem Gewinn spucken die Maschinen auch schon lange keine Quarters oder andere Münzen in die Schütte, kein silberner Wasserfall, keine greifbare, glitzernde Dagobert-Duck-Dusche.

„No Sir, sorry", lächelt die reizende Joan, die seit zwölf Jahren die Aufsicht hat, im trotzig so geheißenen „Penny-Paradies", dem Abschnitt des „New York New York", in dem die billigsten Slots nach Futter schreien. Das bekommen sie per

Banknoten, die in einen Schlitz der Slots geschoben werden (so machen es die Gelegenheitsspieler) oder über Casino-Creditcards, die der ernsthafte Slot-Zocker benutzt und die er zuvor an der Kasse oder am Bankautomaten mit einem Guthaben aufgefüllt hat.

Und dann sitzen sie da, Stunde um Stunde, trinken Kaffee aus Halbliter-Styroporbechern (geht aufs Haus), drücken Knöpfchen und träumen vom Jackpot. Es sind viele Frauen, die meisten Ü50 an Jahren und davon die meisten Ü80 an Kilos, und für Besser-Menschen gelten sie als abschreckendes Beispiel eines traurigen, sinnentleerten, einsamen Lebens. Nun, das ist natürlich völliger Unfug, man trifft selten lustigere, lebensfrohere Damen, die schon alles im Leben gesehen haben (bis auf einen Jackpot) als an den Slotmachines. „Soll ich Zuhause vor dem Fernseher vergammeln oder mit Skistöcken durch die Stadt watscheln", fragt Eunice, eine Afroamerikanerin, freundlich geschätzte Ü55 („Bist du verrückt? Seid wann verrät eine Lady ihr Alter?!"), mit einer Figur, die die Ausmaße Afrikas und Amerikas umfasst und schüttelt sich zusammen mit ihrer Freundin Brenda vor Lachen. Die beiden sind aus Milwaukee und fahren vier- bis fünfmal im Jahr nach Vegas. Sie schauen sich genau eine Show an (diesmal „Le Rêve" im „Wynn"), gehen exakt einmal shoppen (diesmal in der „Desert Passage" des „Planet Hollywood") und seriös geschätzte achtmal täglich essen. Den Rest der Zeit, also sagen wir diesmal vorsichtig geschätzte zwölf Stunden täglich, verbringen sie an den Slots. „Wir ketten uns hier an", wie Eunice es zu nennen pflegt, und sie spielt damit auf die Verbindung zwischen Casino - Creditcard an, die der ernsthafte Slot-Zocker an einer langen Kette um den Hals trägt, und dem Spielautomaten, in dem die Karte steckt, auf der Spiel für Spiel abgebucht und hin und wieder ein Gewinn aufaddiert wird. Wie eine Mutter und ihr Baby, verbunden mit einer Nabelschnur, über die das Kleine alles bekommt, was es braucht. In Las Vegas braucht das Baby nur eines: Geld.
Auf einmal heult und jodelt Brendas Apparat zwei Oktaven höher, eine kleine Sequenz ist eingelaufen und beschert ihr 200 Dollar, die mit lautem Prasseln und Klirren in die Schütte fallen. Etwa doch echte Münzen? Denkste. Das Prasseln und Klirren kommt digital aus den Lautsprechern, keine Münze ist zu sehen, auch wenn es sich so anhört, der Gewinn wird auf Brendas Casino-Card verbucht. Manchmal kopiert Las Vegas sich sogar selber.
Meistens aber andere, im „New York New York" überraschenderweise – New York. Die Hotelfassade ist der Skyline von Manhattan nachempfunden, inklusive Empire State und Chrysler Building sowie einer Kopie der Freiheitsstatue, die mit 46 Metern ebenso hoch ist wie das Original (ohne Sockel). Im Inneren, also auch im Casino, erinnert alles an den „Big Apple" früherer Jahrzehnte: typische Backsteinhäuser à la Greenwich Village in denen Restaurants und

Music-Clubs die Kundschaft in eine andere Zeit und an einen anderen Ort versetzen. Die berühmte Brooklyn Bridge (im Maßstab 1:5) fehlt ebenso wenig wie eine Central-Park-Adaption mit echten Bäumen und gusseisernen Straßenlaternen. Und als Reminiszenz an den New Yorker Vergnügungspark Coney Island rast mit 105 Stundenkilometern die Achterbahn „Manhattan Express" sowohl außen um die Hotelfassade, als auch mitten durchs Casino über die Köpfe der Spieler hinweg. Wer jetzt an den Kartentischen zusammenzuckt oder gar hoch schaut, der enttarnt sich als Rookie, Greenhorn, Fish – Anfänger eben.
Den wahren Spieler lenkt nichts ab von seiner Passion. Weder hier im „New York New York", auch nicht, wenn wir weiterziehen, das gewaltige Löwengehege hinter Glasscheiben im Casino des „MGM Grand". Der Spieler hat keinen Blick für den Pyramidenbau des „Luxor", von dessen Spitze allnächtlich das weltweit stärkste Leuchtfeuer einen 16 Kilometer langen Strahl in den Weltraum schickt. Selbst das „Shark Reef" des „Mandalay Bay" mit seinen Haifischen, Krokodilen und Meeresschildkröten, die hier in der Steinwüste von Nevada eine sie sicherlich verblüffende neue Heimat gefunden haben, lässt uns Spieler nicht aufschauen von einer viel versprechenden Pokerhand. Die über unseren Köpfen halsbrecherische Kapriolen schlagenden Artisten im „Circus Circus" sind uns wurscht, sobald wir Chips beim Roulette gesetzt haben, und schon gar nicht lassen wir uns irritieren von Hotel- und Casinoangestellten in Ritter-, Römer- oder Piraten-Kostümen, die das „Excalibur", das „Caesars Palace" und das „Treasure Island" in die Schlacht schicken.

Der Spieler registriert dies allenfalls am Rande. Aber er weiß ganz genau, dass er im „MGM" 200 Dollar beim Poker verloren und 120 beim Roulette gewonnen hat, er weiß, dass er bei der koreanischen Kartendealerin Wonhee im „Excalibur" jetzt schon das dritte Mal in dieser Woche mit Gewinn vom Tisch gegangen ist (einmal 110, einmal 80 und eben immerhin 50 Dollar, man kann bei Wonhee praktisch nicht verlieren), und er schwört sich, nie nie wieder „Caribbean Poker" zu spielen, schon gar nicht im „Circus Circus", das hat ihn nämlich schlappe 500 Bucks gekostet.
Der „Strip" ist heute nicht unser Freund, also auf ins „Golden Nugget", Downtown, eine der traditionsreichen Gambling Halls in der Fremont Street. Hier wird auf Achterbahn, Akrobaten und den Nachbau der Weltkultur (oder was der Amerikaner so darunter versteht) verzichtet, hier ist das Casino noch reine Spielhalle und man trifft wenige Gelegenheitsspieler, dafür mehr einheimische Zocker. Zum Beispiel Henry. Das lange graue Haar in einem ordentlichen Pferdeschwanz gebändigt, blütenweißes hochgeschlossenes Hemd, karierte Golfhose und bequeme Nike Air Jordans an den Füßen, steht er im Nugget am Crapstisch. Craps ist dieses Würfelspiel, das wir Europäer nur aus Hollywood-

filmen kennen, und dessen Feinheiten einzig der begreift, der in den USA aufgewachsen ist und seinen Stammbaum bis Benjamin Franklin zurückverfolgen
kann. Für den Europäer hingegen ist Craps ungefähr so kompliziert wie Klima-
schutz für den Amerikaner. Grundsätzlich geht es darum, dass man entweder auf
oder gegen den Würfler (Shooter genannt) setzt. Bevor Henry allerdings seine
Chips auf den Tisch wirft, vertieft er sich in seine Aufzeichnungen. Kein Witz,
der Mann notiert die ersten ein, zwei Stunden jede am Tisch gewürfelte Kombination mit einem Bleistift auf Computer-Endlospapier, diesem grünen, am Rand
perforierten Papier, was in den Gründerjahren der Computer-Ära in jedem Dru-
cker steckte. Davon hat Henry immer ein paar laufende Meter dabei, wenn er ins
„Nugget" kommt und man mag Systemspieler nun lächerlich und kauzig und
sonst was finden, aber Henry macht das jetzt seit zwölf Jahren und er sagt, er sei
zwar noch kein Millionär, aber sein System ernähre ihn und seinen 18-Liter
schluckenden Chevrolet. Keine Ahnung, ob das stimmt, bunte Vögel wie Henry
gibt es in Las Vegas mehr als am Amazonas.

Roy L. Gordon jedenfalls glaubt nicht an Systeme, und er muss es eigentlich
wissen. Acht Jahre lang arbeitete Roy für „Harrah's Entertainment", einen der
größten Casinobetreiber in den USA. Und in diesen acht Jahren hat Roy so
ziemlich alles gesehen, was es an Glücks- und Pechsträhnen, an Katastrophen
und Wundern in der Welt der Spieler so gibt. „Ein Gewinnsystem beim Craps
existiert ebenso wenig wie beim Roulette", sagt er. „Lediglich beim Black Jack
können sich „Zähler", Gedächtniskünstler, die sich jede gespielte Karte merken,
einen Vorteil verschaffen." Vor allem aber hat Roy die großen Spieler gesehen,
die so genannten „High Rollers", Superreiche, die ohne Limit zocken und an
einem Wochenende mehrere Millionen Dollars durchbringen – oder gewinnen.
Roy war als „Executive Host" für rund 400 „High Roller" weltweit zuständig.
„Ich musste wissen, welches Parfüm die Frau bevorzugt, welche Eissorten die
Kinder mögen und in welcher Automarke der Gast am liebsten vom Flughafen
abgeholt wird. Ich habe Listen angelegt über die beliebtesten Whiskeysorten,
über Musik, die sie gerne hören und solche, die sie hassen. Ich wusste, ob ein
Kunde sich lieber über Baseball oder das Ölgeschäft unterhält, ob seine Frau ins
Theater oder lieber in die Oper geht. Ich kannte nicht nur die Geburtstage ihrer
Kinder, sondern wusste auch, welche Computerspiele sie sich wünschen."
All diese Informationen hortete Roy mit dem Eifer eines Stasi-Agenten und all
diese Informationen dienten nur einem Ziel: Die „High Roller" an den Spieltisch
zu bekommen. „Wir holten sie mit unseren Lear-Jets in der ganzen Welt ab und
flogen sie nach Vegas, bezahlten ihnen die Suiten und arrangierten alles. Und
ich meine wirklich alles, als wären sie Könige. Und das waren sie auch. Ich
meine, wir reden von Leuten, die dem Parkboy einen Tausender in die Hand

drücken, nur dafür, dass er ihnen die Tür aufhält. Leute, für die eigene 10 000-Dollar-Chips bereitgehalten wurden. Leute, die innerhalb von ein paar Minuten mehr Geld verloren oder gewannen als der Durchschnittsamerikaner in seinem ganzen Leben verdient."

Heute arbeitet Roy für die wohl einzigen Casinos, die noch mehr Geld scheffeln, als die in Las Vegas. Casinos, die keine Kopie des Eiffelturms vor der Tür stehen haben wie das „Paris Las Vegas" und in denen man auf einem täuschend echten Canale Grande-Nachbau in original venezianischen Gondeln mit original venezianischen Gondolieri unter einem ewig blauen künstlichen Himmel dahin schippert wie im „Venetian". In den Casinos von Roys neuen Arbeitgebern treten weder Elton John noch Hans Klok auf, dennoch sind sie immer gut besucht, ziehen weltweit mehr Spieler an als alle Las Vegas Casinos zusammen. Roy arbeitet für „Party Gaming", eine Firma mit Sitz in Gibraltar, die weltweit zu den größten Anbietern von Online-Casinos gehört. Auf diesen Internet-Plattformen zocken zu jeder Tag- und Nachtzeit Zigtausende zwischen Grönland und Neuseeland – und das Online-Casino kassiert einen Prozentsatz an jedem Spiel, das gespielt wird. Eine Lizenz zum Gelddrucken.
Aber die wollen wir Spieler gar nicht. Wir wollen lieber Downtown im „Binion's" am Pokertisch sitzen und unser Geld selbst verdienen oder verlieren und vergessen, dass uns Henrys System am Crapstisch 300 Dollar gekostet hat. Es wird „Texas Hold'em No- Limit" gespielt, die bei weitem beliebteste Variante, bei der jeder Spieler zwei eigene Karten bekommt und der Kartendealer im Verlauf des Spiels fünf Gemeinschaftskarten offen auf den Tisch legt, aus denen sich jeder mit seinen eigenen Pocketcards ein Blatt zusammenstrickt, auf das er setzt. An den 38 Tischen sitzen Spieler aus aller Herren Länder. Vom Texas-Cowboy mit Stetsonhut bis zur Rentnerin aus San Francisco mit lila gefärbter Dauerwelle ist alles vertreten. Eine uralte Asiatin im Rollstuhl lässt sich von einem Casinomitarbeiter an den Tisch schieben. Sie hat eine Haut, so dünn wie Pergament und trinkt einen „White Russian" nach dem anderen, an jedem einzelnen ihrer Finger inklusive beider Daumen prangen Ringe mit Hühnerei-großen Edelsteinen. Sie hat Mühe, dieses Gewicht zu stemmen, wenn sie mit beiden Klauen ihre Einsätze in die Tischmitte schiebt. Dabei rutscht sie jedes Mal mit ihrem Rollstuhl ein paar Zentimeter vom Tisch weg und kreischt mit schriller Stimme „Push, Push", dann kommt jedesmal Steven, der Aufseher im Pokerraum, und schiebt sie wieder an die Filzplatte. Und jedes Mal steckt sie ihm für diesen Service ein paar Chips zu.
Es gibt wenige Dinge im Leben, die angenehmer sind, als im „Binion's" an einem Pokertisch zu sitzen. Die Menschen zu beobachten, die an deinem Tisch kommen und gehen, mit einigen redest du ein bisschen, „Wo kommst du her?

Wie läuft's heute für dich?" Mit anderen schweigst du um die Wette. Alle 30 Minuten wechselt der Kartendealer, eine Maßnahme, die Mauscheleien vorbeugen soll, und wenn du einige Stunden am gleichen Tisch sitzt, taucht irgendwann dein Anfangsdealer wieder auf und zwinkert dir freundlich zu. Das Leben am Pokertisch hat etwas ungemein Beruhigendes. Der Tisch ist immer da, 24 Stunden am Tag, 365 Tage im Jahr. Der Tisch ist das Zentrum im Universum des Spielers, seine unverrückbare Sonne, um die sich alles dreht. Der Tisch ist dir sicher, solange du deinen Einsatz bringen kannst, und er gibt dir einen Sinn und Ruhe. Keine Ahnung, warum manche Las Vegas als hektisch empfinden.

Hektisch ist Las Vegas nur für denjenigen, der seine Zeit (und gemeint ist: seine ganze Zeit, nicht nur mal nur so ein, zwei Stündchen) nicht am Spieltisch verbringt. Dem Gelegenheitszocker ist das Treiben an Roulettekessel und Würfeltisch lediglich ein Zeitvertreib, der wahre Spieler hat eine andere Bewusstseinsebene, für ihn spielt Zeit keine Rolle mehr. Dankenswerterweise gibt es in der ganzen Stadt keine öffentliche Uhr und die Beleuchtung in den Casinos funzelt zu jeder Tages- und Jahreszeit in gleich bleibender Luxstärke auf die Tische, Slotmachines und deren Jünger. Was für Nicht-Spieler wie „verlorene Zeit" erscheint, nämlich das stunden-, ach was, tagelange Herumlümmeln an den Spieltischen, ist in Wahrheit genau das Gegenteil: Las Vegas ist vielleicht der einzige Ort auf diesem gottverlassenen Planeten, an dem die Zeit das Spiel des Lebens verloren hat, jedenfalls für uns Spieler, sobald die Karten und Würfel über den grünen, roten, braunen oder blauen Filz der Spieltische gleiten. Deshalb kann in Las Vegas auch kein Spieler verlieren, oder genauer gesagt: Er kann bloß Geld verlieren. Dies hat keiner besser gewusst und besungen als der unsterbliche Dean Martin, wenn er in „I love Vegas" schnurrte:

„I love Vegas when I'm winning /
mmmh, I love it when I lose /
I, I love Vegas every moment /
It's my favourite atmosphere /
Oh I, rrrrrh, I love Vegas /
Why oh why do I love Vegas? /
Because my blood is here

Glück, um das es in Las Vegas immer und überall geht, hat nicht derjenige, der rasch mal ein paar Chips auf den Roulettetisch wirft, gierig den schnellen Gewinn einheimst und ängstlich sofort wieder hinausrauscht, um die Mücken in den Luxusshops der Hoteleigenen Einkaufsmalls in Prada-Preziosen einzutauschen. Nein, Ihr Jammerlappen, das wahre Glück empfindet einzig der Spieler.

Und zwar sobald er sich in einen der bequemen Casino-Sessel fläzt, schmutziges Papier in glänzende, bunte Chips eintauscht, die er babelturmig hoch stapelt und Jacqueline oder Cherry oder Peggy Sue ihm mit einem Lächeln und mit Brüsten, beides künstlich und damit zutiefst menschlich, einen kostenlosen Drink seiner Wahl servieren und Johnny, der Karten-Dealer, ihn mit einem wieder erkennenden Nicken begrüßt und „How you doin' tonight" murmelt, ohne Fragezeichen, weil eine Antwort nicht erwartet wird. Dann wird der Pokertisch bald zum Meditationszentrum, das unablässige Klicken der Chips zwischen den Fingern der Süchtigen ist beruhigendes Mantra und bedrohliches Menetekel gleichermaßen.

Nach elf Stunden am Tisch im „Binion's" haben wir Hunger, die Taschen voller Chips und, wenn der Kartendealer es nicht verboten hätte, würde ein Ring mit einem Hühnerei großen Edelstein an unserem Ringfinger funkeln. Zeit, einmal bei den Profis vorbeizuschauen.

Die treffen sich einmal im Jahr im „Rio", hier werden die World Series of Poker (W.S.O.P), die inoffiziellen Weltmeisterschaften, ausgetragen. Gesponsert wird die Veranstaltung von Roy L. Gordons Arbeitgeber, dem Betreiber von Online-Casinoseiten. Denn vor allem mit Poker verdienen die Online-Casinos das große Geld. Der weltweite Pokerboom wird durch Werbung und TV-Übertragungen angefeuert und hat einen neuen Spielertyp kreiert. „Der typische Online-Poker-Profi ist jung, mit strategischen Computerspielen aufgewachsen und betreibt das Spiel mit einer Strategie, in der mathematische Wahrscheinlichkeit eine große Rolle spielt", sagt David Markwart, PR-Chef der Internet-Poker-Schule „PokerStrategy.com", in der neben anderen Pokerprofis auch der deutsche Schach-Großmeister Matthias Wahls Novizen das Bluffen beibringt.

Viele der besten Pokerspieler verdienen ihr Geld heute online, bequem vom eigenen Schreibtisch aus, aber für die World Series of Poker verlassen selbst hart gesottene Computernerds ihren Platz vor dem Monitor und begeben sich ins Real Life. Um am Main Event der W.S.O.P. teilzunehmen, zahlten 6 358 Spieler das Antrittsgeld von 10 000 Dollar. Ein Besuch im Spielsaal ist für Spieler wie eine Visite beim Papst für Katholiken. Jeweils zehn Spieler sitzen an den 221 Tischen, darunter die größten der Zunft wie etwa Phil Hellmuth, der bereits elfmal eines der begehrten Armbänder (Bracelets), die es für einen Turniersieg bei den W.S.O.P gibt, gewinnen konnte. Natürlich geht es nicht nur um Armbänder: 2006 strich Jamie Gold, der Sieger des Main Events, zwölf Millionen Dollar ein, dieses Jahr triumphierte Jerry Yang, ein 39-jähriger Kalifornier, und konnte sich neben seinem ersten Bracelet über 8,25 Millionen Dollar freuen. Auch aus Deutschland sind Spieler angereist: Maxi Müller, 22, aus Berlin ist seit zwei Jahren Profi und startet hier zum ersten Mal. Ihr Wirtschaftsstudium

hat die Blondine mit dem meist gelangweilten Gesichtsausdruck („Mein ange-
borener Vorteil beim Pokern") an den Nagel gehängt, wie viel sie mit Poker
bisher verdient hat, verrät sie nicht: „Ich kann mein Leben damit finanzieren,
bin aber keine Millionärin. Das will ich aber spätestens mit 30 sein."

Maxis Antrittsgeld und Reisespesen sind – wie die vieler Profis – gesponsert
von Online-Pokeranbietern, in Maxis Fall „PokerStrategy.com". Sie rechnet sich
bei dem Megaturnier zwar nicht viel aus, da „bei so vielen Teilnehmern der
Glücksfaktor höher ist, als bei kleineren Turnieren und Cashgames", dennoch
wollte sie, die sonst hauptsächlich im Internet ihr Geld verdient, auf einen Las
Vegas-Besuch nicht verzichten: „Die W.S.O.P. ist schließlich das Wimbledon
der Pokerspieler."
Wir lassen im Rio natürlich die Finger von den Karten – zu viele „Sharks",
professionelle Spieler, die in der Nahrungskette weit über uns stehen. Auch für
Maxi läuft es nicht, sie scheidet bereits während des ersten Tages aus, zockt
aber in den nächsten Nächten bei den Cashgames in den Casinos des „MGM"
und im „Wynn" reichlich „Fische" ab und verlässt Vegas im Plus.
Gewinnen wird in Las Vegas nur derjenige, der sein Spiel gefunden hat. Probie-
re ruhig alles aus und lass dir Zeit dabei. Aber irgendwann kannst du nicht mehr
bloß rumrennen und deine Chips auf allen Tischen verteilen, irgendwann wirst
du kapieren, dass das nur Irre tun und Verlierer. Was ungefähr das Gleiche ist.
Wenn du aber gelassen bleibst inmitten der Hektik und daran denkst, wie ruhig
es sein kann in des Lärmes Stille, dann wirst du es irgendwann spüren, dein
Spiel. Du wirst dich gar nicht entscheiden müssen, denn das Spiel wird dich
finden und du wirst fühlen, dass ihr zusammengehört. Wie beim ersten Kuss
oder als du zum ersten Mal die Goldberg-Variationen von Bach gehört hast und
es dir zurecht lächerlich vorkam, dass du jemals für Schubert oder Mozart ge-
schwärmt hast. Es wird so sein wie damals, als du nach all den verlorenen Mi-
cky-Maus-Jahren deinen ersten Spiderman-Comic in der Hand hieltest oder als
du gemerkt hast, dass man Orangensaft ganz prima mit Wodka trinken kann. Es
wird sich gut anfühlen. Alles wird passen. Du weißt auf einmal genau, wie die
Würfel fallen, wohin die Kugel rollt, welche Karten das Spiel gewinnen und wie
viel du setzen solltest.
Wenn dein Spiel dich gefunden hat, wirst du dich nicht unbesiegbar fühlen.
Aber unsterblich. Und wenn du Las Vegas verlassen musst, wirst du weinen.
Aber wenn du zurückkehrst, wird es sein, als wenn du nach Hause kommst.

Thorsten Kolle ist Redakteur dieser MERIAN-Ausgabe. Seit er mit vier Jahren
von seiner Oma Doppelkopf lernte, ist er spielsüchtig. In Las Vegas gewann er
700 Dollar beim Poker.

6.9 National Geographic

„Wenn es in *National Geographic* stand, dann muss es wohl stimmen" ist ein viel zitiertes Bonmot, wenn es darum geht, etwas Charakteristisches zu dem renommierten multithematischen Magazin zu sagen. Faktentreue, garantiert durch aufwändige Überprüfungen aller Informationen, ist eines der Markenzeichen der monatlich erscheinenden Edelmarke, für die Gruner + Jahr die deutsche Lizenz erworben hat. Thematisch grenzt es sich von *GEO* aus demselben Hause durch die engere Auswahl ab: Geographie, Archäologie und Ethnologie, Expedition und Abenteuer sind die zentralen Inhalte, während *GEO* auch beispielsweise psychologische und gesellschaftliche Themen aufgreift. National Geographic galt als Vorbild für *GEO* – beide sind, ebenso wenig wie *mare*, dem klassischen Reisejournalismus zuzuordnen, werden aber wegen der Nähe dazu hier mit aufgeführt. *GEO* scheiterte übrigens bei dem Versuch, in den USA, der Heimat von *National Geographic*, Fuß zu fassen. *National Geographic* verwendet häufig Ich-Reportagen, um zum Leser eine große Nähe herzustellen und legt Wert auf größtmögliche Authentizität der Beiträge sowie eine verständliche Sprache. *National Geographic* gilt als Mutter aller Reportagemagazine und hat von Beginn an für die Fotografie, insbesondere die Tier- und Unterwasserfotografie Maßstäbe gesetzt. Lange Bildstrecken stimmen den Leser auf die Geschichten ein. Das Magazin soll den Fachmann genauso begeistern wie den interessierten Laien. Teilweise besteht seitens der Leser, die im Schnitt um die 40 Jahre alt sind und zu über 50% Abonnenten, eine sehr hohe emotionale Bindung an die Marke *National Geographic*. Die Leserschaft ist außerdem sehr gut gebildet und hat ein hohes Einkommen. Darüber hinaus ist sie reisefreudig. Zum Team von Chefredakteur Klaus Liedtke gehören zwölf feste Mitarbeiter, zirka 20 freie Autoren und Fotografen und 10-15 Übersetzer. Ein Teil der Geschichten wird von der amerikanischen Ausgabe übernommen. Wie so viele Chefredakteure schreibt der ehemalige *stern*-Chef außer dem Editorial nichts selbst, sondern steht für Konzept und Gestaltung des Blattes. Die Redaktion hält engen Kontakt zu Forschungseinrichtungen wie beispielsweise dem Deutschen Archäologischen Institut, um aktuelle Forschungsergebnisse allgemeinverständlich aufbereiten zu können. Im Beirat von *National Geographic* sitzen außerdem Vertreter renommierter Forschungseinrichtungen wie der Leibniz Gemeinschaft oder auch der Deutschen Forschungsgemeinschaft. Die Forscher haben keine Berührungsängste mit dem populärwissenschaftlichen Ansatz des Magazins. Im Expeditionsbeirat findet man den prominenten Bergsteiger Reinhold Messner.

Die Fotos sollen eine starke Nähe zum Leser herstellen, den Text stützen oder eine Stimmung zeigen, die der Text wiedergibt. Die Auswahlkriterien der Fotos sind laut Klaus Liedtke subjektiv. Eine gute Reportage zeichnet sich für

ihn durch eine packende Sprache aus, die dem Leser ein Bild von dem Geschehen vermittelt und den Journalisten nicht in den Mittelpunkt stellt. Auf die Frage, wie politisch sein Magazin eigentlich sei, antwortet Klaus Liedtke: „Ökologie war und ist immer eines der wichtigsten unserer Themen. Manche Fragestel-
lungen haben wir als erste aufgegriffen, waren wohl erst eher apolitisch, wurden
dann aber zunehmend engagierter".

Neben den das Heft beherrschenden Reportagen enthält das Magazin zahlreiche Rubriken wie „Unterwegs", „Geographie" oder „Gute Frage" sowie Se-
rien und Hinweise auf Internetbeiträge von *National Geographic*.

Die National Geographic Society (NGS) wurde 1888 gegründet „for the
increase and diffusion of geographic knowledge" und im gleichen Jahr erschien
auch das erste *National Geographic*-Magazin. Nichts Geringeres als „The world
and all that is in it is our theme, and if we can't find anything to interest ordinary people in that we better shut up shop" – so formulierte Alexander Graham
Bell, der erste Präsident der NGS, die Ansprüche.

Die deutsche verkaufte Auflage beträgt laut IVW IV 2006 238.898 Exemplare. Die deutsche Ausgabe ist eine von 30 Sprachausgaben von *National Geographic*, das mit weltweit neun Millionen Exemplaren das größte populärwis-
senschaftliche Magazin ist. Neben dem Internetauftritt www.nationalgeo
graphic.de gehören das zweisprachige Kindermagazin *National Geographic
World*, Bücher, Karten und Reiseführer sowie das TV-Programm *National Geographic Channel* zur Produktfamilie in Deutschland.

"On assignment – the Greatest job in the world?
Rain. Camera malfunctions. Ruined film. Vehicle breakdowns. Uncooperative crit-
ters. Lousy guides. Customs hassels. Bureaucratic red tape. Interminable waits in
train stations, in airports, in offices, for permissions, for interviews. Close encoun-
ters with unfriendly stares. Equipment stolen. Bribes demanded. Too many roaches.
Too many mosquitoes. Too many mysterious maladies. Too many bouts of food
poisoning. It's too hot. It's too cold. Life in the field can be a lonely and frustrating
affair.
So, once again, you make do. You trudge through the rain. You improvise make-
shift repairs. You engage a better guide. You smile and eat it anyway. You put up
with crazy drivers, leaky boats, drunken bush pilots, stubborn mules, illtempered
camels, even yaks, to get where you need to go. You adapt to changing circum-
stances – if all possible, with aplomb and savoir faire. Your success demands re-
sourcefulness, patience, good humor, good judgement, street smarts, and a talent for
roughing it. So open your eyes, try to have fun, but always gather good material.
Make most of the misadventures. If you do, and your work gives rise to a great
GEOGRAPHIC story, then you can finally relax and admit you have the greatest
job in the world."
Aus: High Adventure. The Story of the National Geographic Society. 2003:40.

6.10 REISE & PREISE

Es ist eine Zielgruppe zwischen 35 und 45, die *REISE & PREISE* bedient. Dazu kommen eine Reihe von „Best Agern", die Zeit und Geld zum Reisen haben. Das Magazin schreibt für anspruchsvolle Individualtouristen, die sich mit dem Urlaub von der Stange nicht zufriedengeben und das Besondere suchen, ganz gleich in welcher Preisklasse. Die Aufmachung mit dem weißen Schriftzug *REISE & PREISE* auf dem roten oberen Balken blieb seit Entstehung des Heftes bestehen. Themenschwerpunkte sind Asien, Europa, Nordamerika und exotische Reiseziele wie Karibik, Afrika und Südsee und Australien. Reportagen über Fernziele wechseln sich ab mit Länderspecials über Reiseziele in Europa und in den Tropen, Testberichten z. B über Dienstleistungen von Airlines sowie Servicethemen wie Wellness, Flairhotels, Weltreisen oder Online-Urlaub, Informationen zu Transport und Unterkünften sowie zusätzliche Informationsangebote über das Internet. Jeder Reportage ist ein ausführlicher Informationsteil beigefügt, der auch detailliert Preise für Verkehrsmittel, Unterkünfte, Verpflegung und Ausflüge vor Ort benennt. Die „Flugbörse" in der Mitte des Heftes listet akribisch Flugverbindungen mit Zielort, Preis, Airline, Bewertung des Service, Abflughafen, Flugdauer, Ticketgültigkeit und Saisonzeiten auf und sorgt damit für eine hohe Markttransparenz. Sie ist für einen Großteil der Leserschaft ein Kaufkriterium für das Heft. Spartipps, Schnäppchen und Preisvergleiche sind immer wieder Aufhänger für Themen und Geschichten. Auch Reisetipps von Lesern werden veröffentlicht und vergütet. Die Bilder werden nach qualitativen Kriterien ausgesucht und kommen von Autoren und von Agenturen. Anmachen sollen sie und dicht an der Geschichte dran sein. Das Heft ist zu etwa einem Viertel mit Anzeigen bestückt. *REISE & PREISE* hat eine verkaufte Auflage von ca. 80.000 Exemplaren, wird überwiegend im Abonnement vertrieben und wird pro Ausgabe von ca. 3,5 Lesern gelesen. Das Heft wird überwiegend von Männern (ca. 70%) gelesen, die im Schnitt Mitte Vierzig sind und ein gehobenes Einkommen haben. Die Themenauswahl orientiert sich an Bedürfnissen und Wunschzielen der Leserschaft, die durch Umfragen und Analysen ermittelt werden. Dabei wird eine Politik der strikten Trennung zwischen redaktionellen Inhalten und werblichen Anzeigen verfolgt. Der Chefredakteur reist selbst vier bis fünfmal im Jahr in die jeweiligen Zielgebiete, um zielgruppengerecht berichten zu können.

Im Verlag arbeiten zehn Mitarbeiter: drei Redakteure, zwei Online-Redakteure, zwei Grafiker, die Geschäftsführer Oliver und Torsten Kühn sowie Sekretariat/Buchhaltung. Zirka 20 bis 30 freie Autoren und Fotografen arbeiten außerdem für *REISE & PREISE*. „Am liebsten ist es mir, wenn die Freien für ihre Reisen in Vorauslage treten und dies im Nachhinein durch Veröffentlichungen refinanzieren", so Oliver Kühn, und dies tun sie oft genug auch. Pressereisen bieten oft nicht genügend Freiraum für individuelle Recherchen. Großen Wert gelegt wird auf die Verlässlichkeit der Informationen. Ist eine Telefonnummer oder ein Preis falsch angegeben, führt dies zu großem Ärger der Leser. „Viele Reisejournalisten, die erstmals an *REISE & PREISE* heran treten, schauen sich vorher die Inhalte oft nicht genau genug an", meint Oliver Kühn. Erwartet wird eine Textproduktion der Freien, die passgenau zum Magazin ist. Inhalte und Details sollten nach Möglichkeit vor der Abreise besprochen werden. Unentbehrlich ist die persönliche Recherche vor Ort: „Hotels, die im Beitrag empfohlen werden, sollten immer selbst begutachtet werden und nicht einfach übernommen werden. Es ist schon vorgekommen, dass Textpassagen 1:1 aus Reiseführern übernommen wurden, manchmal sind die Texte so, dass man sie komplett umbauen muss." Es gibt Themenpläne mit einem Vorlauf von einem Jahr, die jeweils den aktuellen Entwicklungen angepasst werden. Freien Redakteuren zahlt der Verlag € 200 pro Seite, für eine Reportage gibt es € 1000. Ein Titelfoto bringt bis zu € 400, kleinere Fotos im Heft zwischen € 40 und € 60.

Oliver Kühn (Chefredaktion) und sein Bruder Thorsten Kühn (Anzeigenleitung) gründeten das Magazin 1987 und leiten gemeinsam die REISE & PREISE-Verlags-GmbH mit Sitz in Buxtehude. Die Idee dazu kam den beiden Vielreisenden in den 80ern, weil sie sich über die Preisgestaltung touristischer Anbieter schlecht informiert fühlten. Mit geringen Mitteln erstellten die Brüder Kühn eine Nullnummer April-Juni 1987, um die Akzeptanz des neuen Blattes zu testen. Das Magazin startete mit einer Auflage von 40.000 Exemplaren und hatte in der Anfangszeit Steigerungsraten der Auflage von ca. 20%. *REISE & PREISE* hatte eine Lücke im Markt erfolgreich besetzt – Mundpropaganda trug hier entscheidend zum Erfolg bei. Was heute über die Internetrecherche leichter zu bewerkstelligen ist, stellte sich in der Anfangsphase des Blattes als mühsame Recherchearbeit dar – das Auffinden und der Vergleich von Reisepreisen. Im Zeitalter der Billigflieger ist der Aufenthalt vor Ort inzwischen oft der teurere Teil der Reise. In den 90ern entwickelte sich das Blatt dahingehend, dass der Anteil an Reisereportagen zunahm.

Seit 2001 beobachtet Oliver Kühn eine Veränderung der Reiseströme. Durch Anschläge und Naturkatastrophen hat die Fernreise etwas an Attraktivität eingebüßt. Außerdem ist die Leserschaft im Durchschnitt etwas älter geworden, hat z. T. Familie und Kinder und ist daher wieder mehr in Europa unterwegs. Auch zum Thema Billigflieger und Klimawandel äußert sich Oliver Kühn: „Wir machen die Preise nicht, wir vergleichen sie nur. Ohne *REISE & PREISE* würde die Menschen nicht weniger fliegen. Was wir allerdings tun können, ist für die Klimaproblematik zu sensibilisieren." Für alle Reisemagazine sieht er als große

Herausforderung für die Zukunft, insbesondere Leser unter 30 Jahren zu gewinnen.

2007 brachte *REISE & PREISE* ein e-paper heraus, das die Abonnenten mit einer Kennung kostenlos nutzen können. Es bildet das Heft eins zu eins in elektronischer Form im Internet ab.

6.11 Stern

Peter Pursche steht seit 2006 für den Reiseteil des *stern*. Sein Studium der Philosophie und Soziologie brach der 68er zu Gunsten einer Journalistenkarriere ab und arbeitete unter anderem für *Brigitte*, *GEO* und die *Süddeutsche Zeitung*, wo er das *SZ-Magazin* mitentwickelte. Es verlangte ihn ständig nach Neuem und so schrieb er unter anderem auch Drehbücher für die Serie *Großstadtrevier*. Er plant jetzt beim *stern* die Reisegeschichten, überwacht deren Produktion, kümmert sich um Kleintexte und Gestaltung in Zusammenarbeit mit der Grafik und ist außerdem zuständig für die Journale mit Schwerpunkt Reise, die als Sonderbeilage im *stern* anlassbezogen, z. B. zur Internationalen Tourismusbörse, entstehen. Das Ressort „Reise und Lebensart" hat drei feste Redakteure und arbeitet außerdem innerhalb der *stern*-Redaktion mit Kollegen zusammen. Manchmal werden *stern*-Mitarbeiter, die gerade im Ausland sind, zusätzlich mit einer Reisereportage beauftragt. Darüber hinaus existiert ein Pool von zirka 25 freien Mitarbeitern. Bei der Erstellung der Reisereportagen nimmt der *stern* keine Einladungen von Veranstaltern zu Pressereisen an. Die Recherchereisen sind alle selbstfinanziert. „Manchmal erleben Sie auf einer solchen Reise nicht mehr als ein ganz normaler Tourist – da muss man halt auf einer Glatze eine Locke drehen."

Der Umgangs mit Klischees wird im *stern*-Reiseressort bewusst gestaltet: manchmal finden sie ihre Bestätigung, manchmal werden sie demontiert, in den meisten Fällen jedenfalls werden sie aufgegriffen. Die Reisereportagen im *stern* sind – der Tradition des Mediums folgend – bildreich, sprachlich sehr gut komponiert und äußerst leserfreundlich geschrieben. Sämtliche Fakten werden außerdem durch die Dokumentation des Hauses Gruner + Jahr akribisch geprüft – seit der Erfahrung, die der Verlag mit den Hitler-Tagebüchern machte: Damals wurde die Dokumentation aus Gründen der internen „Geheimhaltung" bewusst umgangen, womit die obligatorische Faktenprüfung außer Kraft gesetzt war. Jeden Dienstag gibt es eine Themenkonferenz der Ressortleiter des *stern*; am Montag zuvor wurde bis 24.00 Uhr am aktuellen Heft produziert, das Dienstagnachmittag schon an die Abonnenten ausgeliefert wird. Die Geschichten im Reiseteil werden von langer Hand vorproduziert. So entsteht ein Beitrag über

Skifahren in Südtirol im Vorjahr, damit er zum Winter erscheinen kann. Neben Urlaub in Deutschland ist laut Peter Pursche das ökologische Reisen ein Trend. Die inhaltliche Prüfung einer Reisereportage erfolgt durch den Textchef und folgt Kategorien wie: Güte, dramaturgischer Aufbau und ggf. Witz.

Der Contentbereich „Reisen, Städte, Länder" des *stern* wird laut hausinterner Mediaforschung durchschnittlich beachtet, von 33% der Leserinnen und Leser (zu etwa gleichen Teilen männlich und weiblich) ganz durchgelesen und von weiteren 33% teilweise gelesen und liegt damit hinter gesellschaftlichen und wirtschaftlichen Themen, aber vor Politik, Lebensart und Musik. Diese Auswertung bezieht sich auf die *stern*-Ausgabe 14/2006.

Neben dem Print-Reiseressort existiert im Online-Auftritt des *stern* ein Reiseteil „Lifestyle und Reise", wobei hier der Bereich „Lifestyle" mit Prominentengeschichten eindeutig dominiert. Die Zusammenarbeit zwischen Print- und Online-Bereich soll weiter intensiviert werden. Bislang liefert der Print-Bereich schon mal eine Geschichte an den Online-Teil, der in Zukunft aber auch seine eigenen Reisereportagen machen soll. Auch vor dem Hintergrund des Abwanderns von Reise-Anzeigen weg vom Print hin zum Online-Bereich soll dieser gestärkt werden.

Zur Anzeigenabteilung besteht Kontakt, aber eine Konvergenz von Anzeigen und Texten sei, wenn überhaupt vorhanden, zufällig, so der Ressortleiter: „Dies ist eine Frage der Glaubwürdigkeit". Der ethischen Selbstverpflichtung kommt das Reiseressort des *stern* u. a. dadurch nach, dass von Menschen, die auf Fotos klar zu erkennen sind, deren Einverständnis eingeholt wird.

Für Peter Pursche muss eine gute Reisereportage etwas zu erzählen haben: „Sie sollte sich stilistisch möglichst weit weg vom Reiseführer bewegen und von Menschen handeln, die etwas erzählen können. Lebendigkeit und aufregende Momente sind weitere wichtige Kriterien. Eine gute Reisereportage ist mit das Schwierigste, was man im Journalismus machen kann."

6.12 Urlaub Perfekt

2003 kam mit *Urlaub Perfekt* ein neues Reisemagazin auf den Markt, dass sich bewusst zwischen *GEO SAISON*-Ästhetik und dem Magazin mit hohem Nutzwert *REISE & PREISE* positioniert hat und der mittelständigen FVW Mediengruppe entspringt. Die zweiwöchentlich erscheinende Fachzeitschrift *fvw* (Fremdenverkehrswirtschaft) stieg in den 70er Jahren zur führenden deutschen Fachzeitschrift der expandierenden Tourismusbranche auf. Mit *Travel Talk* kam 1999 ein Wochenmagazin für Reiseverkäufer hinzu, 2003 folgte *Urlaub Perfekt* und 2006 das Geschäftsreisemagazin *BizTravel*. *Urlaub Perfekt* startete mit einem Preis von € 2,50, der dann aber nach zwei Ausgaben auf € 1,30 gesenkt wurde, und erscheint seit 2008 sechs Mal im Jahr. Inzwischen beträgt der Preis € 1,50.

Der Markteintritt wurde auf der Basis einer Marktanalyse geplant, die Themenwahl orientiert sich am Mainstream der touristischen Nachfrager und die Tourismuskompetenz sowie die Marketingkanäle der fvw-Mediengruppe konnten gewinnbringend genutzt werden. Inzwischen wurde *Urlaub Perfekt* auch als Bordmagazin bei verschiedenen Ferienfliegern etabliert. *Urlaub Perfekt* war ursprünglich nur ein Arbeitstitel für die neue Publikumszeitschrift, traf aber den Zeitgeist und blieb daher bestehen.

Das Selbstverständnis der Macher von *Urlaub Perfekt* besteht aus einer Mischung von gut recherchierten Fakten und Unterhaltungswert. Jeweils ein großformatiges Foto leitet eine Reportage ein, die sich oft auf zwei bis drei Doppelseiten beschränkt. Dramaturgisch wird in den Reportagen häufig mit „guide-Figuren" gearbeitet. Drei Preisvergleiche von Beispielreisen in die beschriebene Destination sowie Tipps und Adressen unterteilt in die Zielgruppen Singles, Paare und Familien folgen im Serviceteil. In der Regel wird eine der Beispielreisen von dem Veranstalter angeboten, der die Recherchereise des Autors gesponsert hat. Gruppenpressereisen nimmt die Redaktion nicht in Anspruch, da diese für die benötigten Recherchen zu unspezifisch sind. Die Planung der Hefte und deren Themen läuft mit einem Jahr Vorlauf. Anzeigen werden im passenden Umfeld platziert, üben aber keinen Einfluss auf die Berichterstattung aus. Advertorials werden im Auftrag der Anzeigenkunden wie redaktionelle Beiträge gestaltet, wenn auch als Anzeige gekennzeichnet.

Kleinere Beiträge mit Informationen zum günstigen Reisen sowie Meldungen aus der Reisebranche ergänzen das redaktionelle Angebot. Ausgebaut werden soll die Rubrik Lifestyle, die reiserelevante Themen zu Küche, Büchern und Technik aufbereitet. Als Zielgruppen hat *Urlaub Perfekt* sowohl den Individualals auch den Pauschalreisenden im Blick. Für 2007 ist außerdem ein Relaunch des Internetauftritts geplant. Das Titelbild ziert regelmäßig eine junge Frau –

Frauen sind diejenigen, die maßgeblich für die Reiseplanung verantwortlich zeichnen.

Die Redaktion von *Urlaub Perfekt* besteht neben der Chefredakteurin Monika Spielberger aus zwei weiteren Redakteuren und einer Assistenz. Darüber hinaus greift die Redaktion auf einen Pool von 10-15 freien Mitarbeitern zurück. Als aktuelle Trends benennt Monika Spielberger nach wie vor Wellness, aber auch Selfness (gezielte Selbstverwirklichung), Städtereisen und Kreuzfahrten. Laut Spielberger haben Städtereisen durch die Billigfliege Auftrieb erhalten, zudem entwickeln sich Kreuzfahrtreisen weg von der reinen upper-class-Veranstaltung. Der Billigsektor entwickelt sich parallel zum Luxussektor und die Nachfrage im mittleren Preissegment geht zurück. Natur sei – so die Chefredakteurin – auch und nach wie vor ein Trend. Eine gute Reisereportage ist für sie dicht geschrieben, eindeutig in Ihrer Idee, hat einen roten Faden und eröffnet dem Leser die Möglichkeit, sich in das beschriebene Gebiet hineinzufühlen. Schließlich ist sie auch ganz praktisch eine Orientierung im Angebot und soll auf eine Destination Lust machen.

Die Leserschaft von *Urlaub Perfekt* besteht zu 63 % aus Frauen, ist berufstätig und lebt mit Partner und/oder Familie zusammen. Ein Großteil ist zwischen 20 und 49 Jahre alt, hat ein monatliches Nettoeinkommen von bis zu € 2000 und gibt bis zu € 1500 für die Haupturlaubsreise aus. Mit einer Gesamtauflage von über 135.000 Exemplaren liegt *Urlaub Perfekt* an zweiter Stelle hinter dem Marktführer *ADAC reisemagazin*. Ein interessantes Ergebnis der Leserbefragung von 2007 ist die Tatsache, dass über 60% der Leser noch nie auf Anregung des Magazins eine Reise gebucht haben, was die These untermauert, dass Reisemagazine eher zu Reisen im Kopf als zu realen Reisen animieren.

6.13 Verträglich Reisen

Das Magazin *Verträglich Reisen* hebt sich in seinem Selbstverständnis grundsätzlich von anderen Reisemagazinen ab. Gegen den Mainstream, das Besondere suchen im Kleinen, meist regionale Reiseerlebnisse darstellen, so das Credo. *Verträglich Reisen* meint eine Reiseform, die dem Umweltgedanken Rechnung trägt und insbesondere auf die Darstellung von Reisen, die eine energieintensive Anreise erfordern, verzichtet. Somit konzentriert man sich auf Reiseberichte zu Reisezielen, die mit Bus, Bahn, Fähre angefahren werden und mit dem Fahrrad oder zu Fuß erkundet werden. Flugreise oder auch Autoverkehr werden nicht empfohlen. Kurz: es geht um klimaschonendes Reisen. Vor Ort werden Unterkünfte mit anerkannten Umweltsiegeln empfohlen. Alle Betriebe können sich unter der Marketingplattform *Blaue Schwalbe* des Magazins in der Öffentlichkeit darstellen. Ungewöhnlich auch der Erscheinungsrhythmus – nur einmal im Jahr wird das Magazin publiziert. Von der Auflage in Höhe von 250.000 Exemplaren, die sich zu 98% über Anzeigen finanziert, werden nur ca. 10.000 über den Zeitschriftenhandel und ca. 7000 über Abonnements/Bestellungen verkauft. Ca. 100.000 werden im ökoaffinen Umfeld z. B. in Biomärkten oder über Naturversender vertrieben und ca. weitere 100.000 an eine anspruchsvolle und reiseinteressierte Leserschaft über die Deutsche Bahn, Outdoorversandhandel oder Kinderprodukteversender.

Verträglich Reisen erscheint im fairkehr Verlag in Bonn. Der Verlag produziert außerdem die Mitgliederzeitschrift des Verkehrsclub Deutschland fairkehr und fungiert als Agentur für ökologische Themen. Die Redaktion hat an journalistischen Mitarbeiterinnen und Mitarbeitern den Geschäftsführer und Chefredakteur für fairkehr, Michael Adler, die Chefin vom Dienst für fairkehr, Uta Linnert, Regine Gwinner als Chefredakteurin für Verträglich Reisen und eine Volontärin, die bei allen Projekten mitarbeitet. Der Redaktionsalltag ist stark durch organisatorische und kaufmännische Tätigkeiten geprägt, denn in der Redaktion liegen alle Arbeitsschritte – vom optischen und inhaltlichen Heftentwurf bis zur Druckvorstufe – in einer Hand. Darüber hinaus arbeiten für Verträglich Reisen ca. zehn freie Mitarbeiterinnen und Mitarbeiter. Diese erhalten pro Doppelseite ein Honorar von € 200 bis € 350. Hierbei hängt der Betrag auch von der Exklusivität für Verträglich Reisen ab. Die Bilder müssen eine Auflösung von mindestens 300 dpi haben, um druckfähig zu sein. Als Aufmacherbilder werden gerne großformatige Fotos genommen, die in ein Schwerpunktthema einführen. Gerne werden aktive Menschen in der Natur gezeigt. Auch von Tourismusverbänden wird Bildmaterial verwendet, wenn es den Anforderungen der Redaktion entspricht. Viele Reisereportagen entstehen aus privat finanzierten Reisen. In Auftrag gegebene Reisereportagen (an freie oder hauseigene Redakteure) finanzieren sich meist auf der Basis einer Mischkalkulation. Üblich ist das folgende Modell: die Anreise wird selbst bezahlt, die Unterbringung wird vom Veranstalter gestellt. Die Redaktionsmitglieder nehmen auch an Pressereisen teil. Fotografiert wird durch die Redakteurinnen und Redakteure selbst. Bei Pressereisen kann vom Veranstalter ein Fotograf eingeladen sein, der seine Fotos dann an alle mitreisenden Redaktionen verkauft.

Die Texte der Freien werden, falls nötig, in der Redaktion redigiert und an den internen Kriterien für gute Reisereportagen ausgerichtet. Diese beschreibt die Redaktion als Textformen mit großer Dichte, die den Leser in die Geschichte hineinzieht. Die Ich-Perspektive wird sparsam verwendet und die Story insbesondere um den Einstieg herum gebaut. Die Texte sind weder Reiseführerstil noch „Beschreibungssprech". Verträglich Reisen hat den Anspruch, es qualitativ mit anderen Reisemagazinen wie zum Beispiel GEO SAISON aufzunehmen.

Inhaltlich sollen auch Regionen, die nicht zur den Hautreisezielen gehören und möglicherweise als langweilig gelten, interessant gemacht werden. Das Besondere wird im scheinbar Unspektakulären gesucht. Die Inhalte sind somit eher angebotsorientiert.

Verträglich Reisen druckt auch PR-Texte, die inhaltlich und optisch genauso aufgemacht sind wie die redaktionellen Beiträge und durch das Wort „Anzeige" als solche gekennzeichnet sind. Die Kunden stellen hier Text- und Bildmaterial zur Verfügung, das in der Redaktion den internen Standards entsprechend gestaltet wird.

Die 2007er Ausgabe ist das zweite Heft, das im fairkehr Verlag erscheint. Das Magazin, inzwischen im 17. Jahrgang, wurde von dem „Alleinherausgeber" Manfred Reuter, der es quasi als Ein-Mann-Betrieb erstellte, 2005 übernommen. Die typische *Verträglich Reisen*-Leserin ist Mitte Vierzig, weiblich und hat einen Hochschulabschluss. Außerdem hat sie in der Regel eine Familie, ein Haushaltsnettoeinkommen von über 2000 Euro und hebt die Jahreshefte von *Verträglich Reisen* auf. Die Leserinnen und Leser nutzen das Heft hauptsächlich als Nachschlagewerk für mögliche Reiseziele und schätzen insbesondere die Reisereportagen. Weitere beliebte Inhalte sind Tourismuspolitik, Informationen zur Reiseausrüstung und das Gastgeberverzeichnis.

Die Redaktion versteht ihre Arbeit auch als eine politische. Sie ist assoziiertes Mitglied im Forum *anders reisen*, engagiert sich in tourismuskritischen Diskussionen auf der Internationalen Tourismusbörse in Berlin und möchte sich in Zukunft auch zunehmend mit soziokulturellen Aspekten des Reisens auseinandersetzen. So ist für die 2008er Ausgabe unter anderem das Thema „Projektreisen" geplant.

Die Auseinandersetzung mit dem Thema Klischee und Stereotype in der Reisereportage führt bei *Verträglich Reisen* zu einer differenzierten Bewertung: Auch der Ökotourist möchte ein schönes Reiseerlebnis haben und dieses in der Reisereportage vorab durchleben. Somit wird auch in der ökologisch korrekten Reisereportage durchaus beispielsweise das Italienklischee mit Wein, Meer und romantischem Stillleben zelebriert. *Verträglich Reisen* unterscheidet sich daher eher durch die Inhalte als durch die Art der Darstellung von übrigen Reisemagazinen. In seltenen Fällen gibt es auch Negativdarstellung der beschriebenen Destination.

6.14 Westdeutsche Zeitung

Die *Westdeutsche Zeitung* (*WZ*) erschien Ende Januar 2007 nach einem Relaunch in neuem Outfit: In den Farben Grün und Blau gab sie sich einen moderneren Anstrich, um zusätzlich die Zielgruppe 28plus, junge Familien, anzusprechen. Wie alle Tageszeitungen muss sich auch die *WZ* um neue Kundschaft bemühen, da Tageszeitungen in der Regel eine ältere Klientel haben. Chefredakteur Friedrich Roeingh spricht sich außerdem für eine femininere und emotionalere Zeitung aus.

Rolf Nöckel (Jahrgang 1953) ist seit 1979 Redakteur bei der *Westdeuschen Zeitung*. Er leitet das Reiseressort der *WZ* quasi als „one-man-show" und sein Budget für Reisen ist exakt null. Budget ist jedoch vorhanden für Zeilen- und Fotogeld für freie Mitarbeiter. Die Zeile bringt 50 Cent und ein Foto € 25 bis € 40. Vier feste Freie arbeiten ihm zu, wobei er auch Reisereportagen von *gms*, einer Tochter von *dpa*, nimmt. Die Redaktion ist auf Pressereisen angewiesen und daher gibt auch der Servicekasten Auskunft über den Sponsor der Reise, anders gewendet: dieser wird dort konkret als Preisbeispiel genannt und exklusiv empfohlen. Manchmal nehmen auch Kollegen aus anderen Ressorts des Hauses an Pressereisen teil und erstellen Reisereportagen, wofür sie allerdings Urlaub nehmen müssen. Als Entwicklung im Journalismus und auch im Reisejournalismus beobachtet Rolf Nöckel einen Trend zur Boulevardisierung. Unterhaltend und weitgehend problemfrei müssen die Reisereportagen sein. Der Reiseteil der *WZ* erscheint immer samstags und hat einen Umfang von bis zu 16 Seiten. Kleinere Meldungen wechseln sich ab mit Servicethemen, Reportagen und Anzeigen. Auf der ersten Seite prangt die Kolumne „Reisefieber" von Rolf Nöckel, die dieser inzwischen zu einem Buch „Kompass und Wind" zusammengefasst hat, das 100 Reisefieber in Form von Glossen und Anekdoten enthält.

Das Verbreitungsgebiet der *WZ* umfasst die Großstädte Düsseldorf, Wuppertal, Krefeld, Mönchengladbach, Solingen (hier als Solinger Tageblatt) und Remscheid (hier als Remscheider Generalanzeiger) sowie die Kreise Neuss, Mettmann und Viersen. Sie erscheint in einer Auflage von 197.128 Exemplaren. 48% der Leser verfügen über ein Haushaltsnettoeinkommen von € 2000 und mehr.

Immer wieder mittwochs ...
Von Rolf Nöckel

„Moin, moin, Kaffee durch?" Sie klingt wie alle Tage, meine morgendliche Begrüßung in der Redaktion. Doch es ist kein Tag wie jeder andere, denn immer wieder mittwochs heißt es: Fertigmachen zur Belichtung! Deadline fürs Reise-Magazin ist 20 Uhr.

08.30 Uhr
Die Arbeit beginnt, klar, mit Routine: Post öffnen, E-Mails lesen, ein Blick durch die Konkurrenz. Die Post ist fix erledigt, meist reicht schon das Anlesen für die Entscheidung auf die ewige Frage: Papierkorb oder nicht? Auch die ersten Mails sind schnell bearbeitet--- schließlich will ich kein Viagra bestellen, keine Rolex kaufen. Und auch die Renovierung eines Luxus-Ressorts auf den Seychellen oder die neuen Öffnungszeiten eines Vogelparks in Niedersachsen sind ruckizucki gelöscht. So ist das mit der Post: Was bleibt, ist höchstens ein Zehntel der Eingänge. Beiträge freier Kollegen, Neuigkeiten einzelner Ferienorte, neue Angebote im großen Reise-Zirkus. Noch einmal nur die Hälfte davon schafft es tatsächlich in meine Wochenend-Beilage.
Kommt sowieso darauf an, wie viele Seiten überhaupt zur Verfügung stehen, denn die Anzahl der Anzeigen bestimmt letztlich den Umfang des gesamten Reise-Produkts: Kleinanzeigen von privaten Vermietern, Großanzeigen von Veranstaltern, Kollektive, Sonderthemen. Erst am Mittwoch früh erfahre ich genau, wie viel redaktionellen Platz ich habe. Weil bis Montagabend Anzeigen eintrudeln, die am Dienstag bearbeitet und elektronisch umbrochen werden. Heute sind es zwölf Reiseseiten, zwei davon sind komplett mit Anzeigen dicht, bleiben zehn für mich. Das klingt viel. Und das ist auch viel. Dabei ist die intensive Vorarbeit natürlich gelaufen: Die großen Themen liegen fest, die Seite 1 ist bereits fertig (weil immer anzeigenfrei), meine wöchentliche Glosse „Reisefieber" steht abrufbereit im Speicher ebenso wie etliche gescannte Fotos.
Die beiden Sonderseiten (laut Themenplan) „Kreuzfahrten" sowie „Clubtouren" konnte ich ebenfalls vorbereiten. Fünf Texte und drei Fotos habe ich im Vorfeld von freien Kollegen und Agenturen besorgt und bearbeitet. Ist genug Platz vorhanden, kommt alles ins Blatt. Langen die Anzeigen nur für eine Seite, muss ich eine Auswahl treffen.

10.00 Uhr
Ab zehn Uhr klingelt verschärft das Telefon. „Letzte Woche hatte ich Ihnen unsere Unterlagen geschickt, ich wollte nur hören, ob alles angekommen ist und Sie noch weitere Fragen haben ..." Alle Redakteure kennen das: Die Stimme am anderen Ende des Telefons hat die undankbare Aufgabe „nachzuhören". Manchmal fällt es da nicht ganz leicht, cool zu bleiben ... Hurra! Die Seiten von der Blattplanung tauchen auf meinem Monitor auf. Jetzt kann ich endgültig loslegen. Aus meinem Kopf ins Layout auf dem Bildschirm: Umbruchvorgaben platzieren, Bild- und Überschriftengrößen bestimmen. Die Texte einlaufen lassen, kürzen, erweitern, Zwischenzeilen basteln – redigieren eben. Angestrengtes Arbeiten. Über Schalke und Iris Berben, zwei meiner Lieblingsthemen, reden wir morgen.

11.00 Uhr
Konferenz. Ohne mich. Noch 'n Becher Kaffee, Anrufbeantworter an – keine Zeit, liebe Leser. Auch der Flugreise-Veranstalter, der heute Mittag in Köln seine touristische Krisenbewältigung für Südostasien mit anschließendem Menü vorstellen wollte, muss auf mich verzichten. Sorry. Gleich gibt's eine kalte Frikadelle mit scharfem Senf aus der Kantine. Konzentriertes Arbeiten ist angesagt. Die Kollegen wissen das, lassen mich heute mein Ding machen. Gut so. Auch meine anderen Aufgabengebiete (Sonderseiten wie „Job-Magazin", „Immobilien" oder „Wissen") interessieren mich heute nicht. Mittwoch ist Reisetag. Aloha! Hawaii auf Seite eins, ein ernstes „Reisefieber" über Sri Lanka auf Seite zwei. Wellness-Angebote in Niederbayern und Wochenend-Trips in die Eifel. Die Sonderseite „Clubtouren" führt beschwingt mit dem Tanzwagen in die Lüneburger Heide. Die Seite „Kreuzfahrten" lädt zum Sonnen-Törn ins östliche Mittelmeer. Eine pfiffige Zeitung für alle – das ist der Anspruch der *Westdeutschen Zeitung*. Auch im Reise-Magazin.

16.00 Uhr
Die Seiten wachsen, werden nach und nach „geprooft" – auf Papier ausgedruckt, damit meine Kollegen Korrektur lesen können. Trauben-Nuss-Schokolade von der Volontärin, mmmh, Nervennahrung. Der Kopf brummt. Die „Nicht-ganz-dringenden" Anrufe und Mails werden erst morgen beantwortet. Die Zeit drückt.

19.15 Uhr
Die letzte Seite ist korrigiert. Sie wird gesichert, auf „belichtbar" gestellt und direkt auf die Druckplatte in der Rotation übergeben. „CTP", das heißt „computer to plate". Kein alter Druckfehlerteufel kann da mehr zuschlagen.
Das war's.
Morgen früh kann ich in aller Ruhe das Produkt meiner Arbeit in Händen halten: den druckfrischen Vordruck der Wochenend-Ausgabe von WZ plus, diesmal mit insgesamt 20 Seiten für rund 600 000 Leser. Und am Mittag startet dann die Planung für die kommende Woche, denn: Nach dem Reise-Magazin ist vor dem Reise-Magazin.
Liebe Kollegen, wer mich einmal besuchen möchte: Das WZ-Pressehaus steht gleich an der Autobahn 46, Ausfahrt Wuppertal-Varresbeck. Kaffee, Mineralwasser und was Süßes gibt's immer. Willkommen!
Es muss ja nicht an einem Mittwoch sein ...

6.15 Die ZEIT

Seit 2002 vergibt der Verband Deutscher Reisejournalisten den Preis für den „Besten Reiseteil" der Tages- und Wochenzeitungen. Das Reiseressort der *ZEIT* steht jedes Jahr mit auf dem Siegertreppchen. Es gehört zu den anspruchsvollen Reiseressorts im deutschen Raum:

> „Auch das Reiseressort spiegelt das Zeitgeschehen. Unser Reiseteil will die schönen Seiten des Lebens zeigen und Reiselust wecken, ein Schönwetter-Ressort sind wir jedoch nicht: Wir schreiben über die Luxushotels auf Mauritius, reisen aber auch zwei Tage nach dem Tsunami zu den Flutopfern auf den Malediven. Klimawandel, Terroranschläge – alles, was unsere Leser beschäftigt und das Reisen betrifft, beschäftigt auch uns. Aktualität ist uns wichtig. So stellen wir uns bei der Suche nach Themen immer die Frage: Was können wir Neues erzählen oder wie finden wir einen neuen Dreh für Altbekanntes?"
>
> Dorothée Stöbener, Ressortleiterin des Reiseressorts der *ZEIT*

Für ihre Berichterstattung zu Themen der Nachhaltigkeit im Tourismus erhielt die Redaktion von *respect*, dem österreichischen Institut für Integrativen Tourismus und Entwicklung, den „signaTOUR 2006 – Medienpreis für Tourismus mit Zukunft". Auch für die optische Gestaltung ihrer Reiseseiten wurde die *ZEIT* mehrfach ausgezeichnet.

Dorothée Stöbener leitet das Ressort seit 2001. Zu ihrem Team gehören drei feste Redakteure, zwei Pauschalisten, zwei Sekretärinnen und ein Pool von zirka 20 freien Autoren. Ihre Aufgabe konzentriert sich auf das Blattmachen, die Konzeption. Reiseressorts in Tages- und Wochenzeitungen rangieren in der Nutzung und Wahrnehmung durch die Leser hinter Ressorts wie Politik oder Wirtschaft. „Die Reise ist ein klassisches Kann-Ressort", sagt Dorothée Stöbener: „Man muss sie nicht lesen, um mitreden zu können." Die Redaktion sieht ihre Herausforderung deshalb darin, Freizeitthemen Relevanz zu verleihen.

Jeden Dienstag trifft sich das Team zur Redaktionskonferenz, um Themen zu generieren und zu diskutieren. Fünf bis sieben größere Reisen im Jahr macht jeder Redakteur selbst. Der überwiegende Teil der Beiträge wird jedoch von freien Autoren erstellt. Hierbei geht die *ZEIT* eine klassische Mischfinanzierung der Reisen ein: Zum Teil übernimmt das Ressort die Reisekosten, zum Teil wird mit den Fremdenverkehrszentralen der verschiedenen Länder zusammengearbeitet, selten nimmt das Ressort an Gruppenreisen teil. Das Zeilengeld beträgt € 1,54. In der Regel liegt die Vergütung jedoch über dem Zeilenhonorar, einkalkuliert wird dabei der Rechercheaufwand. Der Autorenkreis setzt sich zusammen aus erfahrenen Reportageschreibern (gearbeitet wird gerne mit Kollegen aus anderen Ressorts der *ZEIT*), Schriftstellern und jungen Absolventen der

Journalistenschulen, die während ihrer Ausbildung bei der *ZEIT* hospitierten. Wert legt die *ZEIT* auf exklusive Berichterstattung. Beim Neukontakt mit einem Autor ist die Qualität der bereits veröffentlichten Texte und des Exposés entscheidend. Die Redaktion will neue „Geschichten" erzählen, nicht einfach ein Reiseziel vorstellen. Die Reportage soll Lesevergnügen bereiten, die Reise „fühlbar" machen.

Autoren halten sich an unausgesprochene Ethikstandards und sparen in ihren Texten auch die negativen Seiten des Tourismus nicht aus. Klischees in der Darstellung sollen vermieden werden. Texte werden in der Redaktion in der Regel von zwei Personen gelesen, bevor sie redigiert werden, und auch nach der Veröffentlichung kritisch diskutiert. Einzelne Beiträge können noch einmal Thema der Ressortleiterkonferenz sein bzw. der Großen Konferenz am Freitag, an der alle Redakteure teilnehmen. Ziel ist es, eine optimale Textqualität zu erreichen und zu erhalten.

Unverbraucht sollen aber nicht nur die Geschichten, sondern auch die dazugehörigen Fotos sein. Zum Teil findet die Fotoredaktion diese bei intensiven Recherchen in den gängigen Fotoarchiven, zu einem großen Teil gibt sie sie eigens in Auftrag. Die Gestaltungsabteilung entdeckt dabei auch immer wieder junge, talentierte Fotografen (und Illustratoren), die neue Perspektiven ins Blatt bringen. Besonders interessant sind für Fotografen und Illustratoren die zweimal im Jahr erscheinenden sogenannten Reise-Tabloids. Im kleineren Format widmen diese sich auf 40 bis 56 Seiten einem speziellen Thema wie „Reisen in die Nacht", „Sehnsuchtsorte" oder „Menschen in Hotels". Hierbei wird auf eine durchgehende Bildsprache geachtet, oft ist es ein Fotograf oder ein Illustrator, der das ganze Heft gestalten darf. Die Redaktion mischt für jedermann nachreisbare Geschichten mit solchen, die kein anderes Ziel als den Lesespaß haben, etwa wenn ein Autor über seine Erfahrungen auf der einsamen Südseeinsel berichtet oder ein anderer über seine Nacht als Portier im Hotel.

Wie alle Printmedien kämpft auch die *ZEIT* um Anzeigen. Der Reiseteil ist mit nur wenigen größeren, dafür umso zahlreicheren Rubrikanzeigen durchsetzt. Auch die Leserreisen des *ZEIT*-Verlages werden an dieser Stelle im Blatt beworben. Wie in anderen Zeitungen und Magazinen auch, können Werbekunden in der *ZEIT* mittlerweile Advertorials schalten, Anzeigen, die mit Texten gekoppelt sind. Dabei wird großer Wert auf eine klare Trennung gelegt: Die Texte kommen selbstverständlich nicht aus der Redaktion, die Optik unterscheidet sich deutlich vom redaktionellen Teil, Letzteres gewährleistet ein Layouter, der eigens hierfür beschäftigt wird.

Beispielreportage aus der *ZEIT* Nr. 27/2005:

Zug um Zug
von Michael Allmaier, stellvertretender Ressortleiter im Ressort Reisen

Zweigleisig durch Südostasien: Im vornehmen „Eastern and Oriental Express"
von Bangkok nach Singapur, in der Bummelbahn dritter Klasse zurück.

Wenn man Ruhe haben will in Bangkok, ist der Hauptbahnhof ein guter Ort.
Zwölf Gleise hat er für sieben Millionen Bewohner; die Hälfte täte es auch. Am
Gleisende, dort, wo auf europäischen Kopfbahnhöfen wuchtige Prellböcke Gefahr verheißen, hocken hier Arbeiter beim Picknick. Man hält nicht viel vom
Zugfahren in diesem Teil der Welt: zu altmodisch, zu unbequem und vor allem
zu langsam. Nun leben aber im Westen viele Menschen, die sich nach dem Alt-
modischen und Langsamen sehnen, solange es nur bequem ist. Für diese Menschen gibt es am Bahnhof von Bangkok Gleis 12. Auf Gleis 12 werden normalerweise Güter verladen. Ringsherum lagern Reissäcke und große, wulstige
Patchworkkartons, die aus kleineren zusammengeklebt sind. Es gibt aber auch
einen eleganten Wartesaal, der immer verschlossen ist. Bis auf den Sonntagmorgen. „Wie bei Harry Potter", sagt ein Mitreisender. Dort verbirgt ein entlegener Bahnsteig den Weg in die Zauberwelt. Hier auch – man sollte nur besser
gestellt sein als Harry Potter. Wer den Wartesaal betritt, hat zwischen 800 und
3000 Euro bezahlt für eine Zugfahrt an ein Ziel, das er viel schneller und günstiger mit dem Flugzeug erreichen könnte. In meinem Fall ist das Singapur.
Der Zauber beginnt mit einem Nostalgieplakat gegenüber dem Empfangsschal-
ter. Es preist die Kolonialzeit als die „Zeit des stilvollen Reisens". Man sieht
eine hellhäutige Dame, die aus einer Zugtür schwebt, und auf dem Bahnsteig
das asiatische Pendant eines Sarotti-Mohren, freudig bereit, ihr zu dienen. Ist
das rassistisch? Nein, bloß ein wenig faul gezaubert. Thailand war nie Kolonie,
und auch Luxuszüge fuhren hier kaum, bis vor zwölf Jahren der Eastern and
Oriental Express, kurz E&O, kam, ein rollender Kreuzfahrtdampfer mit einge-
bauter Tradition. Er entstand nach dem Vorbild des legendären Shanghai-
Express aus dem Stummfilm mit Marlene Dietrich. Auch diesen Zug allerdings
gab es in Wirklichkeit gar nicht. Die Hollywood-Ausstatter hatten in der Wüste
von Santa Fe etwas zusammengeleimt, das dem damaligen Asienbild entsprach.
Wir reisen hier also in der Nachahmung einer Imitation.
Entsprechend skeptisch besteige ich den E&O. Doch einmal im Abteil, sind alle
Bedenken vergessen. Tür verriegeln, Vorhang runter, und schon stellt sich Geborgenheit ein. Kein Kontrolleur wird kontrollieren. Niemand wird fragen, ob
hier noch frei ist. Diese Kabine gehört mir. Kunstvoll geschnitzte Paneele aus

Kirsch- und Ulmenholz bedecken die Wände, es duftet nach Blumen und Obst. Fast unhörbar surrt die Klimaanlage, das deutlichste Zugeständnis an die Moderne. Draußen sind es 42 Grad; aber das spürt man hier nur daran, dass das kalte Wasser in der Dusche so warm ist wie das heiße. Das große Fenster beherrscht den Raum wie ein Fernseher. Man setzt sich davor und genießt das Programm. In den Vororten von Bangkok führen die Gleise dicht an den Hütten vorbei. Fast könnte man die Chilischoten klauen, die auf den Wellblechvordächern trocknen. Dieser Zug muss ein Traum für Exhibitionisten sein. Alle mal hersehen, da draußen! Und ehe sie sich gefangen hätten, wäre man schon über alle Berge. Dann weichen die Häuser einer buntscheckigen Landschaft. Allein das Wasser hat so viele Farben. Fast schwarz in den Pfützen am Straßenrand. Schmutzig braun und sauber braun in den Flüssen, das schmutzige ist heller. Tarnanzuggrün. Geädertes Wasser über einer vor Trockenheit rissigen Erde. Milchig-trübes mit grünen Blättern, als wären die Waldtümpel geschmolzenes Pistazieneis. Silbernes Wasser, wenn das Abendlicht den Himmel grau färbt.

Der Gang ist nur schulterbreit, aber die Stewards sind Meister im Ausweichen

Über 400 Meter misst der E&O von Anfang bis Ende, ein Hotelschlauch mit 66 Gästekabinen, Restaurants, Bars, einem Souvenirladen und einer Bibliothek. Der Gang ist nur schulterbreit, aber die thailändischen Stewards sind Meister im Ausweichen. Manche schmiegen sich an die Kabinentür, andere gleiten zurück in eine Nische, als hätten sie ohnehin gerade die Richtung ändern wollen. Einzelne sind so geschmeidig, dass man meint, man ginge durch sie hindurch. Wie auf jeder Kreuzfahrt gibt es auch hier Landgänge. Sie unterscheiden sich vom ortsüblichen Touristenprogramm nur durch die Zahl der Angestellten, die verhindern sollen, dass jemand verloren geht. Den Soldatenfriedhof am Kwai haben sie regelrecht umstellt. Noch zwanzig Minuten bis zur Abfahrt, Sir. Noch zehn Minuten. Hier entlang, bitte, Sir. Der Zug kann nicht warten. Alle wirken dankbar, wieder an Bord zu sein. Die Wirklichkeit ist befremdlich, wenn man sich in einer Fantasie eingerichtet hat. Der deutsche Zugchef Ulf Buchert spricht unverbrämt von einer „Show", mit dem Ensemble von vierzig Angestellten und Publikumsbeteiligung. Die Reisenden müssen zweieinhalb Tage lang das verkörpern, was sie sich unter einer kolonialen Salonwelt vorstellen, auch wenn sie daheim keine Gräfinnen und Generäle sind, sondern Bahnenthusiasten, Flitterwöchner und Söhne. Wer da aus der Reihe tanzt, verdirbt den anderen den Spaß. Linkisch erzähle ich einer älteren Dame, dass ich auf Einladung des Unternehmens mitfahre. Sie spricht auch danach noch mit mir, aber ihr Tonfall ist nicht mehr derselbe.

Wer einmal im E&O gegessen hat, wird keinen deutschen Speisewagen mehr betreten, ohne bitterlich zu weinen. Was hier serviert wird, ist so einfallsreich und leicht, dass man gar nicht auf die Idee kommt, vierzehn Gänge in zwei Tagen wären womöglich zu viel. Zwischen den Mahlzeiten sieht man Kevin Cape, den englischen Chefkoch, in einem der drei Restaurantwagen sitzen, vor sich sein wichtigstes Arbeitsgerät, den Laptop. Wer vierzig gartenfrische Kräuter für die Grundausstattung der winzigen Zugküche hält, kommt vor lauter Planung kaum mehr zum Kochen. Trotzdem erschafft er Gerichte, die so sind wie der Zug selbst: hochwertig und undefinierbar exotisch, ohne irgendwen zu befremden. Dass der Zug manchmal abrupt bremst und Wein auf die Tischtücher kleckert, stört da überhaupt nicht. Fast möchte man meinen, sie machten das extra, damit man die Wundersamkeit dieser Reise nicht vergisst.

Das malaysische Kursbuch umfasst zwei Blatt Papier, eins für jede Strecke

Die Nächte sind das Schönste im E&O, man muss sie mit einem Longdrink auf dem Panoramawagen ganz hinten verbringen. Da hört man die Frösche tuckern, Fledermäuse flappen vorbei, irgendwo mitten im Nichts leuchtet eine Autokinoleinwand. Der Zug fährt auf ein Abstellgleis und lässt einen anderen, eiligeren passieren. Die Menschen darin schauen müde und ausdruckslos aus ihren trüben Fenstern.

Am Morgen des zweiten Tages erreichen wir Malaysia. Ein weicher Übergang, die Formalitäten erledigt der Steward. Die Gesichter draußen werden allmählich dunkler. Viele sind verschleiert – wegen des Glaubens oder einfach gegen die Sonne. In der ehemaligen britischen Kolonie sieht alles geordneter aus als in Thailand. Die Reihenhäuser, die Landwirtschaft: erst Kautschuk, danach Zuckerrohr, danach Reis. Am Mittag des dritten Tages dann plötzlich Beton. Wir haben die Grenze zu Singapur erreicht. Alles aussteigen und Pässe vorzeigen, während Drogenhunde den Zug durchschnüffeln. Verunsichert lugen wir auf die schwer bewaffneten Soldaten. Der Kolonialherrentraum hat ein Ende.

Singapur ist der logische Schlusspunkt einer Reise mit dem E&O: eine Stadt wie ein Kühlschrank, gut gefüllt und wohl sortiert, mit flächendeckender Air-Condition. Ihre Mixtur aus Asien und Europa, aus Vergangenheitsverklärung und Fortschrittsdrang scheint einem ähnlichen Geist entsprungen wie der Zug selbst. Die Show endet mit einem Abschiedsspalier aller Angestellten. Man erwartet beinah, dass sie sich an den Händen fassen und verneigen. Dies sind nicht die Lakaien vom Nostalgieplakat, sondern hoch qualifizierte Spitzenkräfte, die sehr wohl wissen, dass sie die Diener viel besser spielen als wir die Herren. Vielleicht ist es ja dieser Hauch von Ironie, der den Kolonialfimmel verführerisch macht.

Einige Tage später stehe ich wieder am Bahnhof von Singapur. Der Taxifahrer musste sich durchfragen. Wer hier ein Taxi bezahlen kann, fährt nicht mit normalen Zügen. Ich schon. Im E&O gingen die Fenster nicht auf. Draußen war Asien, drinnen die Paradoxie eines Erholungsurlaubs: Langsamkeit auf die Schnelle. Ich will nachholen, was mir entgangen ist, und suche es in der natürlichen Langsamkeit der Bummelzüge zurück nach Bangkok.

Die 1932 erbaute Keppel Station ist liebenswert unrenoviert. Granitfriese an den Wänden zeigen ländliche Szenen aus dem alten Malakka. Dutzende von Ventilatoren an der Decke erzeugen ein Hubschraubergeräusch. Hier endet die klimatisierte Stadt. Auf Warnschildern steht: Wer Müll wegwirft, zahlt 500 Singapur-Dollar, 250 Euro. Trotzdem sieht es hier für örtliche Verhältnisse geradezu schmuddelig aus. Mehrere Papierschnipsel liegen auf dem Boden. In einer Ecke lagert ein ausrangierter Massagesessel. Er sieht wie ein elektrischer Stuhl mit Münzeinwurf aus. Drei Bahnsteige hat der Bahnhof von Singapur. Auf dem zweiten, bewachten steht noch der E&O. Buchert eilt grußlos vorbei. Sicher erwartet er nicht, zwischen den muslimischen Großfamilien in der Schlange einen Kunden zu treffen.

Ich warte auf den Mel-Tren, was so viel heißt wie Postzug. Eisenbahn-Malaiisch ist gut zu verstehen. Trotzdem fühle ich mich hilflos ohne die emsigen Helfer, deren Allgegenwart mich kurz zuvor noch amüsierte. Das malaysische Kursbuch umfasst zwei Blatt Papier, eins für jede Strecke. Auf der westlichen fährt der E&O, ich nehme diesmal die im Osten - die Dschungelbahnstrecke, die bei Bahnfreunden berühmt ist. Ich zahle 21 Dollar für 600 Kilometer in der kelas ekonomi, der dritten Klasse. Eine andere gibt es nicht.

Mel-Trens halten überall. Wenn man irgendwo eine Kuh grasen sieht, kommt mit Sicherheit bald ein Bahnhof. Dann wird es wieder ein wenig voller. Die Wärme trägt den Geruch von Gewürzen und Kokosfett durch den Wagen, bald auch den von Schweiß. War nicht von einer Klimaanlage die Rede? Der Schaffner deutet grinsend auf die Zugtüren, die auch bei voller Fahrt offen stehen. Hitze macht bedürfnislos. Man will nicht reden, nicht lesen, nicht einmal trinken. Ich starre bloß stundenlang aus dem Fenster auf das undurchdringliche Grün. Jedes Mal, wenn ich aus dem Dösen erwache, sitzen neben mir andere Leute: ein stolzer Großvater mit seinem Enkelchen; ein Händchen haltendes Paar, sie verschleiert und beide in Jeans; eine zahnlose alte Muslimin; eine Gruppe singender Schülerinnen, jede einzelne mit Pferdeschwanz. Die Gespräche bleiben die gleichen: „Es ist heiß heute." – „Ja, sehr heiß."

Nach zwölfeinhalb Stunden hat Postzug 58 seine Endstation erreicht. Gua Musang ist einer dieser Eisenbahnknotenpunkte, die in keinem Reiseführer stehen – das Kassel-Wilhelmshöhe Malaysias. Es geht auf Mitternacht zu. Das Kentucky-Fried-Chicken-Lokal an der Hauptstraße lässt gerade die Rollläden herun-

ter. Im Elektroladen singt ein Angestellter allein Karaoke. Der Schaffner beglei-
tet mich bis zu einer dunklen Gasse. Da entlang geht es zum besten Hotel der
Stadt. „Fully Inn – for a fulfilling experience" steht in Leuchtschrift an der Tür.
Der Nachtportier kichert, als er mich sieht. Was ist denn?, frage ich. Er holt eine
Kollegin, und die kichert auch. Im Morgengrauen breche ich auf.
Der Expresszug in Richtung Thailand hat zwei Stunden Verspätung. Aber das
macht nichts. Der Sonnenaufgang verwandelt den Bahnhof in einen unverhofft
malerischen Ort. Gleich hinter dem depoh loko auf der anderen Seite zeichnet
sich eine Felswand ab, aus der Bäume fast waagerecht wachsen. Frei laufende
Hühner wackeln gackernd über die Gleise. Von wegen Kentucky. Ich kaufe mir
eine Tüte Sonnenblumenkerne und füttere die Küken.
Diesmal fahre ich im Expresszug zweiter Klasse, kelas superior, mit westlichen
Toiletten und sogar einem Videoprogramm. Aber wer will schon einen Film
über Rio sehen, während sich ringsum der Regenwald verdichtet? Bald ist die
Trasse des Zugs nur noch eine dünne, fast zugewachsene Schneise. Blätter in
allen Formen wischen wie eine endlose grüne Waschanlage über die Fenster.
Sie endet dann doch, und zwar mitsamt der befahrbaren Strecke einige Kilome-
ter vor der Grenze, in der Nähe von Kota Bharu.

Privater Kochkurs, sagt er. Heute Abend bei mir. Bezahlung bitte im Voraus.

Kota Bharu ist eine lärmende Provinzhauptstadt mit zugeparkten Bürgersteigen
und verstopften Straßen, aber auch mit Zugang zum Meer. Ich fahre hinaus zum
Pantai Cahaya Bulan, dem Strand des schimmernden Mondes. Des schimmernden Halbmondes, muss man wohl sagen. Denn diesen Namen trägt er erst, seit
der Islamismus an Boden gewonnen hat. Davor hieß er noch Pantai Cinta Berahi
– Strand der leidenschaftlichen Liebe. Nun hat es sich ausgeliebt und wohl auch
ausgebadet. Hunderte von Einheimischen sitzen an diesem heißen Nachmittag
an der Promenade und trinken Tee, aber kein Einziger geht ins Wasser. Nur ein
paar junge Männer stehen reglos im Sand. Sie lassen prächtige Drachen steigen.
Das ist der Nationalsport.
Im Fremdenverkehrsamt der Stadt gerate ich an den Jamie Oliver Malaysias, so
stellt er sich vor. Er ist gewiss zwanzig Jahre älter als der Fernsehkoch und trägt
den Hosenbund dort, wo die Rippen ansetzen. Privater Kochkurs, sagt er. Heute
Abend bei mir. Sonderpreis, bitte im Voraus. In seiner Stimme liegt die aufge-
kratzte Leutseligkeit eines Schwindlers. Ich gehe mit.
Nicht mehr weit, wiederholt er andauernd, als die Fahrt immer tiefer ins staubige Hinterland führt. Fisch kaufen hier, Huhn kaufen dort, alles ganz frisch, Sir,
wir sind gleich da. Als wir dann da sind, möchte ich am liebsten kehrtmachen.
Wie will man kochen in einem solchen Saustall? Eine Dreiviertelstunde später

esse ich zwischen schimmligen Wänden, schwitzend vor Hitze und Chili, eins der besten Menüs meiner Reise. Jamie Oliver betet leise im Raum nebenan. Das thailändische Zugnetz beginnt dreißig Kilometer weiter im Norden, in Sungai Kolok. Die Kleinstadt lebt vom Sextourismus, der, allen europäischen Selbstbezichtigungen zum Trotz, vorwiegend aus den Nachbarländern kommt. Rings um die Moschee stehen schmuddelige Hotels mit Namen wie Paris oder Venice und Zimmerpreisen pro Stunde. Man kann sich ausmalen, warum gerade in diesem Nest die islamische Minderheit am brutalsten für ihre Unabhängigkeit kämpft. Erst wenige Tage vor meiner Reise sind bei einem Bombenanschlag zwei Polizisten gestorben. Die Königin sprach daraufhin ein Machtwort: „Wer so etwas tut, kann ganz und gar kein normaler Mensch sein." Eine ungewöhnlich scharfe Rede, hieß es danach. Nicht normal zu sein muss in diesem Land etwas sehr Schlimmes bedeuten.

Die letzte Etappe ist die längste: 23 Stunden bis Bangkok. Ich buche einen Schlafwagenplatz. Pünktlich auf die Minute bimmelt die Bahnhofsglocke zur Abfahrt, und der Zug tutet höflich zurück. „Tuut", macht auch der Schaffner, leise für sich, aber sonst täuschend echt. In diesem Zug zu essen ist eine Freude, obwohl der Speisewagen nichts taugt. Dafür steigt an fast jedem Bahnhof ein Garkoch zu mit einem Bauchladen voll der unglaublichsten Dinge. Man stelle sich das in deutscher Manier vor: „Wir möchten Sie darauf aufmerksam machen, dass in Lalo unser mobiler Huhn-mit-Tamarindensoße-Verkäufer zugestiegen ist, der Sie bis Balo an Ihrem Platz bedienen wird."

Auch der Schlafwagen erweist sich als ein Wunder der Improvisationskunst: dreißig Etagenbetten neben- und übereinander, aber jedes ist eine behagliche Koje mit Serviceknopf, Leselampe und Vorhang und einem Badehandtuch, das zugleich als Decke dient. Im Grunde ist es hier gar nicht so viel enger als auf den drei Quadratmetern pro Person in den Standardabteilen des E&O. „I love you" hat jemand neben meine Lampe geritzt. Hier sind selbst die Vandalen freundlich. Bevor das Handtuch zur Decke wird, sortiere ich die verwackelten Notizen aus dem E&O: „Kellner hat Petits Fours vergessen", „Keine Klobürste!". Du liebe Güte, habe ich das geschrieben?

Information

ANREISE: Thai Airways fliegt täglich direkt von Frankfurt am Main nach Bangkok. Der derzeit gültige Tarif für einen Hin- und Rückflug beträgt 812 Euro inklusive Steuern

VERANSTALTER: Der Eastern and Oriental Express verkehrt zwischen Chiang Mai in Nordthailand und Singapur. Die beschriebene Fahrt von Bangkok bis Singapur kostet im Standarddoppelabteil inklusive Verpflegung 1440 Euro pro

Person. Eine neuntägige Reise mit Flug ab Frankfurt sowie Programm und Ü-
bernachtungen in beiden Städten ist ab 2980 Euro zu buchen. Informationen bei
Venice Simplon-Orient-Express Deutschland, Tel. 0221/338 03 00, www.orient-
express.com.
ZÜGE: Die Eisenbahnen von Thailand (www.railway.co.th) und Malaysia
(www.ktmb.com.my) sind modern, zuverlässig und sehr preiswert, allerdings
auf touristische Bedürfnisse nicht zugeschnitten. Wegen schlechter Reservie-
rungsmöglichkeiten und der geringen Zahl von Zügen ist mit ungeplanten Zwi-
schenaufenthalten zu rechnen.

7 Reisejournalisten berichten aus der Praxis

Um zu erfahren, wie die Realität hinter den Redaktionsschreibtischen aussieht und wie eine Reisereportage entsteht, haben wir eine Reihe von verschiedenen Reisejournalisten besucht. Hierbei wurden Fragen gestellt beispielsweise zum Werdegang der Reisejournalisten, zu Strategien der Bildauswahl, zur konkreten Planung und Erstellung einer Reisereportage. Befragt wurden Peter-Matthias Gaede, Andrea Bonder, Tomas Niederberghaus, Bernhard Lill und Helge Sobik. Darüber hinaus gab uns Andrian Kreye die Erlaubnis, den Epilog seines Buches *Geschichten vom Ende der Welt* abzudrucken. Verena Wolff erzählt ihre persönlichen Erlebnisse bei der Recherche von Reisegeschichten und liefert ein Praxisbeispiel.

7.1 Interview mit Peter-Matthias Gaede

Peter-Matthias Gaede ist Chefredakteur von *GEO, GEO Special, GEO WISSEN* und Herausgeber weiterer sechs Reihen der *GEO*-Zeitschriftenfamilie. Er ist Jahrgang 1951, hat Sozialwissenschaften in Göttingen studiert und war Absolvent des ersten Lehrgangs an der Henri-Nannen-Journalistenschule (damals noch Gruner + Jahr-Journalistenschule). Von 1980 bis 1983 arbeitete Gaede in der Lokalredaktion der *Frankfurter Rundschau*, bevor er als Reporter zu *GEO* wechselte, wo er 1987 Chefreporter, 1992 stellvertretender Chefredakteur, 1994 Chefredakteur wurde. 1981 erhielt er den Theodor-Wolff-Förderpreis, 1985 den Egon-Erwin-Kisch-Preis, 1988 den Journalistenpreis Entwicklungspolitik.

Wie wurden Sie Reisejournalist?

Ich bin nicht Reisejournalist geworden, aber ich habe mich unter anderem als Chefredakteur der *GEO Specials* und als Herausgeber von *GEO SAISON* auch mit Reisejournalismus zu befassen. Journalist bin ich schlicht durch den Vorsatz geworden, es zu werden. Ich habe Sozialwissenschaften in Göttingen studiert, unter anderem Kommunikationswissenschaften, und ein paar kleine Schritte in den praktischen Journalismus beim Studio Kassel des Hessischen Rundfunks absolviert. Dann aber schrieb die Journalistenschule von Gruner + Jahr, damals noch nicht nach Henri Nannen benannt, den ersten Lehrgang aus – und ich habe zu den 20 Glücklichen gehört, die aufgenommen wurden. Danach habe ich drei Jahre bei der *Frankfurter Rundschau* im Lokalen gearbeitet, bin dann zu *GEO* gekommen, und seither ist meine Biographie überraschungsfrei, weil ich mich in *GEO* nur intern bewegt habe: vom Reporter zum Chefreporter zum stellvertretenden Chefredakteur zum Chefredakteur, der ich seit 1994 bin.

Wo waren Sie als Reporter? Hatten Sie bestimmte regionale Schwerpunkte?

Ich hatte einen thematischen Schwerpunkt: Das waren die Reportagen zu politischen und sozialen Themen. Spezialisierungen geographischer Art, mit denen jemand einen ganzen Erdteil in Geiselhaft nehmen kann, gibt es bei *GEO* nicht. Eine Zeit lang allerdings habe ich mich auf lateinamerikanische Topoi konzentriert: die Militärkaste, den Herbst des Patriarchen, die Kupferarbeiter von Chile, die Campesinos in Kolumbien, die Zuckerernte auf Kuba und dergleichen.

War das in Ihrem sozialwissenschaftlichen Studium angelegt, dass Sie sich besonders für politische Themen interessierten?

Ja, und auch in den 1968er-Einflüssen.

Meinen Sie, dass Ihr Einstieg optimal für das journalistische Feld war, das Sie jetzt vertreten? Oder würden Sie jungen Leuten eher die Empfehlung geben, es anders zu machen?

Wenn Sie *GEO* meinen: Das hat sich lange Zeit überhaupt nicht gut als Einstiegsdroge geeignet. Was daran lag, dass es hier fast ausschließlich um die textliche Marathonstrecke ging. Um das Beherrschen von deren spezifischer Dramaturgie. Mittlerweile haben wir zwar auch bei *GEO* eine größere journalistische Formenvielfalt, dennoch empfehle ich jungen Journalisten immer noch, bloß keine Arroganz gegenüber Tageszeitungen zu entwickeln. Bei den guten unter ihnen ist die Chance groß, zunächst einmal mit ganz verschiedenen Genres zu spielen. Und dabei sicherer zu werden.

Könnten Sie sich denn vorstellen, dass Sie noch mal in eine ganz andere Art von Printmedium einsteigen, also beispielsweise zu einer Tageszeitung zurückgehen?

Schwerlich; ich habe eine intensive Zweierbeziehung zu den drei Buchstaben *GEO*.

Können Sie etwas zu diesem Gesamtkunstwerk GEO *sagen?*

Es ist ein Magazin, dessen Anziehungskraft auf Leser, wie wir alle wissen und auch als Autoren akzeptieren müssen, primär von der Optik ausgelöst wird, der Foto-Reportage, der intelligenten visuellen Erzählung. Aber es ist nicht nur das. Es ist auch ein Magazin der Texte für Menschen, die differenzieren können und wollen. Die nicht glauben, dass man die Welt in drei Sätzen erzählen, geschweige denn, sie in drei Sätzen verstehen kann. GEO bleibt ein ausgeruhter Gegenentwurf zum medialen Fastfood. Ein Blatt für Menschen, die mehr als drei Wörter im Wortschatz, mehr als drei Bücher im Buchschrank haben. Die am ‚Warum' stärker interessiert sind als am bloßen ‚Wo', ‚Wer', ‚Wann'. Und davon gibt es offenbar eine ganze Menge; wir hätten sonst nicht im 31. Jahr unseres Bestehens eine verkaufte Heftauflage von über 450.000 Exemplaren im Schnitt, keine Reichweite von über 3,2 Millionen Lesern in der Bundesbevölkerung. Allerdings ist das auch mit einer allmählichen Metamorphose des Heftkonzepts verbunden: vom ursprünglichen Erdkundemagazin für Lehnstuhlreisende hin zu einem general interest-Magazin mit hohem Wissenschaftsanteil. Es geht schon lange nicht mehr nur um exotische Kulturen und ferne Naturräume in GEO, um Geologie und Geographie, es geht längst auch um Geschichten, die sich mit der diesseitigen Gesellschaft befassen. Unverändert ist nur das Ziel, dass diese Reportagen möglichst eine überdurchschnittliche Halbwertzeit haben, dass sie Themen von latenter Aktualität mit einer gewissen Grundsätzlichkeit zusammenfassen, ob es dabei um Klima oder Bevölkerungsentwicklung geht, Alternsforschung, Globalisierung oder Technologie.

Haben Sie eigentlich ein Leitbild, wie Ihr Leser aussieht? Sie sagten, zunächst sei das der ‚Lehnstuhlreisende' gewesen, was ja impliziert, dass man GEO *statt einer Reise selbst konsumiert. Sehen Sie eher Leute vor sich, denen Sie Informationen zum Nachreisen anbieten? Oder sehen Sie eher Leser, die damit zufrieden sind, mit* GEO *eine wunderbar durchgestylte Welt virtuell durchreisen zu können?*

Spätestens bei der Antwort darauf muss ich zwischen den verschiedenen Mitgliedern der *GEO*-Familie unterscheiden. Wir haben ja heftig diversifiziert. In einer Art ‚Zellteilungsprozess' sind 1981 die *GEO Specials* entstanden, später kam *GEO SAISON* dazu. Nehmen wir nur diese zwei, nicht auch unser Geschichts-Heft *GEO EPOCHE*, unser Kinder-Magazin *GEOlino*, unsere Wissenschafts-Reihen *GEOkompakt* und *GEO WISSEN*, so sind diese beiden Reise-Magazine von *GEO* sicher jene, die zum unmittelbaren Nachreisen animieren wollen und sollen. Dagegen ist *GEO* selbst inzwischen eher ein Magazin für

Expeditionen ganz anderer Art geworden. Für Expeditionen in den Blutkreislauf etwa, für Expeditionen in die Mikrokosmen, für die Erhellung gentechnologischer Fragen. Oder aber für Reisen, die sich zum Nachmachen nicht empfehlen: nach Darfur etwa oder auf der Spur eines Tsunami.

Nehmen wir also unsere tatsächlichen Reise-Magazine. Das eine, *GEO* Special, ist eine monothematische Veranstaltung, jeweils auf ein einziges Land, eine Stadt oder Region konzentriert. Die Specials haben den Anspruch, die Leser mit den Menschen vor Ort bekannt und vertraut zu machen. Und die klassische Außen-Perspektive um eine Innen-Perspektive zu ergänzen. Die Leser der Specials sollen sich einen Reim auf das machen können, was sie an einem Ort vorfinden. Also nicht nur auf einen Strandabschnitt, sondern auf das Leben dahinter. Unser Leser-Bild, das dem zugrunde liegt, lässt sich wie folgt beschreiben: Es geht um Reisende mit kosmopolitischem Kopf, die sich nicht nur die Sonne auf den Bauch scheinen lassen wollen, und die sich vom Schoß des Reiseleiters lösen können. Also findet sich in einem Special über Irland auch eine Geschichte über die Versöhnungsanstrengungen zwischen den nordirischen Katholiken und Protestanten. Und in einem Special über die baltischen Staaten geht es selbstverständlich auch um deren Befreiungsgeschichte. Dies sind dann keine Reisereportagen im klassischen Sinne - zum 'Nachreisen' –, aber Informationen für Menschen, die unter Reisen etwas mehr verstehen als die Bewegung von Museum zu Museum. Auch bei den Specials beginnt der Tag nicht mit einer Schusswunde, aber sie sind entschieden der unabhängige, nicht auf dem Ticket von Reiseveranstaltern daherkommende Journalismus.

GEO SAISON ist gewiss das noch nutzwertigere Reise-Magazin in der *GEO*--Familie. Es ist stärker nach der Devise „vorausreisen, vorerleben, vorkosten" konzipiert. Es ist der Pfadfinder in die Restaurants, in die Hotels, auf die Matratzen und an die Strände dieser Welt. *GEO SAISON* bietet Reisen gewissermaßen zum Anfassen, mal konkret mit Kind, mal konkret auf dem Fahrrad. Und es ist im Vergleich zu den Specials mehr der Inselhopper und der Cityhopper, der Kleinbus, der häufiger anhält, ein Magazin voller Kurzreisen, in dem durchgehender als bei den Specials die pure Sonne scheint.

Lassen Sie uns zu den Alltagsfragen zurückkehren. Welches sind die Auswahlkriterien in Ihrer Redaktion? Nehmen wir den reisejournalistischen Teil, in dem es um die Darstellung des Fremden geht. Auf was würden Sie besonders achten? Was würden Sie ablehnen? Was würden Sie fordern?

Es geht um Wissbegier, Entdeckungsfreude und Menschenfreundlichkeit. Wir erwarten von unseren Reportern, dass sie nicht am Morgen schon wissen, wie sie den Abend gefunden haben werden. Und dass sie nicht nur Beobachter sind,

Protokollanten, sondern Dickbrettbohrer. Journalisten mit der Fähigkeit zu kluger Recherche. Es gibt Essayisten und Kommentarschreiber zuhauf, ebenso Reiseschriftsteller mit der Neigung, die breit ausgetretenen Wege immer wieder aufs Neue zu beschreiten; und mit den ewig selben Wörtern zu beschreiben. Dagegen gibt es zu wenige Journalisten, die sich sozialen Erfahrungen wirklich aussetzen und Reportage als maximale Distanz zum Hotelbarjournalismus verstehen. Bei *GEO* erwarten wir, dass sich Autoren, Fotografen wie Schreiber, den Situationen, die sie vorfinden, aussetzen; sie durchleben.

Wie schützen Sie sich eigentlich gegen Fälschungen, die es auch bei Ihnen ganz vereinzelt gegeben hat?

Es gab einen Fall, in den 1980er Jahren, in dem es darum ging, ob Tiere tatsächlich, wie insinuiert, in freier Wildbahn fotografiert worden waren – oder in einem Gehege. Der Chefredakteur entschuldigte sich wortreich beim Publikum, der Fotograf erhielt Beschäftigungsverbot bei *GEO*. Allerdings gibt es bis heute zwei Versionen dazu, ein Missverständnis ist also nicht ausgeschlossen. Für den Normalfall haben wir eine Dokumentationsabteilung, allein für das „grüne" *GEO* fünf hochqualifizierte Frauen und Männer stark, die bei uns als Verifikations-Instanz fungieren. Also die Faktentreue in jeder Geschichte nachrecherchieren.

Die gehören zur Redaktion, die sind nicht aus der Dokumentation des Hauses Gruner + Jahr?

Nein, die gehören zur *GEO*-Redaktion. Diese Kollegen haben den Auftrag, erst einmal gar nichts zu glauben und alles in Frage zu stellen. Der Reporter, der zurückkehrt, muss sich mit seinen Unterlagen, mit Büchern, die er womöglich benutzt hat, mit Zeitschriftenausschnitten, mit seinen Tonbändern oder Notebooks mit dem ‚Docker', dem Dokumentationsredakteur, zusammensetzen und alle ‚Facts and Figures' überprüfen lassen. Namen, aber auch die Frage, ob der Sonneneinfall an einem bestimmten Küstenabschnitt zu einer bestimmten Jahreszeit um 18 Uhr so gewesen sein kann wie behauptet. Dabei unterlaufen auch uns selbstverständlich ab und zu Fehler. Wir haben es inzwischen mit mindestens 2500 großen *GEO*-Reportagen zu tun und wahrscheinlich rund 100 000 Fotos mit Bildunterschriften gedruckt. Einmal ist uns der Äquator in einer Karte verrutscht, und einmal haben wir einen honorigen österreichischen Kirchenmann mit einem Geistlichen verwechselt, der besonderer Knabenliebe bezichtigt wurde, weil der Autor zwei Biografien virtuell gemixt hatte und unsere Kontrollinstanzen in der Hetze des Tages leider versagt haben. Aber solche Sünden sind glücklicherweise die Ausnahme.

Mit juristischen Folgen?

Nein, wir sind auf Knien nach Österreich gekrochen und haben uns tausendmal entschuldigt. Auch vor den Lesern. Glaubwürdigkeit ist die Basis des *GEO*-Konzepts. Wir müssen auch streng zu uns selber sein.

Gab es Sanktionen gegenüber dem Journalisten? Musste er das Haus verlassen?

Es war ein freier Autor, der keine Geschichte mehr für uns schreiben wird. Wie auch jener nicht, der, nur weil es einfacher war, aus drei Halbsätzen verschiedener Personen einen einzigen fertigte und ihn einer einzelnen Figur in den Mund legte. Ich gebe zu, dass es nicht immer einfach ist, solche Tricks rechtzeitig zu erkennen.

Wo wir im Moment in der ethischen Schublade kramen, zwei Fragen: Wie gehen Sie mit dem Angebot um, als Reisejournalist umsonst befördert zu werden, wenn das mit Gegenerwartungen verbunden ist? Und wie stehen Sie z.B. zu Anzeigen, die sich thematisch an redaktionelle Beiträge anlehnen?

Reiseredaktionen, speziell aber jene von Tageszeitungen, sind ja selten auf Rosen gebettet. Es wird also auf dem Ticket von Veranstaltern reichlich gefahren. Bei seriösen Redaktionen sieht das allerdings so aus, dass sich der Dank in der Nennung der betreffenden Airline im Info-Teil erschöpft. Das ist die ungefährliche Variante, finde ich. Auch *GEO SAISON* folgt in Einzelfällen Einladungen, allerdings nicht um den Preis eines verordneten „Gefälligkeitsjournalismus". Heikel wird's in jenem Graubereich, in dem das kleine Wörtchen „Promotion" auftaucht. Das werden Sie bei *GEO* nicht finden. Und heikel wird's beim „Product Placement". Wenn Sie eine Reportage über Chanel sehen, und auf jeder Doppelseite ist ein „No. 5-Flakon" abgebildet, können Sie die Nachtigallen trapsen hören. Dass sich die Anzeigenwirtschaft Umfelder sucht und sie auch findet, ist Fakt. Dass sie immer mehr Druck auf Journalisten ausübt, ebenfalls – was Formate und Platzierung ihrer Anzeigen betrifft und bei vielen Magazinen leider auch die Themen.

Bei den *GEO Specials* hingegen hatten wir schon einmal die lustige Situation, dass wir in einem Heft über Schottland keine einzige Anzeige der schottischen Fremdenverkehrs-Werbung hatten. Und warum? Weil die Schotten sagten: Wir haben uns gedacht, dass dieses Heft per se eine so schöne Werbung für Schottland werden würde, dass wir uns die Investition in eine Anzeige gespart haben.

Sie müssten also Schottland im Vorfeld schlechtmachen, um die Schotten zu Anzeigen zu zwingen, die das Bild geraderücken?

Na ja, aber so ticken wir ja nicht. Bei der Produktion eines Österreich-Specials, zum Beispiel, wussten wir um die – zumindest temporäre – Not der österreichischen Tourismusindustrie mit den ausbleibenden Deutschen. Wir konnten viele Anzeigen erwarten, mussten den netten Herren der verschiedenen Verkehrsämter aber sicherheitshalber vorher schon sagen: Erwartet nicht, dass wir die Quotengeschichte aus Vorarlberg, die Quotengeschichte zu Innsbruck, die Quotengeschichte zu Niederösterreich bringen, denn so könnte kein journalistisches Produkt entstehen. Wir haben zwar dennoch viele Anzeigen erhalten, aber auch beleidigte Reaktionen von jenen, deren Region wir eben nicht vorgestellt haben.

Wie wählen Sie überhaupt Ihre Themen aus? Schauen Sie sich Reisestatistiken an? Suchen Sie eher das Exotische? Ihre Themen müssen Sie ja auf die verschiedenen GEO-Medien verteilen, die da offensichtlich ganz unterschiedlich orientiert sind. Wie gehen Sie da ran?

Die realen Urlaubsströme garantieren keinesfalls auch Verkaufserfolge. Also können wir uns danach nicht unbedingt richten. Gleichzeitig können wir, was die *GEO Specials* betrifft, auch sagen: Wir gehen nicht einfach danach vor, wo wohl die meisten Anzeigen lauern. Wir hätten sonst kein Special über Amazonien herausgebracht, keines über das Nordmeer, keines über Argentinien; das sind alles weitgehend anzeigenfreie Hefte geworden. Und dass sie es werden könnten, wussten wir vorher. Die Leser und die Themenqualität unserer Hefte müssen uns wichtiger sein. Und wichtig ist es auch, uns wenn möglich von Merian abzugrenzen oder vom *ADAC reisemagazin*. Ihnen überlassen wir viele Destinationen im europäischen Nahbereich, in denen ein Typus Tourist unterwegs ist, der, sagen wir mal, begrenzt abenteuerlustig ist. Wir widmen die *Specials* also eher nicht jenen Regionen, von denen wir wissen, dass vor allem Menschen dorthin fahren, die seit dreißig Jahren dasselbe Ferienhaus buchen. Allerdings hat die gesamte Branche hinzunehmen, dass einige der alten Erfolgsgaranten unter den Destinationen auch keine mehr sind: Früher waren es die großen, offenen Naturräume, in denen die Menschen, westlich geprägt, Englisch sprachen; Australien, Kanada, die USA und Neuseeland. Und es war, immer wieder, Ägypten. Diese Verlässlichkeiten gibt es nicht mehr. Und andere Ziele, etwa Bali, sind durch Terroranschläge auf Jahre hin „verbrannt". Es wird immer schwieriger, zu erahnen, was wohl ein Erfolg werden könnte.

Haben Sie mal eine Leserumfrage gemacht? So dass Sie da auch erhärtete Zahlen haben?

Natürlich machen wir Copy-Tests. Aber nur als flankierende Maßnahme, nicht als Guideline für unsere journalistischen Entscheidungen.

Die Sie also auch aus dem Bauch heraus treffen?

Der spielt mit. Und die Entflammbarkeit der beteiligten Redakteure. Wenn jemand auf ein Special über den Mond brennt, wird er überzeugende Ideen einbringen. Das ist auf jeden Fall ertragreicher, als nach Länge mal Breite mal Höhe der Übernachtungsstatistiken vorzugehen. Das Special über den Mond war erfolgreich, obwohl dort bislang nur zwölf Reisende gesichtet werden konnten.

Im Vergleich zu Merian und ADAC reisemagazin sind die Specials wahrscheinlich der Spezialist für das Exotische, für das Weitentfernte und für das, was vielleicht noch ein Kribbeln auslöst. Aber wenn man Amazonien nimmt, oder die Sahara, so sind das ja auch sehr heikle Weltregionen, mit sehr großen Problemen. Dort wünscht man sich unter Umständen keinen einzigen Touristen hin. Wie sehen Sie da Ihre Verantwortung gegenüber solchen Regionen?

Wir werden ab und zu mit dem Vorwurf konfrontiert, wir würden, indem wir etwas beschreiben, an dessen Zerstörung mitarbeiten. Und auf den ersten Blick ist da ja auch etwas dran. Andererseits: Journalisten sind in der Regel selten noch die ersten, die einen Raum erobern, sondern kommen meist schon auf der Spur von Entwicklungshelfern, Erdöl-Prospektoren, Logging-Firmen, auch Ferntouristen. Wir begegnen auch in Irian Jaya dem Zahnarzt aus Paderborn, dem Extrem-Touristen. Das ist die eine Seite. Dennoch müssen wir uns dessen bewusst sein, dass wir mit dazu beitragen, die letzten weißen Flecken auf der Erde einzufärben. Ich glaube da aber auch an eine gewisse Schutzfunktion, die der Journalismus haben kann. Es ist eine Menge Furchtbares in der Welt passiert, gerade deshalb, weil es keine Öffentlichkeit hatte. Es lässt sich halt besser ein wertvolles Biotop überschwemmen, wenn es unter Ausschluss der internationalen Öffentlichkeit geschieht. Der Fotograf Nick Nichols zum Beispiel, fast sein ganzes Leben im Dienst einer bestimmten Tierfotografie und überzeugt davon, dass er so etwas wie „die Seele der Tiere" in Bildern einfangen kann, hat einmal gesagt, er versuche, Schutzmauern aus Fotos um sie herum aufzubauen. Ja, generell sind wir Journalisten mitschuldig am „Kleinerwerden" der Welt, an den schwindenden Distanzen, am Entmystifizieren der Fremde und halt auch am Entromantisieren der letzten Winkel unseres Planeten. Aber ich halte das nicht nur für schlecht.

Sie haben in einem Reportage-Buch von Michael Haller über das Fremde und seine Darstellung im Journalismus geschrieben, über Stereotypen, über vorurteilsbehaftete Darstellung. Sie zeigen Sensibilität gegenüber diesen Problemen. Wie versuchen Sie, damit in der Redaktion umzugehen? Überarbeiten Sie unter Umständen Texte auf „political correctness" hin?

Aus tausend anderen Gründen überarbeiten wir fast jeden Text. Aber wie geht man mit der Darstellung des Fremden um? Das kann wirklich ambivalent sein. Journalistisch attraktiv sind ja, wie wir alle wissen, eher die Exzesse und die Extreme als die Normalität und die Mitte. Jeder Journalist muss schon qua Auftrag das Besondere aus dem Allgemeinen destillieren, muss nach Exempeln suchen, die für das Ganze stehen. Muss darum bemüht sein, seinem Thema Aufmerksamkeit zu verschaffen. Worauf wir aber aufpassen müssen, ist, dass er die erstbeste Aufregung nicht für die ganze Wahrheit nimmt. Würde ein Reporter aus Tasmanien ein Deutschland-Porträt anhand des Kölner Karnevals erarbeiten, dürfte er nicht zurückgehen und sagen: Das ist Deutschland. Es besteht die latente Gefahr, dass wir uns umgekehrt genau so aber verhalten. Wie kann man da gegensteuern? Vor allem, indem man die Sensation der Normalität entdeckt. Wir haben zum Beispiel ein Buch mit dem Titel „So lebt der Mensch" produziert, das fern alles Sensationellen den Besitz und die Träume von Durchschnittsfamilien in 30 Ländern dieser Erde bilanziert. Ein wunderschönes Buch über die Gemeinsamkeiten und die Antagonismen der „Weltfamilie", ganz ohne Glamour und ganz ohne Blut.
Ich glaube, wir können uns vor gewissen Klischees letztlich nur durch gezieltes Überdenken unserer Spontan-Reflexe schützen, und wir werden vorschnellen Urteilen doch nie ganz entkommen. Das liegt im Wesen dreiwöchiger Stippvisiten, die nicht zu verwechseln sind mit dem wirklichen Kennenlernen der Fremde. Mitunter schicken wir Teams mit dem ausdrücklichen Auftrag los, die üblichen Assoziationen, mit denen etwa ein Kontinent wie Afrika in unserem Bewusstsein nistet, zu konterkarieren; Aids, Armut, Bürgerkrieg. Wir sagen dem Team: Konzentriert euch auf die Vitalität, die Überlebenskunst, die Pfiffigkeit, die Cleverness, die Würde von Menschen, die im Elend leben, auf deren Einfallsreichtum. Das ist leichter gesagt als getan, aber notwendig. Es geht darum,

eine Art „positiven Kolonialismus" zu verhindern, der für Menschen der sogenannten Dritten Welt nur Mitleid hat, aber kein Gespür für deren Individualität
und deren Können.

*Ein völlig anderes Thema. Wie gehen Sie bei GEO mit Bildern um? Nach wel-
cher Logik bebildern Sie Ihre Texte? Kann es passieren, dass Sie sagen, wir
haben so wunderbare Bilder hier, wir machen eine Reportage danach?*

Ja, das kann passieren. Es kann deshalb passieren, weil Fotografen viel erleben,
wenn sie unterwegs sind, und weil sie uns entsprechend viele Vorschläge oder
komplette Geschichten auftischen. Oder zumindest anfotografierte Stücke. Ich
sagte ja schon: Wir wissen, wie wichtig die Fotografie für *GEO* ist. Entsprechend groß ist das standing der Fotografen. Wir arbeiten mit den besten weltweit, also längst nicht nur deutschen Fotografen. Viel auch mit französischen,
mit amerikanischen, mit Fotografen aus Russland, China, Indien und Lateinamerika, aus Italien, der Schweiz oder Dänemark. Sie alle haben eine eigene
Bildsprache, eine Eigenart, und die lassen wir tunlichst leben. Das heißt, unsere
Teams werden nicht mit dem Autor als Chef losgeschickt, sondern als zwei
gleichberechtigte Journalisten, die gegebenenfalls völlig getrennt voneinander
arbeiten. Dies ist vielleicht ein Spezifikum von *GEO*, weil wir darauf vertrauen
können, dass unsere Fotografen schon wissen, wie sie eine Geschichte visuell
entwickeln und erzählen können.

*Gibt es auch Geschichten, die vollständig aus der „Beschaffe" sind? Oder ist
das nur eine Ergänzung?*

Diese Ergänzung haben wir eher selten, denn wenn wir eine Geschichte bei
einem Fotografen in Auftrag geben, dann wollen wir seine Bildsprache nicht
verwässern. Aber es gibt natürlich auch Reportagen, für die das Bildmaterial aus
vielen verschiedenen Quellen beschafft werden muss; dann aber meist komplett.
Zum Beispiel bei historischen Sujets kann das nicht anders sein. Und dann gibt
es noch einen dritten Weg, den wohl kompliziertesten für Fotografen und unsere
Bildredaktion: Dabei geht es um konzeptionelle, eher symbolische Fotografie,
mit der visuell kaum Fassbares oder ungemein Komplexes eingefangen werden
muss. Also um die Frage, wie wir ein Thema wie die „Unendlichkeit", den
„Freien Willen", „Die Erforschung des Vakuums" oder schlicht die „Angst"
optisch transportieren können. Nach einem solchen Angang kann, bei allen
Beteiligten, die Sehnsucht nach einer ganz einfachen Reportage von der Oster-
insel ins Unermessliche wachsen.

7.2 Interview mit Andrea Bonder

Andrea Bonder ist Jahrgang 1972 und arbeitet als freie Reisejournalistin unter anderem für *REISE & PREISE*, das *America Journal* und den *Travelchannel*. Während des Studiums arbeitete sie sechs Monate bei der deutschsprachigen Zeitung *Die Woche in Australien* in Sydney und war vor ihrer Selbstständigkeit zweieinhalb Jahre lang Redakteurin im Wirtschaftsforschungsinstitut, Institut der deutschen Wirtschaft in Köln.

Wie wurden Sie Reisejournalistin?

Da ich schon immer gerne gereist bin und gerne geschrieben habe, war dies eine logische Konsequenz. In den Jahren bei der Schülerzeitung ist meine erste „Reisereportage" erschienen, über den Kirchentag in Berlin. Meiner Neigung entsprechend habe ich Sozialwissenschaften, Geographie und Geschichte an der Universität in Duisburg studiert. Das dortige Institut für Ostasienkunde ermöglichte mir die Themenschwerpunkte Fernost und Australien, eine mehrwöchige Geographieexkursion durch Westaustralien und die Diplomarbeit über australische Geschichte. In einem Praxissemester bei der Wochenzeitung *Die Woche in Australien* lernte ich von einem der Redakteure Lokaljournalismus mit Berichten über deutsche und australische Unternehmen, Messen und Veranstaltungen der deutschsprachigen Community. Nach dem Studium habe ich insgesamt drei Jahre fest angestellt gearbeitet, beim Institut der deutschen Wirtschaft Köln und bei der Unternehmensberatung McKinsey&Company. Seit 2000 bin ich freie Journalistin und schreibe vor allem über Reisen.

War dieser Weg einfach?

Der Start war relativ einfach, da damals „die Seiten zwischen den Anzeigen gefüllt werden mussten", die New Economy viele Texte einkaufte und viele Redakteure beschäftigte. Dann ging der Werbe- und Internetmarkt zurück, und viele Journalisten kamen auf den freien Markt. Ich hatte mir mittlerweile Stammkunden aufgebaut, für die ich bis heute regelmäßig tätig bin. Trotz des zunehmenden Konkurrenzdrucks unter Freien gewinne ich aber auch heute noch immer wieder neue Redaktionen als Kunden hinzu.

Haben Sie sich auf bestimmte Themen oder Länder spezialisiert?

Im Reisebereich ist mein Schwerpunkt Südostasien, vor allem Thailand, Vietnam, Malaysia, Singapur, Indonesien, China und Hongkong, außerdem Florida

und Australien. Über Asien schreibe ich auch touristische Fachartikel, bei-
spielsweise über Marketingstrategien von Zielgebieten und Entwicklungen bei
Airlines und Hotelketten. Außerdem mache ich gerne destinationsunabhängige
Themen wie Airlinetests und Preisvergleiche. Da ich immer mal wieder längere
Zeit in Vietnam gelebt habe, schreibe ich über das Land auch Wirtschaftsberich-
te.

Wie sieht Ihr Arbeitsalltag aus?

Ich habe in meinem Home-Office normale Bürozeiten wie angestellte Kollegen.
Bis zehn Uhr ist Ruhe zum Schreiben, da Redaktionen und Presseagenturen
meist dann anfangen. Dafür erreicht man seine Ansprechpartner oft auch um 19
Uhr noch. Textbriefings mit den Redaktionen finden telefonisch statt. Kommen
kurzfristige Anfragen oder stehen umfangreiche Recherchen an, verbringe ich
die Abende oder Wochenenden nicht selten im Büro. Auf der anderen Seite
finden mittags oder am frühen Abend Presseveranstaltungen statt, auf denen
man Kontakte knüpfen kann.

Wie kommen Sie an Ihre Aufträge?

Ich habe mir einen Stamm an Kunden aufgebaut, denen ich regelmäßig neue
Themen anbiete oder die mich mit Angeboten anrufen. Ich schaue mir immer
wieder Publikationen an, für die ich noch nicht tätig bin, und biete passende
Themen an. Auf Presseveranstaltungen habe ich Kontakte zu Redakteuren ge-
knüpft. Manchmal werden in Internetforen Journalisten für ganz bestimmte
Projekte gesucht. Darüber bin ich an einige Artikel und die Buchprojekte gekommen.

Für welche Medien schreiben Sie?

Vorwiegend für Endkunden-Zeitschriften wie *REISE & PREISE* und das *Ameri-
ca Journal*, die touristische Fachpresse, Internet- und Kundenmagazine sowie
Wirtschaftsnachrichtendienste und Newsletter. Bei einem Verlag habe ich vier
Bücher veröffentlicht, allerdings nicht im Reisebereich.

*Wie läuft der Kontakt zu einer neuen, unbekannten Redaktion, also eine „Kal-
takquise" aus?*

Ich besorge mit die Zeitung oder Zeitschrift, schaue mir die Auswahl und Aus-
richtung der Themen an und lese verschiedene Artikel, um den Stil und die

Informationstiefe kennen zu lernen. Dann rufe ich in der Redaktion an, finde die richtige Kontaktperson für Themenangebote heraus und ob überhaupt Bedarf an externen Texten – und wenn ja , welcher Art – besteht. Nach einer kurzen telefonischen Vorstellung nehmen sich die meisten Redakteure eine Minute Zeit, um ihren Bedarf zu beschreiben. Dann überlege ich mir mehrere passende Themen und maile sie an den Gesprächspartner. Falls nach einigen Tagen keine Antwort da ist, frage ich kurz telefonisch nach.

Da Redakteure täglich bis zu mehrere Hundert Emails erhalten, gehen reine Email-Vorstellungen von ihnen unbekannten Neuautoren darin unter. Eine Knock-out-Methode sind Massenrundmails, die nach dem Gießkannenprinzip womöglich noch mit für alle sichtbaren Verteiler herumgeschickt werden.

Arbeiten Sie auch in Netzwerken?

Gerade wenn man nicht in einem Redaktionsbüro tätig ist, sind persönliche Kontakte sehr wichtig. Über sie erfährt man beispielsweise, welche Redaktion gerade welchen Bedarf hat. Außerdem kann man sich gegenseitig den Redaktionen empfehlen und wiederum weiteren Kontakten vorstellen. Außerdem kann man sich gegenseitig bei der Recherche unterstützen. Ich nutze auch organisierte Netzwerke wie Journalistenstammtische, die es in einigen Städten sogar speziell für Reisejournalisten gibt. Außerdem branchenübergreifende Netze wie Xing (ehemals OpenBC), wo mich beispielsweise eine ehemalige Auftraggeberin „wieder entdeckte", woraus einige Aufträge entstanden. Jedes Jahr fahre ich außerdem zur Internationalen Tourismus-Börse (ITB) in Berlin, um Kontakte zu den Zielgebieten und zu anderen Journalisten aufzubauen oder aufzufrischen.

Wie finden Sie Ihre Themen?

Ich halte stets die Augen und Ohren offen, denn dann liegen die Themen „auf der Straße". Auf Recherchereisen entdeckt man auf den vereinbarten Terminen, links und rechts des Weges und durch Gespräche zahlreiche Themen. Außerdem versorgt die Reisebranche die Journalisten zunehmend mit gut recherchierten Pressemitteilungen und verwertbaren Themen, die dann als prima Ideengeber dienen. Im Internet finden sich in Reiseforen, ausländischen Fachdiensten und sogar auf privaten Websites über Reisen interessante Ideen. Natürlich lese ich auch die Fachpresse, die gängigen Reisezeitschriften und Reiseteile von Zeitungen, schaue Reisesendungen und besuche Reisemessen. Aus Gesprächen mit Freunden und Bekannten, die gerne von Erlebnissen auf ihren Reisen berichten, haben sich oft interessante Problematiken ergeben.

Können Sie auch persönliche Interessen bei der Themenwahl verfolgen?

Auf jeden Fall. Bei den Themenangeboten hat ja jeder selbst die Wahl, was er anbieten möchte. Im Laufe der Zeit kristallisieren sich dann Interessenschwerpunkte heraus, in denen Kompetenz aufgebaut wird. Das gibt auch gegenüber den Redaktionen Profil.

Gehen dem Reisejournalismus nicht langsam die Themen aus?

Weiße Flecken auf der Weltkarte gibt es natürlich kaum noch, aber neue Urlaubsziele entstehen natürlich immer wieder. Was variiert, ist der Ausschnitt und die Herangehensweise an ein Zielgebiet, was meist zu Cross-Themen führt. Über Thailand kann ich die klassische Rundreise erzählen oder Fahrradtouren durch Bangkok, Homestays im untouristischen Isaan, Yoga- und Massagekurse auf Koh Phangan und Elefantensafaris im Goldenen Dreieck thematisieren. Angesichts von über 200 Ländern ist die Vielfalt nahezu endlos. Dazu kommen eventbezogene Themen, beispielsweise anlässlich olympischer Spiele.

Welche Quellen benutzen Sie für Ihre Recherchen?

Für Reportagen sind Recherchereisen unerlässlich, um die Situation und Stimmung vor Ort zu erfahren und Detailinformationen zu sammeln. Ob ein Hotel wirklich so schön aussieht wie auf Fotos und wie teuer die Cola in der kleinen Kneipe daneben ist, lässt sich nur vor Ort herausfinden. Diese Recherche muss penibel sein, denn solche Informationen sind vom Schreibtisch aus nachträglich kaum noch zu beschaffen. Für Tests und eher „trockene" Vergleichsthemen ist das Internet sehr hilfreich, da insbesondere Preise und Bedingungen mittlerweile gut zu recherchieren sind und vor allem mit Datum ausgedruckt werden können. Rückfragen bei Fremdenverkehrsämtern, Airlines, Veranstaltern oder Hotels sind telefonisch am einfachsten, allerdings hat man Antworten per Email schwarz auf weiß – ein Vorteil, um Quellen zu belegen. Das gleiche gilt für Kataloge und Pressematerial, bei dem nur noch Details bei den Presseagenturen oder direkt beim Touristikunternehmen eingeholt werden müssen.

Wie verläuft der Prozess des Schreibens und der Texterstellung?

Ist die Recherche überwiegend abgeschlossen, schreibe ich den Text am Stück. In der Textplanung wird die Zeichenzahl, die als Textlänge von der Redaktion vorgegeben ist (falls nicht, unbedingt nachfragen!), in Informationsblöcke unterteilt. Wie viel Zeichen benötigt die Einleitung? Welche Aspekte sollen der Reihe nach behandelt werden? Kommen noch Infokästen, Adressfelder oder Tabellen dazu? Dann jedem Informationsblock eine ungefähre Zeichenzahl zuordnen und erst dann den Text schreiben. Macht man keine Planung, wird der Text meist viel zu lang und muss anschließend umständlich eingekürzt werden.

Passen Sie Ihre Schreibe den Auftraggebern an?

Auf jeden Fall, denn jeder Kunde ist völlig anders. Den Stil kann man gut aufsaugen, indem man sich ein, zwei Stunden in die Publikation einliest. Wichtig sind auch Formalia wie Dachzeilen, Einleitungen, Zwischenüberschriften und Schreibweisen, beispielsweise die Darstellung von Preisen (40 Dollar oder US$ 40 oder 40 US-$). Je weniger Änderungsaufwand ein Auftraggeber hat, desto eher wird er wieder einen Text bestellen.

Ändern die Auftraggeber manchmal die Texte?

Ja. Ist der Text stilistisch und formal gut gelungen und stimmt auch die Länge, fallen höchstens kleine Änderungen an. Ergeben sich im Laufe der Bearbeitung Änderungen (z.B. weil wegen Anzeigen mehr oder weniger Platz als erwartet zur Verfügung steht), rufen Redakteure wegen Änderungswünschen oder Nachlieferungen an. Mir persönlich machen Änderungen nichts aus, denn die Redakteure haben einfach mehr Überblick als man selbst als externer Journalist. Sie wissen, welche Aspekte vielleicht schon in einem vorigen Artikel genannt wurden, welches Bildmaterial vorhanden ist oder was bei Lesern besonders gut ankommt.

Verwerten Sie Geschichten auch mehrfach für verschiedene Medien?

Ein- und dieselbe Geschichte verkaufe ich nie, denn meine Kunden sind grundsätzlich verschieden. Wer aber für zehn Tageszeitungen schreibt, die in unterschiedlichen Verbreitungsgebieten erscheinen, kann dies natürlich tun. Aus ein- und derselben Recherchereise entstehen aber Artikel für verschiedene Auftraggeber.

Wie laufen die Vorbereitungen für die Reise?

Ich schätze selbst organisierte Reisen, da ich dann die Länder und Orte besuchen kann, die mich persönlich wirklich interessieren. Ich lese mich in Reiseführer ein, schaue mir Orte und Hotels im Internet an und frage Kollegen und Bekannte, die schon einmal dort waren. Dann kümmere ich mich um den Flug und stelle mir eine Reiseroute zusammen. Vor Ort lasse ich mir aber ausreichend Freiheit, die Pläne zu ändern, falls sich dort in Gespräche neue, interessante Themen und Regionen ergeben.

Wie lange sind Sie unterwegs?

In den Jahren, in denen ich in Vietnam war, kamen drei bis vier Monate im Jahr zusammen. Heute sind es zwei bis zweieinhalb Monate im Jahr. In manchen Ländern in Asien dauern Recherchen länger, weil das Reisen durch die Länder über Land sehr langwierig ist. Konzentriert man sich auf Nahziele in Europa, können die Reisen kürzer sein, da die lange Anreise zeitlich wegfällt und sich Städteziele an den Wochenenden recherchieren lassen.

Gab es auch schon einmal schwierige Situationen?

Gerade Reisen auf eigene Faust durch Entwicklungsländer sind nicht immer einfach, darauf sollte man sich einlassen können. Wer aber unterwegs seinen Menschenverstand walten lässt, wird keine Probleme haben – mehr als ein Handy ist mir in all den Jahren nicht abhanden gekommen. In der Woche vor dem Tsunami 2004 habe ich mehrere Inseln an der Westküste Thailands recherchiert und war kurz vorher aus der Region abgereist, musste aber – da viele Hotels zerstört waren – einige Aufträge abschreiben.

Wie werden Reisen finanziert?

Freie Journalisten gehen bei selbst organisierten Reisen finanziell immer in Vorleistung, da die Auftraggeber Artikel zu einem festen Seiten- oder Zeilenpreis abnehmen. Redaktionen, die Reisekosten übernehmen, sind selten, daher setzen die meisten Journalisten auf Pressereisen von Fremdenverkehrsämtern, Hotels, Airlines oder Veranstaltern. Generell muss man vorher genau kalkulieren, ob sich eine Recherchereise überhaupt rechnen kann. Von einem einzigen Zeitungsartikel ist nicht mal eine Recherchereise in Deutschland finanzierbar.

Was macht eine gute Reisereportage aus?

Echte Erlebnisse des Journalisten, die den Leser möglichst nah an Landschaften, Kulturen sowie schöne oder schreckliche Besonderheiten heranführen.

Welche Bedeutung haben die Bilder?

Meiner Meinung nach sind Bilder für die Leser der Einstieg ins Thema und Anreiz, einen Text zu lesen. Sie können die Attraktivität einer Destination unterstreichen und einer Erlebnisreportage Spannung verleihen. Für freie Journalisten, die gute Fotos machen können, bedeuten Bilder eine lukrative Zusatzeinnahmequelle. Es gibt sogar Auftraggeber, die auf die Bilder des Autors angewiesen sind, weil die Motive beispielsweise von abgelegenen Regionen oder neuen Entwicklungen bei Bildagenturen und freien Fotografen gar nicht verfügbar sind.

Hat sich der Reisejournalismus in den letzten Jahren verändert? Welche Trends gibt es im Reisejournalismus?

Er ist, wie man so schön sagt, nutzwertiger geworden. Der Nutzen muss für den Leser auf einen Blick zu erkennen sein, zum Beispiel durch tatsächlich zu bereisende Ziele und einen vernünftigen Infokasten. Generell erscheinen mehr und kürzere Artikel mit reinen Servicethemen. Die Leser scheinen weniger Zeit mit einem Artikel oder einer Publikation zu verbringen und konzentrieren sich auf die Artikel, die für sie einen unmittelbaren Nutzwert haben. Seit dem Billigfliegerboom scheint es zunehmend Geschichten über deren Zielgebiete zu geben. Das geht einher mit einem Mehr an Europazielen, da sie auch mit kleinerem Budget noch bereisbar sind. Auf der anderen Seite erscheinen mehr Artikel über Luxusreisen, da der Markt und die Nachfrage zunehmen.

Kann eine gute Reisereportage die eigentliche Reise ersetzen?

Nein. Eine Reportage ist immer subjektiv, so dass jeder Mensch das gelesene Erlebnis anders sehen oder bewerten würde.

Was möchten Sie beim Leser bewirken?

Bei *REISE & PREISE* haben wir jede Ausgabe viele Leser, die unsere Routen nachreisen. Es ist schön zu sehen, dass die Texte die Leute dazu animieren.

Wie gehen Sie mit dem Fremden um?

Fremdes erstaunt mich immer noch. Es ist interessant zu sehen, dass Menschen in anderen Ländern viele Dinge in ihrem Alltag ganz selbstverständlich anders machen. Wobei mir in Asien das ursprünglich Fremde mehr und mehr vertraut wird. Vor Ort adaptiere ich einige Dinge, wie einfache Worte der Landessprache und Verhaltensweisen.

Wie begegnen Sie Stereotypen?

Sowohl Journalisten als auch ihre Leser haben zunächst eine Vorstellung über das Ziel, um das es im Artikel gehen soll. Journalisten entdecken im Laufe der Recherche, welche davon der Realität entsprechen, welche Variationen und Abweichungen es davon gibt. Das muss er im Artikel rüberbringen, damit die Leser ihren Horizont diesbezüglich ebenfalls erweitern können.

Bedienen Sie Klischees?

Im Text kommen „typische" Eigenarten aus den Zielgebieten vor, aber meist nur am Rande. Für Einsteiger, die das Ziel noch nicht kennen, ist dies aber wichtig zur Orientierung. Würden Klischees fehlen, hätten die Leser das Gefühl, das Entscheidende wäre vergessen worden. Das würde die Kompetenz des ganzen Artikels in Frage stellen.

Denken Sie, dass Ihre journalistischen Darstellungen einer Destination der Realität gerecht werden?

Realitäten gibt es viele. Wenn fünf Journalisten gemeinsam durch ein Zielgebiet reisen und jeder eine Reportage schreibt, wird man aufgrund ihres Hintergrundes fünf unterschiedliche Realitäten und damit auch Geschichten erleben. Läuft auf einer Reise etwas schief (z.B. schlechtes Wetter), muss man dies abstrahieren können.

Wie subjektiv ist Ihre Reiseberichterstattung?

Das kommt auf den Bericht an. Eine Reportage muss subjektiv sein, da die Leser die realen Erfahrungen miterleben möchten. In einem Fachbericht über ein touristisches Unternehmen hat die persönliche Meinung nichts zu suchen, er sollte deskriptiv und auf Fakten basierend analytisch und kritisch sein. Auch persönliche, schlechte Erlebnisse haben primär nichts in Reiseberichten zu suchen, es sei denn, dass alle Reisenden davon beeinflusst sein werden.

Was würden Sie jungen Menschen raten, die gerne Reisejournalisten werden möchten?

Sie sollten nicht die naive Vorstellung haben, ständig in Urlaub zu fahren und dafür noch bezahlt zu werden. Freie Journalisten müssen generell gut organisieren können, diszipliniert arbeiten und ihr Handwerk verstehen. In einem fremden Umfeld auf Auslandsreisen gilt dies umso mehr. Unterwegs muss man außerdem mit den unterschiedlichsten Menschen umgehen können, da man es in einem Moment mit General Managern von Fünf-Sterne-Hotels und im nächsten mit einer Horde Taxifahrern zu tun hat. Wer sich in einem Zielgebiet schon richtig gut auskennt, sollte überlegen, für ein tolles Renommee einen Reiseführer zu recherchieren und schreiben. Auf Reisen muss man in kürzester Zeit so viel wie möglich sehen, ist von früh bis spät unterwegs, schafft es nur selten in den Pool und muss sich zu Hause dennoch „Schönen Urlaub!" wünschen lassen.

7.3 Interview mit Tomas Niederberghaus

Tomas Niederberghaus ist fester Autor der *ZEIT* und schreibt regelmäßig für *GEO SAISON*.

Hallo Herr Niederberghaus, Sie kommen gerade aus Kairo zurück von einer Recherchereise für eine Reportage. Sie möchten aber darüber eher nicht sprechen, warum nicht?

Ich glaube, dass die Energie und das Ganze, was man so auffängt, aufsaugt und wahrnimmt, verfliegt, wenn man zuviel darüber redet. Ich halte es grundsätzlich so, dass ich nicht darüber spreche. Ich schreibe es in meinen Computer rein und dann steht's erst einmal da und dann kann ich's anderen erzählen, Freunden, Bekannten oder wem auch immer.

Das heißt, das würde ein bisschen die Frische rausnehmen, die ersten Eindrücke? Die müssen Sie erst schriftlich verarbeiten, deswegen möchten Sie nicht darüber sprechen?

Ja, je öfter man es erzählt, desto banaler kommt es einem vor und man langweilt sich dann irgendwann selber in dem Thema. Es ist ein spannendes Thema, man greift Sachen auf, die exotisch sind und die Brüche haben. Aber nach dem fünften Mal erzählen wird es weniger und weniger und man lässt dieses und jenes Detail weg und fasst sich immer kürzer. Deshalb, und um die Details zu wahren, mache ich das eben nicht.

Das Thema verliert dann an Faszination, für Sie selbst auch, nicht wahr?

Es steht irgendwann schon die nächste Reportage an und man möchte die Geschichte kompakt und gebündelt im Kopf behalten. Dann raus damit und dann hofft man, dass es mehr oder weniger gut ankommt.

Wie sind Sie Reisejournalist geworden?

Ich war nach einem Volontariat bei der Heilbronner Stimme ein Jahr lang Korrespondent für die *taz* in Prag. In der Zeit kamen auch sehr viele Anfragen von der Reiseredaktion, ob ich nicht dieses oder jenes machen könnte. Außerdem haben mich die Reisethemen einfach interessiert, das rein Politische lese ich zwar gerne, muss es aber nicht unbedingt schreiben. Ich bin gerne mit Menschen im Ausland zusammen, unterhalte mich mit ihnen und versuche so viel wie möglich über ein Land zu erfahren. Während der Zeit in Prag hat sich die Reisereportage für mich als Form heraus kristallisiert. Über diesen Aufenthalt kam ich in die Reiseredaktion der *taz* in Berlin.

Als Sie in Prag waren und zunächst im Politikbereich für die taz geschrieben haben, wurden Sie gefragt, ob Sie nicht auch etwas zum Thema Reise machen können oder haben Sie dies selber aktiv akquiriert, sind also auf Leute zugegangen?

Sowohl als auch. Edith Kresta aus der Reiseredaktion der taz rief an und sagte: „Kannst Du uns was über Mähren oder über Böhmen machen?" Oder: „Möchtest Du Dir das und das mal angucken?" Das kam vor, aber es gab auch Themen, die mir persönlich sehr wichtig waren. Ich habe dann irgendwann mal in einer Zeitung vor Ort gelesen, dass es noch Höhlenmenschen gibt, die in der Tschechoslowakei wohnen. Was für ein Thema! So habe ich mich aufgemacht, bin in die Slowakei gefahren mit einer Fotografin und dann haben wir diese Geschichte über die Höhlenmenschen dort gemacht. Das sind alte Höhlen, die als Schutz gegen die Türken gebaut wurden. Die Leute haben sich dorthin zurückgezogen, als der Krieg mit den Türken war. So kamen solche Themen zustande.

Wie leben diese Menschen in den Höhlen?

Die Höhlen in Felsen eingeschlagen, ausgestattet mit spärlichem Mobiliar und Schlafplätzen. Eine Höhle mit Haustür sozusagen. Es gibt Elektrizität, aber es gibt keine sanitären Einrichtungen.

Sie sind einfach Ihrer Neugier gefolgt in Bezug auf den Reisejournalismus?

Ja. Ich hab Französisch studiert und habe es abgebrochen und irgendwann, nicht wissend, was ich nun tun sollte, habe ich dann Tourismus-Betriebswirtschaft studiert und war mit Tourismus sozusagen konfrontiert, wollte aber nie in dieses typische Management. Ich habe mich während des Studiums schon für andere Bereiche des Tourismus interessiert: Auswirkungen des Tourismus, sozioökonomische Auswirkungen, soziokulturelle Auswirkungen usw. Das war dann mehr mein Bereich, den ich mir in diesem Studium gesucht habe – somit war ich durchaus vorbelastet.

Der Wechsel von der Politik zur Reise, der war also nicht so schwierig. War es generell schwierig, in den Journalismus reinzukommen?

Nein, es war für mich nicht schwierig, ich bin wirklich durch einen Zufall reingekommen, weil mein Professor mich gefragt hat, ob ich abends einen Artikel über eine Aufführung in der Uni schreibe, über eine Theateraufführung. Er könne das nicht machen, er sei krank. Ich hatte bisher nie etwas damit zu tun gehabt, habe es dann gemacht und bei der Zeitung abgegeben. Die haben das eins zu eins abgedruckt und mich dann gefragt, ob ich regelmäßig für sie schreiben könnte. So kam ich dann rein, habe eine Zeit lang frei für sie geschrieben und dann haben die mir ein Volontariat angeboten.

Wann war das ungefähr?

Anfang der 90er.

Wie lange waren Sie dann bei der taz?

Insgesamt ein gutes Jahr als Korrespondent, dann war ich in der Redaktion in Berlin vielleicht noch zwei Jahre. Da mir das Klima in der Redaktion nicht passte, habe ich jahrelang frei für die *taz* geschrieben und ging dann zum Tagesspiegel.

Irgendwann haben Sie als Auftraggeber auch die ZEIT und GEO SAISON gehabt. Wie kam das?

Von der *ZEIT* bin ich angesprochen worden, ob ich für sie schreibe. Ich kriegte einen Auftrag und wurde in die Türkei geschickt. Damit war ich dann sozusagen drin. Und hatte dann jahrelang für sie aus Berlin als Freier geschrieben. Irgendwann kam dann die Anfrage, ob ich mir vorstellen könnte, in der Redaktion in Hamburg zu arbeiten. Ich habe das abgelehnt, weil ich mir dachte, ich kann nicht in einem Redaktionszimmer sitzen und anderer Leute Artikel bearbeiten und vielleicht über Texten sitzen, die ich gerne selber geschrieben hätte. Beim zweiten Mal habe ich es dann doch gemacht, bin nach Hamburg gezogen, und war insgesamt fünf Jahre in der Redaktion – bis mich das Redigieren und Bearbeiten der Texte anderer Journalisten langweilte.

Sie haben ja den direkten Vergleich. Wie unterscheidet sich genau die Redaktionsarbeit von der Arbeit als freier Reisejournalist?

In der Redaktion ist man sehr mit Konzeptionellem beschäftigt, das heißt welche Themen macht man, wann stehen Themen an? Was macht man im Frühjahr? Wo wollen Reisende hin? Man denkt in einer gewissen Weise serviceorientiert, lässt sich aber nicht davon abbringen, auch Themen zu machen, auf die man Lust hat, die niemand nachreisen kann, die einfach in irgendeiner Form interessant sind. Der Unterschied liegt vielleicht darin, dass man im Sinne des Ganzen konzeptionell arbeitet und guckt, was machen wir auf welchen Seiten? Wir haben ja ein Gemisch aus großen und kleinen Texten. Welche journalistischen Gattungen bedienen wir? Machen wir mal ein Interview? Eine Reportage oder ein Portrait über ein Unternehmen? Und als freier Autor und Journalist – wobei ich sagen muss, ich bin vertraglich an die *ZEIT* gebunden als Autor – kann ich mir meine Themen selber aussuchen. Das heißt, ich überlege mir irgendwas und denke, das kann interessant sein. Ich mache mir, ehrlich gesagt, nicht so viele Gedanken darüber, ob es andere interessiert. Bei Rücksprachen mit der Redaktion finden die es meistens auch interessant, wobei ich im Gegensatz zu vielen anderen Kollegen vielleicht nicht eine gewisse Serviceorientiertheit in meinen Themen verfolge. Mich interessiert etwas. Ich habe aber nicht bei meinen Geschichten den Gedanken, das muss man nachreisen können, oder das muss man machen können. Ich spreche jetzt aber für die *ZEIT*, es ist ein bisschen anders bei *GEO SAISON*.

Das klingt ja zunächst mal sehr stark auch nach Selbstverwirklichung, wenn Sie sagen: Ich mach das, was mich interessiert. Ich suche mir meine Themen und schlage sie der Redaktion vor. Kommt es denn auch vor, dass die Redaktion Themenvorschläge von Ihnen ablehnt?

Das kommt vielleicht einmal im Jahr vor, dass die sagen: Ach, das interessiert uns jetzt nicht so. Und wenn ich dann sage, ich möchte es trotzdem machen, dann machen sie es meistens. Aber eigentlich finden sie es immer interessant und ich habe kein Problem, die Texte oder die Themen unterzubringen. Ganz im Gegenteil: wenn ich dann mal eines nicht mache, sind sie schon pikiert. Ich habe bisher kein Problem, ein Thema unterzubringen. Gott sei Dank.

Wie groß ist das Ressort Reise bei der ZEIT? Wie viele Leute arbeiten dort?

Es gibt neben der Ressortleitung drei Redakteure und eine Pauschalistin, die für Reisebücher zuständig ist. Man muss selber Gefallen an dem Thema und einen Zugang dazu finden. Einfach Interesse aufbringen, und das ist es ja, was Journalismus ausmacht. Neugier, keine Dienstleistungs- und Auftragsarbeit. Wenn

GEO SAISON mich fragt: „Möchten Sie einen Text schreiben über ...?", dann sage ich entweder „ja", wenn es mich interessiert, oder „nein, es ist kein Thema für mich."

Das heißt dann, bei GEO SAISON können Sie nicht ganz so frei arbeiten? Sie müssen sich eher dem Konzept fügen, Sie werden eher angesprochen? Oder können Sie dort auch Themen vorschlagen?

Ich schlage auch grundsätzlich Themen vor und zu 90 Prozent nimmt man die Themen auch. Und dann krieg ich auch mal die Frage: Hätten Sie Lust, das und das zu machen? Dann sage ich: Ja, mache ich. Aber wie gesagt, meistens trage ich meine Ideen vor. Unlängst bot ich *GEO SAISON* eine Geschichte zum Thema „Cool Pools" an. Ich schlug vor, eine Strecke zu machen mit den tollsten Hotelpools der Welt, ich schrieb dazu einen Essay über die Kulturgeschichte des Pools. Die Geschichte ist in der neuesten Nummer von *GEO SAISON*.

Gibt es Unterschiede im Schreiben, wenn Sie für die Zeit und GEO SAISON schreiben und von einem Auftrag zu nächsten switchen? Legt sich bei Ihnen so ein bisschen ein Schalter um, dass Sie wissen, so, jetzt muss ich einen bestimmten Stil fahren, oder jetzt habe ich eine andere Leserschaft? Oder können Sie Ihrem Stil treu bleiben unabhängig davon, für welche Zeitung Sie schreiben?

Noch ist es Gott sei dank so, dass man Leute fragt und beschäftigt, weil man den Stil eines Autors mag. Wobei es Unterschiede gibt, tatsächlich, auch in der Art bei *GEO SAISON* und bei der *ZEIT*. Bei der *ZEIT* habe ich eine gewisse Narrenfreiheit. Ich kann bei denen schreiben, wie ich will.
Ich habe etwas über Miami gemacht, das war ziemlich durchgeknallt. Das kann man nicht in jeder Zeitung oder jedem Magazin schreiben. Es passte aber zum Thema, das ohnehin ein wenig sophisticated war. Vom Ton her und sowieso. Ich habe das Thema aufgegriffen und mir zu eigen gemacht. Es kamen auch Leserbriefe: Was ist das denn für ein arroganter Pinsel usw. Aber damit kann ich gut leben. Und man kann nicht von allen gemocht werden für seine Texte. Dieser Text zum Beispiel wäre bei *GEO* nicht gegangen, weil er sehr subjektiv war und wenig Nutzwert hatte. Er war unterhaltend geschrieben. Es ging einfach nur darum: Herr Niederberghaus lässt sich während der Art Basel in Miami von Party zu Party treiben.

Sie schreiben für die ZEIT und für GEO SAISON. Sind das Ihre beiden Hauptauftraggeber? Oder machen Sie für andere Zeitungen Sachen zwischendurch?

Selten, weil ich nicht dazu komme. Ich mache viel für die *ZEIT* und relativ viel für *GEO SAISON* und habe letztes Jahr auch ein Buch geschrieben, das bei Eichborn erschien. Zudem habe ich einen Mops und einen Partner. Das alles will betreut, gepflegt und bearbeitet und geliebt werden. Ich könnte theoretisch den gleichen Artikel, den ich für die *ZEIT* mache, noch einmal versuchen, im Ausland zu verkaufen, in der Schweiz zum Beispiel, da ich jedoch sehr wenig Eigenmarketing betreibe und mir diese Akquise sehr unangenehm ist, finde ich es besser, wenn man auf mich zukommt. Ich gehe nirgends hin und sage „Guten Tag, mein Name: Tomas Niederberghaus. Ich würde gerne für Sie schreiben."

Sie machen auch ein Seminar zum Thema Reisejournalismus an der Hamburg Media School. Was vermitteln Sie den Studierenden? Was versuchen Sie zu transportieren? Es sind ja Studierende, die vielleicht schon die ein oder andere journalistische Erfahrung haben, aber jetzt noch nicht im Berufsleben stehen. Was geben Sie denen mit auf den Weg?

Inhaltlich geht es zum einen darum, wie Reportagen, wie Themen entstehen und wie der Umgang mit Redaktionen ist. Es geht aber auch darum, den Studierenden zu vermitteln, dass eben eine Reisereportage eine besondere Reportage ist, weil sie – und ich spreche da vielleicht nicht für Kollegen, aber in meinen Augen ist das so – das Subjektivste ist, was es gibt. Ich hege keinen Anspruch auf Objektivität in dem, was ich schreibe. Und ich glaube, alle die es versuchen, sitzen einem Irrtum auf. Denn in der Art, wie ich ein Land bereise, wie ich durch das Land reise, kann ich gar nicht objektiv sein. Ich gucke eine halbe Stunde nicht nach links und verpasse irgendetwas, was vielleicht wichtig ist, ein Monument, das man erwähnen sollte, wenn man Reisereportage als Reiseführer versteht. Ich glaube, dass man sich von dem Anspruch verabschieden sollte. Also ich habe mich davon verabschiedet und bin davon überzeugt, das keine Reisereportage einen objektiven Anspruch haben kann. Es sei denn, ich fahre in ein Land und habe ein vorgefertigtes Thema wie in anderen Bereichen des Journalismus. Wenn ich ein Portrait über ein Land schreibe, kann ich nicht objektiv sein, weil ich kein Thema habe. Wenn ich mir ein Thema vornehme „Frauen im Islam" zum Beispiel, dann bin ich an eine gewisse Objektivität gebunden. Ich muss Leute sprechen, die sich mit dem Thema auseinandersetzen. Wenn das Thema heißt: Einmal durch Marokko oder Tunesien, dann hat es nichts mit Objektivität zu tun, sondern dann ist der Reisende als Schreiber selbst auch ein Thema, er greift Dinge auf, die ihn persönlich interessieren, er hat einen Blickwinkel, der durch seine eigene Sozialisationen entstanden ist. Ich glaube, es wäre der Untergang des Reisejournalismus, wenn man glaubt, objektivieren zu können.

Wie kommen Sie auf die Themen? Fällt Ihnen das morgens unter der Dusche ein? Lassen Sie sich inspirieren, indem Sie andere Magazine zum Thema Reise durchsehen? Recherchieren Sie im Internet? Wie fällt Ihnen ein Thema ein?

Es kann abends bei einem Glas Wein passieren. Es kann sein, dass ich tatsächlich unter der Dusche stehe und merke, das ist es. Es kann sein, dass ich eine Meldung in einer Zeitung sehe, die sehr skurril ist und ich denke mir, da steht ein großes Thema hinter. Wie kann man nur eine Meldung daraus machen? Es kann auch sein, dass ich vor Ort bin und eigentlich ein ganz anderes Thema im Kopf hatte, wie im Fall Miami. Es war eigentlich Messe, die Art Basel, und es gab 7000 Parties, die alle völlig durchgeknallt waren und ich dachte, man muss das jetzt genau so rüberbringen, wie es ist, nämlich über eine völlig merkwürdige, skurrile Gesellschaft schreiben, der es gar nicht um Kunst geht, sondern um ihre Pradahemdchen und Guccischläppchen. Und dann kriegt es dadurch was Eigenes. Die Geschichte, wie die Redaktion mir dann sagte, hat es so auch noch nicht gegeben. Ein Thema entwickelt sich manchmal aus einer Laune, manchmal aus einem Interesse, indem man ein bisschen recherchiert, indem man woanders liest. Manchmal auch durch einen Nebensatz in einer anderen Reisereportage, wo man sich denkt: aha, das hat der Kollege irgendwie nicht mehr für wichtig erachtet, aber ich fahre jetzt dahin, um nur das zu machen.

Die Reisen, die Sie machen, werden diese mit von den Tourismusveranstaltern finanziert oder werden die gänzlich von den Redaktionen getragen?

Das ist sehr unterschiedlich. Ich bin grundsätzlich in einer sehr angenehmen Situation, weil die *ZEIT* ein Budget hat für die Reisen und das auch finanziert. Das heißt, man muss nicht irgendwo „betteln" gehen, um eine Reise finanziert zu bekommen, aber durch die Vielzahl der Reisen lässt sich eine Mischfinanzierung gar nicht vermeiden. Die Länder haben ein bestimmtes Budget, um Reisejournalisten aus anderen Ländern einzuladen, und Fremdenverkehrsämter unterstützen uns. Veranstalter laden ganz konkret zu Reisen ein, die ich so gut wie nicht in Anspruch nehme. Dadurch, dass ich meine Themen selber aussuche, gibt es sie nicht als Veranstalterangebot. Wenn ich Veranstalterreisen mitmache, sage ich denen sofort, Sie können mich gerne da und dorthin einladen, ich möchte aber das und das Thema recherchieren. Ich spiele dann mit offenen Karten und sage: Sie werden nicht das und das Thema erwarten können. Dann können die sich überlegen, ob sie darauf eingehen oder nicht. Dadurch, dass ich sehr viele Hotelthemen mache, gibt es Hoteleinladungen von Hotels und Veranstaltern und auch da, glaube ich, weiß man, dass ich nicht das schreibe, was sie möchten. Ich stehe auf dem Index bei einer Hotelgruppe, das heißt, dass ich mal einen bösen Verriss über eines ihrer Häuser gemacht habe und in keines ihrer Häuser mehr eingeladen werde. Wenn ich schreibe, was ich über ein Hotel denke, kann das größten Ärger verursachen. Ich sage denen auch vor Ort schon: „Ich halte von Ihrem Hotel nichts, weil ..." und begründe das dann natürlich. Und ich schreibe es, weil ich finde, man ist verpflichtet gegenüber den Lesern, um sie vor den 700-Euro-die-Nacht-Kaschemmen zu warnen. Wenn ich eine Lobeshymne auf ein schlechtes Hotel schriebe, würden die Leser mich massakrieren oder würden die Zeitung abbestellen und mir persönlich keinen Glauben mehr schenken.

Dann haben Sie sicher auch schon mal entsprechende Drohungen oder Verunglimpfungen von den Veranstaltern zu hören bekommen, oder? Wenn sie finanzieren, dann wollen sie ganz sicher keinen Negativbericht haben.

Es gibt alles. Es gibt Veranstalter, die dann anrufen und empört sind. Es gibt Situationen, in denen sie versuchen, Journalisten kleine Annehmlichkeiten oder auch große zukommen zu lassen. Man findet dann auf dem Nachttisch eine kleine Gratifikation vor. Ich gebe sie grundsätzlich zurück, denn ich werde von meiner Zeitung bezahlt und ich möchte nicht vom Veranstalter bezahlt werden. Es ist alles möglich und der Einfluss wird größer. Die Leute glauben, mit einer Einladung eines Journalisten kaufen sie sich das Recht auf einen großen, gefälligen Artikel. Unlängst gab es eine Einladung nach Mallorca. Es ging darum, sich ein Wochenende ein Hotel anzugucken und nach Besichtigung dieses Hotels stellte sich heraus, dass es eine Katastrophe war. Ich hatte keine Lust, darüber zu schreiben, ich hätte es verrissen. In dem Hotel stimmte gar nichts. Dann kam ein Anruf, wann denn jetzt der Artikel erscheine. Ich bat dann die Leute, eine Rechnung zu schicken über alle angefallenen Kosten. Was sie nicht taten. Ich verstehe meine Arbeit wie die eines Theaterkritikers – gerade bei Hotels. Er zahlt keinen Eintritt und kann sich dann überlegen, ob einen positiven Beitrag oder einen Verriss schreibt, oder ob er auch einen großen Artikel schreibt und mehrere Aufführungen vergleicht oder sonstwas. Das sage ich auch Veranstaltern vorher, weil ich nicht möchte, dass man in eine Situation kommt und sozusagen als verlängerter Arm dieser Industrie gesehen wird.

Muss man dazu einen entsprechenden Namen haben in der Branche, um sich das „leisten" zu können, derart unabhängig und seriös zu sein, oder hängt das schlicht und ergreifend mit den Zeitungen zusammen, für die Sie schreiben? Das ZEIT-Reiseressort hat einen gewissen Anspruch, einen gewissen Namen, und GEO SAISON ist ja auch nicht unbekannt. Diese Magazine stehen für Qualitätsjournalismus. Hängt das eher mit den Medien zusammen, oder damit, dass man sich als Journalist einen Namen gemacht hat und das entsprechende Standing damit erworben hat?

Ich glaube sowohl als auch. Wenn man mich einlädt, jetzt bin ich seit zehn bis 15 Jahren in diesem Metier, weiß man, der Niederberghaus schreibt so oder so sein eigenes Ding. Das eine geht aber mit dem anderen einher, dass man sagt, wenn man die *ZEIT* einlädt, ist ein kluger Verriss immer noch angenehmer, als gar nicht zu erscheinen. Denn auch ein Verriss ist in irgendeiner Form etwas, über das man spricht. Man muss Leser auch nicht für dumm verkaufen. Es gibt auch welche, die meine Meinung nicht teilen und sagen, ich fahr da jetzt trotzdem hin. Das heißt: eine Erwähnung ist immer mehr als nichts. Bei einigen Medien kann man sich vielleicht mehr erlauben als bei anderen. Ich höre das auch von Kollegen zum Beispiel, die dann sagen, bei der *ZEIT* ist man das, oder bei der *FAZ* ist man jenes gewohnt. Ich kenne ein anderes Beispiel von einem Kollegen einer sehr großen Zeitung, Gott sei Dank arbeitet er jetzt nur noch als schreibender Rentner, er ist korrupt bis auf die Knochen. Er steckt nicht nur Gelder ein, sondern bedroht Hoteliers und lässt sich die Gelder auf ein Schweizer Konto schicken. Von großen Hotels erhält er monatliche Zahlungen. Er müsste das eigentlich nicht. Es gibt eben solche und solche. Gehen Sie zum Zahnarzt – dort können Sie es auch schlecht treffen. Der Journalist ist da, glaube ich, nicht besser als andere Berufsgruppen auch.

Themenwechsel. Noch mal zurück zu der eigentlichen Reise, zum eigentlichen Reisejournalismus. Wie bereiten Sie sich auf eine Reise vor? Sie haben Ihr Thema, Sie haben es anrecherchiert, Sie haben vielleicht ein Exposé geschrieben oder grob das Ganze skizziert, Sie haben es der Redaktion vorgeschlagen. Die Redaktion ist einverstanden. Was passiert dann?

Ich versuche mich einzulesen. Es klappt nicht immer. Manchmal finde ich den sehr unvoreingenommenen Blick auch sehr gut. Es kommt darauf an, wie man das Thema anlegen will. Ich glaube, dass es manchmal gut ist, in ein Land zu kommen, von dem man nichts weiß. Es kommt natürlich auf das Land an. Wenn Sie nach Frankreich fahren, erfahren Sie keinen kulturellen Schock. Bei afrikanischen Ländern oder in bestimmten Regionen Asiens haben Sie einfach einen Clash. Dieser Clash kann auch dazu beitragen, eine gewisse Wachheit und etwas Forsches hervorzubringen, andererseits auch in Stereotype zu verfallen. Man kann sich auch nicht davor feien, manchmal in Klischees zu tappen. Andererseits kann man aber auch irgendwie versuchen, mit Klischees zu spielen und sie zu übertreiben, so dass der Leser dann merkt, man hebt sie dadurch wieder auf. Um auf Ihre Frage zurückzukommen: Ich versuche mich grundsätzlich einzulesen und besorge mir Literatur. Meistens nicht Reiseführer, sondern die Werke irgendwelcher Schriftsteller, die über das Land geschrieben haben, um ein Gefühl für ein Land zu bekommen Dann vergesse ich das alles und fahre los und habe im Hinterkopf eine Idee. Ich erkenne bestimmte Dinge dann vielleicht wieder oder ich erkenne sie nicht wieder oder ich sehe sie anders. Ich lese etwas darüber, um es für mich zu speichern und um etwas über ein Land zu wissen, aber mir andererseits nicht die eigene Neugier zu nehmen.

Wie lange sind Sie vor Ort?

Unterschiedlich. Wenn ich ein reines Hotelthema mache, muss ich nur in dieses Hotel rein, muss ein bisschen was über die Landschaft einbetten, dann reichen mir zwei, drei Tage. Wenn ich eine Reportage für die Zeit mache und schreibe über die türkische Südküste, bin ich bestimmt acht Tage unterwegs.

Und die Schreibphase anschließend, wie lange dauert die? Fangen Sie eventuell schon an, auf dem Rückflug, oder während Sie da sind, erste Skizzen zu erstellen?

Ich schreibe grundsätzlich mit der Hand vor Ort. Ich nehme auch keinen Laptop mit. Ich schreibe auch nicht wie manche Kollegen, was ich sehr bewundere, die Reportage schon im Flieger. Das kann ich nicht, weil ich eine Phase brauche, alles zu verarbeiten, es zu verdauen. Dann komme ich hier wieder an, versuche mich wieder in meinen Alltag einzufinden und dann setze ich mich hin. Ich bin kein schneller Schreiber. Ich kann schnell schreiben, aber ich möchte nicht schnell schreiben. Ich brauche für eine große Geschichte eine Woche. Und das finde ich nicht schlecht. Das können andere vielleicht in zwei Tagen. Wenn die Redaktion anruft und sagt, die brauchen es jetzt doch, und zwar bis übermorgen, kann ich das auch machen, mag das aber nicht. Ich mag keine Schnellschüsse. Vielleicht bin ich auch nicht umsonst bei einer Wochenzeitung oder bei einem Monatsmagazin. Wo das vielleicht doch etwas anderes ist, wenn man bei einer Tageszeitung ist. Wobei ich auch sagen muss, manche Geschichten lesen sich vielleicht, als seien sie ganz schnell geschrieben. Weil sie auch schnell laufen. Aber es steckt einfach eine wahnsinnige Arbeit dahinter. Und je leichter sie werden, desto größer ist der Aufwand.

Redigieren Sie dann viel, oder schreiben Sie und dann steht das Ganze, oder machen Sie mehrere Anläufe, mehrere Varianten, bis Sie zufrieden sind?

Ich brauche oft einen Tag für den ersten Satz, danach läuft es dann. Es gibt eine große Skepsis vor dem Anfang, da überlegt man hin und her, wägt dieses und jenes ab, bis sich ein Aufbau herauskristallisiert. Ich schreibe von Satz zu Satz und habe auch schon das Ende vor Augen. Dann mache ich nichts mehr dran und schicke es meistens so weg, wie es ist. Jeder Artikel ist harte Arbeit, es geht mir nicht leicht von der Hand. Auch nach zehn oder fünfzehn Jahren nicht. Ich bin nach einem Artikel wirklich erschöpft.

Arbeiten Sie auch in Netzwerken, sind Sie vernetzt mit anderen Reisejournalisten?

Nein, das will ich auch nicht. Auf der ITB gibt es einen Stammtisch mit Reisejournalisten, die treffen sich jedes Mal dienstags dort. Das sind Journalisten, die sich sozusagen als die besseren Journalisten verstehen, die nicht korrupt sind. Wie geht man mit Themen um, darüber tauscht man sich inhaltlich aus. In welche Richtung geht der Journalismus. Grundsätzlich bin ich nicht vernetzt, weil ich mich nicht von anderen beeinflussen lassen will. Ich mache mein Ding. Und möchte das auch nicht so. Ich mag keine Gruppen-Pressereisen. Ich möchte nicht hören, was andere davon denken, möchte nicht mit denen am Tisch sitzen. Ich habe nichts gegen Kollegen, ich freue mich, sie zu sehen. Aber was die Arbeit angeht, bin ich sehr einzelgängerisch.

Gab es schon mal auf einer Reise eine schwierige Situation? Sie fahren auch in ungewöhnliche Länder, machen eigenwillige Geschichten. Wurde es auf Ihren Reisen schon einmal gefährlich?

Ja. Das gibt es immer wieder, wobei ich sagen muss, dass ich keine Angst habe vor irgendetwas. Und mich auch nicht scheue, in irgendwelche Sachen reinzugehen. Ich habe meistens nur positive Erfahrungen. Wenn irgendwas passiert, passiert es, weil es wirklich vor Ort mal passieren kann, weil es eine gewisse Kriminalität gibt, in Afrika zum Beispiel. Ich bin schon überfallen worden. Ich versuche, das nicht auf mich zu beziehen. Es sind arme Schlucker, die brauchen Geld. Wobei ich nicht Kriminalität legitimieren möchte. Es passiert immer mal was. In Rio bin ich überfallen worden, auf offener Straße zusammengeschlagen worden, man hat mir das bisschen, was ich auf der Straße mit mir trug, genommen. Es kann immer irgendwas passieren, weil Reisen eben auch heißt, sich auf Abenteuer einzulassen. Weil es eben nicht die geglättete heile Katalogwelt gibt. Ich war mal in einem brennenden Flieger, das Cockpit brannte. Der Pilot ist runtergegangen und es war ein Wunder, dass er diese Maschine nicht bruchgelandet hat. Es war zwischen Lamu, einer Insel vor Kenia, und Mombasa. Wir gingen mitten im Busch runter. Es war ein kleiner Flieger, es gab ein Unwetter und die Maschine brannte. Sowas kann immer mal vorkommen. Ich lasse das Reisen deswegen nicht. Ich glaube, die Gefahr, dass im Ausland was passiert, ist genauso groß, als wenn ich hier von der Leiter falle, weil ich gerade eine Gardine aufhänge. 9/11 hat uns sensibilisiert. Und ich glaube auch, dass Touristen und ausländische Reisende mehr und mehr im Fokus von Gewalttätern stehen. Man kann sich nicht davor feien. Wenn es passiert, passiert es – durch einen Attentäter oder durch einen Herzinfarkt. Es ist das Schicksal des Einzelnen.

Ein gewisses Risiko bleibt immer.

Je mehr man im Auto sitzt, desto größer ist die Wahrscheinlichkeit, an einem Autounfall zu sterben. Das ist einfach qua Statistik so.

Sie machen das Ganze schon ein paar Jahre, den Reisejournalismus. Haben Sie Trendveränderungen beobachtet? Einmal, was die Destinationen angeht, vielleicht auch Trendveränderungen in den Redaktionen, was Themenfindung angeht? Generell Trends, was Reisereportagen angeht, hat sich da der Stil geändert? Haben sich die Vorlieben der Leser geändert? Haben Sie persönlich sich vielleicht im Laufe der Zeit geändert? Haben Sie eine Entwicklung durchlaufen in der Form Ihres Schreibens?

Ja, es hat sich viel geändert, glaube ich. Inhaltlich hat sich einiges verändert, bezüglich dessen, was die Zeitungen wollen, hat sich einiges verändert. Früher hat man eine Reisereportage mit viel stärkeren Bezügen zur Geschichte geschrieben. Ich glaube, es besteht ein weniger großes Interesse an Geschichte, was ich sehr schade finde. Wobei man auch Geschichte so und so vermitteln kann, es liegt nicht an der Geschichte, es liegt an der Vermittlung der Geschichte. Man kann sie auch spannend aufbereiten. Aber grundsätzlich zeigt sich, dass es nicht so ist. Das ist ein Trend. Es muss jünger und frischer sein. Es muss – sehr oft fällt der Begriff – es muss sexy sein. Was auch immer es heißt, keine Ahnung. Wobei es glaube ich nichts mit Sex zu tun hat, sondern es muss irgendwie sozusagen einer gewissen Form des Zeitgeistes entsprechen, frisch geschrieben sein. Ich glaube, auch in der Art zu schreiben, kürzere Sätze. Die Leute wollen sich angeblich nicht mehr durch lange Sätze quälen, wobei ich finde, wenn lange Sätze gut geschrieben sind, ist es keine Qual sondern eine Freude. Meine Sätze werden länger. Ich habe früher kürzer geschrieben. Dann gibt es einen Trend in der Wahl der Destinationen. Ich glaube, es gibt einfach

Fluktuationen innerhalb Europas, das heißt, mal ist ungeachtet politischer, wirtschaftlicher Lagen Spanien mehr im Trend, mal die Türkei.

Die Leute reisen auch anders?

Ich glaube, dass sich parallel zur gesellschaftlichen Veränderung auch die Art des Reisens verändert hat, das heißt, es herrscht ein enormer Druck auf Arbeitnehmer heutzutage. Der Profit eines Unternehmens wird auf dem Rücken der Arbeitnehmer erwirtschaftet. Es gibt immer weniger Leute, die immer mehr arbeiten. Man kann das auch in Redaktionen beobachten. Das heißt, sie sind ausgepowert, haben einfach keine Kraft mehr, wollen sich einfach nur erholen, dafür ist ein gutes Hotel wichtig. Vielen ist es egal, ob dieses Hotel in Italien oder Südfrankreich steht. Hotels sind also zu einer eigenen Destination geworden.

Reisen sind allgemein kürzer geworden, und der Erholungswert muss relativ hoch sein. Das erklärt auch, warum Wellness ein Trend geworden ist. Hinzu kommen Fragen wie: Möchte ich wirklich zwölf Stunden in einem Flieger sitzen, um mich dann zehn Tage zu erholen? Oder reise ich in ein Hotel, wo ich wirklich gepampert werde, wo ich wirklich einen guten Service habe, und zu Sachen komme, zu denen ich sonst nicht komme, zum Beispiel Lesen. Das ist einer der Trends, nicht *der* Trend, sondern ein Trend, oder eine Erklärung für verändertes Reiseverhalten.

Sie geben ja in Seminaren auch Reisejournalismus an Studierende weiter. Was würden Sie jemandem raten, der Reisejournalist werden will, der vielleicht ein bisschen für eine Schülerzeitung gearbeitet hat. Ein junger Mensch, der diesen Berufswunsch entdeckt, und der Sie zufällig kennenlernt und Sie fragt: wie werde ich Reisejournalist, was muss ich beachten? Was würden Sie so jemandem raten?

Ich würde ihm raten, seiner persönlichen Neugier nachzugehen. Und ich glaube, dass sich ein Thema besser unterbringen lässt, je persönlicher, individueller und ausgefallener es ist. Er sollte auch den Mut dazu zu haben, es so ausgefallen wie möglich zu machen und nicht von vornherein einem gewissen Mainstream unterliegen. Dennoch bin ich der Ansicht, dass es allgemein sehr schwierig ist, sich als Reisejournalist zu etablieren und zu finanzieren. Es ist ein großes Problem, weil Geschichten nicht vom Schreibtisch aus recherchiert werden, weil man lange unterwegs ist, lange daran schreibt und relativ schlecht entlohnt wird. Es ist ein Beruf, der einem selber viel gibt, aber man kann ihn nicht für Geld machen. Man kann ihn nicht machen, um damit eine vierköpfige Familie zu finanzieren. Oder man begibt sich in eine andere Form und wird zum verlängerten Arm einer Industrie oder schreibt in Schablonen. Wenn man aber eine sehr offene Art und ein Interesse an Ländern hat, und eine sehr idealistische Vorstellung von Dingen, was man schreiben will, kann man das nicht machen. Ich rate jedem sich reich zu verheiraten, um dann seinen Leidenschaften nachzugehen.

Würden Sie sich selber als Idealisten bezeichnen?

Es ist immer schwierig, über sich selbst zu urteilen. Ich hatte immer gewisse Ideale und werde sie auch weiterhin haben.

Sie würden Newcomern zu einer gewissen Eigenwilligkeit raten? So habe ich jetzt auch Ihre Vorworte interpretiert.

Ja, je eigenwilliger, desto besser. Es ist wie mit der Kunst. Worüber spricht man? Über Werke, nicht über Kunsthandwerke. Das ist vielleicht der Unterschied.

Denken Sie, dass Leser Reisereportagen überwiegend lesen, um dann dahinzufahren, oder dass durchaus auch als Ersatz für die Reise nehmen, quasi als Fantasiereise? Sie genießen den schönen Text und die Worte, die Szenerie, die dann vor dem inneren Auge entsteht, die Bilder. Oder denken Sie, dass eine Reisereportage die Grundlage ist für den Leser, wirklich dahin zu reisen?

Wenn Sie mich persönlich fragen: ich muss nicht überall hin, aber ich lese das gerne, wenn es toll geschrieben ist. Die Leute wollen auch träumen. Der Schreiber reist für sie durch ein Land, weil sie es sich selber nicht leisten können oder nicht die Zeit dazu haben. Natürlich gibt es aber auch solche, die konkrete Tipps erwarten, um sich selbst auf den Weg zu machen ...

Neues Thema: „Begegnung mit dem Fremden". Sie bewegen sich in fremden Kulturen. Sie reisen in alle Gegenden der Welt. Ist das für Sie schwierig? Nehmen Sie sich etwas Besonderes vor, zum Beispiel eine gewisse Form der Unvoreingenommenheit? Und wie verhält es sich mit Klischees, jeder hat ja seine Vorstellung, von der man sich nicht frei machen kann. Sei es durch Vorstellungen, die man im Laufe des Lebens entwickelt hat, sei es, wenn man ein Thema anrecherchiert, dann sortiert man Dinge ja auch schon ein in bestimmte Schubladen. Wie gehen Sie damit um? Akzeptieren Sie das? Sie kommen ja auch aus einem bestimmten Kulturkreis und sind nun mal Europäer. Oder versuchen Sie, dann eine Form von Unvoreingenommenheit herzustellen? Oder sagen Sie, das schaffe ich eh nicht, ich akzeptiere, dass ich eben auch meine Klischees, meine Schubladen habe?

Wir können uns alle von Klischees nicht freisprechen. Das geht gar nicht. Auch mit zunehmender Intellektualität wird das nie klappen, es hat auch nichts damit zu tun. Ich glaube, es ist mit den Klischees ähnlich wie mit den Gerüchten. Der Volksmund sagt: alle Gerüchte stimmen. Die Frage ist, wie geht man damit um, wenn man vor Ort ist. Ich versuche, mich von Klischees freizumachen, aber ich bin nie ganz frei davon. Wie soll ich davon frei sein? Ich bin kein Buddha. Manchmal macht es mir sogar Spaß, in den Klischees herumzutrampeln und das aufzubereiten und freue mich schon über die Leserbriefe von irgendwelchen Gymnasiallehrern, die dann sagen, das ist aber alles anders.

Leserbriefschreiber, gerade im Reisebereich, sind durchaus besserwisserisch. Es kommt dann rüber, was dieser Journalist kann, kann ich auch, oder: Ich war schon einmal da, es ist alles ganz anders. Wie gehen Sie damit um?

Ich finde es toll. Im Gegensatz zu anderen Kollegen, die sich denken: „Oh Gott, was habe ich gemacht?" finde ich es toll, wenn es eine kontroverse Meinung auslöst. Und da ich Dinge manchmal bewusst zuspitze, nehme ich Leserbriefe in Kauf. Ich finde das auch gut, weil ich dann merke, ich werde gelesen, und die Leute setzen sich damit auseinander. Nichts ist schlimmer, als keine Reaktion zu bekommen. Das führt zuweilen zu absurden Situationen. Eine Leserbriefschreiberin hat mir mal den Tod gewünscht. Sie schrieb: Mein Sohn ist Arzt in der Berliner Charité, ich hoffe, dass Sie mal auf der Intensivstation liegen und er einfach die Geräte abschaltet. Ich nehme es humorvoll.

Genau wie in der Kunst: Was polarisiert, hat eine Wirkung. Was Kontroversen hervorruft, hat auf jeden Fall etwas bewirkt.

Die Redaktion bekommt oft Leserbriefe zu meinen Artikeln. Ich kann nicht mit dem Blick eines anderen in ein Land fahren. Das ist mein Blick und da schließt sich eben der Bogen, dass ich glaube, nichts ist objektiv in der Reisereportage. Und wer es allen versucht recht zu machen, der macht es keinem mehr recht. Je größer der Allgemeinkonsens ist, desto schlechter ist der Artikel, finde ich. Was allen gefällt, ist nichts Besonderes.

Sie haben ein Buch geschrieben, das haben Sie eben erwähnt. Worüber geht dieses Buch? Auch über Themen der Reise?

Ja. Es ist ein Reisebuch. Es ist ein Buch über Hotels. Es heißt ,Menschen in Hotels'. Der Versuch, das Leben in einem Hotel so vielfältig wie möglich darzustellen, eben ein Buch über Leute, die dort wohnen, die ein Hotel besitzen, die ein Hotel betreiben, die Stammgast sind, die dort angestellt sind. Und eben auch, und das ist mir wichtig, ein Buch, das Brüche aufzeigt. Jede heile Welt hat ihre Schattenseiten. Deshalb sind in diesem Buch auch Beiträge über Leute, die dort arbeiten. Und ein Beitrag, der mir auch sehr am Herzen lag, war ein Portrait über einen jungen Äthiopier, der im teuersten Hotel Afrikas, dem Sheraton Adis Abeba, arbeitet und drei Minuten entfernt in einer Wellblechhütte wohnt. Das muss man sich immer wieder vergegenwärtigen. Ich gehe in ein Hotel, weil ich dort Bedienstete habe, die ich mir zu Hause nie leisten könnte. Ich liebe das. Aber ich frage mich, auf welche Kosten passiert das und wie entsteht das? Das ist auch ein Aspekt in dem Buch. Daneben gibt es Portraits über Dauergäste wie Vladimir Nabokov und Udo Lindenberg sowie beispielsweise einen Text über ein Treffen mit Paris Hilton im Hilton Paris.

Sie haben ja sicher schon viel von der Welt gesehen. Welche Länder würden Sie gerne noch bereisen? Beziehungsweise welche Themen möchten Sie gerne noch angehen?

Das ist schwierig zu sagen, weil ich mir das nicht vornehme. Ich verbinde ein Thema nicht unbedingt mit einem Land. Ich kann irgendwas hören aus einem Land, und das interessiert mich, wobei mich grundsätzlich Afrika mehr interessiert als Asien. Ich glaube, es gibt zwei Fraktionen, die Asien-Liebhaber und Afrika-Liebhaber. Es langweilt mich nie, nach Afrika zu fahren. Wenn Sie mich fragen, was interessiert Sie, wo möchten Sie noch einmal hin, dann kann ich nur sagen: Immer wieder nach Afrika. Das Tolle am Reisen ist ja, dass man, je öfter man irgendwo hinkommt, ein viel größeres Differenzierungsvermögen hat. Dass plötzlich Afrika nicht bloß Afrika ist, sondern ein riesengroßer Kontinent. Und eine verschleierte Frau ist nicht eine verschleierte Frau. Man blickt in zigtausend verschiedene Augen, die Differenzen zeigen sich nur noch in Augenform und Augenfarbe. Die Differenzierung wird immer größer, deshalb wird es nie langweilig. Ich liebe es, nach Afrika zu fahren. Aber das heißt nicht, dass es mich nicht interessiert, nach Brasilien zu fahren. Was mich gar nicht interessiert ist zum Beispiel der Nordpol oder Alaska.

Haben Sie mal einen Preis gekriegt für eine Reportage? Sind Sie mal mit etwas bedacht worden, ausgezeichnet worden?

Ich habe noch nie etwas eingereicht. Ich habe mal einen Preis bekommen als Volontär, von der Carl-Duisberg-Gesellschaft damals für eine Seite, die ich über Tourismus gemacht hatte während meines Volontariats, aber das hat die Ressort-Leiterin eingereicht. Ich glaube, dass Preise nicht viel zu sagen haben. Ich reiße mich nicht darum. Ich reiche nie irgendetwas ein, ich gucke nicht wie andere, wo kann man einen Preis bekommen. Ich mache nicht meinen Job, um einen Preis zu bekommen.

Wo geht es als nächstes hin?

Wenn wir vom Ausland sprechen, geht es aller Voraussicht nach in die Türkei.

Und wann erscheint Ihr Beitrag über Kairo?

Jetzt irgendwann bald. Im Februar.

Vielleicht noch eine Frage zum Thema Bild: Wie wichtig finden Sie Bilder? Haben Sie Einfluss auf die Auswahl der Bilder? Arbeiten Sie selber mit Fotografen zusammen?

Ich liebe – ungeachtet dessen, dass ich mich gerne mit Texten beschäftige und gerne lese – Bilder. Ich liebe auch Fotos. Ich finde Fotos hervorragend, ich finde Fotos auch wichtig. Ich finde außerdem, dass Fotos, um letztlich auf Ihre Frage zurückzukommen, was sich verändert hat, ich glaube, die Bereitschaft, einen Text zu lesen, läuft heute mehr über Bilder als früher. Also früher lief das über das Thema, und die Leute brauchten kein Bild. Und ich glaube, dass die Leute heute aufgrund der großen Konkurrenz der Bilder auch ein Bild brauchen. Der Reisejournalismus bietet sozusagen fantastische Möglichkeiten, um etwas fotografisch und bildlich umzusetzen. Ich schau mir das in Magazinen genauso gerne an und lasse mich auch manchmal, selbst wenn mich ein Thema nicht so interessiert, über die Bilder einfangen. Das ist die eine Seite. Und die andere Seite ist, dass ich nicht gerne mit einem Fotografen reise, es sei denn, er heißt Olaf Fippinger. Ich möchte mich grundsätzlich nicht abstimmen mit einem Fotografen. Ich möchte nicht ein Interview mit jemandem machen und der Fotograf muss noch ein Foto schießen. Das ist gerade so in Kairo gewesen. Das stresst mich. Ich kann sagen, ich bin da und da gewesen. Das war das Thema.

Dann kann der Fotograf das fotografieren oder auch nicht. Die Redaktionen denken, dass es keine Text-Bild-Schere geben darf, sondern dass sich das ergänzen muss. Ich finde, es muss sich nicht unbedingt ergänzen. Es muss erst mal Lust machen, um den Einstieg zu finden, aber die Flamencotänzerin, die ich interviewe, muss nicht unbedingt die Flamencotänzerin sein, die der Fotograf wunderbar in Szene setzt. Es wäre schön, wenn sich das ergänzt und es macht natürlich dann noch mal eine Authentizität aus. Bilder sind wichtig, aber die schönsten Bilder entstehen beim Lesen im Kopf.

Wie sieht denn ein typischer Tag im Leben des Reisejournalisten Tomas Niederberghaus aus?

Der steht früh auf. Der steht sehr früh auf, weil er nur morgens schreiben kann. Ich kann nur zwischen acht und halb eins schreiben. Und alles, was dann passiert: Anrufe, mit Redaktionen sprechen, mit dem Hund spazieren gehen, Essen, Mittagsschlaf, so. Wenn man täglich vier, fünf Stunden schreibt, ist das viel. Andere mögen vielleicht denken, man, hat der es schön, geht nachmittags um die Hamburger Alster spazieren. Aber das ist wichtig, um mir Gedanken darüber zu machen, was ich geschrieben habe, oder was ich mal schreiben will oder wo ich hin will, oder einfach, um zu verarbeiten. Gute Ideen kommen dabei. Deshalb liebe ich es auch, frei zu arbeiten, weil man frei viel kreativer ist. Um Kreativität zu haben, muss man frei sein. Wenn es eine Regelmäßigkeit gibt, ist es von morgens acht bis um halb eins am Schreibtisch zu sitzen und zu schreiben. Nun kann man auch sagen, andere würden das sehen als Halbtagsjob, was es nicht ist. Ich genieße die Freiheit auch, mir sagen zu können, ich gehe nachmittags jetzt schwimmen, weil ich nicht mehr an den Schreibtisch kann. Und dafür kann es sein, dass ich abends um elf da sitze und ein Buch lese, das mit der Vorbereitung meiner nächsten Reise zu tun hat.

Darf man Sie stören zwischen acht und halb eins, oder ist das so ein geschützter Raum, wo Sie dann auch vielleicht bewusst das Handy ausmachen, das Telefon leiser stellen?

Manchmal stelle ich alles ab. Natürlich nicht, wenn ich auf einen Anruf warte. Ist es dann jemand anderes, dann kann ich schon mal genervt reagieren. Ich habe selber mal ein Interview führen wollen und habe einen Komponisten angerufen und der schnauzte mich am Telefon an und sagte: „Wie können Sie mich in meinem kreativen Prozess stören?" Dann sagte ich: „Warum nehmen Sie ab. Es gibt doch kein Bildtelefon, ich kann nicht sehen, dass Sie komponieren."

Reisejournalismus wird immer belächelt. Und andererseits merke ich, dass es auch eine gewisse Form des Neides erzeugt. Man reist herum, und die anderen sitzen am Schreibtisch in ihren Redaktionskemenaten und können telefonieren und schreiben ihre Themen zusammen. Man bewegt sich als Reisejournalist immer auf dem schmalen Grat zwischen Verachtung und Bewunderung. Mir ist es völlig egal, was andere darüber denken. Ich mach den Job nicht für andere, sondern ich mache es, weil ich es möchte. Solange ich mit meiner Leidenschaft Geld verdienen kann, ist es gut.

Sie haben Ihren eigenen Stil und Sie schreiben eben Ihre Schreibe. Kann man sagen, dass es auch Kriterien gibt, ganz allgemein, was eine gute Reisereportage ausmacht? Kann man sagen, da gibt es ein paar Elemente, die sind wichtig, damit eine Reisereportage wirklich gut wird?

Für andere sind das Objektivitätskriterien, für mich ist das eine Form von emotionalen Zugaben. Ich glaube, wenn eine Reisereportage Emotionen erzeugen kann und beim Leser irgendwas auslöst, ist es eine gute Reportage. Wenn es ihn kalt lässt, legt er sie nach einem Einstieg zur Seite und denkt, es interessiert mich nicht. Aber wenn es eine gute Reportage ist, und ich mich jetzt als Leser in sie hinein versetze, dann lese ich sie durch und ich erfahre was über ein Land, egal ob das subjektiv oder objektiv ist, es löst Emotionen aus, es löst Träume aus, es löst vielleicht auch Widerwillen aus, in das Land zu reisen, es bestätigt die Klischees vielleicht. Eine gute Reportage ist, glaube ich, eine Reportage, die einen emotionalen Zugang zum Text ermöglicht.

7.4 Interview mit Bernhard Lill

Bernhard Lill ist Jahrgang 1968, absolvierte die Henri-Nannen-Schule und arbeitet als freier Reisejournalist für *stern*, *Brigitte* und das *ADAC reisemagazin*.

Hallo Herr Lill, Sie sind Reisejournalist, wo kommen Sie denn gerade her?

Meine letzte Reise ist schon ein paar Monate her: Da war ich in Kroatien und habe „Inselhüpfen" gemacht, eine Rucksacktour.

Wie sind Sie überhaupt Reisejournalist geworden?

Ich wollte immer Journalist werden, aber nicht unbedingt Reisejournalist. Für mich war einfach klar, seit ich zehn Jahre war und meine erste Geschichte über einen Hundertmarkschein geschrieben habe, dass Schreiben etwas ist, was ich gerne mache, und das mit dem Reisejournalismus hat sich dann erst später ergeben.

Sie haben auch den Hundertmarkschein dafür bekommen, oder wie war das?

Schön wär's gewesen. Das war so: Es war ein verregneter Nachmittag in Oberösterreich, wo ich mit meinen Eltern zehn Jahre lang hingefahren bin als Kind. Und es waren keine anderen Kinder da, mir war langweilig, keiner wollte mit mir spielen. Meine Mutter sagte: Bernhard, setz Dich hin und schreib doch mal eine Geschichte auf. Und das habe ich dann gemacht und habe mir eine Geschichte ausgedacht über das Leben eines Hundertmarkscheins von seiner Geburt in der Presse bis zu seinem Altersruhesitz im Safe eines Millionärs.

Können Sie das noch ein bisschen detaillierter erläutern? Ihr Weg, Ihre ersten Schritte im Journalismus und dann der Weg in den Reisejournalismus – wie es dann zur Spezialisierung kam?

Irgendwann mit 18 Jahren, kurz vor dem Abitur, habe ich beschlossen, erste journalistische Erfahrungen zu sammeln – als freier Mitarbeiter. Ich bin bei der *Hannoverschen Allgemeinen Zeitung* in Hannover einfach reinspaziert ohne einen Termin, und ich war auf dem besten Wege zum Büro des Chefredakteurs, weil ich mal gelesen hatte, dass Journalisten möglichst schnell und geradlinig gehen sollten, und die Sekretärin konnte mich gerade noch abfangen und sagen: Da kommen Sie so nicht rein. Sie müssen schon einen Termin machen. Und dann habe ich mich schriftlich beworben. Und die *Hannoversche Allgemeine*

Zeitung wollte mich nicht, die *Neue Presse* wollte mich nicht. Schließlich bin ich bei einem Blatt der katholischen Kirche gelandet, und die haben gesagt: Schreib uns zwei Geschichten. Und wenn Du es gut machst, dann nehmen wir Dich. Und so habe ich angefangen. Später habe ich studiert, weil ich wusste, dass ich als Journalist ein abgeschlossenes Studium brauche, wenn ich einen guten Job haben will. Ich habe Geschichte und Englisch studiert in Münster, habe dann abgeschlossen mit dem ersten Staatsexamen und bin schließlich nach verschiedenen Praktika beim Rundfunk und bei Tageszeitungen bei der Henri-Nannen-Schule gelandet. Das ist die Journalistenschule des Verlags Gruner + Jahr in Hamburg. Dort habe ich anderthalb Jahre meine Ausbildung gemacht. Danach habe ich erst frei gearbeitet und bin dann Reiseredakteur bei *Brigitte* geworden. Ich habe mich zwar schon immer fürs Reisen und für fremde Kulturen interessiert, hatte aber nicht von Anfang an vor, Reiseredakteur zu werden.

Sie arbeiten jetzt als freier Journalist? Für welche Medien arbeiten Sie?

Ich arbeite für drei Zeitschriften, was Reisereportagen angeht, und zwar für *Brigitte*, für den *stern* und für das *ADAC reisemagazin*.

Und Sie hatten vorher eine Stelle als fester Redakteur. Arbeiten Sie jetzt freiwillig frei, oder wurden Sie outgesourced, oder ziehen Sie einfach die Tätigkeit als freier Journalist der festen Redaktionsstelle vor?

Ich habe mich freiwillig selbstständig gemacht. Ich hatte zuletzt einen festen Vertrag bei der Zeitschrift *Max*, wollte aber eigentlich immer frei arbeiten. Ich hatte mir nach der Ausbildung gedacht, ich würde gerne ein paar Jahre bei Magazinen arbeiten, um noch Erfahrung zu sammeln, auch um zu wissen, wie Redakteure denken. Was ich dann gebrauchen kann als freier Journalist. Und es war nur eine Frage der Zeit, bis ich mich selbstständig machen wollte.

Welche Vorteile sehen Sie darin, frei zu arbeiten, gegenüber einer Redaktionsstelle? Warum haben Sie sich für die Selbstständigkeit entschieden?

Dazu muss ich sagen, dass ich ja nicht nur Reisereportagen schreibe. Ich bin auch Dozent an der Akademie für Publizistik und unterrichte Auszubildende, also Volontäre, im journalistischen Schreiben, im Nachrichten schreiben. Und ich arbeite für unterschiedliche Redaktionen als freier Redakteur. Für die Zeitschrift *Brigitte* produziere ich zum Beispiel ein Buchspezial zur Frankfurter Buchmesse.

Und es ist eben diese Mischung, die Ihnen auch mehr Freiheiten lässt, sich vielleicht auch selber zu verwirklichen, die Sie einfach einer Festanstellung vorziehen, nehme ich mal an?

Ja, genau. Bei einer Festanstellung könnte ich nicht so viele unterschiedliche Sachen machen. Und es hat noch einen anderen Vorteil: Ich muss mein Leben nicht ausschließlich mit Schreiben verdienen. Wenn ich mir jetzt vorstelle, dass ich vielleicht ausschließlich Reisereportagen schreiben müsste, um Geld zu verdienen, und das vielleicht noch die nächsten 30 bis 35 Jahre, dann wüsste ich vielleicht irgendwann nicht mehr, was ich schreiben sollte.

Das ist ein gutes Stichwort. Würden Sie sagen, dass dem Reisejournalismus die Themen ausgehen?

Nein, auch wenn es vielleicht manchmal den Anschein hat, besonders wenn jedes Jahr in vielen Reiseteilen hartnäckig dieselben Themen auftauchen: zum Beispiel die Kirschblüte auf Mallorca oder die blühenden Lavendelfelder der Provence. Ich bin dabei gar nicht sicher, ob das die Leser wirklich immer wieder interessiert oder ob die Redaktionen nur denken, dass es so ist.

Sind Sie eigentlich spezialisiert auf Themen oder auch Länder, oder bestimmte Arten, bestimmte Stile?

Nein. Allerdings habe ich mich schon während meines Geschichts-Studiums für Indien interessiert, und ich war öfter in Indien. Außerdem habe ich in England studiert und in Amerika. Deswegen ergibt sich da ein Interesse aus meinem Studium, aus meinem Werdegang heraus: Indien, Großbritannien, Amerika. Aber ich habe sonst keinen Schwerpunkt. Das ergibt sich immer aufgrund der Geschichte selbst. Wenn ich eine Geschichte interessant finde, dann könnte das eine Reisegeschichte in Wuppertal sein, oder eben irgendwo anders. Es ist die Geschichte, die zählt, und nicht so sehr das Land.

Was macht eine Geschichte interessant?

Sie muss dem Leser etwas Neues vermitteln, ihm ungewöhnliche Eindrücke verschaffen. Etwas Neues kann heißen, dass die Geschichte ihm etwas zeigt, was er vorher nicht wusste. Ihm zum Beispiel die Region eines Landes oder die Ecken einer Stadt vorstellt, die er vorher nicht kannte. Oder sie bürstet scheinbar altbekanntes Wissen gegen den Strich. Dann ist die Aussage der Geschichte: Seht her, hier ist nicht alles so, wie wir uns das vorgestellt haben. Was mich an

Reisereportagen besonders interessiert, das sind die Menschen. Es ist spannend, über Menschen ein Land kennen zu lernen, und ich finde es langweilig, etwas über den zehntausendsten schönen Sandstrand oder Sonnenuntergang zu lesen.

Woher kommt Ihr Interesse für Indien? Hängt das mit Spezialisierungen im Studium zusammen? Was fasziniert Sie an Indien?

Das hat sich so ergeben. Ich habe in Amerika studiert, habe dort zwei Inder kennen gelernt, die mich eingeladen haben, mit ihnen nach der Collegezeit durch Indien zu reisen. Das habe ich zwei Monate gemacht. Es hat sich daraus ein Buchprojekt entwickelt. Ein Reisebuch, was ich danach veröffentlicht habe. Das Interesse war geweckt. Ich habe mich im Studium dann weiter mit Indien beschäftigt und meine Abschlussarbeit über britische Kolonialpolitik in Indien geschrieben. So war das eigentlich eher wie bei einem Mosaikbild, wo ein Steinchen ins andere passt.

Wie sieht ein typischer Tag im Leben des Reisejournalisten Lill aus?

Gott sei Dank gibt es keine typischen Tage. Aber es geht vielleicht eher darum, wie ich mich von zu Hause aus auf eine Reise vorbereite oder wie ich zu Themen komme, die ich dann den Magazinen anbiete. Das sieht erst einmal so aus, dass ich recherchiere. Punkt eins: Ich weiß ungefähr, was die Magazine so in der letzten Zeit gebracht haben. Beim *ADAC reisemagazin* erkundige ich mich auch direkt, welche Länder in den nächsten Heften geplant sind, und mache dazu Themenvorschläge. Punkt zwei der Recherche: Wenn ich die Ziele kenne, lese ich mich ein. Zum einen übers Internet, zum anderen über Reiseführer wie *Lonely Planet* oder *DuMont*, wenn ich das Land nicht schon selbst bereist habe. Der dritte Schritt ist dann zu gucken, was haben andere Magazine über das Land, über die Region, über die Stadt veröffentlicht, damit ich weiß, was schon geschrieben worden ist. Im vierten Schritt entwickle ich meine Ideen: Welchen neuen Aspekt könnte ich da rein bringen?

Sie haben ja ein paar Stammredaktionen, Redaktionen, für die Sie schon länger arbeiten. Da vermute ich, Sie schlagen\Themen vor oder die Redaktionen fragen Themen an. Wenn Sie mal an eine neue Redaktion herantreten, also quasi eine Kaltakquise machen, wie stellen Sie einen solchen Erstkontakt her?

Ich arbeite hauptsächlich mit diesen drei Redaktionen zusammen. Aber ich kann Ihnen erzählen, wie es beim *ADAC reisemagazin* gelaufen ist. Und zwar habe ich ihnen einfach eine Bewerbungsmappe geschickt, mit Texten von mir, mit

Reisereportagen. Ich glaube, es war auch eine Glosse dabei, also verschiedene Stücke. Und dann ist es zu einem Gespräch gekommen.

Wie oft im Jahr sind Sie weg und wie lange sind Sie vor Ort?

Das ist sehr unterschiedlich. Es hängt auch davon ab, für wen ich arbeite. Wenn ich für den *stern* arbeite, bin ich im Schnitt eine gute Woche unterwegs, weil es oft Ziele in Europa sind. Für *Brigitte* kann es auch schon mal länger sein, ich war zwei Wochen in Birma, also in Myanmar. Für das *ADAC reisemagazin* bin ich drei Wochen durch Indien gereist. Die Zeit variiert und hängt immer auch vom Thema ab. Letztes Jahr war ich nur drei Mal unterwegs. Es gibt Jahre, in denen ich sechs Mal unterwegs bin. Weil ich nie Pressereisen mitmache, sondern mir die Themen von den Redaktionen vorgeschlagen werden, oder ich die Themen selbst vorschlage, bereite ich die Reise auch immer in Eigenregie vor. Ich verlasse mich nicht darauf, dass ein Reiseveranstalter oder eine Tourismuszentralen mir eine Pressereise organisiert. So sind also zwischen drei und sechs Reisen neben den Sachen, die ich sonst mache, realistisch. Andernfalls könnte man das mit der Vorbereitung, der Durchführung und dem Schreiben, glaube ich, nicht wirklich gut machen.

Womit wir beim Thema Pressereise sind. Wenn Sie sagen, Sie machen keine, wie finanzieren Sie Ihre Reisen denn dann?

Die drei Magazine, für die ich arbeite, übernehmen die Reisekosten. Es kann sein, dass ich eine Reisekostenabrechnung mache, oder ich bekomme eine Reisespesenpauschale, die die Ausgaben deckt.

Wenn Sie dann von Ihrer Reise zurück sind, wie verläuft der Schreibprozess? Sie sind ja voll von Eindrücken, schreiben Sie sich eventuell schon Sachen vor Ort auf? Schreiben Sie die Reisereportage auf dem Laptop im Flieger? Oder lassen Sie das erst einmal sacken und setzen sich erst ein paar Tage nach der Rückkehr an die Reisereportage? Wie verläuft dieser Schreibprozess und wie lange brauchen Sie dafür?

Die eigentliche Reisereportage fange ich erst an, wenn ich wieder zu Hause an meinem Schreibtisch sitze. Allerdings ist es unglaublich wichtig, sich schon vor der Abreise gut vorzubereiten. Zunächst muss eine Reisegeschichte einen Fokus haben. Das heißt, die Zeiten, wo eine Redaktion gesagt hat, fahr mal nach Lissabon, guck Dir die Stadt an, dann komm zurück und schreibe Deine Eindrücke auf, oder fahr nach Usbekistan, schau Dir das Land einen Monat an und dann komm zurück, diese Zeiten sind endgültig vorbei. Man muss heute viel schneller arbeiten und viel konzentrierter an die Geschichte herangehen. Man muss sich vorher gut überlegen, was ist mein Thema. Eine Stadt zum Beispiel ist ein sehr komplexes Gebilde. Ich muss also überlegen: Wie kann ich diese Stadt fassen? Die Stadt als solche kann ich vielleicht nicht fassen. Also nehme ich mir einen Stadtteil heraus. Einen Stadtteil, der besonders trendig ist, einen Stadtteil, der anders ist als die Stadt, einen Stadtteil, der die Stadt besonders gut repräsentiert, also all diese Prozesse finden im Vorhinein statt. Das heißt keineswegs, dass ich dann genau das abarbeite, wenn ich vor Ort bin, sondern ich muss eine Arbeitsthese haben, mit der ich hinfliege. Und ich muss diese Arbeitsthese ständig, während ich unterwegs bin, überprüfen, das heißt während ich Leute treffe, muss ich mir auch Gedanken machen, wie passt der Interviewpartner, mit dem ich mich gerade unterhalte, entweder am schönen Strand oder in der schummrigen Kneipe, wie passt der in meine Gesamtgeschichte rein, welche Rolle spielt der in meiner Reisereportage. Wenn Sie sich eine Reisereportage als Inszenierung eines Filmes vorstellen, dann muss ich mir überlegen, welche Rolle spielt dieser Interviewpartner als Darsteller. Diese Gedanken kann ich mir nicht erst machen, wenn ich zu Hause bin, dann ist es zu spät. Am Ende eines jeden Reisetages mache ich mir Notizen, schreibe mir Gedanken und Fragen auf, die am nächsten Tag noch beantwortet werden müssen, wenn der Gesprächspartner dann noch da ist, ich plane den nächsten Tag, was ich brauche, und dann am Ende, wenn ich alles gesammelt habe, wenn ich wieder zu Hause bin, dann fange ich an, die richtige Geschichte aufzuschreiben. Und manchmal habe ich dann schon einige Teile, die ich unterwegs geschrieben habe.

Das heißt, Sie schreiben mit Plan. Sie haben vorher eine Idee, ein Konzept und verfolgen das dann auch während Ihres Aufenthalts. Wie stark bleiben Sie bei diesem Konzept? Steht das quasi vorher und Sie passen die Gegebenheiten und die Personen, die da erscheinen, in dieses Konzept ein, oder kann es sein, weil Sie ja vor Ort auch Neues und Unerwartetes entdecken und sehen, dass Sie diese fertige Idee noch einmal umschmeißen? Kommt das vor?

Also, es wäre fatal zu sagen, man plant am grünen Tisch etwas und zieht das das gnadenlos durch. Dann bräuchte ich ja nicht mehr zu verreisen. Wenn die Situation vor Ort ganz anders ist, dann können Sie natürlich nicht die Geschichte nach dem Schema F runterschreiben. Deshalb ist die Recherche vorher schon so wichtig. Und wenn Sie das gründlich machen, dann fallen Sie in der Regel auch nicht rein.

Welche Quellen genau benutzen Sie für Ihre Recherche? Was zapfen Sie alles an?

Da sind die Reiseführer von *Lonely Planet* und deutsche Publikationen. Es sind auch Fachbücher. Ich habe zum Beispiel eine Reise nach Istanbul gemacht; den besten Reiseführer haben zwei Engländer geschrieben, der stammt aus dem Jahr 1972, danach ist nichts besseres mehr zur Geschichte der Stadt herausgekommen. Es sind Internet-Quellen. Und es sind Informationen von Fremdenverkehrsämtern, die teilweise auch behilflich sind, Interviewpartner vor Ort zu finden.

Sind Sie schon einmal in eine schwierige Situation gekommen? Sie bereisen ja verschiedenste Länder. Gab's mal eine Situation, die aus verschiedenen Gründen schwierig oder gar gefährlich war?

Einmal, das war, bevor ich Reisejournalist wurde. Da bin ich sehr naiv nach Indien geflogen; ich war überhaupt nicht vorbereitet. Ich wollte eigentlich gar nicht nach Kaschmir reisen. Es war 1989, ich landete dann doch dort, und ich war mir überhaupt nicht über die politische Situation im Klaren. Ich bin dann auf eine Trekkingtour gegangen, und als ich zurückkam, waren zwei Geschäfte neben meinem Hotel ausgebombt. So etwas ist mir nie wieder passiert. Jetzt erkundige ich mich immer ganz genau vorher über die Sicherheitslage in einem Land. Die Vorrecherche ist sehr wichtig. Deswegen bin ich Gott sei dank nicht wieder in eine gefährliche Situation gekommen. Aber in schwierige Situationen ja, oder in solche, wo ich Flexibilität beweisen musste. Einmal habe ich an einem Bankett in Südafrika teilgenommen. Es waren auch unterschiedliche Clanchefs da, die alle westlich gekleidet waren, mit Schlips und Anzug. Und das hat ich mich wohl verleitet zu glauben, dass sie auch westlich denken. Während des Abendessens wandte sich einer der Herren mir zu und sagte, dass er Hitler sehr bewundere. Was machen Sie dann? Übergehen Sie das? Oder wie setzen Sie sich damit auseinander. Das fand ich schon eine schwierige Situation. Ich habe mich dafür entschieden, es nicht einfach so laufen zu lassen. Sondern ich habe ihn gefragt, warum. Und er sagte mir, Hitler hätte noch gewusst, wie man mit seinen Feinden fertig wird. Das können Sie natürlich gar nicht mehr übergehen. Aber daraus kann sich auch wieder eine interessante Situation für die Reportage entwickeln.

Arbeiten Sie eigentlich in Netzwerken als freier Journalist? Sind Sie vernetzt mit anderen Kollegen?

Ich arbeite eng mit den Redaktionen zusammen und bin recht häufig mit denselben Fotografen unterwegs. Doch die Themenrecherche mache ich allein. Dadurch, dass ich auf der Henri-Nannen-Schule war, gehöre ich einem gewissen Netzwerk an. Das kann einem schon einmal die Tür zu einem Gespräch öffnen.

Hat sich Ihrer Meinung nach der Reisejournalismus in den letzten Jahren verändert? Verändert vielleicht, was Themen angeht, was Destinationen angeht, was vielleicht auch die Art und Weise der Schreibe, und auch der Aufbereitung im Zusammenhang mit den Bildern angeht?

Manche Zeitschriften neigen mittlerweile dazu, Geschichten – wie wir das nennen – kalt schreiben zu lassen. Das heißt, Journalisten waren schon einmal in dem Land, das kann schon ein paar Jahre her sein, und diese Magazine treten an die Journalisten heran, und sagen: Könnt ihr nicht ein paar Zeilen schreiben zu X oder Y. Mir ist das passiert im Fall von Birma. Ich war mal in Myanmar, habe eine Geschichte darüber geschrieben für *Brigitte*. Eine andere Redaktion kam auf mich zu und sagte, sie hätten gehört, ich sei in Birma gewesen, ob ich ihnen dazu nicht eine Geschichte schreiben könne von meinem Büro zu Hause aus. Ein paar flotte, nette Zeilen. Das habe ich abgelehnt, weil Birma ein sehr komplexes Land ist. Zumal dort eine sehr grausame Militärjunta herrscht. Ich hatte eine differenzierte Geschichte für *Brigitte* geschrieben, die der Frage nachging, kann man überhaupt in so ein Land reisen, das seine eigenen Leute foltert. Kann man da als Tourist durchreisen? Und dann kann ich nicht von meinem Tisch aus ein paar flotte Zeilen schreiben, wie schön es ist, den Fluss Irrawaddy runterzuschippern. Also das habe ich nicht gemacht.

Könnte man sagen, dass Sie für sich persönlich gewisse Ethikstandards haben?

Auf jeden Fall! Ich denke, dass es wichtig ist, ethischen Standards zu folgen, das heißt, sehr genau mit der Wahrheit umzugehen, keine Klischees inhaltlicher oder sprachlicher Natur zu bedienen. Viele Reisemagazine bieten zur Reportage einen Reiseservice an, den die Journalisten gleich mitrecherchieren. Und da muss man auch wirklich genau sein. Wenn ich Hotels empfehle, in denen man übernachten kann, oder Restaurants, in denen man gut essen kann, dann war ich in diesen Hotels, habe dort geschlafen, ich habe die Restaurants getestet. Ehrlich und aufrichtig zu sein, das ist wichtig.

Das sehen ja nicht alle so. Was sagen Sie zum Thema Korruption in der Branche Reisejournalisten?

Kann ich nichts zu sagen, weil ich damit keine Erfahrung gemacht habe.

Wenn Sie in Länder reisen, begegnen Sie ja anderen Kulturen. Sie erwähnten das das Stichwort „culture clash". Umgang mit dem Fremden, Umgang mit Klischees und Stereotypen. Davon kann sich ja niemand freimachen, wenn wir in ein Land reisen. Wir haben einfach eine Vorstellung davon. Wir haben auch unsere Raster, unsere Schubladen. Wie gehen Sie damit um?

Ich glaube, eine grundlegende Erkenntnis des Reisejournalismus ist, dass Vorurteile oder Klischees und die Wahrheit ganz eng beieinander liegen. Und dabei muss man eben sehr aufpassen. Ich habe eine Reisegeschichte in Russland gemacht, und das typische Klischee ist, dass Russen viel trinken. Und ich habe eine ganze Reihe von Russen getroffen, die viel trinken (lacht). Und dann müssen Sie vorsichtig sein beim Schreiben, dass Sie nicht in diese Falle laufen und Klischees bedienen, dass Sie nicht verallgemeinern.

Aber Klischees sind ja nun auch teilweise da. Also es gibt in Andalusien Flamenco, es gibt in Russland Leute, die Wodka trinken. Ist es nicht auch etwas, womit man den Leser abholen kann, weil man ihm – zumindest für den Einstieg oder für den Anfang – zunächst etwas Bekanntes präsentiert? Würde der Leser nicht eventuell sagen, in einem Andalusien-Artikel, in dem kein Flamenco vorkommt und kein Stierkampf, der war gar nicht da, oder das ist falsch oder der hat keine Ahnung?

Erst einmal ist die Frage, ob ich als Leser überhaupt den hundertsten Artikel über Flamenco und Stierkampf in Spanien lesen möchte, weil Sie das Beispiel gebracht haben. Oder ob es nicht viel interessanter ist, auf ganz andere Themen einzugehen. Sie haben erwähnt: Die Leser bei dem abholen, was sie über ein Land wissen. Damit kann man sicherlich auch spielen und dann zum Beispiel sagen, dass vielleicht alles ganz anders ist. Aber es ist ein großer Unterschied zwischen einer gewissen Vorbildung, die man zu einem Land haben mag, und Klischees. Und bei Klischees müssen wir sehr aufpassen.

Möchten Sie etwas beim Leser bewirken? Haben Sie eine Absicht in irgendeiner Form, etwas mit Ihren Geschichten zu bewirken?

Ich denke, ich möchte die Leser mit meinen Reisereportagen so unterhalten, dass sie gar nicht merken, wie gut sie beim Lesen informiert werden.

Stichwort Subjektivität/Objektivität: Inwiefern werden Ihre Reportagen der Realität gerecht? Inwiefern durchlaufen sie einen subjektiven Filter?

Ich glaube nicht, dass wir die Frage so stellen können. Es ist ja gerade die Natur der Reportage, subjektiv zu sein. Objektivität oder besser Unparteilichkeit beim Schreiben ist etwas für Nachrichten und Berichte. Wenn Sie eine Reisereportage schreiben – wobei wir uns dann noch über das Thema unterhalten können, wie viele Geschichten, die Sie in Reiseteilen von deutschen Zeitungen und Magazinen finden, wirklich Reisereportagen sind – also wenn Sie eine Reisereportage schreiben wollen, dann ist das ja immer die Sicht des Menschen, des Reporters, der vor Ort ist, also subjektiv.

Kann eine Reisereportage die eigentliche Reise ersetzen?

Es gibt in letzter Zeit Bücher, die werden verkauft unter der Rubrik ‚Bücher für armchair traveller' und das suggeriert, dass man im Ohrensessel gut auf Reise gehen kann, wenn man eine Reportage oder ein Buch liest. Ich möchte mit zwei Aussagen antworten: Eine gute Reisereportage bringt den Leser dem Geschehen, der Region, dem Land oder der Stadt, die der Reporter beobachtet und bereist, näher. Eine gute Reisereportage überwindet Barrieren, lässt den Leser das miterleben, was der Reporter erlebt hat. Doch auch die beste Reisereportage kann die Reise an den Ort selbst nicht ersetzen.

Was macht Ihrer Meinung nach eine gute Reisereportage aus? Was sind die Elemente?

Wenn es dafür ein allgemeines Rezept gäbe, hätten wir viele richtig gute Reisereportagen. Aber für mich vermeidet sie zunächst einmal Klischees. Eine Reisereportage schafft es, den Kern, das Wesentliche, das Bedeutsame eines Ortes, einer Region, einer Stadt herauszukristallisieren und dem Leser vor Augen zu führen, sie ist sinnlich, sie lässt ihn mitriechen, mitfühlen, mitschmecken.

Was würden Sie jungen Menschen raten, die Reisejournalisten werden möchten, was würden Sie denen mit auf den Weg geben?

Eine richtig gute Ausbildung zu machen. Vielleicht zu studieren, einen Hintergrund zu haben. Das kann Geschichte sein, das kann eine Sprache sein, etwas, was einem später helfen kann bei der Vorbereitung auf die Länder. Aber selbst das beste Studium kann eines nicht ersetzen: Neugier und genaue Beobachtungsgabe. Unabdingbar ist natürlich auch, gut mit fremden Menschen umgehen zu können. Das aber sind Qualitäten, die Sie von jedem Journalisten erwarten sollten. Ach, eines würde ich zum Schluss noch gerne sagen: Eine Reisereportage vorzubereiten, die Reise durchzuführen, das Ganze zu beschreiben, ist sicherlich eine wunderbare und angenehme Arbeit. Aber die Betonung liegt auf Arbeit. Ich habe oft den Eindruck, dass viele glauben, und vielleicht auch die Leser, dass man einfach in ein Land fährt, dann guckt man sich da ein bisschen um, kommt zurück und schreibt sein schönstes Ferienerlebnis auf. So ein Besinnungsaufsatz, wie man ihn in der Schule geschrieben hat. Das ist nicht so. Wenn Sie mit einem Fotografen unterwegs sind, dann stehen Sie oft noch vor Sonnenaufgang auf. Den ganzen Tag über müssen Sie sich neben dem Fahren und den Interviews überlegen: Wo muss ich eigentlich noch hin? Mit wem muss ich noch sprechen? Welches Restaurant teste ich zur Mittagszeit? Wo bin ich am Abend, und kann ich da vielleicht noch ein Hotel checken? Es ist sehr viel, was Sie während einer gewissenhaften Recherchereise bedenken müssen: nicht nur die Reportage an sich, sondern auch die Reisetipps für den Service. Am Ende einer Reise bin ich eigentlich immer rechtschaffen müde. Und wenn ich gefragt werde, wo ich meinen Urlaub verbringe, dann antworte ich mittlerweile: „Am liebsten zu Hause!"

7.5 Interview mit Helge Sobik

Helge Sobik ist Jahrgang 1967 und arbeitet als freier Reisejournalist u. a. für *Vanity Fair*, *Vogue* und die *SonntagsZeitung Zürich*. Er hat mehrere Reportage-Bücher im Picus-Verlag Wien veröffentlicht.

Herr Sobik, wie war denn Ihr Weg in den Reisejournalismus?

Über Seiteneinstieg und durch Zufall. Ich habe im Abi-Halbjahr angefangen, frei für eine neu gegründete Zeitung zu arbeiten, die sich erst *Lübecker Allgemeine*, dann *Schleswig-Holsteinische Allgemeine* nannte und ziemlich schnell wieder eingestellt wurde. Für die habe ich von Sittichzuchtschau bis Feuer am Hafen den lokalen Kleinkram gemacht, irgendwann dann plötzlich Seite-Drei-Interviews, und das alles mit 20. Als diese Zeitung eine Einladung zu einer Pressereise bekam und keiner von den Wichtigen Zeit hatte, wurde ich mit einem ehemaligen Mitschüler losgeschickt – er als Fotograf, ich für den Text. So kamen wir unverhofft nach Marokko. Für mich war das die erste Berührung mit dem Reisejournalismus. Recht bald danach ging diese Zeitung pleite, und das bis dahin angesparte, nie ausgezahlte Honorar war futsch. Daraus habe ich gelernt: dass mir Journalismus Spaß macht. Dass es spannend ist, fremde Länder zu sehen und dann auch noch darüber schreiben zu dürfen. Und dass ich in der Freiberuflichkeit nicht wieder auf ein Pferd setzen sollte. So habe ich versucht, das Ganze breiter aufzustellen, habe neben dem Studium frei für *Radio Schleswig-Holstein* gearbeitet und parallel versucht, Printkontakte aufzubauen. Das hat über die Jahre gut geklappt. Am Anfang waren das hauptsächlich Journal-, Wochenendbeilagenthemen, wo ich geguckt habe, das sie, wenn sie in Lübeck funktionieren und in Kiel und im Radio, möglichst auch in Augsburg und in Düsseldorf und sonstwo in Wochenendbeilagen funktionierten. Immer mehr entstand dann auch im Rückgriff auf die Reise von damals der Kontakt zu Reiseredaktionen. Es ging weiter mit neuen Reisen, erst mit Urlauben, über die ich schrieb. Und irgendwann war ich drin.

Und Ihr Studium? Haben Sie das abgeschlossen?

Nein, habe ich nicht. Die Wirklichkeit war spannender.

Was waren ihre Fächer?

Geschichte, Politik.

In Hamburg?

Ja, in Hamburg.

Wie sieht denn ein typischer Tag im Leben des Helge Sobik als Reisejournalist aus?

Es fängt an mit Aufstehen (lacht). Am Schreibtisch geht es um halb zehn los. Das liegt auch daran, dass mein Postfach erst um halb zehn gefüllt ist, und ich den Tag gerne damit anfange, Post und Mails zu sichten und den Vormittag überwiegend mit dem Verwaltungskram verbringe, mit Buchhaltung, Organisation. Um die Mittagszeit geht es meistens mit Recherchieren weiter, und die kreative Schreibphase ist eher am Nachmittag – so um zwei oder drei geht's meistens mit dem Schreiben los.

Das ist dann Ihre Zeit? Das ist einfach die Phase, wo Sie am kreativsten sein können?

Ich habe den Eindruck, ja. Es lässt dann gegen Abend wieder nach. Es geht bis halb acht ganz gut und ein normaler Arbeitstag endet zwischen sieben, halb acht. Am Schluss noch einmal wieder mit einer Organisationsphase, so dass der eigentliche Schreibblock zwischen zwei und sieben anzusiedeln ist. Dann kommt wieder die Nacharbeit dessen, was über den Tag hinweg noch so an Organisatorischem angefallen ist.

Wie oft im Jahr sind Sie unterwegs? Wieviel ungefähr ist Arbeit am Schreibtisch?

Früher war ich zwölf- bis 14mal im Jahr weg. Im Schnitt für eine Woche. Jetzt ist es sechs- bis achtmal für manchmal nur fünf Tage, manchmal eine Woche bis seltener zehn Tage. Die Reisen sind insgesamt eher kürzer geworden. Das liegt einerseits daran, dass ich inzwischen ausgewählter reise, mir sehr viel mehr Gedanken vorher mache: Was für ein Thema will ich eigentlich machen? Wo will ich es machen? Wie will ich es machen? Ich bereite gezielter vor und schaue, dass ich aus einer Reise drei, manchmal vier völlig unterschiedliche Ansätze und Themen ziehe. Insofern reichen diese wenigen Reisen, um das Jahr auszufüllen. Es liegt auch daran, dass viele Auftraggeber einfach sagen: „Waren Sie mal in Schottland? Wir suchen gerade Schottland." Dann kann ich sagen: „Ja, da war ich vor drei Jahren. Wenn Ihnen das reicht und es Ihnen nicht von den Eindrücken her zu alt ist, dann kann ich noch einmal eine Schottlandge-

schichte schreiben. Insofern baut sich über die Jahre ein gewisser Stock auf, wo man immer im Einzelfall erkennen muss, wann die Halbwertszeit überschritten ist und wo es seriöser ist zu sagen: „Tut mir leid, diese Reise ist zu lange her", oder: „Ich erinnere mich nicht mehr präzise genug, das lassen wir besser", oder: „Das ist frisch, so präsent und kein Problem".
In der Wüste von Tunesien hat sich wenig geändert, das kann ich auch nach vier Jahren noch schreiben. Also zehre ich von dem Stock. Ich zehre von Sammelthemen, wenn jemand sagt: Wir brauchen fünf Inseltipps für den Frühling. Dann würde ich die dafür auch nicht neu erreisen müssen.
Für die eigentlichen Reportagen ist es natürlich unabdingbar, wegzufahren. Das sind diese sechs bis acht Touren im Jahr. Und dazu kommt noch eine Zahl von Tagen, die ich nicht gezählt habe, die ins nähere Umland führen, weil ich langsam den Dreh auch zu heimischen Themen entdecke, die ich früher nicht machen wollte.

Aus einer Reise generieren Sie mehrere Themen, aber Sie gehen mit einem Thema nicht in die Mehrfachverwertung, oder?

Doch, auch.

Ein und dasselbe Thema auch an mehrere Medien verkaufen – das muss man wohl machen?

Man muss es machen, wenn man davon leben und halbwegs auf einen grünen Zweig kommen will. Wobei man genau beachten muss, dass Medien, die bundesweit verbreitet sind, die Geschichte üblicherweise als erste exklusiv wollen. Die regionalen sagen, wir möchten es gerne noch ein bisschen anders als die Urversion, aber wir müssen die Welt nicht neu erfinden.

Wenn Sie dann in eine Zweitverwertung gehen, sind Sie dann auch Helge Sobik, oder schreiben Sie auch schon mal unter Pseudonym?

Nein, immer unter dem richtigen Namen.

Für welche Medien schreiben Sie?

Viele. Was besonders gut klingt, sind Titel wie *Vogue* oder *Park Avenue* oder *Vanity Fair* oder *ADAC Reisemagazin* oder die *Financial Times Deutschland* mit der Farbbeilage *How To Spend It*, *Der Standard* in Wien und dessen Farbbeilage *Rondo*, *Sonntagszeitung* und *Tagesanzeiger* in Zürich, *Süddeutsche*

Zeitung. Aber die anderen sind mir genauso lieb. Das sind in meinem Fall die regionalen Tageszeitungen querbeet.

Das Hamburger Abendblatt *zum Beispiel?*

Das Abendblatt ist dabei, die *Rheinische Post* ist dabei, der *Bonner Generalanzeiger*, die *Augsburger Allgemeine*, *Sonntag Aktuell* in Stuttgart, die *Leipziger Volkszeitung*. Unter anderen.

Sind Sie jetzt auf Print spezialisiert oder machen Sie auch noch was fürs Radio?

Ich arbeite auch für Online-Medien, weil die Texte sehr ähnlich wie im Printbereich sind, manchmal identisch. Aber ich mache nichts mehr fürs Radio, habe aus der Arbeit für den Hörfunk aber gelernt: Ein Text muss so geschrieben sein, dass er ohne Bilder auskommt. Aus der Radiovergangenheit heraus finde ich das hilfreich, weil ich ja auch als freier Journalist nicht weiß, welche Bilder die Redaktion nimmt. Die eine sucht drei aus, die nächste nur oder eines oder im Zweifel mal gar keines. Insofern finde es ich am Besten, wenn eine Geschichte so aufgezogen ist, als könnte sie auch vorgelesen werden.

Fotografieren Sie auch selbst?

Ja. Die Bilder werden eben manchmal genommen und manchmal auch nicht. Manchmal reisen Sie vielleicht auch mit einem Fotografen von der Redaktion zusammen. Wenn es eine auftragsgetriebene Reise ist, dann bucht die Redaktionen einen Fotografen dazu, was mir recht ist, weil ich mich dann umso mehr auf andere Dinge konzentrieren kann. Und ansonsten fotografiere ich mit dem Anspruch, das richtige Motiv zu sehen, aber ohne die Unterstellung, das professionell zu können. Wenn es zum Beispiel darum ginge, jetzt irgendwelche Tricks mit Verwischungen oder tolle Nachtaufnahmen zu machen, dann überfordert mich das schnell. Aber solange ich einfach nur eine Szene bei Tageslicht als ein brauchbares Motiv erkennen muss, kann ich da auch auf eine Digitalkamera drücken und finde das Bild manchmal gar nicht schlecht. Es erscheint in Tageszeitungen, manchmal auch in Magazinen. Aber es trägt selten mein Bildmaterial ausschließlich für eine Zehn-Seiten-Magazinstrecke. Das gab es mal, aber es ist eher ein Glücksfall.

Was ist ein gutes Motiv? Wann wissen Sie, dass Sie jetzt auf den Auslöser drücken müssen?

Eines, das nicht im Reisekatalog stehen würde und das nicht im Urlaubsalbum wäre.

Kein Postkartenidyll?

Doch, es darf auch ein Postkartenidyll sein, wenn es ein wahrheitsgemäßes ist. Wenn es ein Postkartenidyll ist, das ich neben der Müllkippe unter Weglassung lauter Details inszenieren müsste, würde mir das Bild nicht gefallen. Aber wenn es an der Stelle wirklich schön ist, darf das Bild auch wie eine Postkarte aussehen. Besser finde ich, Bilder von Menschen, die in der Geschichte vorkommen, zu machen.

Sie haben den Bereich Online erwähnt. Mir haben viele Redaktionen erzählt, dass es ein Zukunftstrend ist. Ich habe jetzt in der ZEIT auch einen Beitrag gelesen, dass Print abnimmt, Tageszeitungen – ist ja auch nicht Neues – haben zu kämpfen, wie der gesamte Printbereich. Gestern beim Abendblatt hat mir Herr Schulz auch erzählt, die Auflage des Hamburger Abendblatts sah auch mal ein bisschen anders aus. Bei unter 30jährigen wird es schwierig und das ist ja gerade die Generation Internet, die damit aufgewachsen ist, die alles mal eben schnell googelt, die sich in chatrooms bewegt. Ist dieser Trend im Reisejournalismus auch zu beobachten, dass mehr und mehr in den Online-Bereich geht?

Es ist eingeschränkt so. Mehr und mehr Verlage stellen ihre Inhalte aus den gedruckten Publikationen, aus den Tageszeitungen oder den Magazinen bisher weitestgehend eins zu eins ins Internet und haben sich leider angewöhnt, dafür nicht extra zahlen zu wollen. Und es gibt diejenigen, die ein bisschen ambitionierter herangehen und sagen, zusätzlich zu diesen Inhalten, die wir eins zu eins einstellen, möchten wir zusätzliche online-taugliche oder mit extra Benefits versehene eigene Online-Beiträge haben. Die sind dann in einer anderen Struktur aufgezogen, werden klarer unterteilt zum Beispiel in klickbare zehn Tipps oder sind ergänzt um Bildergalerien. Diejenigen, die extra Inhalte für den Onlineauftritt produzieren lassen, bestellen gezielt und zahlen dafür. Das wird mehr, und das halte ich auch für nicht uninteressant. Dieses eins zu eins einstellen, glaube ich, wird dem Medium Internet nicht gerecht – und übrigens auch dem Urheber nicht.

Arbeiten Sie ganz alleine oder auch vernetzt mit anderen Reisejournalisten? Tauscht man sich da aus, trifft sich mal zum Stammtisch oder sind Sie Einzelkämpfer?

Ich arbeite als Autor alleine, bin in insoweit Einzelkämpfer. Aber finde es wichtig, sich mit Kollegen, die das gleiche oder auch etwas ganz anderes tun, auszutauschen. Das heißt, es gibt zwei, drei, vier Kolleginnen und Kollegen, mit denen ich untereinander einige Texte austausche, bevor sie an den eigentlichen Abnehmer gehen. Wir helfen uns gegenseitig, kritisieren und redigieren. Das, finde ich, bringt viel. Diese Art Netzwerk finde ich wichtig – erst recht, wenn wir zum Teil sogar dieselben Abnehmer haben und eigentlich ein sehr distanziertes Konkurrenzverhältnis haben müssten. Zum Beispiele tausche ich mich mit meinen beiden ärgsten Mitbewerbern eng darüber aus, was wir jeweils als nächstes vorhaben, für wen wir arbeiten, bei welchem Abnehmer die Zustände angenehm oder unangenehm sind. Da wäre es ein Nachteil, sich ein Konkurrenzgespenst aufzubauen. Es ist viel besser, miteinander zu reden und fair zu arbeiten.

Das wäre meine nächste Frage gewesen. Reisejournalismus gilt ja als der Traumjob schlechthin. Es gibt ein Buch von Lonely Planet *über* travel writing. *Es beginnt im Intro damit, dass der Autor beschreibt, wie er in einer Bar irgendwo in den USA sich mit jemand anderes über seinen Job unterhält, und dieser ihn fragt: "Let me get this straight. You're travelling around the world. You're not spending any of your own money. And you're being paid to do this?" Was halt zum Ausdruck bringt: da macht einer die ganze Zeit Urlaub und kriegt das auch noch bezahlt! Das ist ein bisschen das gängige Klischee, nichtsdestotrotz ist es ja auch harte Arbeit auch vor Ort, es ist stressig, es ist wenig Zeit, aber es ist dennoch auch verdientermaßen schon ein Traumjob. Viele Leute wollen da rein, ist das nicht zwangsweise eine große Konkurrenz, wenn das unheimlich viele machen wollen? Der Zugang ist schließlich nicht reglementiert. Jeder kann sich mit seinem Computer in sein Wohnzimmer setzen und sagen: Ich bin Reisejournalist. Das ist nicht verboten – und er kann versuchen, mit seinen Sachen irgendwo zu landen. Von daher stelle ich mir vor, dass die Konkurrenz mörderisch ist.*

Ein Traumjob ist es für mich auf alle Fälle, weil ich neugierig bin, weil ich gerne reise und gerne etwas sehen möchte von der Welt – und weil ich sehr gerne schreibe. Darüber habe ich mich auch einmal mit Kollegen aus diesem Wir-tauschen-uns-aus-Zirkel unterhalten. Und wir stellten fest, dass die meisten anderen den Job machen, weil sie gerne reisen, ich mich aber noch viel mehr auf das Schreiben freue als auf die Reiserei. Ich möchte keinen anderen Beruf haben. Gleichzeitig ist es fern davon, Urlaub zu sein. Das liegt auch daran, dass jeder Tag, den ich als Freiberufler nicht am Schreibtisch verbringe, zunächst einmal ein Verdienstausfalltag ist. Wenn ich jetzt vier Wochen für eine Geschichte unterwegs wäre, für die ich hinterher 500 Euro bekäme, könnte ich die Sache auch sein lassen. Also sehe ich zu, dass ich für so eine Geschichte fünf Tage unterwegs bin, weil mich ein sechster Tag letztlich Geld kosten würde. Und diese fünf Tage vor Ort sind vom Programm her sehr komprimiert. Das Bild vom vermeintlichen Traumjob des Dauerurlaubs passt überhaupt nicht. Vielleicht passte es früher mal, das war dann vor meiner Zeit. Es passt jedenfalls nicht mehr. Die zweite Hälfte Ihrer Frage: Die Zugangsbeschränkung ist nicht über irgendwelche Diplome oder Bescheinigungen geregelt, sondern die steuert sich letztlich über die Qualität dessen, was jemand schreibt. Und wenn es gut genug ist, dass er dafür einen Kunden findet, hat er die Legitimation, sich so zu nennen und das zu machen.

Ich habe kein Diplom und bin da reingerutscht, weil es mir Spaß machte, und bin dabei geblieben, weil den Abnehmern offenbar das gefällt, was ich schreibe. Und wenn jemand anders jetzt hereinrutscht und Spaß daran hat und Abnehmer findet, wäre ich vor dem Hintergrund meiner Vita der letzte, der sich darüber beklagen und dem einen Stein in den Weg legen würde.

Qualität gewinnt?

Ja. Sie filtert gleichzeitig auch schnell, weil jemand, der sonst nur Urlaubspostkarten schreibt, die Dramaturgie einer vernünftigen Reisegeschichte nicht aus dem Stand hinkriegt. Es war bei mir auch ein Weg, bis die heutige Qualitätsstufe erreicht war – und es ist hoffentlich noch nicht das Ende dessen, was möglich ist. Manches Frühwerk ist mir heute eher peinlich. Aber das gehört auch dazu. Dadurch, dass das Volumen der Reiseteile über die Jahre abgenommen hat und es eher schwieriger geworden ist, einen Fuß in die Tür zu bekommen, glaube ich, dass der Filter heute letztlich um so engmaschiger geworden ist. Vor zehn Jahren war es bestimmt leichter, im Reisejournalismus Fuß zu fassen. 2001 und 2002 war es schwieriger als jetzt: Medienkrise, Anschläge vom 11. September, kaum noch Anzeigen im Reiseteil, insofern auch weniger Redaktion, geschrumpfte Seitenumfänge. Wer da startete, hat es sicher sehr schwer gehabt. Wer jetzt startet, hat es leichter. Wer vor zehn oder 15 Jahren startete, hatte es noch leichter.

Sie haben über die Qualität einer Reisereportage gesprochen. Wann ist sie denn wirklich gut? Was gehört dazu, damit die Geschichte gut wird? Wann sind Sie zufrieden? Sind Sie überhaupt jemals zufrieden mit Ihrem Text zufrieden?

Ja, bin ich schon. Manchmal ist das so ein unmittelbares Glücksgefühl, wenn er fertig ist, denn dann bin ich zufrieden damit. Und trotzdem: Wenn ich mir denselben Beitrag einen Morgen später wieder anschaue, denke ich manchmal, was das denn für eine Grütze sei, fange wieder an, daran herumzuschrauben und etwas zu ändern und bin erst danach wirklich zufrieden. Würde ich denselben Text aber in einem halben Jahr wieder angucken, sähe ich wieder etwas, was ich ändern könnte, also ist es eine fortwährende Weiterentwicklung - gelegentliche Rückentwicklung nicht ausgeschlossen. Es ist ein Prozess. Mal finde ich irgendetwas gut, was ich früher nicht gut fand und umgekehrt. Es ist sehr viel Subjektives dabei. Aber es ginge, glaube ich, nicht, wenn man nicht mit den eigenen Sachen auch an irgendeinem „Herumschraubstand" zufrieden wäre. Eine gute Geschichte ist insofern nur subjektiv zu definieren. Und eine gute ist zudem nicht zwangsläufig eine, die den Leuten Lust auf das Hinfahren macht, sondern die Lust macht, das Stück zu lesen – und zwar nicht nur den Einstieg, sondern bis zum Schluss. Ein Text, bei dem der Leser hinterher sagt: Ich habe mich spannend unterhalten gefühlt. Diese fünf Minuten Lesen waren nicht verschenkt, sondern kurzweilig. Das ist zu erzielen über einen sehr subjektiven, individuellen Zugang zur Geschichte, über Zitate, über Protagonisten, die ich vor Ort kennen gelernt habe, über szenische Schilderungen. Es ist sehr viel schlechter zu erzielen mit der zurzeit um sich greifenden Form der belanglosen Ich-Reportage. Die beginnt häufig ohne jeden dramaturgischen Kunstgriff damit, wie jemand aus der eigenen Haustür tritt, zum Flughafen fährt und in die Maschine einsteigt, was den Leser überhaupt gar nicht interessiert. So eine selbstreflektive Geschichte kann man vielleicht beim heimischen Dia-Abend erzählen, aber in einer guten Zeitung hat sie nichts zu suchen. Eine Ich-Geschichte hat darüber hinaus den Nachteil, dass der Ich-Erzähler sehr leicht dem Leser unsympathisch sein kann, je nachdem, wie er sich gibt. Dann steigt der Leser aus. Sie verliert sich auch häufig im Belanglosen. Ich finde eine Geschichte besser, die aus der Perspektive des übergeordneten Erzählers mit belebenden Elementen erzählt ist, und gerne werten, gerne subjektiv sein darf, nicht bildungsbürgerlich und besserwisserisch, sondern unterhaltsam erzählt ist und beim Leser im Idealfall eine Stimmung für das Land vermittelt oder für die Stadt bzw. für den Berichtsgegenstand, also nicht nur im Kopf ein Bild hinterlässt, sondern, wenn es toll gelaufen ist, auch im Bauch.

Wie finanzieren Sie Ihre Reisen? Sie nehmen als freier Journalist sicher auch Pressereisen in Anspruch? Das ADAC reisemagazin *zum Beispiel zahlt eine Reise auch komplett. Wenn Sie auf eine Pressereise gehen, wird die von der Tourismusbranche finanziert und da steckt dann eine Erwartungshaltung hinter. Die wollen natürlich, dass über sie geschrieben wird, über Veranstaltungen, Hotels oder Landstriche, die in der Pressereise auch vorkommen. Die haben eine Erwartungshaltung, die ganz klar wirtschaftlich getrieben ist. Wenn man nichts schreibt oder gar einen Verriss schreibt, wird man von der Liste dieser Pressereiseveranstalter gestrichen. Wie gehen Sie damit um? Es ist sicher etwas anderes, wenn man die Reise von der Redaktion bezahlt bekommt. Man ist sicher viel freier, als wenn man diesem Erwartungsdruck ausgesetzt ist? Inwiefern beeinflusst dies möglicherweise auch Ihre Schreibe?*

Gar nicht – und ich begründe das gleich. Vorher dies: Bei mir ist das so aufgeteilt: Von den Reisen, die ich mache, ist ungefähr die Hälfte auftragsgetrieben und von der jeweiligen Redaktion bezahlt, was ein wunderbares Gefühl ist, weil ich dann gar nicht erst darüber reflektieren muss, ob mir jetzt irgendwer eine Erwartungshaltung entgegenbringt. Ich kann hinterher meine Quittungen hinpacken und sagen, das waren die Reisekosten. Ich weiß aber auch gleichzeitig, dass das weniger wird und sicher nicht mehr der Standard im Reisejournalismus ist. Oder lassen Sie mich 150 Euro für ein Ticket ausgeben oder mit einem Billigflieger abheben. Dafür möchte ich gar nicht erst womöglich in eine große oder eine kleine Abhängigkeit geraten, sondern zahle lieber selber. Die anderen 50% sind Pressereisen, die ich mache, wo nur noch sehr, sehr selten eine Gruppenreise dabei ist. Manchmal eine im Jahr, manchmal in zwei Jahren eine. Meistens sind es individuelle Pressereisen, weil solche Touren inhaltlich viel mehr hergeben. Ich kann mir an Ort und Stelle die Zeit mit dem Gesprächspartner nehmen, der für meinen Angang meiner individuellen Geschichte relevant ist, statt mich in ein Programm einzuzwängen, das möglicherweise schwer an meinem Geschmack vorbei führt. Ich musste auf einer Gruppenreise zum Beispiel mal in irgendwelchen Stadttheatern das neue Gestühl angucken, das mich überhaupt nicht interessierte, während ich viel lieber mit dem Regisseur oder dem Hauptdarsteller des Stücks gesprochen hätte. Die sollte ich aber nicht zu Gesicht bekommen, weil die Führung im Theater morgens stattfand, und ich abends schon wieder in einem anderen Ort sein sollte. Völlig unsinnig. Individuell kann ich mir das heraussuchen, was für meine Geschichte wichtig ist. Die Abhängigkeit dabei erachte ich für relativ gering. Das liegt daran, dass derjenige, der zu so einer Reise einlädt, meiner Meinung nach ausschließlich im Infokasten etwas zu suchen hat. Und wenn ich freier Zulieferer eines Mediums bin, ist nicht einmal garantiert, dass der Infokasten so bleibt wie ich ihn abgebe. Da kann es sein, dass der Redakteur sagt, ich will da jetzt aber nicht Studiosus oder TUI oder sonstwen drin lesen, und einen anderen reinsetzt. Insofern habe ich noch nie irgendjemandem im Rahmen einer Einladung irgendeine Garantie geben wollen oder gar etwas Derartiges unterschrieben. Manche kommen mit Verträgen an, dann sage ich ab und mache das nicht. Das kommt nicht in Frage. Der Einlader findet ausschließlich im Infokasten statt – im Idealfall qualifiziert durch etwas Besonderes, also z.B. eine Airline, die als einzige in das Zielgebiet fliegt. Die kann ich guten Gewissens in den Kasten setzen. Das ist dann auch ein sinnvoller Leserservice. Aber eine Einladung von einer Airline annehmen, die meinetwegen nach Bangkok fliegt, das aber auf einem Umweg über den Persischen Golf tut, während es vier bis sechs Nonstop-Flüge aus Deutschland am Tag nach Bangkok gibt, diese Einladung kann ich schon deshalb nicht annehmen, weil dieser Kontakt im Infokasten eine sinnlose Info für den Leser ist. Gleichzeitig finde ich das Risiko, aus einem Verteiler zu fliegen, weil ich womöglich kritisch schreibe oder den Einladenden nicht würdige, absolut tragbar. Das liegt sich auch daran, dass ich den Beruf inzwischen schon so lange mache und so viele Einladungen kriege und so viele nicht annehme, dass es nicht schlimm ist. Im letzten Jahr habe ich mal gezählt, da waren es 140 Einladungen. Ich habe sieben Reisen gemacht und davon waren drei Einladungen. Und wenn ich es mir mit dreien verderbe, und 137 andere sind noch da, wäre auch das nicht tragisch. Das wichtigste Korrektiv ist aber, gerade aus der Freiberuflichkeit heraus, die Redaktion. Wenn ich einen peinlichen Werbetext mit placement anböte, würde der Redakteur sagen: „Was fällt Dir denn ein?" Denn diese Texte in der Qualität und in der Plattheit, die kann er auch umsonst kriegen von einer PR-Agentur oder von Agenturen, die werblich geprägte Texte für einen Appel und ein Ei machen. Dafür muss er nicht Geld für einen Freien ausgeben. Also würde ich mir selber schaden, wenn ich so einen gekauften Text schreiben würde. Das ist das eine Korrektiv. Und das andere ist die eigene Moral, die persönliche Integrität: Korruption definiert sich über die Integrität jedes einzelnen. Und so lange einer selber sagt, ich will es aber nicht, weil ich mir damit schade, weil ich meinem Gewissen schade, und das durchhalten kann, dann ist das wunderbar ausgeglichen.

Gibt es dann auch mal so richtig plumpe Versuche von Veranstaltern, Sie zu bestechen? Wenn Sie dann auf so einer Pressereise sind, dass ganz konkrete Angebote kommen, wenn Sie das jetzt prominent erwähnen in Ihrem Beitrag, dann wandert ein Tausender rüber, oder so etwas?

Nie passiert. Kein einziges Mal. Einmal gab es nach einer angenommenen Einladung, aber vor der Reise, von einer Airline Formulierungsvorschläge, wie die Airline im Text unterzubringen wäre. Daraufhin habe ich die Reise wieder abgesagt. Bestechung im Sinne von Geschenken oder Geld gab es nie. Und ich habe auch nie erlebt, was mir wiederum schon mehrfach Kollegen erzählt haben, dass ein Veranstalter sagt, ihr kriegt 20% Rabatt. Ihr zahlt den Rest erst einmal und mit jeder Veröffentlichung kriegt Ihr einen Hunderter zurück. Das würde ich auch als Bestechung empfinden und nicht mitmachen, hat mir aber auch nie einer angetragen.

Ich wollte mal auf das Thema Verbände zu sprechen kommen. Es gibt den Verband der deutschen Reisejournalisten.

Ich bin nicht Mitglied in dem Verein, weil ich eigentlich keinen Grund sehe, warum ich es sein sollte. Ich finde gut, dass es ihn gibt. Ich finde manches gut, was sie tun, das meiste. Aber ich muss auch nicht drin sein. Es geht auch genauso gut ohne.

Es gibt noch einen anderen Club: SRT?

Das ist kein Club, das ist ein Redaktionsbüro, eine Journalistenpartnerschaft – mehrere Fachjournalisten, die sich zu einem Redaktionsbüro zusammengeschlossen haben, sehr nette, faire, aufrichtige Kollegen, mit denen wir untereinander unsere Infos austauschen.

Stichwort Klischee, Stichwort Stereotypen. Jeder hat seine Schublade, jeder hat seine Vorstellungen. Wenn ich jetzt an ein Land denke, in dem ich noch nicht war, nehmen wir mal Nepal. Da war ich noch nicht, habe aber schon ein bisschen was davon gehört, und zimmere mir meine Vorstellung zusammen, die natürlich auch Klischee behaftet ist. In Nepal gibt es die Berge, gibt es Leute in Trachten, es ist kulturell interessant. So viel mehr weiß ich darüber nicht. Das ist jetzt so ein typisches Leserbild, was natürlich auch klischeegeprägt ist, mehr ist nicht da an Vorwissen. Wie ist Ihr Umgang mit Klischees? Ich habe da sehr viel gehört aus Reiseredaktionen. Einige sagen: Klischee ist wunderbar, da hole ich den Leser ab, da steht er, das bediene ich auch. Manche sagen, ich breche es bewusst. Andere sagen, mal so, mal so.

Ich hole den Leser da ab, weil das einfach sein Vorwissen ist. Und ich würde nicht sagen, ich bediene es auch. Ich würde auch nicht zwingend sagen, ich breche es. Ich muss einfach schauen, wie es ist. Deswegen fahre ich da hin. Mal bietet es sich an, es vollständig zu brechen, weil es gar nicht mehr so ist wie das weit verbreitete Klischeebild. Und mal ist es genau so, wie ich es mir vorgestellt habe. Dann brauche ich es nicht zu brechen. Bevor ich in die Recherche einsteige, noch bevor ich hinfahre, habe ich natürlich auch erst einmal Klischees – muss dann einfach vor Ort schauen, findet sich das wieder oder findet sich das nicht wieder. Ich muss Klischees nicht zwingend bedienen, finde es aber wichtig, den Leser bei seinem Vorwissen abzuholen. Wiederum aus der Freiberuflerperspektive fängt es noch früher an: Ich muss ja auch den Redakteur, dem ich das am Telefon anbiete, bei irgendeinem Vorwissen abholen und eine plakative

Überschrift haben, die ihn neugierig auf Nepal macht. Insofern muss ich auch sein mögliches Klischee in dem Moment meines Anrufes irgendwie packen.

Das andere wäre der Umgang mit dem Fremden. Man kommt ja in ein Land, wo einem andere Denkweisen, Fremdes einfach begegnet. Haben Sie da vielleicht auch persönliche Ethikstandards, oder wenigstens ein bestimmtes Verhalten, das Sie an den Tag legen? Wo Sie sagen, das mache ich oder das mache ich nicht?

Ich finde den Job deshalb so spannend, weil ich mit so viel Fremdem in Berührung komme und das einerseits Neugierde befriedigt, andererseits noch neugieriger macht. Ich versuche dabei auf gar keinen Fall, Menschen zur „Knipsfigur" meiner Kamera zu machen und erst einmal draufzudrücken, dann nicht mal tschüss oder nicht einmal vorher ‚Guten Tag' zu sagen. Die Menschen sollen nicht Mittel zum Zweck sein, und sie sollen nicht zum Statisten meiner Geschichte oder meiner Fotos degradiert werden. Sondern ich möchte etwas von ihnen erfahren, möchte sie kennenlernen, möchte über diese Menschen in das Land einsteigen. Und ich möchte sie auf keinen Fall lächerlich machen. Ich möchte ihnen so gegenübertreten, wie ich es möchte, dass mir gegenübergetreten wird. Wenn mir die Menschen freundlich begegnen, dann freue ich mich, weil das auch meine Grundintention ist. Das ist der Ethikstandard dabei: Behandele die Leute so, wie Du selber behandelt werden möchtest. Mache niemanden zum Statisten, sei nicht von oben herab. Das fängt auch schon zu Hause an: Warum sollte ich den Kellner blöd behandeln, nur weil er mir gerade den Saft bringt? Da kann ich auch Dankeschön sagen.

Gab es auch einmal eine schwierige Situation auf irgendeiner Ihrer Reisen, etwas gefährliches vielleicht sogar?

Es gab mal ein Flugzeug, das in Frankfurt durchstarten musste, weil eine andere Maschine zu lange auf der Piste herumstand. Das war, glaube ich, das Gefährlichste. Es gab mal ein Wasserflugzeug, das von Fallwinden gepackt wurde und einen kurzen Moment wie schwerelos war. Jedenfalls schwebte der ganze Krempel, der eigentlich noch auf dem Schoß und sonstwo lag, plötzlich in der Kabine. Die Dinge flogen nicht hoch und nicht runter, sondern schwebten kurz, das war gruselig. Schwierig war die Situationen einmal mit einem Indianer, der in seiner Region auf einer Insel vor der kanadischen Westküste für die Förderung von Wirtschaft und Tourismus zuständig war und mir als Ansprechpartner genannt wurde, die ganze Zeit lächelte, aber zwei Stunden lang rein gar nichts aussagte – außer alle Fremden zu kritisieren, die sich für sein Land interessieren. Jede Frage führte ins Leere, gleichzeitig lächelte er aber ständig. Er war zweifellos freundlich, aber komplett widerborstig während dieses Gesprächs. Er hat wahrscheinlich nur darauf gewartet, dass ich mich endlich aufrege, damit er mich dann als fiesen Kolonialisten oder so beschimpfen könnte. Jedenfalls, diese zwei Stunden waren unmittelbar danach völlig verschenkt. Und mit einem Tag Abstand waren sie ein Erkenntnisgewinn, weil es einfach auch diesen Weg gibt, als Einheimischer so zu tun, als sei man interessiert an Tourismus und möchte es eigentlich doch lieber verhindern, dass mehr kommen. Am nächsten Tag habe ich die anderen Indianer auf der Schwesterinsel getroffen, und die haben gesagt: „Ach ja, unsere Kumpels im Norden, da regnet es immer mehr als hier, da ist das schlechtere Wetter, wundert Euch nicht drüber. Wir erzählen Euch mal ein bisschen von unserer Sagenwelt, auch wenn er das da oben nicht wollte." Da gab es das komplette Gegenstück. Und letztlich war es im Zusammenspiel wieder rund. Hätte ich jetzt nur die einen oder die anderen erlebt, wäre es um eine wichtige Facette zu dünn gewesen.

Das zeigt ja auch, dass Tourismus bei den „Bereisten" nicht immer erwünscht ist. Tourismus hat nachweislich nicht nur positive Effekte in Bezug auf Umwelt, in Bezug auf kulturelle Überformung. Sie, durch Ihre Geschichten, generieren auch Reiseströme. Wie gehen Sie mit dieser Verantwortung um?

Zwei Aspekte: Das eine ist, ich überschätze die Menge der Reisenden, die ich generiere, nicht. Sondern ich glaube, dass es eigentlich gar nicht so viele sind. Der eine oder andere wird es sicher sein. Aber wenn ich zum Beispiel über eine kleine Insel vor Guadeloupe in der Karibik schreibe, dann glaube ich nicht, dass anschließend ziemlich viele auf diese kleine Insel fahren würden. Es fahren vielleicht welche nach Guadeloupe und manche machen vielleicht auch einen Tagesausflug auf die vorgelagerte Insel mit. Aber die machen damit diese Insel nicht kaputt. Wenn es 300.000 Menschen theoretisch lesen könnten in der Zeitung: Wie viele fahren dahin, und wie verteilt sich das über die Jahre? Das kann nicht derart erheblich sein. Das andere ist: Ich wehre mich immer dagegen, was manche Redakteure gerne sagen: „Wir schicken unsere Leser nach da und da." Mein Leser ist hoffentlich mündig und genau deswegen schicke ich überhaupt niemanden irgendwohin. Sondern ich lasse ihn selber entscheiden, ob er dahin will. Die Intention ist nicht, den Tourismus anzukurbeln, und irgendwem aus dem Infokasten gerecht zu werden. Ich möchte den Leser vorrangig unterhalten. Wenn ich dabei auch noch Verständnis wecke und unterschwellig weiterbilde und ein Auge für die Kultur und für das Fremde in der Welt öffne, dann muss das Ziel gar nicht sein, dass er da hin fährt. Sondern dass er sagt „hat mir Spaß gemacht, das zu lesen!" Insofern glaube ich gar nicht, dass es so furchtbar viele sind, die alles nachvollziehen. Wenn mich dann jemand vor Ort bitten würde: „Wir wollen keinen Tourismus, schreibe nicht über unser Dorf", dann würde ich mich daran halten.

Der Reisejournalismus, wo entwickelt er sich hin? Es gibt den Trend Internet. Hat sich damit vielleicht auch im Schreiben etwas geändert? Schreibt man heute anders als vor zehn Jahren?

Ich glaube, der Cut ist ungefähr vor zehn Jahren festzumachen, und hat sich in die Richtung, die damals eingeschlagen wurde, weiterentwickelt. Früher war es so, dass ein Reiseartikel speziell in einer Tageszeitung eher darauf ausgelegt war, eine halbwegs vollständige Aufzählung der Sehenswürdigkeiten zu liefern. Eine Venedig-Geschichte war schlecht, wenn nicht mindestens Campanile, Markusplatz, Kathedrale, zwei drei vorgelagerte Inseln, Gondoliere, Murano-Glas und so erwähnt wurden. Heute würde man das ganz anders machen. Man würde sagen: Ich möchte nicht Schlagworte, sondern ich möchte ein Lebensgefühl vermitteln. Und da kann es zum Beispiel reichen, den ganzen Text lang nur den Rialtomarkt an der Rialtobrücke einen Tag lang zu beobachten, wo die Einheimischen einkaufen, ihren Fisch, ihre Krabben und ihr Gemüse. Ein Beitrag im Reiseteil ist zur touristisch nachvollziehbaren Alltagsreportage geworden, während es früher der Sehenswürdigkeitenbericht war. Der Text darf heute weit subjektiver sein und hangelt sich eher an einem Lebensgefühl entlang als an einem Faktenkatalog. Viel weiter weg von einem Prospekttext, als es früher war.

Der Reisejournalismus – ich weiß nicht, ob die These stimmt – spielt sich überwiegend im Printbereich ab. Das meiste findet in Printmedien statt auch in Abgrenzung zu Hörfunk und TV. Kann man das so sagen?

Über Hörfunk weiß ich zu wenig. Beim Fernsehen habe ich nie etwas gemacht und würde rein aus der Konsumentenperspektive sagen, dass Ihre These stimmt. Das liegt daran, dass sich die klassischen Reiseformate im Fernsehen mit ganz wenigen Ausnahmen – ich glaube *Voxtours* ist so eine Ausnahme – noch an dieses alte Gerüst klammern: sanftes Gitarrengeklimper, sobald es um Spanien oder Mittelamerika geht, oder es ist die Panflöte, sobald es um Südamerika geht. Es wird häufig relativ platt ins Thema eingeführt, und es ist immer sehr klischeebehaftet. Es sind ganz häufig sehr schlechte, langweilige Larifaritexte mit abgedroschenen Formulierungen, die mit platten Bildern kombiniert werden. Da hat sich über die Jahre im Erzählstil wenig verändert. Das, was heute in manchen Print-Reiseteilen stattfindet, ist das, was im Fernsehen z.B. „Weltspiegel" heißt und da hoch anerkannt ist, während Reisejournalismus an sich nicht so anerkannt ist.

Reisejournalisten liefern heute die touristisch nachvollziehbare Reportage. Ich könnte zum Beispiel eine Geschichte über eine Orinoco-Bootstour schreiben, sobald das touristisch nachvollziehbar ist. Dabei reicht es aus, wenn ich dem Leser im Infokasten die Nummer einer Agentur am Orinoco in Venezuela geben könnte, die Flussexkursionen anbietet. Die Fernsehgeschichte über die rosa Süßwasserdelphine und die Suche nach denen würde in einem TV-Umweltmagazin oder im „Weltspiegel" stattfinden. Im Print findet sie auf Seite drei oder im Reiseteil statt. Ich glaube, dass es in der Medien-Fachwelt noch gar nicht so recht wahrgenommen wurde, wie deutlich Reisereportagen an Reputation und an Klasse gewonnen haben.

Ist online auch ein Trend?

Es ist ein Trend, den die Verlage fördern, weil sie glauben, dass sie sonst langfristig nicht überleben. Ich glaube, dass online im Moment dem Tageszeitungsreiseteil noch gar nicht schadet, weil die Tageszeitungsreiseteile ja ohnehin nicht als Grundversorgung des Lesers da sind. Es gibt sie, weil der Verleger damit Anzeigen generiert. Sind sie nicht mehr da, würde keiner sein Regional- oder Lokalzeitungsabo kündigen. Da sollte man sich keine Illusionen machen. Und solange die Anzeigen da sind, funktioniert der Reiseteil der Tageszeitung. In den Jahren, als der Anzeigenmarkt insgesamt zurückging, verzeichnete der Reisebereich gegen den Trend ein Plus. Wenn ich heute die Reiseteile aufschlage, würde ich sagen, hat sich im Vergleich zu den letzten Jahren am Umfang nicht viel verändert. Ich glaube, dass die Anzeigen irgendwann in das Internet anteilig abwandern werden, aber das wird so schnell nicht passieren.

Sie sind ja auch in der Vermittlung, in der Weiterbildung tätig. Sie arbeiten beim Medienbüro *und Sie geben Kurse in Reisejournalismus. Was sind das für Leute, die da in diese Kurse kommen?*

Es gibt für diese Kurse beim *Medienbüro* keine Zugangsbeschränkung. Das *Medienbüro* versteht sich als Aus- und Fortbildungsstätte für Journalismus. Die Kurse werden subventioniert von der evangelischen Kirche als Träger des *Medienbüros* und sind deshalb vergleichsweise preiswert. Entsprechend werden sie häufig von Studenten oder sogar von unmittelbaren Schulabsolventen gebucht, die das zur Berufsfindung nutzen. Aber genauso nehmen Leute teil, die z.B. schon in den Ruhestand gegangen sind oder Journalistenkollegen, die in Festanstellung in anderen Ressorts tätig waren und jetzt etwas über dieses Ressort erfahren wollen. Aber auch von Redakteuren, die immer noch fest angestellt sind, zum Teil sogar im Reisebereich. Die meisten, die in diesem Ressort tätig sind, mich eingeschlossen, sind ja über Seiteneinstieg und durch Zufälle da hineingeraten, weil es ja auch keinen klaren Ausbildungsweg gibt. Und manch einer sagt dann „jetzt möchte ich dem Ganzen mal eine Struktur geben oder mir wenigstens eine anhören, und darüber nachdenken, ob ich die dann brauchbar finde oder nicht".

Was lernen die bei Ihnen? Was möchten Sie denen mitgeben?

Ich möchte denen ein Gefühl für gute und schlechte Texte mitgeben. Sie müssen während des Kurses anhand mehrerer Texte Stilmittel herausarbeiten und schauen, wie die in den Beispieltexten umgesetzt sind. Ob das dort Sinn macht oder nicht, ob das einen als Leser packt. Wenn nicht, wie man es hinkriegt, so einen Text so aufzupeppen, dass er einen packen könnte. Es geht dabei um die Bedeutung des Einstiegs, um den Bogen zwischen Einstieg und Ausstieg, um die Dramaturgie zwischendrin. Es geht im zweiten Teil darum, dass sie selber eine Geschichte schreiben, dem eine Themenfindungskonferenz vorausgeht, wo der ganze Kurs diskutiert, wenn einer sagt, ich möchte da und darüber schreiben: Ist das zugespitzt genug? Wer könnte diese Geschichte beleben? Was für Aspekte könnten da rein? Womit könnte man anfangen? Dann müssen sie diesen Text schreiben, den ich später redigiere und kommentiere. Und im letzten Teil geht es darum: Wie ist die Marktlage? Was bekommt man an Honoraren? Und da ist ein wesentlicher Diskussionspunkt zudem der ganze Ethik-Bereich: Wie trete ich verantwortungsbewusst auf, sowohl wenn ich verreise als auch wenn ich einen Text schreibe. Wie halte ich mich sauber, ohne in den Ruf zu kommen, korrumpiert zu sein. Wenn die Teilnehmer sich in der Feedbackrunde zu Wort melden, mit der der Kurs nach drei Tagen schließt, sagen sehr viele „es hat mir Spaß gemacht, ich habe aus dem Kurs gelernt, dass ich das doch nicht beruflich machen möchte, weil ich es mir leichter vorgestellt hätte". Und die, die dann doch beschließen, Reisejournalist werden zu wollen, die hätten das über kurz oder lang auch ohne so einen Kurs gemacht. Also hätte ich mir, wenn ich diese Kurse nicht anböte, dadurch nicht etwa Konkurrenz vom Leib gehalten. Das wäre auch illusorisch.
Mich hatte mal eine ältere Kollegin vorwurfsvoll zur Rede stellen wollen: was mir eigentlich einfiele, Nachwuchs zu fördern und zu unterrichten, ob ich da nicht an die Alten denken würde, das sei ja skandalös. Ihr habe ich gesagt, dass ich keinen, der in diesen Beruf möchte, verhindern kann, sie keinen verhindern kann, und dass es vor diesem Hintergrund viel besser ist, den „Neuen" einfach

so einen Leitfaden mitzugeben, wie man das anständig und moralisch sauber macht.

Gibt es sonst noch Ausbildungsstrukturen in Deutschland? Es existiert kein Studiengang Reisejournalismus. Es gibt andere, man kann Wissenschaftsjourna-lismus, Wirtschaftsjournalismus, Bildungsjournalismus studieren. Aber für Reisejournalismus gibt es noch nicht einmal ein Nebenfach.

Ich wüsste von keinem Uni-Studiengang. Ich habe zudem den Eindruck, dass Reise in den Verlagsjournalistenschulen keine große Rolle spielt. Vielleicht, weil es immer noch das Exoten-Ressort ist. Vielleicht, weil die Zahl derer, die das tatsächlich hauptberuflich oder wenigstens tragend nebenberuflich tun, in Deutschland so gering ist, dass sich der Aufwand der Einrichtung eines solchen Faches nicht lohnt.

Andere haben berichtet, dass sie einfach Journalist sind, und durch die Ressorts gewechselt sind und irgendwann bei der Reise gelandet sind.

Ich schreibe überwiegend Auslandsreportagen, manchmal Inlandsreportagen, die im Reiseteil erscheinen. Das sage ich viel lieber als zu sagen, ich bin Reise-journalist. Einfach weil der Begriff leider immer noch negativ belastet ist, und weil er mit dem, was er an Außenmeinung auslöst, häufig nicht mehr dem ent-spricht, was Reisejournalismus in Wirklichkeit heute ist.

Wie kam es zu diesem negativen Image?

Kann ich letztlich nicht sagen, weil es schon längst bestand, als ich die ersten Schritte in diesem Bereich machte.

Der Schmarotzer ...

... Der Schmarotzer, der alles bezahlt kriegt, der die dicken Werbegeschenke einfegt, der sich hinterher nicht zu schade ist, peinlichst für die Einlader zu werben ... Es gab sicher auch etliche Fälle, wo das so zutraf und wo sich die Leute schwerst daneben benommen haben – wo es nur der teuerste Champagner sein durfte, und der dann von morgens bis abends gratis gesoffen werden muss-te. Vieles ist komplett anders geworden. Aber das schlechte Image gibt es noch. Es gibt auch immer noch eine Reihe von Leuten, die glauben, dass sie mit dem Umweg über die Behauptung, sie wären Reisejournalisten, eine kostenlose Reise machen können. Die schaden denjenigen, die den Beruf wirklich ausüben. Sie schaden der Branche, dem Ruf insgesamt.

Gleichzeitig sind die so oft verfemten Reise-Einladungen nicht aufs Reiseressort beschränkt: Wirtschaftsjournalisten fliegen z.b. auf Einladung von Shell nach Nigeria und schauen sich Ölfelder an oder jetten auf Einladung eine Autoherstellers zur Werkseröffnung nach China. Da muss man sich doch auch genau fragen: Inwieweit sind die bestochen, indem sie diese Einladungen annehmen? Oder die Politjournalisten, die in der Kanzlermaschine mitfliegen – inwieweit sind die bestochen? In jedem Feld gilt immer wieder: Es hängt von der Integrität des Einzelnen ab, wie ehrlich und aufrichtig er hinterher berichten will. Ob der durch die Tatsache, einen sonnigen Strand für Minuten sehen zu können, korrumpiert ist. Oder ob er durch das gemeinsame Abendessen mit dem Politiker und die Nähe zur Macht korrumpiert ist. Oder ob er die Einladung auf die Ölplattform so toll findet – es hängt von jedem selbst ab, was er daraus macht.

Wo macht Helge Sobik Urlaub? Und was macht er da?

Auf keinen Fall in Hotels und möglichst nicht mit Flugreise, sondern Auto und Ferienhaus, um endlich mal nicht den Job-Blick haben zu müssen. Die letzten Male sogar ohne Fotoapparat. Denn wenn ich den mitgenommen habe, habe ich doch wieder geknipst, sah doch wieder eine Geschichte – und doch wurde am Ende wieder ein Text daraus. Jetzt fahre ich ohne Fotoapparat und ohne Flugzeug mit dem Auto mal nach Dänemark und mal bis nach Spanien runter. Selbst bezahlt!

7.6 Epilog aus *Geschichten vom Ende der Welt* von Andrian Kreye

Andrian Kreye studierte Amerikanistik und Geschichte an der LMU München, baute die Zeitschrift *Tempo* auf und erlangte ein *Certificate of Media Studies* an der New School University in New York. Seine Reportagen und Kurzgeschichten sind unter anderem in *stern*, *Spiegel*, *GEO*, *Arena*, *La Repubblica* und *Tempo* erschienen. Seit 2007 ist er Feuilletonchef der Süddeutschen Zeitung in München.

Epilog

Der Pilot hat uns gerade informiert, dass wir die Reiseflughöhe von dreißigtausend Fuß erreicht haben, die Stewardessen verteilen Salzbrezeln, und mein Vordermann hat mir mit Schwung seine Rückenlehne vor die Nase gesetzt. Langsam kehrt der Alltag zurück und erinnert mich daran, dass die Dramen und Tragödien, mit denen ich mich beschäftigt habe, nicht meine eigenen sind. Ich habe die letzten Tage damit verbracht, durch fremde Landschaften zu fahren, fremde Menschen auszufragen und mich mit einer Hartnäckigkeit in fremde Angelegenheiten zu mischen, die im wirklichen Leben notorische Nervensägen und Angestellte von Inkassobüros auszeichnet. Morgen werde ich mich mit Wäsche, Post und Rechnungen herumschlagen und die nächsten Tage vor meinem Computer verbringen. Dann werde ich die Einsamkeit des Schreibens verfluchen, weil bis dahin die Reportage keineswegs die Arbeit des einsamen Wolfes war, der heldenhaft der Wirklichkeit ein Stück Wahrheit entreißt, wie man das aus Abenteuerfilmen kennt, sondern das Produkt einer gemeinschaftlichen Anstrengung, zu der eine ganze Mannschaft gehört, ohne die es nicht möglich wäre, solche Geschichten zu erzählen.

Da sind zu allererst einmal die Fotografen. Aus reinem Selbstschutz sei hier kurz angemerkt, dass nicht *jedes* Bild mehr sagt als tausend Worte. Diesen Streit habe ich mit Fotografen schon unzählige Male geführt, weil wir insgeheim unseren jeweiligen Dünkel pflegen, nur wir alleine könnten eine Geschichte erzählen. Die besten Reportagen sind jedoch eine perfekte Kombination aus beiden, und viele der Fotografen, mit denen ich gearbeitet habe, sind gerade deshalb zu guten Freunden geworden, weil uns die gleiche Leidenschaft treibt. Da war der Fotograf, mit dem ich drei Monate an einer Polizeigeschichte arbeitete, was weniger am schwierigen Thema lag, sondern vor allem daran, dass wir beiden nicht genug davon kriegen konnten, in Streifenwagen mit Blaulicht und Höchstgeschwindigkeit Gangstern hinterher zu jagen. Oder der Fotograf, mit dem ich Wohnungen in Bangkok, Dakar und Kolumbien anmietete, weil wir dort auf zu viele Geschichten stießen, die wir unbedingt erzählen wollten.

Dann sind da die Redakteure, die viel Vertrauen in einen Reporter und eine mindestens ebenso große Leidenschaft für seine Geschichten entwickeln müssen, schließlich kaufen sie eine äußerst kostspieliges Produkt, das bei Auftragserteilung meist nicht mehr ist als eine Idee und ein paar Telefonnummern. Später müssen sie die Texte noch nach Pathos, Kitsch und all den kleinen Eitelkeiten durchforsten, die sich so einschleichen.

Bildredakteure sind für Reporter eigentlich gar nicht zuständig, entscheiden allerdings mit ihrer Auswahl über die nächsten Wochen seines Lebens. Wenn sie kein etabliertes Team engagieren, brauchen sie viel Fingerspitzengefühl, um herauszufinden, welche Bildsprache zur Geschichte und welcher Fotograf zum Reporter passen. Die Reise mit dem nichtrauchenden Fotopreisträger während meiner besten Zeiten als Kettenraucher muss die Hölle für ihn gewesen sein.

Da sind die Schlußredakteure, die einem den Rücken freihalten müssen, denn es gibt keinen perfekten Text und schon gar keinen unfehlbaren Reporter. Es macht allerdings einen gewaltigen Unterschied, ob sich die Streetgangs von Los Angeles mit hunderttausend Maschinengewehren oder mit hunderttausend automatischen Pistolen bewaffnet haben. Das eine hieße Bürgerkrieg, das andere ist Alltag der urbanen Krise.

Und ohne Redaktionssekretärin wären Reporter verloren, denn sie haben eine ähnliche Funktion wie Miss Monneypenny für James Bond. Sie können unmögliche Reisepläne verwirklichen, wissen, wann man um eine Gehaltserhöhung bitten kann und sie haben mitgekriegt, welcher Redakteur in der Konferenz beim neuen Thema laut aufgestöhnt hat. Und wenn wirklich einmal etwas schiefgeht, sind sie es, die das Auswärtige Amt mit Telefonanrufen bombardieren, bis sich die diplomatische Bürokratie endlich in Gang gesetzt hat.

Sie sind auch die Brücke zu den Buchhaltern, die oft einen erstaunlichen Stoizismus dabei entwickeln, wenn sie eine Bargeldsumme in der Höhe von drei Monatslöhnen übergeben oder ebenso hohe Spesenabrechnungen bearbeiten. Und auch die können retten. In Belgrad präsentierte mir die Empfangsdame ohne Vorwarnung eine Telefonrechung über mehrere Tausend Dollar, die wegen des Embargos nicht per Kreditkarten beglichen werden konnte. Nur die beherzte Bareinzahlung auf ein dubioses Konto in Hamburg rettete mich vor dem serbischen Schuldenturm.

Auch vor Ort ist der Reporter nie alleine. Fahrer sind unersetzlich, um nicht im Strassengewirr von Gaza City oder auf den Sandpisten von Mali verloren zu gehen. Moslemische Fahrer sind übrigens die besten. Die trinken keinen Alkohol, sind wegen ihres strengen Betplans Pünktlichkeit gewöhnt und haben in ihrer Gottergebenheit ein erstaunlich lockeres Verhältnis zu Hochgeschwindigkeitsfahrten, die Zeit und Ärger sparen. Auf dem Beifahrersitz findet sich dann meist der so genannte Fixer, der einem als Übersetzer, Rechercheur und Diplomat zuarbeitet, der die örtlichen Dialekte versteht, weiß, mit wem man sprechen sollte und wie man einen Termin beim Polizei-, Garnisons- oder Milizchef bekommt.

Irgendwann ist die Geschichte dann im Blatt und ich frage mich, ob sie die langen Reisen, die Streitereien, die penible Suche wert war, ob ich es wirklich geschafft habe, wenigstens einen Spalt breit einen Blick in eine fremde Welt zu eröffnen. Bis die nächste Geschichte kommt. Dann wird mich wieder diese euphorische Neugier erfassen, die mich damals auf dem Flug 518 der Eastern Airlines gepackt hat. Ich werde die Redakteure bestürmen, meine Koffer packen und wieder durch fremde Landschaften fahren, fremde Menschen befragen und mich in fremde Angelegenheiten mischen. Bis ich glaube, ich hätte etwas verstanden.

7.7 Verena Wolff: Die Reisegeschichten-Recherche
Augen auf und immer ein Stück Papier zur Hand

Verena Wolff, Jahrgang 1976, studierte Amerikanistik, Journalistik und Politische Wissenschaft in Hamburg und Washington, D.C. Sie volontierte bei der Deutschen Presseagentur und arbeitet seit mehreren Jahren als Freie für unterschiedliche On- und Offline-Produktionen. Thematische Schwerpunkte sind neben der Reiseberichterstattung ihr Steckenpferd Beruf & Bildung sowie Computer und Multimedia.

Reisegeschichten-Recherche

Reisegeschichten sind eine sehr subjektive Angelegenheit. Der klassische Fall: Fünf bis zehn Reisejournalisten werden von einem Veranstalter an einen Ort gebracht, sie alle durchlaufen während der paar Reisetage mehr oder weniger dieselben Stationen. Zurück am Schreibtisch aber wird jeder von ihnen völlig unterschiedliche Geschichten verfassen.

Das liegt in vielem begründet: Der Auftrag des Mediums, für das geschrieben wird, die Vorgaben über Länge und Schwerpunkt, und zuletzt – und nach meiner Auffassung ist das der entscheidende Faktor – am Schreiber selbst. Was sieht er, was bekommt er mit? Schaut er sich nur an, was ihm gezeigt wird oder geht er „off the beaten path"? Fallen ihm Kleinigkeiten auf, lernt er den entscheidenden „Eingeborenen" kennen, der ihm spannende und ungewöhnliche Geschichten erzählt? Spielt der Zufall mit und lässt ihn etwas erleben, das den optimalen Aufhänger für die Geschichte gibt? Weiß er aus der Vorrecherche schon etwas, das er unbedingt verarbeiten will? Oder findet er schließlich zu

Hause bei der Nachrecherche noch ein Versatzstück, das die Geschichte rund macht? Ebenfalls eine ganz wichtige Determinante einer Geschichte: Die Betreuung durch den Veranstalter und dessen Counterpart vor Ort. Journalistengruppen werden immer von mindestens einem Vertreter des Veranstalters begleitet – eine Einrichtung, die oft bitter nötig ist. Die Kunst des guten Betreuens einer Gruppe, die oft ein Zwischending aus einem Klassenausflug Elfjähriger und einer Bildungsreise ist, liegt im richtigen Maß von Präsenz und dem Ermöglichen von individueller Recherche.

Mit anderen Worten: Eine Tour, die vom gemeinsamen Frühstück um sieben Uhr morgens bis zum Absacker nachts um eins halbstundengenau durchgeplant ist, nervt spätestens am zweiten Tag alle Beteiligten. Einige schalten komplett ab, andere machen ihr eigenes Programm. Weniger Termine und dafür mehr Zeit, die Dinge zu erkunden – das ist eher ein Ansatz, der Journalisten glücklich und Geschichten gut macht. Optimal ist, wenn sich die Betreuer vor Ort auskennen und sogar interessante Leute aus dem Ort oder der Region kennen, die gewillt sind, den Journalisten von ihrer Heimat zu erzählen.

Ebenfalls nicht zu unterschätzen – das Wissen und die Neigungen der Journaille. Bei Reisen ins Ausland: wie gut sprechen die Reisenden die Sprache – so sie sie überhaupt sprechen können. Wie viel also bekommen sie von der originalen Erzählung mit, wie viel geht beim Übersetzen verloren? Ist der Reisende wagemutig genug, in ein kleines Wasserflugzeug zu steigen oder in einen Gletscher zu spazieren? Klingt nach Kleinigkeiten – aber die können über Wohl und Wehe einer Geschichte entscheiden.

Wie arbeitet ein Journalist in einem solchen Fall überhaupt? Auch das ist schwierig zu sagen, denn jeder wird das wahrscheinlich anders tun. Augen auf, Nase auf, Ohren auf – Beobachten und Umgebungen auf sich wirken lassen. Das ist nach meiner Einschätzung die Grundvoraussetzung für eine bunte, lebendige Geschichte. Denn – Reiseführer mit sehr rationalen Abhandlungen haben ja schon andere geschrieben.

Jeder Ort, jede Region wird zudem Unterlagen verteilen – die muss man nicht studieren, aber sie zumindest aufmerksam überfliegen. Bestimmte Namen oder Daten, die für das Ziel wichtig und prägend waren oder sind, werden dabei im Gedächtnis hängen bleiben. Diese Ereignisse kann man dann mit Leben zu füllen versuchen – mit der Hilfe eines der Experten vor Ort oder durch weitere Recherche im Internet oder der Literatur.

Je länger die Geschichte, umso mehr Information braucht es – und das, ohne dabei wie ein Reiseführer zu klingen. Doch die Fülle der Information ist selten das Problem – eher schon die Auswahl und die Art, mehrere Geschichten ineinander zu verweben. Bei manchen Dingen ereilt so manches zunächst im-

mens wichtig erscheinende Faktum das Schicksal, zu einem Halbsatz zu ver-
kommen. So geschehen in der San-Diego-Geschichte mit der Größe und Relevanz der Navy. In den USA ist San Diego untrennbar mit der Präsenz der See-
streitkräfte verbunden. Für Leser in Deutschland ist das nicht wirklich wichtig –
aber es fällt Urlaubern doch auf. Denn die Uniformen gehören ebenso zum
Stadtbild wie die zahlreichen Kriegsschiffe und Hubschrauber, die man immer
und überall sieht und hört.

Ebenso kann es immer wieder passieren, dass man von großen Attraktionen
zwar weiß, auf der Reise aber keine Zeit hat, sie zu besuchen. Der San Diego
Zoo ist so ein Fall für die vorliegende Geschichte. Er gilt als einer der größten
und schönsten Zoos, vielleicht sogar weltweit. Aber San Diego ist eine riesige
Stadt – und wer wirklich in den Zoo gehen will, braucht einen Tag dazu. Hat
man aber nur drei Tage, wie im vorliegenden Fall … war es mir in Übereinstimmung mit dem Presse-Touristiker der Stadt wesentlich wichtiger, die so
genannten „Landmarks" zu sehen und das große Ganze auf mich wirken zu
lassen.

Das allerdings bedeutet nicht, dass die gesamten Informationen nicht vorkommen – schließlich haben schon zahlreiche Menschen ihre Erfahrungen mit
diesen Orten aufgeschrieben: in Reiseführern, in Info-Broschüren, und nicht
zuletzt die Betreiber auf ihren Webseiten. Menschen wie der – schräge – Busfahrer (ein nicht planbarer Glücksstreffer), die Pressebeauftragte des Hotel Del
(sehr professionell) und der Gaslamp-Quarter-Geschäftsführer (sprudelnd vor
Wissen) helfen beim Augenöffnen.

Während man vor Ort herumgeführt wird – ob mit Experten oder ohne, ob
allein oder in der Gruppe – ist „aufsaugen" wahrscheinlich das beste Wort, das
meinen Arbeitsstil beschreibt. Es gibt Kollegen, die nehmen alles auf, das gesagt wird. Andere haben permanent ihren Block gezückt – das ist für meinen
Geschmack ein bisschen schwierig, wenn man mit jemandem etwas anschaut
und dabei ein Gespräch aufrecht erhalten will. Ich verhalte mich also in diesen,
von der Zeit her meist übersichtlichen Situationen, wie ein Schwamm und brin-
ge danach entweder zu Papier oder gleich in meinen Laptop das, was mich besonders beeindruckt hat und Zitate, die hängen geblieben sind (denn das sind die
wichtigsten, die sich auch zu nutzen lohnen). Dazu schreibe ich kleine Beschreibungen der Situationen, die ich gesehen habe, Gerüche, Dinge, die mir
besonders aufgefallen sind.

Ich persönlich habe eine ganz spezielle Schwierigkeit, wenn ich Reisegeschichten aufschreibe: Wenn es mir an einem Ort besonders gut gefällt, soll die
Geschichte das reflektieren. Ich setzte mich quasi selber unter Zugzwang, eine
besonders „schöne" Geschichte zu verfassen. Das allerdings ist nicht selten
damit verbunden, dass ich mich zuvor hinsetzen muss und überlegen, was tat-

sächlich vorkommen soll – und in welcher Länge. Das ist besonders bei Geschichten von der Länge wichtig, wie sie hier abgedruckt sind. Denn sonst steht am Ende in den vorgegebenen Zeichen ein Wust verschiedener Informationen, das Wichtigste fehlt und von sich verwebenden Strängen ist nichts zu sehen.

Ich gehöre zu den Journalisten, die ständig einen Laptop im Gepäck haben. Für mich und meinen Arbeitsstil hat sich dieses Kilo Extragepäck bewährt – ich versuche jeden Tag Versatzstücke einer Geschichte aufzuschreiben. Das ist am Ende wesentlich lebendiger, als wenn man sich nach Wochen und Monaten wieder an bestimmte Ereignisse in kleinsten Teilen zu erinnern versucht – denn auch das ist ein Problem der Reisegeschichten: Sie werden nicht immer sofort gekauft oder gedruckt. Im Gegenteil: Bestimmte Termine gibt es nur ein Mal pro Jahr, dennoch soll es eine Geschichte darüber geben. Also wird man im Jahr X dorthin geschickt, um dann im Jahr X+1 die entsprechenden Ereignisse zu beschreiben.

Reisereportage, geschrieben für die Deutsche Presse Agentur (dpa):

Tourismus/USA
Surf Central - In San Diego findet das Leben draußen statt

Von Verena Wolff, dpa

San Diego (dpa/gms) - Als Alonzo Erastus Horton 1867 in San Diego von Bord eines Dampfschiffes stieg, war er begeistert. Fast überall auf der Welt sei er schon gewesen, sagte der Multimillionär, „aber dies ist der schönste Platz für eine Stadt, den ich jemals gesehen habe." Horton war nicht der Erste und auch nicht der Einzige, der sich auf der Stelle in die sonnige Stadt am Pazifik verliebte. 21 Grad Durchschnittstemperatur, rund 300 Sonnentage im Jahr und dazu mehr als 100 Kilometer feinster Sandstrand – San Diego hat auch für kalifornische Verhältnisse herausragend viel zu bieten.

Schwüles Wetter, wie es manchmal an der US-Ostküste herrscht, kennt man hier nicht. „Auch von Regen und Hurricans bleiben wir meist verschont", sagt Joe Timko von der Besucherinformation. „Hier gibt's höchstens mal ein Erdbeben." Mit dieser Gefahr leben die Kalifornier, in San Diego ebenso wie im rund 250 Kilometer entfernten Los Angeles oder noch 550 Kilometer weiter in San Francisco.

Das Leben in San Diego findet überwiegend draußen statt – an den Stränden, in den Parks oder auf dem Meer. Kaum irgendwo sonst gehört das Wellenreiten so zum Alltag wie in San Diego. Die Fahrräder, die hier „Beach Cruiser" heißen, haben eigene Halterungen für die langen Surfbretter. Viele Leute fahren Pickups, weil das Board besser auf die Ladefläche als in einen Kofferraum passt. Und gesurft wird immer: „Vor der Arbeit, in der Mittagspause und natürlich ausgiebig am Abend", sagt Timko. Neben Anzug und Krawatte gehört der Neoprenanzug zur Garderobe – denn der Pazifik ist auch in den Sommermonaten kühl.

Die Strandviertel La Jolla, Mission Beach und Pacific Beach liegen nördlich des alten Stadtkerns Old Town" und der heutigen Innenstadt. In diesen Gemeinden lebt man am Strand, in erster, zweiter oder dritter Reihe zum Meer. Den Pacific und den Mission Beach verbindet eine rund fünf Kilometer lange Promenade, auf der Inline-Skaten, Joggen und Radfahren genauso wichtig ist wie das Gesehenwerden.

Gediegener geht es weiter nördlich zu: La Jolla ist eigentlich eine eigene Gemeinde und liegt gut 22 Kilometer vom Stadtkerns San Diegos entfernt. Der Ort mit seinen 24 000 Einwohnern ist ein bisschen Künstlerkolonie und ein bisschen Nobelvorort. Wer hier die Bucht am „La Jolla Cove" besucht, mit dem Kajak aufs Meer hinausfährt oder eben mit einem Beach Cruiser durch die Straßen fährt, bekommt die schönsten Einblicke.

 Ebenfalls ein selbstständiger Ort und dennoch im Sprachgebrauch eingemeindet ist Coronado, eine vorgelagerte Insel, die über eine 3,4 Kilometer lange Brücke zu erreichen ist. Zwei Dinge fallen hier sofort ins Auge: die Präsenz der US-Seestreitkräfte und das „Hotel del Coronado", von den Einheimischen kurz nur „Hotel Del" genannt.
„Nirgendwo auf der Welt gibt es so viele pensionierte Admiräle pro Quadratkilometer wie auf Coronado Island", sagt Busfahrer „RJ" bei seiner Tour durch die Villengegend. Die hochrangigen Pensionäre machen es sich im Ruhestand gemütlich in ihren gepflegten Heimen.
„Die Häuserpreise sind siebenstellig, kein Haus darf wie das des Nachbarn aussehen", erzählt „RJ". Aber es gibt nicht nur Altgediente in Coronado: Rund 160000 Menschen in der Region haben mit dem Militär zu tun, als Soldaten und Angestellte. Die „Naval Base Coronado" ist neben Norfolk in Virginia die größte US-Marinebasis.

Während ein großer Teil der Insel militärisches Sperrgebiet ist, ist das „Hotel Del" ein quicklebendiges Denkmal. Hier wohnt, wer Geld hat und prominent ist. US-amerikanische Präsidenten nächtigen in schöner Regelmäßigkeit mit Blick auf den weißen, feinsandigen Strand. Hartnäckig hält sich das Gerücht, dass der englische König Edward VIII. in den viktorianischen Gemäuern erstmals Wallis Simpson traf, damals eine reiche Ehefrau aus San Diego. Wegen ihr verzichtete er dann 1936 auf den Thron. Für Marilyn Monroe, Tony Curtis und Jack Lemmon war das Hotel der Drehort des Films „Manche mögen's heiß".

Ein weiteres Gerücht, Thomas Alva Edison höchstselbst habe das Hotel mit Elektrizität versorgt, haben Historiker allerdings widerlegt. „Edison ist auch nur einmal Gast gewesen, 1915 zur Panama-Kalifornien-Ausstellung", sagt Hotelsprecherin Lauren Ash Donoho. Diese Ausstellung zur Eröffnung des Panama-Kanals begründete eine der Oasen in San Diego: den Balboa Park. Dort gibt es nicht nur eine der größten Ansammlungen von Museen in den Vereinigten Staaten und den weltbekannten „San Diego Zoo". Die rund 5,6 Quadratkilometer große Parkanlage ist auch die grüne Lunge der Stadt.

Den größten Anteil daran hat die Gärtnerin Kate Sessions. Sie verwandelte das wüste Buschland um das Jahr 1900 in mühevoller Kleinarbeit in eine grüne, blühende Parklandschaft. Die Gebäude zur Panama-Kalifornien-Ausstellung entwarf der New Yorker Architekt Bertram Goodhue im spanischen Kolonialstil. Einige der Gebäude beherbergen heute die Museen im Balboa Park.

Zwar kein Museum, aber durchaus geschichtsträchtig ist das Areal südwestlich des Balboa Parks, das heute „Gaslamp Quarter" heißt. Alonzo Horton kaufte hier, direkt am Wasser gelegen, 334 Hektar Land zum Spottpreis von 250 Dollar. „Er teilte das Land in einzelne Parzellen und verkaufte sie für ein Vielfaches", erzählt Busfahrer „RJ". Aber Horton verkaufte nicht nur Land – er investierte auch in das Stadtbild. In den Zeiten des Goldrausches, in denen die Einwohnerzahl auf gut 40 000 wuchs, war das ein lukratives Geschäft.

Vielen Kaliforniern gilt Horton als der „Vater San Diegos". Für andere nehmen diese Rolle die Entdecker ein, die unter spanischer Flagge schon einige Jahrhunderte früher in San Diego die Anker warfen. Juan Cabrillo war 1542 der erste, ihm folgte 60 Jahre später Sebastián Vizcaíno, der dem Örtchen San Miguel den endgültigen Namen San Diego gab. Gaspar de Portolá errichtete 1769 einen Militärposten und der Franziskaner Junípero Serra die erste kalifornische Mission. Sie ist noch heute als „Old Town" zu besichtigen – ein Freiluftmuseum, das das Leben der Siedler darstellt.

Das sichere Leben fernab des Meeres war allerdings nicht das, was sich Alonso Horton vorstellte. Seine Vision war das Leben am Wasser, eine Stadt am Meer. Während des kalifornischen Goldrausches ging sein Plan auf – als allerdings die

Goldreserven erschöpft waren, schrumpften die Bevölkerung und deren Reichtümer. Die einst schicke und reiche Innenstadt wurde zu einem ausgedehnten Rotlichtviertel.

„Wyatt Earp, der legendäre Sheriff von Dodge City, war hier Saloon- und Spielhöllenbesitzer", erzählt Dan Flores, einer der Geschäftsführer der Gaslamp Quarter Association. Es gab Kneipen und Opiumhöhlen, die Prostitution lief im späten 19. Jahrhundert auf Hochtouren: „120 Bordelle gab es in dem Viertel, das man damals Stingaree nannte", sagt Flores. Es hieß, man könne dort genauso gestochen werden wie von den Stachelrochen (Stingaree), die in der Bucht schwimmen.

Das historische Viertel war mehrere Jahrzehnte lang sich selbst überlassen, ehe sich vor gut 30 Jahren eine Initiative gründete, die den Stadtteil retten wollte. Heute ist „The Gaslamp" ein schickes Viertel mit kleinen Geschäften, Theatern, Bars und Restaurants. Die Gaslaternen sind alle neu – „damit wollen wir die 16 Blocks markieren, in denen früher das Stingaree war", sagt Flores.

Direkt neben den mehr als 120 viktorianischen Gebäuden bietet San Diego Hochmodernes, etwa das Kongresszentrum, eine große Konstruktion aus Glas und Stahl, die an einrollende Wellen erinnert. Ein Stück weiter drängt sich eine Hand voll Wolkenkratzer, die man nur vom Wasser aus richtig sehen kann. Eine richtige Skyline ergeben sie noch nicht – auch wenn San Diego heute die siebtgrößte Stadt der USA ist. Der Ort erstreckt sich über sehr viel Fläche – an der Küste und im Hinterland. „Dadurch haben wir so viele Strände", sagt Timko. Und das ist wichtig in San Diego – für Einwohner und Touristen gleichermaßen.

INFO-KASTEN: San Diego

REISEZIEL: San Diego liegt im äußersten Südwesten der USA, etwa 25 Kilometer nördlich der Grenze zu Mexiko und 250 Kilometer südlich von Los Angeles. San Diego ist mit 1,25 Millionen Einwohnern im Stadtkern und insgesamt rund 3 Millionen Einwohnern die zweitgrößte Stadt Kaliforniens und die siebtgrößte in den USA.

ANREISE UND FORMALITÄTEN: Nonstop-Flüge von Deutschland nach San Diego gibt es nicht. Verbindungen mit Umsteigen zum Beispiel in San Francisco, Chicago oder Los Angeles bestehen von Frankfurt/Main und München aus mit mehreren Fluggesellschaften. Visafreie Einreise für bis zu 90 Tage ist nur mit einem maschinenlesbaren Reisepass möglich. Auch Babys brauchen einen eigenen Pass. Bei der Einreise werden digitale Fingerabdrücke genommen, jeder Reisende wird fotografiert.

KLIMA UND REISEZEIT: Das Klima ist gleichbleibend warm und sonnig. Der sonnigste Monat ist der November, im Juni kann es neblig werden.

WÄHRUNG: Für einen Euro gibt es etwa 1,19 US-Dollar (Stand: Februar 2006).

SPRACHE: Englisch und Spanisch.

ZEITUNTERSCHIED: Deutsche Zeit minus neun Stunden.

UNTERKUNFT: Im Raum San Diego gibt es vom einfachen Motel bis zum luxuriösen Fünf-Sterne-Hotel Unterkünfte aller Kategorien. Viele der insgesamt 54 000 Hotelzimmer liegen direkt am Strand.

INFORMATIONEN: California Tourism, c/o Touristikdienst Truber, Schwarzwaldstraße 13, 63811 Stockstadt (Tel: 06027/40 11 08 – per Bandansage kann Infomaterial für sieben Euro bestellbar); Internet: www.visitcalifornia.com, www.sandiego.org, www.sandiego.gov.

ACHTUNG: Am kommenden Dienstag (28. Februar) sendet der Themendienst einen Reisebericht von Carina Frey über die griechische Insel Rhodos. dpa/gms vw cr ah
Geschrieben für den dpa-Themendienst

8 Reisejournalismus und die Wahrnehmung des Fremden

8.1 Grundlagen

Wie schon in Kapitel 2 ausgeführt, haben Reisen und Reisejournalismus eine ganze Menge mit Wahrnehmung und Wahrnehmungsverzerrungen zu tun seitens der Leser, der Reisenden und der Reisejournalisten. Vorurteile, Klischees und Stereotypen beherrschen die Haltung gegenüber dem Fremden, oft genug nicht einmal bewusst:

Rez et. al. (2006: 32 f.) erklärt dazu folgendes:

„In diesem Sinne ist Kultur ein identitätsstiftendes Orientierungssystem: Es definiert Zugehörigkeit; es reguliert das Verhalten der Kulturmitglieder; und es strukturiert deren Wahrnehmung und Deutung der Umwelt – meist ohne dass es diesen bewusst ist. Ebenso wie Menschen ihre persönliche Identität zu wahren suchen und deshalb zu den selbstwertstützenden Verzerrungen neigen, tendieren sie als Mitglieder einer Gruppe dazu, eine positive soziale Identität zu entwickeln – nicht zuletzt, indem sie andere Gruppen abwerten. [...] Menschen bewerten in der Regel nahe stehende Positionen noch näher und ihre Eigengruppe noch besser, als es der Wirklichkeit entspricht; und umgekehrt: fern stehende Positionen noch ferner und Fremdgruppen noch schlechter. [...] Um das Selbstkonzept zu wahren und den Selbstwert zu schützen, wird graduell Unterschiedliches als prinzipiell Verschiedenes aufgefasst und abgetan."

In unserem Bedürfnis, uns abzugrenzen, verengt sich unsere Wahrnehmung gegenüber dem Anderen, dem Fremden. Dies kann sowohl abwertend als auch romantisch-überhöhend sein. Fremde Völker wurden gleichermaßen als „Unzivilisierte" und als „edle Wilde" etikettiert.

Neben Wahrnehmungsverzerrungen und -vereinfachungen, die Vorurteile, Klischees und Stereotypen entstehen lassen, gilt es davon die Kulturstandards abzugrenzen. Kulturstandards sind im Gegensatz zu den anderen o. g. Kategorien wissenschaftlich ermittelt. Als deutscher Kulturstandard gilt beispielsweise eine hohe Regelorientierung, während als chinesischer Kulturstandard Guanxi (etwa: Beziehungsnetz) existiert. Westeuropäisch ist der Individualismus im

Gegensatz zu eher kollektiv organisierten sozialen Gefügen Asiens und Latein-amerikas.

Vorurteile, Klischees und Stereotypen finden sich auch im Reisejournalis-mus. Wie die Interviews in Kapitel 7 aufzeigen, ist dies den Reisejournalisten sehr wohl bewusst. Nicht immer wird dies auch generell schlecht bewertet, schließlich sind Klischees auch im Kopf des Lesers vorhanden und man kann ihn darüber dort abholen, wo er steht.

Die vorigen Kapitel haben mit ihrer Vorstellung der Geschichte, der Dar-stellungsformen und der Praxis des Reisejournalismus bereits viele der Beson-derheiten dieses Ressorts beleuchtet. Besonders die redaktionelle Praxis wurde detailliert dargestellt: Reisejournalisten gaben bereitwillig Auskunft über ihren Beruf, den die meisten von ihnen als Handwerk betrachten. Für eine Theorie, gar eine Philosophie des Reisejournalismus ist in der Praxis meist kein Platz.

Im Rahmen dieser Einführung haben wir einem eher theoretischen Thema ein Kapitel gewidmet, das sich mit dem Gegenstand des Reisejournalismus beschäftigt – dem Fremden. Wie sind die Kategorien des Fremden und des Ei-genen in unserer Wahrnehmung besetzt? Welche sind die Wechselwirkungen des Fremden mit dem Eigenen? Diese Fragestellung, die so theoretisch klingt, hat doch für die Praxis des Reisejournalismus eine beträchtliche Bedeutung. Denn unser Verhältnis zum Fremden, das als Gegenstand der Berichterstattung im Zentrum der Aufmerksamkeit eines jeden Reisejournalisten stehen muss, ist oft nebelhaft und undifferenziert. Reiseberichterstattung ist von den persönli-chen Einstellungen und Stereotypen des Journalisten so sehr geprägt wie kaum ein anderes Ressort. Über eine Landtagswahl, einen Kinofilm oder einen Ver-kehrsunfall kann man zwar von unterschiedlichen Standpunkten aus berichten, die Kernaussage über die Fakten, die relevant sind, also Nachrichtenwert haben, ist jedoch meist klar, überprüfbar und an den Standards des öffentlichen Interes-ses orientiert.

Wer dagegen über das Fremde berichtet, muss selbst entscheiden, was re-levant bzw. von öffentlichem Interesse ist. Wer beispielsweise über Mauritius schreibt, kann je nach persönlicher Präferenz über eine Badeinsel voller Golf-plätze, ein Naturparadies aussterbender Arten, das Opfer einer ökologischen Ausbeutung durch Kolonialmächte oder eine wirtschaftlich aufstrebende Insel-demokratie schreiben. Jede dieser Perspektiven ist zwar zutreffend, aber einsei-tig und für die meisten Leser schon allein der geographischen Entfernung wegen nicht überprüfbar. Aus diesem Grund ist der Reisejournalismus auch am anfäl-ligsten für die Verbreitung von Stereotypen. Einen Abriss über Theorie und Praxis des Stereotyps geben zwei Abschnitte dieses Kapitels, das neben entspre-chenden Beispielen auch Tipps zu deren Vermeidung gibt.

Im Ergebnis sollte klar sein, dass die theoretische Reflexion über das Fremde keineswegs ein reines Gedankenspiel ist, sondern eine praktische Hilfe zu besserem Reisejournalismus, wie es die Intention dieser Publikation ist.

8.2 Das Problem von Stereotypen und Vorurteilen

Der große Reiz des Reisejournalismus besteht darin, dass er sich mit dem Fremden und Unbekannten beschäftigt und dem Leser oder Zuschauer das Fremde nahe bringt. Kulturelle Kontraste und der Vergleich des Fremden mit dem Eigenen können neue Einsichten in die eigene Kultur und tieferes Verständnis für fremde Kulturen und Menschen schaffen. Unabdingbare Voraussetzung dafür ist vor allem der verantwortliche Umgang des Journalisten mit Sprache und Bildern, die das Fremde zeigen und erklären sollen. Denn gerade im Reiz der Darstellung des Fremden besteht auch die große Gefahr des Reisejournalismus, statt differenzierter Information lediglich Stereotypen und Vorurteile zu transportieren und zu verbreiten.

Der Begriff des Stereotyps entstammt der Terminologie der Drucktechnik. Unter Stereotypie versteht man die Abformung der aus beweglichen Lettern gesetzten Originaldruckplatte in eine Pappmatrize, die mit Blei ausgegossen wird. Die beweglichen, frei kombinierbaren Strukturen (der Lettern) werden dabei verfestigt und erstarren unwandelbar.

Der heutige sozialwissenschaftliche Stereotypenbegriff wurde erstmals 1922 von dem amerikanischen Journalisten Walter Lippmann definiert. In seinem Standardwerk *Public Opinion* unterscheidet er zwischen der „world outside", der äußeren Welt, und den „pictures in our heads", den inneren Vorstellungen der Menschen. Unsere Vorstellungen vom Eigenen und vom Fremden sind festgefügt, wir haben bestimmte, nur schwer wandelbare Bilder in unseren Köpfen. Diese Bilder sind konstruierte Realitäten, die sehr oft nicht mit der objektiven Wirklichkeit übereinstimmen. Ein Beispiel eines solchen Stereotyps: Der typische Ire ist rothaarig. Tatsächlich haben nur 5 Prozent (!) der irischen Bevölkerung rote Haare – nicht gerade ein repräsentativer Anteil also.

Das Denken in Stereotypen ist für Lippmann eine Form der Weltbewältigung durch das Reduzieren von Komplexität. Dies ist zum einen ökonomisch: „Denn der Versuch, alle Dinge frisch und im Detail zu sehen, erschöpft und kommt bei eiligen Angelegenheiten praktisch überhaupt nicht in Frage." (Lippmann 1964: 67). Zum anderen wirken Stereotype als Verteidigungsmittel („stereotypes as defence") gegen eine überkomplexe Welt: „Sie bieten vielleicht kein vollständiges Weltbild, aber sie sind das Bild einer möglichen Welt, auf die wir uns eingestellt haben." (Lippmann 1964: 71).

Stereotype zeichnen sich im Gegensatz zum kurzlebigeren Image vor allem durch Konstanz und Universalität (Manz 1968) aus, sie durchziehen alle Themen und Lebensbereiche und sind nur äußerst schwer zu beeinflussen. Sie können wahr (z.b. Deutsche trinken viel Bier) oder falsch (Iren sind rothaarig, s. o.) sein. Stereotype entstehen nicht nur über fremde Länder, Menschen und Kulturen (Hetero-Stereotype), sondern auch über das eigene Land, die eigene Kultur, die eigene Gruppe (Auto-Stereotype). Ihre Gültigkeit wird selten an den Tatsachen überprüft – und Informationen, die den Stereotyp zu widerlegen drohen, werden meist entweder „wegrationalisiert" oder als atypische Ausnahmeerscheinungen abgetan (Güttler 1996: 82).

Woher kommen nun Stereotype, wie entstehen die Bilder in den Köpfen? Die Quellen von Stereotypen liegen vor allem in der persönlichen Sozialisation durch Familie, Schule und Medien. Der Mensch stereotypisiert am wenigsten die eigene Nahwelt, denn er verfügt über deren differenzierte Kenntnis. Die Fernwelt, das Fremde und Unbekannte hingegen, über welches keine differenzierten, sondern bestenfalls ungefähre Kenntnisse vorhanden sind, werden in hohem Maße stereotypisiert. Wir erinnern uns: Stereotype vereinfachen die Komplexität der Welt zu eingängigen Bildern im Kopf.

Der österreichische Kommunikationswissenschaftler Kurt Luger über die Schwierigkeiten bei der Begegnung mit fremden Kulturen:

„Die Medien spielen eine ganz wesentliche Rolle in der Produktion von Erwartungshaltungen, Leitbildern, Stereotypen und Klischees. Wie die österreichischen Heimatfilme der Nachkriegszeit liefern Kataloge, Reiseseiten und Sehnsuchtsliteratur behübschte Realitäten und verlogene Bilder. Würden die Urlaubsziele unter dem Kreuz des Südens oder in den Alpen nicht nur als von Katalog-Indios bzw. von sepplhosentragenden Reservatsösterreichern und Alpenhorn-Schweizern besiedelte Disneylands angepriesen, entstünden vielleicht nicht jene falschen Erwartungen, bei deren Einlösung sich Touristen wie ‚abgekühlte Soldaten' verhalten – so hat Jean Paul Sartre diese Invasion genannt.
Insbesondere der Dritte-Welt-Tourismus entpuppt sich daher nicht selten als eine neokolonialistische Veranstaltung ohne Rücksicht auf Menschen, Kulturen und Ökologie in den bereisten Entwicklungsländern. Studien weisen auch nach, dass durch den Ferntourismus, insbesondere bei kürzeren Aufenthalten ohne direkte Begegnung mit den Einheimischen, Vorurteile gegenüber fremden Kulturen eher bestärkt als abgebaut werden. ‚Tourismus mit Einsicht' wird aber den Reisewilligen über die Medien kaum nahegebracht; und ethnologische Studien oder sensible Kulturschock-Literatur gelesen zu verschicken ist noch nicht möglich."

(Luger 1994: 11)

Stereotype werden oft mit Vorurteilen synonym gesetzt. In der sozialwissenschaftlichen Terminologie ist das allerdings falsch. Beide Phänomene entstehen im Bereich des Vor-Urteils, d.h. vor einer verstandesmäßigen Beschäftigung mit dem Sachverhalt. Doch während Stereotype zumindest einen wahren Kern aufweisen können, insofern also wenigstens zum Teil kognitive Einstellungen reflektieren, sind Vorurteile immer affektiv-emotional gefasst und von keinerlei Tatsachen getrübt. Deshalb sind Vorurteile immer falsch, während es durchaus zutreffende Stereotype geben kann. Die Vorurteilsforschung stammt aus der Sozialpsychologie und untersucht das Phänomen der Abwertung und Stigmatisierung von Fremdgruppen, die von der eigenen Gruppe streng abgesetzt und ausgegrenzt werden.

Im Reisejournalismus können sowohl Stereotype als auch Vorurteile auftreten bzw. Auswirkungen auf die Berichterstattung haben. Was können Reisejournalisten tun, um faire und differenzierte Berichterstattung zu gewährleisten? Zunächst einmal sollte der Journalist die eigene Einstellung zu seinem Thema reflektieren. Nur wer bereit ist, die Bilder im eigenen Kopf bewusst zur Seite zu legen, kann wirklich neue Perspektiven und Eindrücke gewinnen. Vorurteile haben im Reisejournalismus keinen Platz. Guter, lebendiger und interessanter (nicht nur Reise-)Journalismus braucht den unvoreingenommenen Blick, der zumindest als Ideal jedem Journalisten eigen sein sollte. Reisereportagen, die auf dem Boden von Vorurteilen wachsen, verdienen nicht die Bezeichnung Journalismus, sondern sind allenfalls Propaganda.

In der empirischen Analyse von reisejournalistischen Produkten findet man echte Vorurteile (glücklicherweise) relativ selten. Vorurteile sind immer falsch, deshalb fallen sie unter Umständen leichter als solche auf. Relativ oft trifft man in der Reiseberichterstattung allerdings auf Stereotype. Einige von ihnen sind bereits so stark verfestigt, dass kaum jemand sie mehr als Stereotype zu erkennen vermag. Die „grüne Insel", das ist natürlich Irland. Und der „schwarze Kontinent" ist ein immer wieder gern verwendetes Synonym für Afrika, auch wenn das Bild aus rassistischem Blickwinkel stammt. Wer einen herkömmlichen Reiseartikel über Mauritius liest, erfährt im Sinne des Exotismus von bunten Korallenriffen, Zuckerrohrfeldern und paradiesischen Badebuchten, aber nicht von einer funktionierenden Demokratie und einer florierenden Textilindustrie. Hierin liegt das Kernproblem des Umgangs mit Stereotypen, nämlich dem Eingehen des Journalisten auf die Erwartungen seiner Zielgruppe. Ganz ohne Stereotype auszukommen heißt, die Erwartungen der Leser oder Zuschauer oftmals zu enttäuschen. Die Rezipienten, von denen jeder seinen eigenen Vorrat an Stereotypen mit sich herumträgt, brauchen eine Art Wiedererkennungsfaktor. Eine Reportage über Schottland, in der kein einziger Kiltträger, keine Dudelsackmusik und kein Hochlandrind auftauchen, wirkt auf den durchschnittlichen

Rezipienten nicht vollständig oder auch langweilig, weil nichts Bekanntes darin vorkommt und die Erwartung des Rezipienten enttäuscht wird.

Was also soll der Reisejournalist tun, wenn er in der journalistischen Realität ganz ohne Stereotype offenbar nicht auskommen kann? Am wichtigsten erscheint hier der verantwortliche, kritische Umgang mit dem Stereotyp. Wo es vermieden werden kann, sollte es zugunsten von differenzierter, informativer Berichterstattung verschwinden. Platte, trivial-exotistische und rassistische Stereotype („schwarzer Kontinent") gehören nicht in einen guten Reisejournalismus.

Stattdessen kann man mit dem Stereotyp auch überlegt umgehen, man kann es – durchaus auch ironisch oder karikierend – als solches entlarven und gegebenenfalls verifizieren oder falsifizieren. Für den Leser oder Zuschauer ergibt sich dadurch unter Umständen eine neue Perspektive, eigene Stereotype werden als solche erkannt, das Bild im Kopf wird differenzierter, die Informationsteilchen werden neu kombiniert – und das Stereotyp wird im besten Fall durch ein Bild ersetzt, das näher an der objektiven Wirklichkeit liegt. Und damit, das Fremde im Wortsinne tatsächlich näher zu bringen, wird schließlich der eigentliche Zweck des Reisejournalismus erfüllt.

US-Reiseberichte und Hamburgs St. Pauli:

Die speziellen Regeln im Umgang mit dem „Fremden" werden dann deutlich, wenn wir selbst die Fremden sind, wenn wir anschauen, was andere über uns sagen. Dies wird in den digitalen Umwelten sehr einfach, wo Reisereportagen nach Zielorten geordnet aus Datenbanken abgerufen werden können (vgl. Kap. 10). Sichtet man die auf die Stadt Hamburg bezogenen Angebote der beiden großen und international orientierten US-Zeitungen *New York Times* und *Washington Post*, so fällt eines auf: die nahezu ausschließliche Faszination mit dem Sex- und Vergnügungsviertel St. Pauli.

Die *New York Times* betont, dass es sich bei Hamburg um eine „perfektionistische Stadt" handelt, deren Reichtum und Solidität mit ihrem anderen Ich entschieden kollidiert, besagtem schmuddeligen Hafenviertel. Naheliegend erscheint dabei der Vergleich mit ehemals finsteren Ecken in dem den Lesern vertrauten New York, die aber längst ausgesäubert wurden: "Imagine, if you will, a neighbourhood that combines Times Square and the Meatpacking District in Manhattan, circa early 90´s, before 'The Lion King' chased the porn theaters from 42nd Street and the Meatpacking District traded in its butchers and transvestites for stretch limos and stores that sell $ 500 shoes. The most famous and heavily touristed street in St. Pauli is the Reeperbahn, an avenue that defines the heart of the city's red-light district."

In einem Artikel, überschrieben „Hamburgmania", interessiert sich die *Washington Post* besonders für die Spuren, welche die Beatles in den Kaschemmen von St. Pauli hinterlassen haben. Die Stationen ihrer frühen Karriere können vom Amerikaner abgewandert werden, die damit den Schauder eines ihnen fremdartig erscheinenden Stadtteils erleben können. Auch hier wird mit dem Grusel des Ausnahmeviertels gearbeitet, nachts – so die Empfehlung – müsse man bestimmte Straßen meiden. Beide Artikel sind sich darin einig, dass man die Nacht nicht in St. Pauli verbringen könne und dafür besser in die bekannten Luxushotels der Stadt ziehen solle, weit außerhalb des Sumpfviertels. Das lebendige und beliebte Stadtviertel St. Pauli, das auch akzeptable Hotels anbietet, erscheint so wie ein exotischer Menschenzoo, in den man wie in ein Abenteuer abtaucht.

Es mag den Hamburgern schmeicheln, dass es über ein Viertel verfügt, das nicht einmal die Weltmetropole Manhattan zu bieten hat. Letztlich ist dieser Vergleich aber eher Ausdruck des amerikanischen Puritanismus, der einen vergleichbar offenen Umgang mit käuflichem Sex im eigenen Lande nicht zulässt, nicht einmal im weltoffenen New York. Fasziniert ist der Amerikaner so nicht nur von den ihm freizügig erscheinenden Deutschen, sondern vor allem von den verdrängten Seiten der eigenen Kultur.

Vgl. www.travel.nytimes.com; www.washingtonpost.com

9 Gratwanderungen im Reisejournalismus
Aspekte von Abhängigkeit, Qualität und Ethik

Reisejournalisten haben keinen guten Ruf - und dafür gibt es einige Gründe. Oft gelten sie - gemeinsam mit den Motorjournalisten - als diejenigen, die besonders beeinflussbar sind durch Sponsoren und PR-Abteilungen. Und damit ist verbunden, dass sie häufig als die "Amigos" der Tourismusindustrie erscheinen, die das Geld gibt und der sie nach dem Munde schreiben. Für eine gleichermaßen kritische wie differenzierte Bewertung ist es notwendig, sich mit den konkreten Arbeitsbedingungen der Reisejournalisten vis á vis der Tourismusindustrie und den eigenen Redaktionen auseinander zu setzen. Nachdem wir dies getan haben, werfen wir einen Blick auf aktuelle Befunde der noch recht jungen Herangehensweise via Medienethik. In Medienpraxis und Kommunikationswissenschaft reflektiert sie über die Normen und Maßstäbe und weist Richtungen im Dschungel des real praktizierten Journalismus. Wobei sie sich mit dem Ressort Reise bisher kaum beschäftigt hat.

Ein Motorjournalist beschreibt, wie er von einem Sponsor aus der Autobranche umsorgt wird, der nichts weiter tut, als einen Transporter, ein kleines Nutzfahrzeug vorzustellen.

> "Volkswagen hatte geladen. Hatte mich nach Cannes geflogen und im legendären Hilton an der Strandpromenade einquartiert. Man würde mich mit feinsten Menüs und erstklassigem Wein verwöhnen und mir wenigstens einen goldenen Kugelschreiber oder einen automatischen Telefongebührenzähler, vielleicht aber auch eine originalverpackte Goretex-Jacke aufs Kopfkissen legen. ... Meine Gegenleistung: Ich musste eine Pressekonferenz von 45 Minuten über mich ergehen lassen. Am nächsten Morgen, zwei, drei Stunden lang die Mühe auf mich nehmen, mit kleinen Nutzfahrzeugen am Mittelmeer entlangzufahren. Und später einen kleinen netten Artikel schreiben. Ein prima Deal!" (Straßmann 2003: 14).

Dieses Bild von Journalisten, die im Prinzip käuflich sind, verfolgt auch die Reisejournalisten. Spricht man mit ihnen über diese schwierigen Rahmenbedingungen ihrer Tätigkeit, so bekennen sie sich in aller Öffentlichkeit dazu. Dies geschieht aber nicht aus Zynismus, sondern vor allem um klarzumachen, dass sie, die sie ihren Beruf lieben, gar nicht anders können. Dies geschieht vor allem im Rahmen ihrer Vereinigung Deutscher Reisejournalisten (VDRJ). Sie wird weiter unten vorgestellt und kommt mit ihrem Ringen um Maßnahmen zur Qualitätssicherung zu Wort. Die ethische Debatte hat in den USA eine sehr viel längre Tradition und wird deutlich intensiver geführt. Ein wichtiges Resultat sind Ethik-Codes in Deutschland und den USA, die von den professionellen Organisationen erstellt werden und ihre Mitglieder in Form freiwilliger Selbstverpflichtungen binden. Die Codes bestimmen die Kommunikation mit den Auftraggebern der Journalisten, definieren wie weit beide Seiten gehen dürfen und welche Grenzen einzuhalten sind. Wir dokumentieren Ausschnitte aus der Charta der deutschen VDRJ sowie der bedeutenden Fachvereinigung Society of American Travel Writers (SATW). Dazu kommen ethische Richtlinien, die der Verlag der New York Times sich als Selbstverpflichtung aufgestellt hat, die Mindestanforderungen an das Produkt stellen und die Beziehung zwischen Redaktion und Autor regeln.

9.1 Abhängigkeiten im Reisejournalismus

9.1.1 Zwischen PR-Agenturen und journalistischem Auftrag

Wie kaum ein anderes Ressort ist der Reisejournalismus auf die Unterstützung durch Dritte angewiesen. Mit Ausnahme ganz weniger Medien kommen Reiseberichte zustande, nachdem Journalisten von PR-Agenturen zu einer Pressereise eingeladen wurden. Pressereise bedeutet, dass in einem gedrängten Programm eine handverlesene Gruppe von Reisejournalisten unter der Führung eines PR-Agenten in einem mit Informationen vollgestopften Programm für selten mehr als eine Woche eine touristische Region bereist. Die PR-Agentur wiederum wird von Vertretern der Tourismusindustrie - Reiseziele, Tourenveranstalter, Fluglinien etc. - eingeschaltet und erwartet als Gegenwert für ihr Investment eine Berichterstattung über ihre Region, die positiv ausfallen sollte. Diese Agenturen betrachten sich folglich als Mittler zwischen den Journalisten und den Touristikunternehmen, die sie mit der Öffentlichkeitsarbeit beauftragen.

Auf die Frage, was die wichtigsten Aufgaben der PR-Arbeit sind, antwortet Dorothea Hohn, Geschäftsführerin von C & C Contact & Creation, die u. a. Neckermann Reisen betreut: "Die Aufbereitung von Informationen in Form von Pressetexten, Hintergrundberichten, Interviews, Statements, Präsentationen während Pressekonferenzen und Veranstaltungen und natürlich auf Pressereisen" (Hohn 2006: 14). Und zu dem Ziel ihrer PR-Arbeit ergänzt Kai Ostermann, Managing Director der Agentur News Plus, die u. a. für die Seychellen und New York City tätig ist: "Mit proaktiven Aktionen ist es unser Ziel, die Aufmerksamkeit gegenüber unseren Kunden zu erhöhen. Diese soll ebenso zu einem positiven Gesamtimage beitragen, wie auch zu erhöhten Besucher-, Passagier- und Gästezahlen." (Ostermann 2006: 14). Sie erwarten einen entsprechenden Bericht zum angesteuerten Ziel, wobei sie dem Journalisten nicht vorgeben, was er zu schreiben hat. Allerdings kann allzuviel Kritik zu Problemen mit den Auftraggebern führen, gleichwohl wird behauptet, dass deswegen noch kein Journalist ausgeschlossen wurde.

Bei dieser recht simpel anmutenden Ausgangslage ergeben sich Probleme an mehreren Punkten. Zuerst einmal: Geht es auch ohne Sponsoren aus der Tourismusindustrie? Offensichtlich nicht. Nahezu alle Reisejournalisten - auch Festangestellte - sind auf diese Unterstützung angewiesen, weil ihre Redaktionen kein Geld zur Verfügung stellen. Und für die Freien ist es noch schwieriger, weil sie meist nicht mehr als das übliche Zeilenhonorar erhalten, was mit Sicherheit nicht einmal die Kosten der Reise abdecken würde und kaum den Lebensunterhalt sichert. Der Vorsitzende der VDRJ, Jürgen Drensek, beschreibt die betrübliche Situation wie folgt: "Natürlich ist mir jede Reise, die auf eigenen Ideen basiert, selbst finanziert ist und unabhängig von Dritten erfolgt, die liebste. Doch die meisten Reiseredaktionen können die Reise nicht aus eigener Tasche finanzieren. Und freie Journalisten könnten nicht existieren, wenn sie Recherchereisen selbst bezahlen müssten." (Drensek 2006). Geht es um vorbildliches Verhalten bei Redaktionen, die Recherchereisen selbst finanzieren, so fallen ihm nur das *ADAC-Reisemagazin* und teilweise *GEO SAISON* ein.

Dazu kommt: Wen wählen die PR-Agenturen aus? In der Regel greifen sie auf einen Stamm ihnen bekannter und verlässlicher Journalisten zurück, mit deren Produktionsweise sie vertraut sind. Dabei ergeben sich oft nahezu symbiotische Beziehungen, weil beide Seiten aufeinander angewiesen sind. Der PR-Agent erhält seinen Auftrag nur, wenn die Journalisten tatsächlich schreiben und dies mit positivem Grundtenor. Der Journalist kann nur mit einer Einladung rechnen, wenn ihm genau dieses Verhalten zugetraut wird. Die Beziehung zwischen beiden Seiten ist auch dadurch intensiv, dass PR-Agenten oft frühere Reisejournalisten sind und sich beide Seiten in der professionellen Vereinigung VDRJ (s. u.) wieder begegnen. Gemeinsam haben sie ein Interesse daran, sog. Schnorrer fernzuhalten, die sich gern einladen lassen, ohne danach zu liefern. Besonders verhasst unter den Profis sind schreibende Amateure - Studienräte oder Pensionäre werden hier genannt -, die gern mitfahren, um dann gratis für ihre Heimatzeitung einen Jubelbericht zu schreiben. Sie genießen eine schöne Reise und nehmen den Profis die Einnahmemöglichkeiten.

Ein besonders grotesker Fall geschah 2005, als der Abgeordnete im niedersächsischen Landtag Thorsten Thümler bei Hochstapeleien erwischt wurde. Der CDU-Politiker gab sich als Reisejournalist aus, um in Luxushotels ohne Bezahlung übernachten zu können. Sogar einen Presseausweis konnte er vorlegen. Es gelang ihm mehrfach, aber im Kurhotel Binz legte er fremde Artikel als Beleg für seine erschwindelte Identität vor und flog dabei auf. Nach Bekanntwerden trat der Politiker von allen Ämtern zurück. Die dahinterstehende Frage blieb freilich unbeantwortet: Wäre sein Verhalten akzeptabel gewesen, wenn er tatsächlich als Reisejournalist gearbeitet hätte?

Das *NDR-Medienmagazin ZAPP* produzierte 2005 dazu einen Bericht, in dem eine Reihe prägnanter Kommentare abgegeben wurden:

Michael Konken, Bundesvorsitzender des Deutschen Journalistenverbandes (DJV): „Der Journalistenausweis berechtigt überhaupt nicht, irgendwelche Rabatte abzufordern oder umsonst zu übernachten. Wer das macht, der begeht Missbrauch mit dem Presseausweis."

Jürgen Drensek, Vorsitzender der Vereinigung Deutscher Reisejournalisten (VDRJ) : „Jeder Chefredakteur, der sich auf tollen Ethikforen hinsetzt und sagt: ‚In meiner Zeitung gibt es keine Einladungen', der lügt wie gedruckt oder er weiß nicht, was in seinem Haus passiert."

Mario Köpers, Pressesprecher des Reisegiganten TUI: „99,9 Prozent aller Tageszeitungen und aller freien Reisejournalisten werden von der Reiseindustrie finanziert, wenn es darum geht, Recherchereisen zu machen oder auf Pressereisen mitzugehen. Das ist ein völlig normales Vorgehen." (NDR Fernsehen 2005).

Am liebsten werden die fest angestellten Redakteure eingeladen, weil sie die größte Verlässlichkeit ausstrahlen, freilich werden sie gleichzeitig in der Heimatredaktion gebraucht und finden oft keine Zeit zum Reisen mehr. Ein Großteil der Teilnehmer von Pressereisen sind freie Journalisten, die einerseits den Luxus derartiger Reisen genießen, zum anderen aber auf die kargen Honorare für ihre Arbeit angewiesen sind. Reisejournalisten stehen damit nicht selten in einem ungewohnten Zwiespalt zwischen ziemlich weit oben, wenn sie hofiert und ziemlich weit unten, wenn sie bescheiden honoriert werden. Sie sehen natürlich nicht gern, was öfter geschieht, dass Redakteure aus anderen als der Reiseredaktion mit einer Gratisreise vom Chefredakteur belohnt werden und die Chance erhalten, für eine attraktive Reise so aus der Redaktionsroutine heraus zu brechen.

Verständlicherweise beobachten die PR-Agenten, wie das Ergebnis der von ihnen organisierten Pressereise ausfällt. Sie erwarten, dass man ihnen die nachfolgende Reportage zuleitet, zumal auch ihre Auftraggeber sehen wollen, was die Werbekampagne gebracht hat. Sollte der Bericht allzu kritisch ausfallen, so mag das Anlass geben, auf die nächste Einladung zu verzichten. Da allen Seiten dieser Zusammenhang bekannt ist, kommt es tatsächlich selten zu kritischen Beiträgen.

Die Vereinigung VDRJ sieht in diesen Reiseeinladungen eine "Recherche-hilfe", und schließt für ihre Mitglieder eine Verpflichtung zur Berichterstattung aus. Das sehen die PR-Agenturen anders und suchen die Journalisten einzubinden. Natürlich ist der hier geschilderte Zusammenhang immer wieder von verschiedenen Seiten kritisiert worden. Im Prinzip ist es schlicht unethisch und auch ein Betrug am Leser, wenn nicht deutlich wird, dass diese Reise nur aufgrund einer Finanzierung von interessierter Seite zustande kam. Andererseits gäbe es die beliebten Reisereportagen nicht, wenn sie nicht auf dieser Grundlage gesponsert werden. Die wenigsten Verlage sind bereit, selbst für die hohen Entstehungskosten von Reisereportagen aufzukommen. Angesichts dieser unbestreitbaren strukturellen Zusammenhänge ärgert es die Reisejournalisten besonders, wenn man ausgerechnet ihnen, die sich selbst in der denkbar schwächsten Position befinden, ihre Abhängigkeiten vorhält.

Dazu kommt noch, dass sich in den Jahren nach dem Medien-Crash von 2001 die Arbeitsbedingungen insbesondere von freien Journalisten weiter verschlechtert haben. In der *Zeit* warnte die langjährige Journalistin Gabriele Bärtels: "Schreiben macht arm" und betonte die ständige Abhängigkeit von schlecht zahlenden und unzuverlässigen Redaktionen (Bärtels 2007: 79). So bleibt den Reisejournalisten nur, dass sie auf ihre Misere hinweisen und öffentlich machen, wie schlecht sie für ihre erkennbar aufwendigen Reportagen honoriert werden. Dazu müssen sie selbst dafür sorgen, dass sie trotz dieser schlechten Ausgangsbedingungen einen Minimalstandard von Qualität einhalten. Dazu dient insbesondere der Verweis auf einen gemeinsamen Ethikkodex, zudem sollte Transparenz über Auswüchse in der Branche hergestellt werden. Den Autor dieser Zeilen hat als außenstehender Beobachter beeindruckt, in welcher selbstkritischen Offenheit immer wieder die beteiligten Journalisten auf die Zwänge ihres Gewerbes hinweisen.

Kritiker an der Situation innerhalb und außerhalb der VDRJ weisen darauf hin, dass die entstehende Situation auch auf die Sponsoren, die Reiseveranstalter zurückschlagen kann. Der Leser ist nicht so naiv, dass er nicht inzwischen um diese PR-Verwicklungen weiß und Verdacht aufkommt. Wenn das allzu ungeniert weitergeht, kann die Glaubwürdigkeit einer ganzen Branche Schaden nehmen, was weder für die Tourismusindustrie noch die Reisejournalisten eine gute Zukunft verheißt. Die Lösung ist eigentlich nahe liegend: Wenn schon Einladungen unvermeidlich sind, dann sollte der Entstehungszusammenhang transparent gemacht und der Einladende genannt werden. So sieht es auch der Presserat der Schweiz. Er stellte zu den "Problemen des Reise-, Auto- und Sportjournalismus" fest: "Immer dann, wenn Medienschaffende auf Kosten der Veranstalter unterwegs waren, sollen sie darüber informieren." (Schweizer Presserat 1992) Sonst bleibt nur noch, in den Worten des Leipziger Journalistik-Professors Mi-

chael Haller, "peinlicher Gefälligkeitsjournalismus" übrig, der irgendwann auf
alle Beteiligten zurückfällt (zit. in Fuchs 2006).

9.1.2 Zur Bedeutung der Tourismus-Industrie

Während die Versuchungen von PR und Reise-Amigos vor allem im individuellen Bereich der Beziehung einzelner Medienakteure untereinander angesiedelt
sind, gibt es auch strukturelle, den Verlag als ganzes betreffende Querverbin-
dungen, die qualitätsvollen Reisejournalismus bedrohen, insbesondere die Werbung rund um den Reiseteil. Als wir vor zehn Jahren die erste Auflage dieses
Buches konzipierten, trafen wir auf starke Wachstumsraten in diesem Bereich.
Die Reise-Gesellschaften standen damals auf der Skala der besonders werbein-
tensiven Branchen in Deutschland auf Platz 25 und zeichneten sich durch exzep-
tionell hohe Wachstumsraten der Reisebranche aus. Im Jahr 2005 waren sie
(Auskunft von Nielsen Media Research) auf Platz 45 zurückgefallen. Reise-
Gesellschaften meint hier Unternehmen wie Reisebüros, Reiseveranstalter,
Sprachreiseunternehmen, Verlagsreisen (Leserreisen) und Marketingseiten im
Internet. Im Jahre 2007 und nach den schweren Einbrüchen in Konjunktur und
Werbung nach 2001 haben sich die Rahmenbedingungen grundlegend gewan-
delt. In den herkömmlichen Medien steigen die Werbeausgaben nur leicht,
Wachstum ist vor allem im Online-Bereich zu finden, dort oft eng verknüpft mit
E-Commerce, also dem Verkaufen touristischer Leistungen über das Netz - und
der erfolgt zunehmend außerhalb der klassischen Medien und schafft Reisejour-
nalisten keine Einnahmequellen.

Nach einer Analyse des Axel Springer Verlags aus dem Jahr 2006 stellte
sich die Situation wie folgt dar. „In einigen großen Sparten des touristischen
Werbemarktes wurden 2005 die Spendings reduziert – z. B. bei Reisegesell-
schaften (-2 % auf 117.5 Mio. Euro), Fluglinien (-19 % auf 82 Mio Euro). Dafür
haben die Anbieter im touristischen E-Commerce ihren Werbedruck stark erhöht, das Werbevolumen hat sich auf 90 Mio. Euro verdoppelt. Wichtigster
Werbeträger sind Zeitungen. Größter Werbungsstreibender war 2005 die Deutsche Bahn AG vor TUI und Air Berlin" (Axel Springer AG 2006). Teile der
Tourismusindustrie steckten in einer Krise und entsprechend litten auch die
Werbeeinnahmen, mit dem Aufschwung zeigt sich das Jahr 2007 in besserer
Verfassung.

Wer sich den Reiseteil einer Zeitung oder die Reportage in einer einschlägigen Zeitschrift vornimmt, dem fällt sofort auf: Es gibt eine unverkennbare
Nähe der redaktionellen Teile zu reisebezogener Werbung. Eine typische Wo-
chenendbeilage, übertitelt „Reisen", steigt mit einigen längeren und bunt bebil-

derten Reportagen ein, doch je weiter man nach hinten blättert, umso umfangreicher werden werbende Teile, und die kommen fast ausnahmslos von Reiseveranstaltern, Transporteuren, Reisezielen und Übernachtungsbetrieben. Während die Reportagen eher von großflächiger Werbung größerer Anbieter begleitet werden, finden wir auf den hinteren Seiten oft eine Unzahl kleiner Anzeigen, bis hin zu zweizeiligen Angeboten für ein Ferienheim oder einen Spezialveranstalter. Etwas anders sieht es bei den einschlägigen Zeitschriften aus. Hier fehlen die ganz kleinen Anzeigen oft, statt dessen finden wir die Reportagen mit Werbung zu eben den Zielen garniert, die auch im Beitrag beschrieben werden. Die Verkoppelungen von Redaktion und Werbung werden immer weniger durchschaubar. Mit einer Beilage (nicht weiter spezifiziert) trat GEO SAISON an, in der verschiedene Destinationen journalistisch beschrieben werden. Wer genau schaut, dem fällt allerdings auf, dass alle Anzeigen von der TUI sind und – das ist wohl kein Zufall – die allermeisten touristischen Service-Hinweise auf TUI Weltentdecker und die TUI-Website verweisen.

Dies setzt eine differenzierte Kooperation zwischen Redaktion und Anzeigenabteilung voraus, die so eigentlich nicht vorkommen sollte. Solche Koppelgeschäfte gelten als nicht zulässig; das Gesetz gegen Wettbewerbsbeschränkungen sieht darin eine Erschleichung von Wettbewerbsvorteilen und auf einen solchen ‚Vorteil auf Gegenleistung' stehen eigentlich Strafen (Holm 1995). Auf der anderen Seite kommt Werbung mitten im Reiseteil natürlich besonders nahe an den Leser heran, kann doch vermutet werden, dass der Interessierte auch mehr oder minder konkrete Absichten hegt, eine Reise zu buchen. Aber genau hier liegt das Problem: Der Werbeeffekt würde sich ins Gegenteil verkehren, wenn Kritik geübt wird. Der Anzeigenkunde fühlte sich düpiert und wäre wohl erst einmal verloren. Vielleicht kann man es aber auch anders sehen: Indem jemand wirbt, darf er damit rechnen, nicht im Text angeschwärzt zu werden. Auf jeden Fall bewegen wir uns auf heiklem Terrain.

Hier sollte auf einen besonders ambivalenten Aspekt dieser Grenzgänger-Kultur im Reisejournalismus hingewiesen werden. Es handelt sich um die immer noch wachsende Szene von Wettbewerben und Reisepreisen. Viele richten sich explizit an Nachwuchsreporter. Natürlich ist es begrüßenswert, wenn Journalisten mit ihrer prekären Einkommenslage für gute Arbeit belohnt werden. Andererseits sind diese aus der Tourismusindustrie ausgeschriebenen Preise an bestimmte Auflagen gebunden. In einer Medien-Zeitschrift hieß es: "Tirol - Auschreibung zu Berg.Welten 2006 gestartet. ... 2002 entstand die Idee zum Reisejournalismuspreis der Tirol Werbung, der seither jedes Jahr für hervorragende Artikel und Reportagen über die Welt der Berge vergeben wird. Die eingereichten Artikel müssen sich also im weitesten Sinne mit dem Thema Berg beschäftigen, Tirol oder Oberösterreich sind keine Voraussetzung" (Anzeige, medium magazin, Nr. 6, 2006: 69). Das Preisgeld machte beachtliche 5000 Euro aus und 2005 waren fast einhundert Vorschläge bei der mit Reiseautoren besetzten Jury eingereicht worden. Die Zeitschrift aus der Vereinigung der Reisejournalisten *Columbus* (über die Homepage erreichbar) informiert häufiger über derartige Möglichkeiten, über "Wettbewerbe, in denen (junge) Journalisten ihr Talent schulen können" (Solcher 2007: 51 f.). Meiers Weltreisen sind dabei und Tourismusregionen in Ostbayern, Irland, Graubünden und anderswo belohnen die Berichterstattung über ihr Revier.

Der österreichische Tourismus-Experte Kurt Luger unterstreicht, dass in betriebswirtschaftlicher Perspektive „Tourismus als Kommunikationsgeschäft" gesehen werden muss, bei dem die Zielrichtung ist, zu einer „Optimierung der Angebotsvermittlung" zu kommen. „Kommunikation im Tourismus wird in der einschlägigen Fachliteratur primär als Vermittlungsleistung bezeichnet, wobei der Kommunikationsbegriff auf Marketing und Wettbewerb reduziert wird. d. h. nicht monetarisierbare Kommunikation steht außerhalb der Betrachtung" (Luger 1995: 11). In dieser ökonomischen Sicht sollen Journalisten vor allem dafür da sein, Destinationen bekannt zu machen und Gutes über sie zu schreiben. Dies kollidiert offensichtlich mit dem gesellschaftlichen Auftrag der Medien, kritisch zu beobachten und auch mit dem Selbstverständnis der Journalisten, die ordentliche Texte abliefern wollen.

Dieser Anspruch gilt noch für einen speziellen, aber für die Tourismusindustrie sehr wichtigen Bereich. An einem Punkt sieht sie sich in hochgradiger Abhängigkeit von den Medien. Dabei handelt es sich um Katastrophenmeldungen aus den Zielgebieten, die nach aller Erfahrung sofort zum Buchungsrückgang führen. So begründet der Vorstandschef des Touristikonzerns TUI, Michael Frenzel, warum sich sein Unternehmen bei Tourismus zurückhält und es stattdessen gezielt in das Segment Schifffahrt investiert.

Frage: „Nachdem Sie jahrelang ausschließlich auf den Tourismus gesetzt haben, kam der Schwenk ziemlich überraschend..."

Frenzel: „...aber er war notwendig, weil die Schwankungen im Tourismus durch Terroranschläge, Seuchen und Naturkatastrophen deutlich zugenommen haben" (Frenzel 2006: 105).

Ähnlich sieht es Vural Öger, führender Anbieter von Türkei-Reisen in Deutschland, der Buchungsrückgänge bei seiner Spitzendestination direkt mit Medienberichterstattung in Verbindung bringt. „Als Hauptursache für den Rückgang sehe ich die zum Teil schon fast hysterische Berichterstattung über das Thema Vogelgrippe in der Türkei. ... Eventuell hat auch der Karikaturenstreit eine Rolle gespielt." (Öger 2006: 68).

Die mitunter sensationell aufgemachten Berichte über eine angeblich an vielen Orten brennende Welt haben sicherlich zur Stärkung des in den letzten

Jahren wachsenden Deutschland-Tourismus beigetragen. In der Perspektive der Tourismusindustrie erscheinen folglich optimistische und fröhliche Berichte aus den Zielregionen auch aus dem Grunde attraktiv, dass sie politische und wirtschaftliche Hiobsbotschaften konterkarieren sollen.

Wie lange wird aber die Reisewirtschaft noch inserieren, wenn in den Artikeln kritische Sichtweisen von schlechter Organisation, Schmutz in Hotelbädern oder verdreckten Stränden vorherrschen? Andererseits: Wird in den Reiseberichten nur gejubelt, wird der Leser schnell müde werden und die Schreibe nicht ernst nehmen. Oft weiß er es auch besser: Rio de Janeiros Copacabana ist ebenso reizvoll wie unsicher und Irland leuchtet sattgrün, weil es besonders viel regnet. Mit anderen Worten: Redaktion und Werbung stehen in einem ständigen Dreieck von Spannungen: Zwischen den Belangen der Schreiber, der möglichst wahrhaftig und lebendig schreiben möchte, dem Leser, der konkrete und ehrliche Informationen erwartet und der Industrie, die ihr Produkt im besten Licht dargestellt sehen möchte. Das Ergebnis des daraus resultierenden mehrfachen Spagats wird immer aus einem Kompromiss bestehen.

9.1.3 Medien werden zu Reiseveranstaltern

Es gibt noch weitere Interessenkollisionen. Nehmen wir nur den Fall der beliebten „Leserreisen". Aus welchen Gründen auch immer, es gibt eine lange Tradition, dass Verlagshäuser im Verbund mit Veranstaltern Ausflüge für ihre Leser organisieren. Oft wird dabei an das „Wir-Gefühl" der Leser-„Gemeinde" appelliert, die eben mehr Gemeinsamkeiten verbinde, als nur das Lesen desselben Blattes. Geworben wird für diese Reisen meist im Umfeld des Reiseteils. Auf getrennten Seiten steht dann etwas verschämt „Verlagsveröffentlichung" oder „Promotion" und es werden in meist ähnlichem Design die Reisen angepriesen, die natürlich nicht von der Redaktion organisiert werden, es handelt sich um unabhängige Reiseveranstalter. So halten es viele, auch seriöse Zeitungen. Selbst die *Frankfurter Rundschau* bietet (klein gekennzeichnet als „Verlagsbeilage/Anzeige") eine Reportage zum „Schlemmen in Burgund" und bietet im Serviceteil gleich die entsprechende FR-Leserreise dorthin an. Die *Zeit* offeriert Themenseiten an, z. B. zu Wellness. Man kann hierbei nur hoffen, dass die Gebote der Trennung von redaktionellem Teil und Werbung eingehalten werden. Sicherlich ist es fairer, wenn Zeitungen ihre Reiseangebote in eine getrennte Beilage verlegen, die sich auch im Layout erkennbar unterscheidet.

Ganz finster sieht es im Bereich der „Regenbogenpresse" aus, also bei den Zeitschriften mit einem eher schlichten journalistischen Konzept. In der Frauenzeit-

schrift *bella* wurden z.B. Reiseziele in Form einer Reisereportage präsentiert
(„Mit dem Traumschiff vom Bosporus in die Adria"). Gleichwohl handelte es
sich um eine *bella*-Leserreise. In einem Pseudo-Serviceteil (Tipps und Preise)
wird besagte Reise mit Preisen und Konditionen inklusive Adresse und Telefonnummer dargestellt. Die ganze Aufmachung könnte auch als Katalogseite
eines Reiseveranstalters durchgehen - und erfüllt anscheinend auch dieselbe
Aufgabe. Bei alledem wird der Leser offensichtlich nicht ernst genommen, als
wenn er nicht erkennen könnte, dass es hier um ein ganz separates, medienfer-
nes Geschäft geht.

9.1.4 Der Reisejournalist als Gratwanderer

Versuchungen für die Beteiligten gibt es also genug. Mitunter werden dabei
nicht nur die Grenzen des guten Geschmacks strapaziert, sondern auch die
Grenzen des Presserechts. Public Relations für Reiseveranstalter im laufenden
Programm verhöhnt den Zuschauer und untergräbt ganz sicherlich die Glaubwürdigkeit des Artikels. Keinesfalls sollte sich der Reiseredakteur zum Schön-
schreiber der Reisebranche degradieren lassen.

Ein Beitrag ist viel glaubwürdiger, wenn er nicht nur die Schönheiten des
Reiseziels schildert (dazu ist der Reiseprospekt da), sondern auch auf Schwä-
chen und Probleme hinweist. Das dient nicht zuletzt auch der Glaubwürdigkeit
in den Augen der Leser, die genau wissen, dass wahrhaftige Traumziele immer
nur aus Träumen gesponnen sind. Aller Erfahrung nach gilt: Jedes Paradies hat
auch seine Kehrseite. Genau genommen, dient eine realistische Berichterstattung letztlich auch der Reiseindustrie, die kein Interesse daran haben kann, dass
ihre Kunden mit medienerzeugten Illusionen ein Ziel anreisen, das für sie nicht
geeignet ist. Das Ergebnis sind Frustrationen oder - schlimmer noch - nachfolgende Rückforderungen und Rechtsstreitigkeiten, die niemandem (außer den
beteiligten Anwaltskanzleien) etwas nützen.

Darauf sollte ein Autor hinweisen, wenn er aufgefordert wird, einen po-
tenten Annoncen-Geber oder Reise-Sponsor per Reportage zu umjubeln.
Schließlich muss auch der Redakteur auf notwendige Distanz achten, wenn er
seinen Ruf wahren will. Das notorisch schlechte Image der Motorredakteure ist
nicht zufällig entstanden und der Reiseredakteur steht ständig vor ähnlichen
Problemen. Interessenkollisionen sind im Alltag immer wieder gegeben und
dürfen nicht unter den Teppich gekehrt werden. Verleger müssen darauf achten,
dass sich ihre Redakteure fair und korrekt verhalten. Umgekehrt müssen sie die
Rahmenbedingungen in der Redaktion so schaffen, dass ein Journalist nicht auf
das Schönschreiben für Veranstalter angewiesen ist. Wer als Chef eine Reisere-

portage in Auftrag gibt und deren Finanzierung nicht klärt, verhält sich verlogen und zwingt den Untergebenen auf die Amigo-Tour. Die zweifelhafte Qualität des Reisejournalismus in unserem Lande ist ganz sicher nicht primär ein Problem der Journalisten sondern vor allem ihrer diversen Brötchengeber.

Vorbilder für einen verantwortlichen Umgang mit den ständigen Versuchungen der Reisebranche bieten sicherlich die seriösen Zeitungen oder öffentlich-rechtliche TV-Magazine. Sie setzen sich differenziert und ohne Schönmalerei mit ihren Reisezielen auseinander.

Ein Blick in den Reiseteil der *Zeit* oder der *FAZ* unterstreicht, dass es nicht die Werbung an sich ist, die korrumpiert. Es geht auch ohne Koppelgeschäfte und der Leser schätzt, dass dies der Unabhängigkeit und Seriosität zugute kommt. Die Probleme entstehen erst, wenn Grundprinzipien journalistischer Professionalität nicht mehr eingehalten werden können: Sei es, weil Werbende unanständige Forderungen stellen, sei es, weil der Verlag auch schmutziges Geld annimmt oder auch, weil Redakteure allzu willfährig auf Geldgeber reagieren.

Wie schwierig die Situation für manch angestellten - und damit eigentlich privilegierten - Reisejournalisten in den redaktionellen Hierarchien sein kann, verdeutlicht ein viel beachteter Fall aus dem Hause des Verlegers Alfred Neven DuMont. Da wurde einem Redakteur aus verlegerischem Eigeninteresse ein "Goldener Maulkorb" umgehängt. In den Worten eines *Zeit*-Porträt des Verlegers: "Weil er als Ressortleiter der Reiseredaktion des *Kölner Stadtanzeigers* einen Artikel ins Blatt gehoben hatte, der Verflechtungen zwischen dem DuMont Reiseverlag und einem Münchener Reiseveranstalter thematisierte, erhielt er im August 1996 die fristlose Kündigung. Wenige Monate später musste der Mann in derselben Position wieder eingestellt werden, wie das Kölner Arbeitsgericht zwischenzeitlich entschieden hatte." (Schmiedendorf 2007). Man sieht, dass auf den Reisejournalisten viele Fallstricke warten.

9.2 Grundfragen journalistischer Ethik

Ethik beschäftigt sich mit dem Wesen des Guten, der Tugend, der Gerechtigkeit, mit den Regeln von moralischer und sittlicher Richtigkeit. Der Begriff der Ethik stammt aus der Philosophie und meint den Bereich, in dem Moral, also Anweisungen zum richtigen Handeln, erörtert wird. Journalistische Ethik ist eigentlich der falsche Begriff, geht es doch eher um Moral im reisejournalistischen Alltag. Aber Moral klingt allzu sehr nach erhobenem Zeigefinger.

Aus der jahrtausendalten Diskussion um ethische Grundwerte - wie die Sicherung einer sittlichen Gesinnung oder die Wahrung der Menschenwürde -

sind im Bereich der Medienethik ganz konkrete Handreichungen übrig geblieben. In die Debatte ging vor allem die Unterscheidung in Gesinnungs- und
Verantwortungsethik durch den Soziologen Max Weber ein. Gesinnungsethik
beurteilt die Richtigkeit des Handelns auf der Grundlage von Überzeugung
(z.b.: religiösen Geboten), Verantwortungsethik betont dagegen, daß jeder
selbst für die vorhersehbaren Folgen seines Handelns aufzukommen hat. (Weber
1964: 58).

Für den journalistischen Alltag ist vor allem der zweite Ansatz von Bedeutung: Der Journalist muss immer einstehen können für das, was er produziert.
Der weltliche Richter sorgt dafür, dass gesetzliche Regeln eingehalten werden,
dass er nicht verleumdet oder Plagiat begeht. Den Rest muss er mit seinem Gewissen ausmachen. Und nicht nur mit dem, dazu kommen der eigene Kollegen-
kreis, die Profession als Ganzes, die Fachverbände, die Kritiker seiner Arbeit,
die Leser, die Betroffenen seiner Beiträge draußen in den bereisten Ländern.
Wenn er ihnen allen mit gutem Gewissen in die Augen schauen kann, dann
sollte auch der Reisebeitrag ethisch in Ordnung sein.

9.2.1 Recherche auf eigene Rechnung

Moral und Ethik versus leere Kassen - ein Problem, mit dem sich wohl jede
Redaktion auseinandersetzen muss. Damit stehen und fallen die Qualität der
Recherche, die Objektivität und Relevanz sowie der Wahrheitsgehalt der ver-
mittelten Informationen. Nicht nur der wankelmütige Journalist ist da bereits
manchen Versuchungen im Reisejournalismus unterlegen. Die Frage ist, wer
kann es sich leisten, „nein" zu sagen - leider oft nur die Großen der Branche.
Der Verlag Gruner + Jahr aus Hamburg gehört mit seinen Publikationen zweifelsohne zu diesem elitären Kreis. In der Redaktion der *GEO*-Magazine orientiert sich die Art der Recherche an dem Ziel, das der entsprechende Beitrag
verfolgt. So kann es durchaus sein, dass eine Reportage das Gegenteil des üblichen Reiseschreibens verfolgt, nämlich vom Besuch fernzuhalten, weil der Massentourismus die prekäre ökologische oder kulturelle Balance des Ziels gefährden würde. Solche Reisereportagen sind wohl die ehrlichsten, da sie dem Leser
mehr als pure Unterhaltung bieten, aber in den seltensten Fällen zum Koffer-
packen auffordern sollen. Ethik besteht hier gerade darin, nicht zum Reisen
anzuregen. An derartigen Reisen werden Sponsoren aus der Tourismusindustrie
allerdings kein Interesse haben, wie sollen sie dann zustande kommen? Deren
Interesse liegt bei der Reiseberichterstattung über touristisch bereits er-
schlossene Gebiete. Wer nicht nur den Swimmingpool bucht, sondern auch das
Land dahinter, möchte eine realistische Darstellung über Land und Leute. Hier

liegt eine hohe Eigenverantwortung in der Arbeit des Journalisten, aber gleichzeitig auch ein großes Problem.

9.2.2 Reisejournalismus und der Schutz des Menschen und seiner Umwelt

Es gibt nur noch wenige Plätze auf der Welt, die nicht touristisch erschlossen sind. In sehr vielen Ländern der Erde sind die Menschen durch den Tourismus dem Wohlstand und den Problemen der Industrieländer nähergekommen. Doch der Preis, den sie zahlen, ist oft sehr hoch, denn es gilt, sich den Wünschen der Pauschaltouristen anzupassen.

Das Geschäft mit der Reise boomt, den Reiselustigen verlangt es nach immer mehr Exotik und Abenteuer. Hier setzen Reisejournalisten Trends, in der Vergangenheit oft ohne Rücksicht auf Verluste. Stimmen von Natur- und Umweltschützern werden immer lauter, denn wo einst die Plätze an der Sonne gerühmt werden, machen sich längst schon die Schatten breit. Die Redakteure der Zeitschrift *Kosmos* verstehen sich zwar nicht als Reisejournalisten, setzen jedoch um so mehr Akzente für umweltbewusstes Reisen und den „sanften Tourismus". Sie informieren in ihren Beiträgen über Umweltschäden als Folge des Massentourismus. So wird in dem Beitrag „Alptraum – Alpenraum" (von Stamm 1995: 33) verdeutlicht, wie durch den ständig expandierenden Skitourismus Bergwälder sterben und das Ökosystem Alpen aus den Fugen gerät. Der Tourismus ist eine Industrie wie andere Industrien auch. Er handelt mit Rohstoffen, allerdings mit dem Unterschied, dass der Mensch zum Rohstoff gebracht wird und nicht der Rohstoff zum Menschen. Der Effekt ist derselbe: Den bereisten Rohstofflieferanten bringt er in einem bestimmten Zyklus Geld, ohne jedoch tragfähige, eigenständige Infrastrukturen aufzubauen. Tourismus verbraucht Land, Leute und Ressourcen (Burghoff/Kresta 1995: 7).

Ein Reisejournalist, der über die faszinierendsten Plätze unserer Erde schreibt, sollte sich über die Folgen seiner Reportage bewusst sein. Es gilt nicht, das letzte Stückchen unberührte Natur mit Hotels und Mietwagenfirmen zu verbauen, im Gegenteil. Es liegt in der Verantwortung des Reisejournalisten, die Flora und Fauna der Reiseziele nicht rücksichtslos preiszugeben, sondern Lesern Zusammenhänge zu verdeutlichen, zu informieren und auch aufzuklären. Wer von fremden Ländern berichtet, kann Brücken des Verständnisses für andere Kulturen und Lebensarten bauen. Reisejournalismus erfordert einen behutsamen Umgang mit der Darstellung fremder Lebensweisen. „Das Verstehen der Kultur eines Volkes führt dazu, seine Normalität zu enthüllen, ohne dass seine Besonderheit dabei zu kurz käme. Es macht sie erreichbar: in den Kontext ihrer eigenen Alltäglichkeiten gestellt, schwindet ihre Unverständlichkeit." (Luger

1994: 12). Jeder weiß, dass Glück nicht mit Geld zu erkaufen ist und Tourismus ist nicht das Heilmittel des armen Mannes, auch wenn es leider oft behauptet wird. Viele Defizite sind im Bereich des vernünftigen Reisens entstanden, Schuld ist nicht zuletzt auch die Reiseberichterstattung. Ein treffendes Beispiel ist hier sicherlich Ägypten. Wer kennt sie nicht, die faszinierenden Bilder atemberaubender Tempel, verschleierter Menschen und die Schilderungen der weiten Klänge der Gebetsgesänge. Reisejournalisten brachten sie zu Papier, die „Märchen aus 1000 und einer Nacht". Gekoppelt mit günstigen Angeboten verschiedener Reiseveranstalter hatten sie eine Flut von Touristen zur Folge. Zahlreiche Kreuzfahrtschiffe befördern täglich Hunderte Touristen auf dem Nil von Tempel zu Tempel. Das Land ist dem Ansturm oft nicht gewachsen, so versinkt der Fluss im Müll, Flora und Fauna des „Märchenlandes" sind ernstlich bedroht. Wo einerseits die Menschen vom blühenden Handel mit den Touristen profitieren, macht sich andererseits der Hass breit, auf die, die „halbnackt" und respektlos durch die heiligen Stätten der Götter schlendern und achtlos ihre Cola-Dosen überall hinwerfen. Hier wird Tourismus zur Quelle (und zum Angriffsziel) von Fundamentalisten, geschürt durch unser mangelndes Verständnis für diese fremde Kultur und unzureichende Information, besonders von Seiten der Medien. Dies ist nur ein Beispiel, es gibt viele andere. Hier ist professioneller Reisejournalismus gefragt, damit es gar nicht erst soweit kommt. Die Welt vor unserer Haustür ist kein Zoo und auch keine Müllhalde, das sollte den Lesern verdeutlicht werden. Reisejournalismus sollte der „Nach mir die Sintflut"- Mentalität entgegenwirken.

Peter-Matthias Gaede, Chefredakteur des *GEO*-Magazins, sagte in einem Interview: „Um einen seltenen Vogel zu schützen, muss man den Wald schützen, und um den Wald zu schützen, muss man den Menschen etwas zu essen geben." Massentourismus ist alles andere als Entwicklungshilfe. Der Weg zur ethischen Selbstkontrolle ist steinig und unbequem, doch einige Journalisten gehen ihn bereits. Wer sich als Reisejournalist über die ethische Seite des Reisens informieren will, der ist bei dem Informationsdienst *TourismWatch - Dritte Welt-Tourismus* des Evangelischen Entwicklungsdienstes EED gut aufgehoben (www.tourism-watch.de). Dort finden sich Beiträge und viele Links, die sich auf umweltverträgliches und sozialverantwortliches Reisen, Tourismus und Entwicklung, Schutz der Bergwelt, Menschenrechte etc. beziehen. Eine eigene Rubrik Entwicklungspolitik und Presse leitet auf Websites weiter, welche sich mit der medialen Seite des Tourismusgeschehens befassen. Ebenso finden sich Länderinfos nach Kontinenten und Regionen. Die Online-Zeitschrift *TourismWatch* berichtet über aktuelle Entwicklungen. Es spricht für das Umweltbewusstsein der Vereinigung der Reisejournalisten VDRJ, dass sie dem Verantwortlichen für dieses Angebot, Heinz Fuchs, 2004 ihren VDRJ-Preis verlieh.

9.3 Reiseberichterstattung und der Deutsche Presserat

Ein Organ, das sich seit Jahren mit den Schattenseiten der deutschen Medien beschäftigt ist der Deutsche Presserat. Es handelt sich um eine Einrichtung der freiwilligen Selbstkontrolle der Printmedien, die sich einerseits für Pressefreiheit in Deutschland einsetzt, zum anderen Beschwerden aus der Leserschaft bearbeitet (www.presserat.de). Ein wesentliches Instrument seiner Politik ist ein Pressecodex, in dem niedergelegt ist, was akzeptabel erscheint und was gegebenenfalls zu rügen ist.

Im Bereich der Reiseberichterstattung tritt er vor allem an zwei Fronten an. Zum einen kämpft er gegen das Ausufern von Schleichwerbung, zum anderen gegen verborgene Finanzierung. Zu Ersterem: Die *Bild*-Zeitung berichtete in redaktioneller Form über einen neuen Reiseanbieter. „Ab morgen gibt's beim Lebensmittel-Discounter Aldi auch Urlaub! *Bild* hat die besten Angebote schon recherchiert." (Schnedler 2007: 11). Darauf folgten Informationen über fünf Reisen, Preise, Konditionen und eine Telefon-Hotline. Am nächsten Tage erschien eine großformatige Anzeige, in der exakt diese Reisen beworben wurden. Der Deutsche Presserat prüfte aufgrund einer Beschwerde den Vorgang und sprach der *Bild* eine öffentliche Rüge aus.

Grundlage war die Ziffer 7 des Pressekodex, die besagt:

> „Ziffer 7 – Trennung von Werbung und Redaktion.
> Die Verantwortung der Presse gegenüber der Öffentlichkeit gebietet, dass redaktionelle Veröffentlichungen nicht durch private oder geschäftliche Interessen Dritter oder durch persönliche wirtschaftliche Interessen der Journalistinnen und Journalisten beeinflusst werden. Verleger und Redakteure wehren derartige Versuche ab und achten auf eine klare Trennung zwischen redaktionellem Text und Veröffentlichungen zu werblichen Zwecken. Bei Veröffentlichungen, die ein Eigeninteresse des Verlages betreffen, muss dies erkennbar sein."
>
> (www.presserat.de/Pressekodex).

Der *Bild*-Chefredakteur Kai Diekmann schoss darauf den Presserat massiv an und reklamierte, dass er "die Realität der Produktberichte in der deutschen Publikumspresse" ignoriere (Schnedler 2007: 11). Und er legte viele Beispiele vor, die diese Einschätzung bestätigten. Tatsächlich sieht sich der Presserat in den letzten Jahren zunehmend mit Klagen konfrontiert, bei denen das Gebot der

Trennung von redaktionellem Teil und Werbung nicht beachtet wurde. Viele dieser Eingaben bezogen sich auf Reisemedien und Reiseberichte. So hatte der *Merian* 2006 in einem Extra-Heft über die Traumstraßen der Welt in auffälliger Weise Fotos von Audi-Fahrzeugen platziert. Oder: Eine Fahrrad-Zeitschrift wurde dafür gerügt, dass sie es zu toll trieb und Texte und Fotos der Bahn gleich aus Anzeigen in derselben Ausgabe entnahm. Immer wieder werden reklamehafte Darstellungen moniert, neben denen sich oft eine beigestellte Anzeige findet. Dies sind Befunde aus der Realität des deutschen Journalismus (die Redaktionen und nicht die Reisejournalisten zu verantworten haben). Auch wenn es traurige Wahrheit ist, dass die zusammengesparten Redaktionen auf diese Mittel zurückgreifen und Anzeigenabteilungen sie unter Druck setzen, so ist es umso wichtiger, dass der Presserat diese Praktiken anprangert und öffentlich kritisiert. Im übrigen ist es auch ein Unterschied, ob ein kleines Provinzblättchen sich dieser zweifelhaften Methoden bedient oder das Leitmedium *Bild*, das hochprofitabel arbeitet.

Ein zweiter Bereich, in dem der Presserat klare Regeln aufgestellt hat, bezieht sich auf die Tätigkeit von PR-Agenturen und die Praxis der Pressereisen. Regelhaft wird von den Journalisten erwartet, dass sie den Einladenden erwähnen und Konkurrenten ignorieren. Aber es fand doch öffentliche Aufmerksamkeit, als ein Journalist aufgefordert wurde als „Gegenleistung" für die Einladung „die Veröffentlichung eines Reiseberichts unter ausschließlicher Nennung von Travel & Personality" als durchführender Reiseveranstalter zu nennen (Fuchs 2007: 32). Der Einladende verteidigte sich damit, dass dies branchenüblich sei. Es gebe „Hand-in-Hand-Agreements" mit Journalisten, ausschließlich über den einladenden Veranstalter zu berichten. Er argumentiert offensichtlich ohne Skrupel: „Ich habe ein Angebot gemacht und wer will, kommt mit." (Fuchs 2007: 33) Journalistenverbände haben diesen Einsatz von Ausschließlichkeitsklauseln immer kritisiert und als klaren Versuch angeprangert, Journalismus durch PR zu ersetzen.

Der Presserat reagierte auf die Situation mit einer Neufassung des Pressekodex, in dessen Ziffer 15 nun gefordert wird, dass, wer zu einer Pressereise eingeladen ist, diese Finanzierung auch offenlegen sollte. Dort heißt es:

„Ziffer 15 – Vergünstigungen
Die Annahme von Vorteilen jeder Art, die geeignet sein könnte, die Entscheidungsfreiheit von Verlag und Redaktion zu beeinträchtigen, sind mit dem Ansehen, der Unabhängigkeit und der Aufgabe der Presse unvereinbar. Wer sich für die Verbreitung oder Unterdrückung von Nachrichten bestechen lässt, handelt unehrenhaft und berufswidrig." (www.presserat.de/Pressekodex).

Bisher sind aber kaum Rügen auf dieser Grundlage erteilt worden. Gleichwohl wird deutlich, dass relativ klare Regeln darüber bestehen, was im Journalismus akzeptabel ist und was unsaubere Praktik bedeutet. Allerdings bewegt sich dies alles im normativen Bereich. In diesen Jahren scheint es, dass sich die Schere zwischen ethischer Regel und praktiziertem Journalismus immer weiter öffnet. Das verschafft den Zeitungsverlagen zwar zusätzliche Einnahmen, lässt aber die Qualität der Berichterstattung absinken. Letztlich wird der Leser in seiner Gutgläubigkeit betrogen und, wenn er die Mechanismen durchschaut, jedes Vertrauen in die Medien verlieren. Hier wird besonders deutlich, dass sich weniger die Journalisten unethisch verhalten, vielmehr sind es kaum erträgliche Rahmenbedingungen, geschaffen von Verlagen und Chefetagen, die ihre Mitarbeiter immer wieder zu fragwürdigen Praktiken veranlassen.

9.4 Selbstorganisation der Reisejournalisten

9.4.1 Vereinigung Deutscher Reisejournalisten e. V

In Deutschland finden wir eine Vereinigung Deutscher Reisejournalisten e. V. (VDRJ). Sie verfügt - nach Auskunft der Organisation - über rund 160 Mitglieder und ist etwa 50 Jahre alt, stammt also aus der frühen Nachkriegszeit, als erstmals eine eigenständige Reisberichterstattung in den Zeitungen zu finden war (www.vdrj.org).

Es ist nicht ganz zufällig, dass es eine derartige, relativ kleine, aber fest gefügte Fachvereinigung gibt - ähnlich wie in den USA und Großbritannien -, die über beachtlichen inneren Zusammenhalt verfügt. Ein Grund ist sicherlich, dass es sich um eine überschaubare Profession handelt, viele Reisejournalisten sich auf Pressereisen regelmäßig wiedertreffen und dann wie eine kleine verschworene Gemeinschaft gemeinsam etliche Tage verbringen. Das vertraute Du ist unter Kollegen üblich. Dazu kommen die oben geschilderten Probleme der Journalisten, die es nahelegen, gemeinschaftlich an einer Verbesserung der miesen wirtschaftlichen Situation vieler Mitglieder zu arbeiten und ihr Image zu verbessern.

Über die Zusammensetzung der Mitglieder gibt es wenige empirische Daten, sie entspricht wahrscheinlich der der Journalistenschaft insgesamt. Viele der Mitglieder sind auch nicht nur Reisejournalisten - dazu ist das Feld zu klein - sondern halten sich mit anderen Aufträgen über Wasser, schreiben etwa Reiseführer oder bewegen sich in verwandten journalistischen Feldern. Ebenso sind Fotografen, die Begleiter vieler Reisejournalisten, Mitglieder im VDRJ. Umgekehrt sind keineswegs alle Reisejournalisten auch in dieser Organisation tätig.

Interessanter ist schon, dass auch PR-Agenten und Pressesprecher die Mitgliedschaft erwerben können, sie sind in einem eigenen sog. Partnerkreis zusammengeschlossen. Einige waren selbst früher Journalisten, andere sind dazu gestoßen, weil es für sie keine vergleichbare Organisation gibt. Dazu kommen die zahlreichen Kontakte, die man sowieso zu den Journalisten sucht und hält und auch das Prestige, das mit der Zugehörigkeit verbunden ist.

Angesichts der heterogenen Zusammensetzung sind auch Spannungen in einer derartigen Vereinigung unvermeidbar, so beklagen z. B. junge Mitglieder, dass ältere Kollegen, für deren Auskommen gesorgt ist, an Pressereisen teilnehmen und danach ihre Berichte kostenfrei anbieten; das gefährde die Arbeitsbedingungen derer, die sich erst noch im schmalen Markt etablieren müssen. Die Mitglieder werden mit der Zeitschrift *Columbus* versorgt, dem Magazin der VDRJ, in dem immer einschlägige Beiträge über das gesamte Feld zu finden sind und die Novizen zu empfehlen ist (www.vdrj.org).

Reisejournalisten haben unter Kollegen keinen guten Ruf. Es ist also das nahe liegende Interesse einer derartigen Fachvereinigung, an den eigenen Standards zu arbeiten und sich über Fragen der Qualität im Reisejournalismus Gedanken zu machen. Die Intensität der medienethischen Diskussionen überrascht den Außenstehenden, sie macht deutlich, dass sich alle Beteiligten sehr wohl der Gratwanderungen bewusst sind, die man eingeht zwischen den PR-Interessen der Einladenden, den Zwängen der Redaktionen und der unabhängigen Berichterstattung der Journalisten. Eine VDRJ-Charta soll helfen, Regeln für gemeinsames Verhalten aufzustellen und ethisch verantwortliches Schreiben zu sichern (im Anhang dokumentiert). Freilich sind auch einige der Anforderungen eher wohlgemeinte Normen, die im rauhen Alltag kaum Anwendung finden.

9.4.2 Setzen von Qualitätstandards: Preise im Reisejournalismus

Wie wir gesehen haben, erfolgt das publizistische Schreiben über Reisethemen in einem schwierigen Umfeld. Journalistische Qualität entsteht aber nicht im luftleeren Raum, sondern unter ganz konkreten Rahmenbedingungen, bei denen die Autoren das beste aus ihrer Situation machen müssen.

Eines der zentralen Instrumente, die Qualitätsdiskussion zu beleben und Qualität demonstrativ zu belohnen findet sich in der Etablierung von Preisen, die von Journalistenorganisationen ausgelobt werden. Besonders an diesen Preisen ist, dass unter Kennern der Materie diskutiert wird, was professionelle Standards ausmacht, an die sich die Journalisten halten sollten. Ein anderes Element ist, dass in den Jurys dieser Preise Journalisten sitzen - vielleicht ergänzt um den einen oder anderen Manager, Wissenschaftler oder Experten -, also diejenigen urteilen, die selbst am besten wissen, wie es um das Gewerbe steht.

Im Reisejournalismus findet seit 2001 jährlich der COLUMBUS-Reiseteil-Wettbewerb "Bester Reiseteil in Zeitungen" statt, der von der Vereinigung Deutscher Reisejournalisten (VDRJ) organisiert wird. Drei Hauptziele werden dabei definiert, nämlich

▪ Qualität im Reiseteil der Tageszeitung festzumachen,

▪ Qualität im Reiseteil der Tageszeitung zu fördern,

▪ die Wertschätzung für den Reiseteil der Tageszeitung zu mehren (www.vdrj.org).

Für diesen Preis gelten die oben genannten Kriterien, eine Jury, vorwiegend besetzt mit Reisejournalisten (aber der Schreiber dieser Zeilen gehörte 2007 dazu), schreibt den Wettbewerb aus, für den alle Redaktionen in Zeitungen Reiseteile vorlegen können. Das waren 2007 immerhin über sechzig eingereichte Vorlagen, von denen die Jury in einer ersten Runde zwanzig auswählte, deren Redaktionen aufgefordert wurden, weitere drei Reiseteile vorzulegen.

Diese journalistischen Produkte wurden unter allen Juroren verteilt, die nach bestimmten Vorgaben Punkte verteilen sollten (insgesamt 100). Für das Punkteraster ergeben sich sich die folgenden Qualitätskriterien:

▪ Visuelle Anmutung: Lesefreundliches Layout, kreative Liebe zum Detail, weckt Interesse, Gesamteindruck Gestaltung;

▪ Nutzwert: Vielfalt, Informationsgehalt, macht Lust auf Reisen, Unterhaltungswert, Gesamteindruck Nutzen;

▪ Aktualität: greift aktuelle Ereignisse auf, Klarheit in Stil und Aussage, Angemessenheit der jeweiligen Darstellungsform, sorgfältig redigierte Texte, geistreiche Überschriften, phantasievolle Bildauswahl, passende sorgfältige Bildlegenden, Gesamteindruck journalistisch-handwerkliche Qualität;

▪ Eigenständigkeit: erkennbares Redaktionskonzept, eigenständige Beiträge, Einsatz von Agenturmaterial, Gesamteindruck Eigenständigkeit.

In einer Sonderwertung wurde 2007 besonders auf gelungen Texteinstiege geachtet, 2008 sind es Titelzeilen. Abzüge gibt es für Verstöße gegen das Gebot der Unabhängigkeit. Neben einem Ranking der überhaupt besten drei Zeitungen, werden außerdem die besten drei Regionalzeitungen prämiert.

Reisejournalisten treten untereinander in einen Wettbewerb um das qualitätsvollste Produkt, was immer auch voraussetzt, dass man untereinander einen Konsens findet, was Qualität in diesem Feld überhaupt bedeutet. Die oben genannten Kriterien sind bedeutsam für jeden, der im Reisejournalismus reüssieren möchte, weil sie von Praktikern entwickelt wurden, die sich täglich in diesem Feld tummeln. Wer einem Ressortleiter Reisen einen Text vorlegen möchte, sollte sich z. B. über den Einstieg in sein Thema besondere Gedanken machen, dabei handelt es schließlich auch um den ersten Eindruck, den ein vorgelegtes Manuskript erzeugt. Umgekehrt sollte der Reisejournalist aber auch auch darauf achten, was die Redaktion aus seinem Text macht; passen Layout, Bildauswahl, Überschriften zum Text (oder die Infographik, die in diesem Wettbewerb z. B. nicht vorkommt)?

Wenn man als Jurymitglied die Reiseteile deutscher Zeitungen systematisch durchsieht, so wird relativ schnell klar, dass es Gemeinsamkeiten gibt: Praktisch alle Tageszeitungen verfügen über einen wöchentlich erscheinenden Reiseteil, der auch fast immer so heißt (vereinzelt Reisen & Touristik oder ähnlich), der mit einer zentralen, meist sehr stimmungsvollen, opulent bebilderten Reportage beginnt und dem weitere Seiten folgen, auf denen wiederum Reportagen zu finden sind, dazu Berichte, Nachrichten aus allen Bereichen der Touristik, manche mit aktuellem Bezug. Dies korrespondiert damit, dass Reiseteile in den letzten Jahrzehnten im Volumen expandierten und auf die zunehmend diversifizierten Interessen der Leser reagieren.

Bei aller formalen Ähnlichkeit zeigt sich in den journalistischen Produkten ein klar erkennbarer Unterschied. Qualitäten differieren stark, wobei es die überregionalen Zeitungen wie die *Frankfurter Allgemeine*, die *Süddeutsche* oder die *ZEIT* sind, die deutlich hervorstechen und deshalb meist die ersten Plätze einnehmen. Bei ihnen sind die oben genannten Kriterien tatsächlich am besten erfüllt. Wer sich für "best practice" in diesem Ressort interessiert, sollte sich diese Reportagen vornehmen und individuell analysieren. Deren Qualität ist natürlich auch kein Zufall, denn in diesen Zeitungen wird mehr Geld und mehr Sorgfalt in den Reiseteil investiert, als in so manchen Regionalzeitungen, die häufig auch nur noch wenig Konkurrenz zu befürchten haben und unter keinem Qualitätsdruck stehen. In diesen Zeitungen ist oft auch der Übergang zur Werbung ungenierter. Im Ergebnis sind es also die seriösen überregionalen Zeitungen, die auch bei der Qualität der Reiseteile führen - eine Feststellung, die aber die Bemühungen regionaler Zeitungen nicht abqualifizieren soll.

Dies ist nur einer der Preise der VDRJ, aber wohl der prestigeträchtigste, weil es vor allem um die klassische Reisereportage geht. Weitere Journalistenpreise werden für Zeitschriften vergeben (2007: Frauenzeitschriften, 2008: Männerzeitschriften), für Autoren und auch für Radio und TV. Dazu kommt ein allgemeiner VDRJ-Preis für Verdienste um den Tourismus, den 2007 Reinhold Messner erhielt.

9.4.3 Ethik des Reisejournalismus in den USA

Ob Musik, Film oder Freizeitsport, die Trends der USA setzen sich oft mit Zeit-verzögerung in Europa fort. Auch bezüglich der Ethik im Reisejournalismus sind die Amerikaner schon einen Schritt weiter. Wo in deutschen Redaktionen noch mit den Schultern gezuckt wird, wenn man nach ethischen Richtlinien fragt, gibt es in den USA bei allen Journalistenorganisationen und vielen Verla-gen Erklärungen, die das Thema Ethik ausführlich behandeln und zu deren Ein-haltung sich jedes Mitglied schriftlich verpflichten muss.

Was in Deutschland die kleine VDRJ verkörpert, nämlich ein Element journalistischer Selbstkontrolle auf freiwilliger Basis, das leistet in den USA die sehr viel größere Society of American Travel Writers (SATW). Diese Organisa-tion, etwa ebenso alt wie die deutsche VDRJ, umfasst über 1.300 Mitglieder. Zentrale Ziele der Vereinigung sind:

1 promote responsible journalism,
2 provide professional support amd development for our members,
3 encourage the conservation and preservation of travel resources worldwide (www.satw.org).

Die Mitgliedschaft ähnelt der der deutschen Partnerorganisation ("journalists, photographers, media relations professionals"). Die SATW betont immer wie-der, dass es ihr um Qualität geht. Eine ganze Serie von Preisen (Lowell Thomas Awards) wird vergeben, wobei es alles in allem in 27 Kategorien 81 Auszeich-nungen mit einem gesamten Preisgeld von 20.000 $ gibt. An einem Punkt geht die Organisation eigene Wege, sie unterhält ein SATW Institute for Travel Wri-ting and Photography, an dem Einführungskurse in Reiseberichterstattung für Interessenten stattfinden. „The aim of the institute is to prepare authors to make a good living writing quality travel articles and guidebooks that serve the public well. The institute also serves active travelers who want to travel more authori-tatively and keep better journals, and travel photographers, amateur and profes-sional, who want to take better photos and earn more money from them." (www.satwinstitute.org). Hier handelt es sich um ein Wachstumsfeld, das auch für die VDRJ interessant sein könnte.

In Organisationen, die sich in den USA mit verschiedenen Aspekten der Medien beschäftigen – und dabei auch die Verlegerseite mit einbeziehen – sind bereits seit den 20er Jahren Codes of Ethics entstanden, die auf der Basis der Selbstverpflichtung aller Mitglieder ein Minimum an Standards sichern sollen. Auch die SATW verfügt über einen ausgedehnten Code, der deutlich differen-zierter ausfällt als das deutsche Pendant. Ein besonders charakteristischer Teil bietet Bestimmungen, die sich auf Mitglieder beziehen, die gegen den SATW Ethics Code verstoßen haben. Werden Klagen vorgetragen, so wird ein Ethics Committee tätig, das Suspendierungen aussprechen und auch Ausschlüsse verfügen kann. Der schädigt nachhaltig, weil die Redaktionen oft die Zusammenarbeit mit „sauberen" Journalisten vorziehen. Hier sind Wegweisungen in einen besseren Journalismus angelegt.

Im Anhang werden wesentliche Passagen des Code dokumentiert. Wenn es auf Presse-Reisen geht, die auch in den USA üblich sind, so gilt es viele Regeln zu beachten. So darf kein SATW-Mitglied Zahlungen akzeptieren im Zusammenhang mit einer Übereinkunft, freundliches Material über ein Reiseziel zu produzieren. Weitere Fachorganisationen, die reisende Journalisten in den USA erfassen, sind die Outdoor Writers Association of America, die Travel Journalists Guild und die International Food, Wine & Travel Writers Association. Sie haben ähnliche Bestimmungen zur Selbstkontrolle formuliert und binden ihre Mitglieder entsprechend.

Auf der Gegenseite der Verlage finden sich - auch dies eine amerikanische Eigenheit - vergleichbare Codizes mit entsprechenden Selbstbindungen. So zählt zur Hausphilosophie der *New York Times* und ihrer berühmten Travel Section, dass ein Autor niemals mehr als einem Herren dienen kann. Daher werden keine Artikel publiziert, so heißt es, die aus einer Reise hervorgehen, die von einer Fluggesellschaft, einem Hotel oder einer vergleichbaren Organisation bezahlt wurde. Die *New York Times Company* hat einen Katalog von Regeln zu ihren Ethics in Journalism erklärt, wobei sich ein eigener Abschnitt mit Reisejournalismus beschäftigt (im Anhang dokumentiert). Wer die *NYT* genau liest, wird feststellen, dass auch hier Kompromisse gemacht werden, gleichwohl ist es eindrucksvoll, dass von Verlagsseite die Probleme offen angesprochen werden. Den Autoren werden Mindeststandards abverlangt, aber die verantwortlichen Redakteure können sich bei Kostenverhandlungen auch ihrerseits darauf berufen. Doppelstandards werden so erschwert und interne Prozesse deutlich transparenter, die Leser können sich über Entstehungsbedingungen der Berichte informieren und entsprechend hoch ist deren Glaubwürdigkeit. Andere amerikanische Publikationen sind nicht so streng, doch lassen sie sich vorher den Grad der Unterstützung erklären und durchforsten die Artikel nach verborgener Werbung (Zobel 2002: 193ff).

Was amerikanische Quellen zu ethischen Fragen so erfrischend macht, ist ihre Nähe zur Praxis. Es geht nicht um akademische Dispute, sondern um praktische Probleme. Diejenigen, die sich auf Kosten Dritter durchmogeln und kostenlose Leistungen „abstauben", werden gern „Freebies" genannt. Während deren Strategie aus ethischen Gründen abzulehnen ist, bestimmt sie faktisch das Verhalten vieler Journalisten mit. Umso kurioser ist diese kleine Geschichte:

Ein Autor von City-Führern erklärt ganz offen, daß er sich seit Jahren in den später von ihm besprochenen Restaurants zu erkennen gebe und darauf kostenlos schmause. Das ging immer gut, nur einmal habe ihm der Manager die Speise verweigert, der ihn durchschaut hatte - weil der früher einmal selbst ein Jahr als falscher Journalist und Kritiker aufgetreten sei, um sich durchzuschlagen (Zobel 2002: 287ff). „Freebie Ethics", das ist die Frage nach den immer neuen Gratwanderungen zwischen Überlebensbedürfnis und gutem Gewissen. Freilich sind sich alle Beteiligten wieder an einem Punkt einig, nämlich, dass die Reisen der Journalisten großzügig mit der Steuererklärung verrechnet werden können. Dafür zu sorgen, zählt zu den Aufgaben der Berufsverbände.

Eine ethische Grundhaltung hat viel mit Professionalisierung zu tun. Der Reisejournalist muss in den Stand kommen, bestimmte Zumutungen, die an ihn herangetragen werden, ablehnen zu können. Die professionelle Vereinigung muss ihn darin unterstützen, indem sie unseriöse Angebote öffentlich macht und anprangert. Das wird nur dann glaubwürdig praktiziert, wenn auch die „schwarzen Schafe" unter den Journalisten öffentlich kritisiert werden können. Selbst wenn die Realitäten heute leider oft anders aussehen, müssen die Visionen eines besseren Reisejournalismus immer wieder beschworen werden. Vorbilder dafür gibt es genug. Ihre Umsetzung steht im ureigensten Interesse der Reisejournalisten, deren Renommee dadurch nachhaltig gehoben wird, aber auch ihrer Arbeitgeber, die an der Verbreitung von Plattheiten und Vorurteilen in ihren Blättern kein Interesse haben können.

9.5 Textanhänge

9.5.1 Charta der Vereinigung Deutscher Reisejournalisten (VDRJ)

VDRJ-Charta
Vorwort
Wer Mitglied in der Vereinigung Deutscher Reisejournalisten sein will, muss nicht nur fachkundig berichten können, sondern auch folgende Verhaltensregeln beachten:
Berichterstattung
1. Wir verwechseln unabhängige Recherche und Berichterstattung nicht mit Mäkelei. Wir tragen persönliche Animositäten nicht via Berichterstattung aus.
2. Wenn wir über Unternehmen berichten, zu denen wir persönlich wirtschaftliche Beziehungen haben, so stellen wir das gegenüber dem Empfänger unserer Berichte eindeutig dar.

3. Wir bemühen uns bei unserer Recherche und Berichterstattung um Sensibilität gegenüber politischen/wirtschaftlichen/sozialen Verhältnissen.

Pressereisen/-konferenzen:
1. Wir nehmen Presseeinladungen nur wahr, wenn ein journalistisches Interesse vorliegt. Wir halten Zusagen ein und sagen nur aus zwingenden Gründen und dann unverzüglich ab.
2. Zur Berichterstattung sind wir grundsätzlich nicht verpflichtet. Haben wir Zweifel, ob wir berichten werden, so weisen wir den Einladenden bereits bei der Zusage darauf hin. Wenn wir nachträglich von einer Berichterstattung absehen, informieren wir den Einladenden über die Gründe.
3. Wir lassen uns nicht mit Partner und Kind auf Pressereisen einladen – es sei denn, die Recherche verlangt es.
4. Wir achten Dienstleistung und geben Trinkgeld.
5. Wir achten die Rolle des Gastgebers. Wir bezahlen unser Telefon, unsere Rechnung an der Bar, unsere Minibar, unsere Anreise bis zum vereinbarten Ausgangspunkt selbst.

Vorteilsannahme:
1. Wir nehmen Geschenke strikt nur im Rahmen der steuerlichen/beamtenrechtlichen Unbedenklichkeit an (Warenwert derzeit 40 €). Höherwertige Geschenke schicken wir mit Hinweis auf unseren Ehrenkodex zurück oder spenden sie (ebenfalls mit Hinweis an den Schenkenden) einer karitativen Organisation.
2. Wir heben einzelne Anbieter nicht willkürlich heraus – auch dann nicht, wenn sie uns eingeladen haben. Der einzige, dem wir mit unseren Berichten "etwas Gutes tun" wollen, ist der Leser/Hörer/Zuschauer.

Sylt, den 11. Oktober 1997

9.5.2 Code of Ethics (Ausschnitt) der Society of American Travel Writers (SATW):

Preamble

Members of the Society of American Travel Writers are expected to maintain the highest professional standards. Journalists (Actives) and communications practitioners (Associates) agree to adhere to the principles and rules set forth in this code to maintain their membership. Our mission is to provide the public with accurate, fair and honest travel reporting.
The Procedures set forth the process by which violators of the rules will be investigated and disciplined. Disciplinary action, which may be imposed by the Ethics Committee or the Executive Committee of SATW, may range from a reprimand to suspension or expulsion from membership in the Society.

Principle I

SATW members shall maintain the highest professional standards.

1. No member shall misrepresent his or her SATW membership category or status.
2. No member shall falsely represent his or her credentials or work output as part of any SATW membership review or listing.
3. No member shall use the SATW name or insignia except to designate his or her membership, and no member may use official SATW stationery except for the conduct of official business of the Society.
4. No member shall engage in conduct that embarrasses the Society or that will otherwise harm its reputation or professionalism.

Principle II

SATW members shall conduct business in a professional manner.

Rules:
1. No member shall engage in plagiarism or infringement of the rights, including copyright, of others.
2. No member shall disseminate information about a destination without doing comprehensive research and fact-checking.
3. No member shall knowingly sell rights that he or she does not own.

4. No member shall permit his or her byline to appear as sole author on work not produced by him or her, nor shall a member be listed as co-author of a work to which he or she has not contributed.
5. A member shall advise the publication when others have furnished photographs or editorial materials.
6. Content providers shall be open with editors/publishers about their own subsidized travel for an assignment.
7. Associate members shall not pay money for acquiring new accounts, except for proposal fees or finder's fees.
8. No member shall offer or accept cash or any other form of payment in exchange for positive editorial coverage.

Principle III

SATW members shall maintain the highest standards of professionalism on press trips and sponsored activities.

Rules:
1. No member shall deliberately misrepresent the status of an assignment in order to secure participation in a press trip.
2. All assistants accompanying a member on a press trip shall be fully qualified assistants; all others accompanying a member must be identified as guests. The participation of guests on press trips is subject to the restrictions of the host and at no time shall a guest attend in place of a member.
3. A member shall personally pay for all services required by that member that are personal, or over and above the services voluntarily provided by the host.
4. Members shall not engage in conduct that embarrasses the host.

Principle IV

SATW members shall avoid all real or perceived conflicts of interest.

Rules:
1. Content providers shall be open with editors/publishers about their own activity that could compromise or might appear to compromise their integrity on a given assignment, including non-editorial writing, researching or consulting, political involvement, holding office or serving in organizations

dealing with the same or a similar subject matter, and/or association with a travel destination, service firm or supplier.

2. Members shall avoid accepting or giving gifts and promotional items of more than a nominal value.

Quelle: satw.org

9.5.3 New York Times Company: Press; Ethics of Journalism (Ausschnitt)

A5. Rules for Specialized Departments
Travel Journalism

65. No staff member of our company who prepares a travel article or broadcast — whether on assignment or freelance, and whether for us or for others – may accept free or discounted services or preferential treatment from any element of the travel industry. This rule covers hotels, resorts, restaurants, tour operators, airlines, railways, cruise lines, rental car companies and tourist attractions. This prohibition does not rule out routinely awarded frequent-flier points.

66. Editors or producers who accept travel coverage from nonstaff contributors have an obligation to guard against real or perceived conflicts of interest. They should exercise care in assigning or editing freelancers who have accepted free services while working for other news organizations; such a reputation can embarrass us. We do not give travel assignments to anyone who represents travel suppliers or who works for a government tourist office or as a publicist of any sort. A newsroom manager may make rare exceptions for special purposes – for example, to assign a writer widely recognized as an expert in a particular culture. In such a case, the journalist's connections must be disclosed in the published or broadcast coverage.

67. Writers of travel articles must conceal their identity as journalists during the reporting, so that they will experience the same conditions as an ordinary consumer. If the affiliation becomes known, the writer must discuss with a newsroom manager whether the assignment can be salvaged. In special cases, the affiliation may be disclosed – for example, when a permit is required to enter a closed area.

68. No journalist may report for us about any travel service or product offered by a family member or close friend.

Quelle: nytco.com/press/ethics.html

10 Reisen und digitale Medien

Bisher entwickelte sich die Reiseberichterstattung entlang der klassischen Medien, beginnend mit dem Buch und den Printmedien, später kamen Reiseberichte im Radio (zeitweise in der Nische verschwunden, s. u.) und im Fernsehen dazu. Bei erster Annäherung könnte man sagen, nun wird das Internet ein neues zusätzliches Reisemedium, das seine spezifischen Möglichkeiten ausspielt, etwa seine Multimedialität (Text, Bewegtbilder, Ton, Graphik etc.) seine Hypermedialität (weltweite Verlinkung), seine Interaktivität (bidirektionale Kommunikation), was ganz neue Spielformen der Präsentation bekannter Inhalte ermöglicht. Dazu kommen entsprechende Speichermedien, deren Miniaturisierung es erlaubt, große Datenbestände auf kleinstem Raum abzuspeichern (z. B. auf einem USB-Stick), und damit für die Reise transportabel zu machen. Bereits Mitte der 90er Jahre war der Ansatz entstanden, Reiseführer nicht nur in Buchform zu präsentieren, sondern auch auf CD-ROM zu speichern, abspielbar z. B. auf dem Laptop. Wir hatten in der ersten Auflage (1997) dieses Buches über diese hoffnungsvollen Planungen berichtet. Heute wissen wir, dass sich diese Techniklinie in Konkurrenz zu konventionellen Reiseführer in Buchform als zu kompliziert und unhandlich erwies. Der Ansatz wird kaum noch verfolgt.

10.1 Analoge und digitale Welten

Aber inzwischen ging die Entwicklung an allen Fronten weiter. Die Netze haben sich in Richtung Web 2.0 weiterentwickelt, was insbesondere bedeutet, dass Nutzer besser mit Anbietern interagieren können, selbst Transaktionen durchführen können (z. B. im Netz Reisen buchen) oder eigene Inhalte einstellen können (user generated content). Hinzu kommen Innovationen außerhalb der Welt von Computern und Netzen. So ist es heute möglich, die Speicher- und Prozessorkraft eines herkömmlichen Personal-Computers in kleinen Handheld-Maschinen unterzubringen, die problemlos auf Reisen oder auch auf touristischen Besichtigungen mitgenommen werden können. Hinzu tritt auch die Weiterentwicklung der mobilen Kommunikation, die sich ja explizit an denjenigen richtet, der oft den Ort wechselt – also gerade auch den Reisenden. Mit ihrer

Hilfe können fast an jedem Punkt der Welt Informationen eingeholt, Internet-Inhalte abgerufen, Notrufe abgelassen, aber auch selbst Reiseberichte, etwa in Form eines touristischen Weblogs bzw. Reisetagebuchs erzeugt werden. Die seit wenigen Jahren diskutierten Weblogs beziehen sich schon begrifflich auf die Logbücher, die der die Weltmeere bereisende Kapitän zu schreiben hatte. Schließlich registrieren wir eine Veralltäglichung der Satellitennavigation via GPS, zukünftig wohl auch mit der europäischen Eigenentwicklung Galileo. Dieser Beitrag fasst die derzeit laufenden Entwicklungen zusammen, die in einzelnen Feldern eher wie Weiterentwicklungen bestehender Mediengenres wirken. In der Summe werden damit aber ganz neue Türen aufgestoßen, deren Konsequenzen für die Reiseberichterstattung noch kaum abgeschätzt werden können.

Jede neue Medientechnik verfällt aber auch der Übertreibung, so als würde das Rad neu erfunden. Die Möglichkeiten der digitalen Kommunikation werden mitunter überschätzt, weil nicht beachtet wird, dass sie mit bewährten und hoch entwickelten Angebotsformen konkurrieren müssen. Wer heute auf eine Reise geht, kauft sich – wie seit Jahrzehnten – wahrscheinlich einen dieser kleinen und handlichen, bunt bebilderten Reiseführer in Buchform. Wegen ihres Taschenformats erweisen sie sich nach wie vor unschlagbar. Die Erfahrung zeigt, dass neue Medien die alten nicht haben zerstören können, sie gleichwohl verändern und ihre Stellung relativieren.

Freilich ist das kein Argument gegen digitale Kommunikation. Der Text dieses neuen Typs von Reiseführer, der „Content", wird längst am Computer erstellt und überarbeitet, der Druck erfolgt digital, was beides kleinere Auflagen mit häufigeren Aktualisierungen ermöglicht. Der Computer hat also längst Einzug gehalten in dieses Feld, das wir nun in der Logik von Content-Produktion interpretieren sollten, die über unterschiedliche „Ausspielkanäle" an den Nutzer gebracht werden. Das Buch bleibt eine leistungsfähige Form der Reiseberichterstattung, dazu treten aber neue Medien wie das Internet, über das Texte, Töne, Bilder und alle Kombination davon abgerufen oder eingespeist werden können. Das Besondere der digitalen Kommunikation ist ihre hohe Flexibilität, die heute dem Nutzer zugute kommt: Wer eine Stadt besuchen möchte, kann sich z. B. eine Darstellung von der Homepage der Kommune herunterladen und ausdrucken, in Datenbanken entsprechende Reportagen in Reiseteilen von Zeitungen suchen und sich einen herkömmlichen Reiseführer dazulegen. Dann ist er für den Besuch gut vorbereitet.

Es kann hier also nicht um traditionelle analoge oder zukünftige digitale Welten gehen – nach dem Schema „Computer: pro oder contra?" –, sondern nur um angemessene Formen ihres Einsatzes. Tatsächlich ist mit diesen neuen Techniken der Aspekt des Cross-Medialen auch in die Reiseliteratur eingebrochen, d.h. ständig wird zwischen alten und neuen Medienformen gewechselt. Und in der Logik des Hypermediums Internet, in dem Verweise auf andere Quellen als Internet-Adressen eingebaut sind, wird auch in konventionellen Medien ständig das Internet als Ergänzungsmedium genutzt. Reiseführer in Buchform bieten dem Käufer die Möglichkeit, aktualisierte Informationen auf ihrer Internet-Plattform abzurufen, und Reisereportagen im „alten" Medium Zeitung verweisen regelmäßig auf Websites im Zielgebiet.

In diesem sich weitgehend wandelnden Medienumfeld hat sich auch der Reisejournalismus verändert. Reiseveranstalter, Tourismusziele, Fluglinien, Hotels und Internet-Portale bieten heute eine Fülle von Informationen im Netz an. Bereits zu Ende der 90er Jahre gab es erste „Reiseführer" durch die Millionen im Cyberspace erreichbaren Seiten, angefüllt mit Reiseinformationen, unter dem Titel „Travelguide Internet". „Aus dem Internet wird dem wissensdurstigen Reisenden eine Masse und Qualität an Informationen zur Verfügung gestellt, die alles bis dato Bekannte übertrifft." (Gohlis/Blittkowsky 1999: 9) Damals hatte man den Eindruck, dass damit die Welt der traditionellen Reiseberichterstattung zerbricht, das diese Möglichkeit des unmittelbaren Zugangs zu Informationen dazu führt, dass das Ende des Journalismus eingeläutet wird, wie wir ihn kennen. Warum sollte der Reiseinteressierte noch bei einem Journalisten nachlesen, wenn er alles selbst recherchieren kann?

Das ist erkennbar zu einfach gedacht. Es geht eher darum, dass sich das Arbeitsfeld des Journalisten massiv verändert. Zukünftig wird er weniger der exklusive Kenner einer Reiseregion sein, vielmehr ist er derjenige, der die Navigation im Internet vorab geleistet hat, der die wesentlichen Informationen weitergibt und dem Nutzer, dem dies noch nicht reicht, Handreichungen gibt, wo weitergehende Informationen zu finden sind. Der Journalist wird damit tendenziell auch zum Dienstleister, der sich in die Erwartungshaltung seiner Kunden zu versetzen hat und ihm mit Hilfen zur Seite treten muss. Dabei bleibt seine alte Kompetenz nach wie vor gefordert, dass er dies in eine attraktive und unterhaltsame Story kleidet, die so kaum ein Laie zu verfassen vermag.

Die nachfolgenden Teile gehen auf bereits erfolgte oder sich abzeichnende Veränderungen der Reiseberichterstattung in digitalen Welten in dieser Reihenfolge ein:

- Recherche im Netz
- Klassische Reiseberichterstattung im Internet
- Bild und Video
- Ton und Audio
- Interaktivität: Der Reisende wird aktiv.

10.2 Recherche im Netz

Für den Journalisten ist das Internet mit seinen Möglichkeiten längst Realität. Inzwischen hat sich eine ganz eigene Form des Online-Journalismus etabliert, der auf die spezifischen Eigenheiten und Möglichkeiten der publizistischen Arbeit im Netz eingeht. Während es hier vor allem um die mediengerechte Präsentation von Informationen geht, spielt das weltweite Web bereits im Vorfeld journalistischer Arbeit, in der Recherche, eine große, manche sagen inzwischen eine führende, Rolle. Handbücher zum Reisejournalismus betonen immer wieder, wie wichtig die Vorbereitung einer Reise ist. Der Autor sollte so viel Material wie möglich bereits bei der Hand haben, wenn er sich am Reiseziel aufhält, wo er im Zweifelsfalle keinen vergleichbar guten Materialzugang findet. Dem Reisenden steht heute eine unübersehbare Zahl von Internet-Angeboten gegenüber, die zumeist über Suchmaschinen à la Google leicht zu finden sind. Dabei sollte man darauf achten, dass die oberen Plätze in den Suchmaschinen oft von den „Platzhirschen" besetzt werden, also den großen Akteuren im Feld, während ungewöhnliche Anbieter sich weiter hinten finden.

Das Angebot aus dem Internet für den Reisejournalisten kann in unterschiedliche Anbietergruppen aufgeschlüsselt werden:

Staatliche/kommunale/öffentliche Anbieter: Im Netz finden sich inzwischen buchstäblich unendlich viele Portale von Staaten, Kommunen, örtlichen Tourismusorganisationen etc. Wer sich für Australien interessiert, wird zweckmäßigerweise mit der Homepage der zentralen Tourismusstelle *Tourism Australia* beginnen, die den Interessenten gleich mit markigen Sprüchen eines Aussie in seinem Pub begrüßt (www.australia.com). Diese Organisationen gibt es heute auch für Regionen und Städte etc., ihre primäre Aufgabe ist es, für mehr Besucher zu werben. Dazu bieten sie Beschreibungen der Sehenswürdigkeiten an, verweisen auf Museen und Events, Übernachtungsangebote, auf regionale Besonderheiten, Ausflugsmöglichkeiten und vieles andere mehr. Zu regionalen Einrichtungen verlinken sie, so dass man sich über Details informieren kann (Öffnungszeiten, Preise etc.). Zudem bieten sie Fotos an, die auf Nachfrage oft honorarfrei weiterverwendet werden können, freilich handelt es sich meist um geschönte Postkartenmotive von geringer Lebendigkeit, die sich für attraktive Bildberichterstattung wenig eignen (siehe Kapitel 5). In aller Regel lassen sich diese Organisationen auch via Internet kontaktieren, man kann sie um Zusendung weiteren Materials bitten und spezifische Fragen stellen.

Viele der Touristenorganisationen unterhalten Abteilungen für Journalisten, die für spezielle Informationen, Vorbereitungen, Vermittlung von Kontakten oder die Erteilung von Drehgenehmigungen verantwortlich sind. Auch hier kann die Verbindung problemlos über das Internet aufgenommen werden. Am

Beispiel von Australien: Wenn man mit der Organisation *Tourism Australia* Kontakt aufnehmen will, so bietet sich die Rubrik *News Centre* an, wo Nachrichten von publizistischem Interesse bereitgestellt werden. Über *Media Contacts* können Journalisten Verbindung zu Verantwortlichen der Organisation aufnehmen.

Wer sich mehr für die allgemeinen Verhältnisse im Zielgebiet interessiert, wird auf die offizielle Homepage des Staates gehen, z. B. bei Australien auf www.australia.gov.au. Dort findet er Angaben zum politischen System, zu wirtschaftlichen Messgrößen, zur Bevölkerung und auch zu staatlichen Aspekten des Tourismus (Visa, Zoll, Arbeitserlaubnis etc.) Auch in Deutschland stehen quasi-offizielle Informationen zu anderen Teilen der Welt zur Verfügung Die Adresse des Auswärtigen Amtes (www.auswaertiges-amt.de), bietet Reise- und Sicherheitshinweise unseres Außenministeriums, dazu Zahlen und Fakten zu Politik und Wirtschaft, sowie Darstellungen zum Stand der politischen Beziehungen zu dem Zielgebiet (auch zu Australien).

Selbst bei fernen Ländern und denen der verarmten Dritten Welt ist inzwischen das Angebot erstaunlich differenziert. Wer sich z. B. zur VR China informieren will, wird zweckmäßigerweise auf die Homepage der chinesischen Botschaft in Deutschland gehen, die auch eine Sektion für Tourismus aufweist und den Interessenten durch das weitere Angebot führt (www.china-botschaft.de). Selbst ein so armes Land wie Tansania betreibt über seine deutsche Botschaft ein Portal, auf dem über seine Attraktionen informiert wird (Kilimanjaro und Sansibar) (www.tanzania.gov.de). Es spricht für die Flexibilität des Internets, dass diese Darstellungen oft zwischen den Sprachen springen. Da Tansania noch keine deutschsprachigen Informationen zu Sansibar bieten kann, wird der Interessent auf die englische Seite weitergeleitet.

Sicherlich ist derzeit Englisch die lingua franca des Internets. Wenn man damit nicht weiterkommt, bietet das Internet Möglichkeiten, die zumindest angetestet werden sollten. Es bietet Übersetzungsmaschinen an, die dem recherchierenden Journalist ihre Hilfe anbieten, wenn er sich z. B. auf regionale Seiten chinesischer Tourismusorganisationen durchgeklickt hat. Man sollte hier allerdings keine Wunder erwarten, denn bis heute liefern allgemein nutzbare Übersetzungsprogramme nicht immer voll verständliche Resultate. Im Sommer 2006 übersetzte der Autor probeweise eine chinesische Website, die über aktuelles Leben in Deutschland berichtete, in englische Sprache. Er fand erstaunliche Hinweise auf zwölf riesige „Tempel" in Deutschland, zu denen das Publikum zu Hunderttausenden pilgere. Die vertiefte Prüfung ergab, dass die Fußballstadien gemeint waren – immerhin eine hintergründige Übersetzung.

Wirtschaftliche/kommerzielle/unternehmerische Anbieter: Die zweite Säule der Information bieten kommerzielle Anbieter, die sich von der ersten Gruppe dadurch unterscheiden, dass sie mit wirtschaftlichen Eigeninteressen im Tourismusgeschäft tätig sind. Die Übergänge sind oft fließend, denn auch staatliche und öffentliche Anbieter werben für ihre Region, freilich zumeist nicht für eigenen Gewinn. Oft leiten sie aber per Hyperlink zu Wirtschaftsunternehmen weiter, bieten etwa ein Verzeichnis von Hotels, Exkursionsveranstaltern oder Sportschulen an. Kommerzielle Anbieter sind unter anderem Reiseveranstalter, Fluglinien, Hotel- und Restaurantunternehmen, Anbieter von Kreuzfahrten. Manche dieser Anbieter setzen geschönte Darstellungen der touristischen Realität in die Welt. Dies demonstrieren z. B. die Reiseveranstalter mit schöner Regelmäßigkeit, die in ihren Katalogen (auch online verfügbar) ihr Produkt anpreisen und dabei oft das legale Limit erreichen. So wird es sich bei einem Hotel mit der unverfänglichen Kommentierung „zentrale Lage" um ein Quartier an der Hauptstraße, umgeben von städtischem Lärm, handeln. Es ist deshalb wichtig, derartige Texte decodieren zu können, um die Wahrheit hinter der Anpreisung zu finden. Andere kommerzielle Anbieter sind hier weitaus zurückhaltender, weil sie um die Skepsis ihrer Kunden in Bezug auf marktschreierisch vermarktete Produkte wissen. Hier wird das Produkt sorgsam präsentiert, die Sprache bleibt zurückhaltend.

Zivilgesellschaftliche Anbieter: Die besonderen Rahmenbedingungen des Internets ermöglichen es, dass sich auch ganz normale Bürger in die Kommunikation einschalten können. Die Zugangsbarrieren sind inzwischen so gering, dass es ein Leichtes für Reisebegeisterte ist, z. B. ihre Berichte ins Netz zu stellen oder als Bewohner in Touristengebieten für Auskünfte zur Verfügung zu stehen. Mit dem Internet breitet sich auch der Bürgerjournalismus in unterschiedlichen Spielformen aus, z. B. bieten Zeitungen eine Plattform für die Verbreitung eigener Reisegeschichten oder Bildersequenzen. Ein weiteres Element sind unabhängige Websites, auf denen Beiträge zu bestimmten Themen wie ein beliebtes Reiseziel, eine Trendsportart oder ein spezifisches kulturelles Interesse gesammelt werden. Auch hier können die Grenzen zwischen Anbieterformen verwischen, so mag ein Hotelbesitzer auf einer abgelegenen Insel auch umfängliche allgemeine Informationen ins Netz stellen, oder ein Reiseveranstalter verlinkt zu Portalen, auf denen Reisende ihre Reiseziele oder Angebote unabhängig bewerten.

Wie die verschiedenen Anbieterformen bei der Recherche zusammenwirken, hat der Autor am Beispiel der wenig bereisten indonesischen Insel Lombok durchgespielt. Kurz bevor ein Besuch geplant war, gingen eher unbestimmte Meldungen durch die internationale Presse, dass dort radikale Muslime Christen gejagt und bedroht hätten. Die Recherche auf staatlichen Homepages, darunter die des Auswärtigen Amtes und des amerikanischen State Departments, erbrachten nur sehr allgemeine Warnungen, dass Reisen in Teilen Indonesiens gefährlich sei. Auch unter kommerziellen Anbietern war wenig zu finden. Eine deutsche Zeitung hatte 2000 noch die Empfehlung abgedruckt: „Wer jetzt nach Lombok reist, ist verrückt". Ein gutes Jahr später erschien allerdings dortselbst eine aktuelle Reisereportage („Lomboks sanfte Seele"), die ein Luxushotel auf der Insel pries, ohne auf die Unruhen hinzuweisen (ein wenig kundiger Journalist war offensichtlich eingeladen worden, um das lädierte Image des Reiseziels aufzubessern). Eine Klärung brachte erst die Suche nach zivilgesellschaftlichen Anbietern: Auf der Insel leben einige Ausländer, vor allem Australier, die gern kompetente Auskunft gaben: „Lombok is perfectly safe. We feel safer here than in the streets of Sydney!" Diese Auskunft war deshalb so glaubwürdig, weil die Informanten sich – anders als Diplomaten und Journalisten – dauerhaft im Zielgebiet aufhalten und damit die verlässlichste Quelle sind. Es stellte sich dann heraus, dass auf der Insel die Läden reicher Chinesen (die formal mitunter Christen sind) geplündert worden waren (was öfter in Indonesien vorkommt); islamische Fundamentalisten treiben kein Unwesen dort, der Religionsfriede ist nicht gefährdet und Touristen können sich wohl fühlen (Kleinsteuber 2002: 111 f.).

Aber auch ein Wort der Warnung. Ein zentrales Problem des Internets ist die oft fehlende Zuverlässigkeit der Informationen. Manches, was sich dort findet, kann man „Paranews" nennen: Nachrichten mit verminderter Glaubwürdigkeit. Dies kann daran liegen, dass einseitige und geschönte Informationen eingestellt werden, es wird aber auch wissentlich falsch berichtet, oder es handelt sich um Internet-Hoaxes, um verdrehte Spaßseiten (Wegner 1998: 308). Das Internet ist auch eine große Maschine, in der Gerüchte, Halbwahrheiten und Verschwörungsfantasien gepflegt werden. Gerade bei der Berichterstattung über die ferne Fremde können wir oft wenig über die Verlässlichkeit der Quelle finden. So muss die Glaubwürdigkeit des Informanten vom Journalisten eingeschätzt werden, die bei einer staatlich-öffentlichen Stelle höher anzusetzen ist als bei Privatleuten, insbesondere wenn sie Eigeninteressen haben. Bevor der Reisejournalist eine von derartigen Seiten bezogene Information publiziert und sie damit in die Welt setzt, sollte er sich auf jeden Fall vor Ort versichern, dass die Darstellung korrekt ist. So gebietet es auch das Vier-Augen-Prinzip, wonach ein Journalist erst dann eine Feststellung veröffentlichen sollte, wenn er sie aus einer zweiten unabhängigen Quelle hat verifizieren können.

Eine gute Kenntnis der Nachrichtenlage im Internet ist auch unter einem weiteren Aspekt für den Reisejournalisten wichtig. Nahezu alle größeren Reportagen und auch viele Reiseberichte verstehen sich als Serviceleistung und bieten dem Nutzer weiterführenden Internet-Adressen an. Im Servicekasten einer Reisereportage finden sich normalerweise Hinweise auf Verkehrsverbindungen, Hotels vor Ort und Tourismusorganisationen, jeweils mit ihren www-Adressen.

Hier wird die navigierende Funktion des Reisejournalisten besonders deutlich, der nicht nur eine lebendige Darstellung abliefert, sondern dem Nutzer auch die Gelegenheit gibt, sich eigenständig weiter zu informieren. Der Journalist rückt damit viel näher an seine Leser heran, da er auch als eine Art Wegbereiter oder Scout auftritt und seinem Gegenüber die Chance anbietet, sich selbst weiter im Informationsdschungel voran zu bewegen. Das wertet den Medienrezipienten auf und gibt ihm im Notfall auch die Möglichkeit, die Behauptungen des Journalisten zu überprüfen.

10.3 Klassische Reiseberichterstattung im Internet

Die unmittelbarste Form, Reiseberichterstattung im Internet zu betreiben ist sicherlich, bereits geschriebene oder gefilmte Reportagen zusätzlich im Netz anzubieten. Es ist heute üblich, dass Zeitungen zumindest die aktuelle Reisereportage auf ihren Online-Seiten einstellen. Über Archivfunktion können in vielen Fällen auch frühere Beiträge aufgefunden werden, was aber oft mühsam ist. Zeitungen nehmen zunehmend auch kleinere Berichte und Nachrichten in ihre Reiseteile auf, die nicht alle im Netz erscheinen. Andererseits tauchen bei der Online-Präsentation aber auch ganz neue Angebote auf. Die Politik der Redaktionen variiert hier sehr. Insgesamt ist der Trend, dass sich eine Art Mikrokosmos rund um das Thema Reisen im Webportal entwickelt. Manches wird dabei webgerecht hinzugefügt, anderes fällt weg. Auffällig ist, dass kleinschrittige Strategien vorherrschen. Und oft wird eine ‚Trial and Error'-Strategie gefahren, daran erkennbar, dass nicht alles so funktioniert, wie es versprochen wurde. Neue Funktionen sind nicht aktiv, Materialien sind mangelhaft eingepflegt, die Fehlerhäufigkeit ist höher oder es wird schlicht wenig Neues geboten.

Das *Hamburger Abendblatt* bietet den Einstieg über *Freizeit & Reise* in diese Subkultur an (www.abendblatt.de). Dort sind die aktuellen Reportagen, Berichte und sogar Kleinanzeigen zu finden. Ein *Reisealmanach* bietet eine Liste von Ländern an, für die frühere Meldungen und Reportagen bereitgehalten werden; für das Reiseziel Griechenland existieren immerhin fünfzehn Einträge. Ein unverkennbarer Schwerpunkt der Berichterstattung ist die Umgebung der Stadt Hamburg, dort wird unter *Norddeutschland aktiv* über nahe gelegene Urlaubsgebiete, und in der Rubrik *Kleine Fluchten* über meist in der Nähe gelegene „Hotels zum Ausspannen" berichtet. Ein Feld *Ferienplaner* verbindet teilweise direkt mit Anbietern, z. B. lassen sich unter *Katalogangebote* Verzeichnisse von Reiseveranstaltern bestellen oder unter *Ferienhäuser* werden die aktuellen Anzeigen präsentiert. Hier ist – wie häufig im Internet – der Übergang zu kommerziellen Angeboten fließend. Unter *Urlaubsplaner* wird u. a. zu dem hauseigenen Programm an Leserreisen geleitet.

Andere Periodika haben ihre Reiseangebote unter dem Aspekt leichter Zugangswege zu ihren Datenbanken optimiert. Hier sieht es so aus, dass amerikanische Zeitungen besonders weit gekommen sind. So bietet die *Washington Post* eine tief verzweigte Datenbank zu den Reisezielen dieser Welt an. Deutschland kommt darin z. B vierzehn Mal vor; den Reisegewohnheiten der Amerikaner entsprechend handelt es sich meist um Städteporträts. Diese Datenbank bietet auch thematischen Zugriff unter Kategorien wie *Travel by Topic* oder *Business Travel*. Die Hypermedialität ist weit entwickelt, so finden sich z. B. hinter manchen Reportagen kleine Reiseführer, die so nicht in der Zeitung standen. Es wird ein ausgedehntes Porträt der kanadischen Hauptstadt Ottawa angeboten (*36 hours Ottawa*), dazu wird ein *Ottawa Travel Guide* bereitgestellt, eine Art systematisch gegliederter kleiner Reiseführer. Ebenso werden die im Serviceteil empfohlenen Restaurants und Hotels – falls vorhanden – mit der Reportage verlinkt, was das Angebot elegant erweitert. Das alles mag schon einmal in der Zeitung publiziert worden sein, hier ist es kompakt abrufbar. Schließlich finden wir auch Videobeiträge und Audio Sequenzen, dazu ergänzen Blogs die Darstellung.

Auf ähnlichem Weg befinden sich die großen deutschen Anbieter von Reisemagazinen. Besonders die *GEO*-Redaktion experimentiert an mehreren Fronten. So bietet sie ergänzendes Material zu ihren Heften (z. B. Baltikum) an, darunter Audioreportagen, Linktipps oder Fotos, die nicht ins Heft gelangten, dazu Stadtinformationen als *Google Earth*-Datei. Es finden sich sog. *E-Booklets* zu ausgewählten Reisezielen (z. B. Norwegen), ein Preisrätsel, aktuelle Meldungen zu Reise und Touristik u. a. Dazu kommen die Beiträge von *GEO audio* (zu Audioangeboten s. u.).

Oberflächlich betrachtet mag es scheinen, dass mit dem Einstellen ins Internet lediglich ein neuer Ausspielkanal für in Printredaktionen erstellte Reportagen und Berichte geschaffen worden wäre. Tatsächlich ergeben sich nicht nur durch die neuen Möglichkeiten – wie multimediale und aktuelle Präsentation – weit reichende Veränderungen. Die traditionelle Reisereportage einer Zeitung, zum Wochenende erschienen und im Freizeit-Umfeld eingebettet, sollte zumeist den Leser in Urlaubslaune versetzen, sozusagen als Startrampe in Fantasien von der Ferne dienen. Die Verbindung zu einem tatsächlich angepeilten Reiseziel war eher zufällig. Mit den neuen Datenbanken verschieben sich hier die Funktionen. Der Interessent kann sich gezielt und zum Zeitpunkt seiner Wahl die Reportagen und Berichte heraussuchen, die ihm für sein nächstes Urlaubsziel wichtig sind. Damit wird die Beziehung zwischen Produzent und Nutzer viel enger; der Leser verlangt weniger gefühlige Erzählungen und eher handfeste

Informationen. Und er kann sich die Reportage ausdrucken, mitnehmen und viele der darin gemachten Behauptungen überprüfen. Faktisch verändern sich so in digitalen Umwelten die Rahmenbedingungen des Reisejournalismus, der Redakteur wird vom Geschichtenerzähler zum schreibenden Dienstleister des Lesers und tut gut daran, die veränderten Rahmenbedingungen in seine Arbeit einzubeziehen. Dieser Wandlungsprozess verläuft langsam und ist längst nicht abgeschlossen, gleichwohl zeitigt er bereits erste manifeste Veränderungen. Der einst boomende Markt der Buchreiseführer stagniert, ja, der Absatz geht sogar leicht zurück. „„Außerdem werden zunehmend Reiseinformationen aus dem Internet gesammelt, die den Kauf eines kleinen, allgemeinen Reiseführers überflüssig machen', sagt Stefanie Schöberl vom Marktforscher GfK. 2006 wurden 3,5 % weniger Reiseführer verkauft." (Heise 2007).

10.4 Bild und Video

Die große Bedeutung von Bildern für die Reiseberichterstattung wurde oben umrissen (vgl. Kapitel 5). Dies gilt natürlich auch für das Internet. Dort ist es möglich, über Printversionen hinaus auch ganze Bildsequenzen, sogenannte „slide shows", ins Netz zu stellen. So nutzen Reiseveranstalter Bildersequenzen, um ihre Reiseziele und Hotels von außen und innen in bestem Licht zu präsentieren. Oft bieten dies auch Tourismusorganisationen, Hotels und Restaurants an, oder auch begeisterte Reisende, die ihre im Urlaub geschossenen Bilder ins Netz stellen. Dazu kommen ganz neue Angebotsformen, z. B Webkameras, die auf Städte, Strände, Hotellobbies etc. gerichtet sind und regelmäßig aktualisierte Bilder bereitstellen. Oder 3D-Panoramabilder, in denen der Nutzer nach eigenem Ermessen navigieren kann und sich damit einen Rundum-Eindruck verschafft.

Für den Reisereporter wird es weiterhin von Vorteil sein, wenn Bilder von einem begleitenden Fotografen oder dem Autor selbst geschossen werden. Dann ist auf jeden Fall die Verbindung zur Story gegeben. Andernfalls stehen im Netz auch andere Möglichkeiten zur Verfügung. Dazu zählen die kommerziellen Bildagenturen, die Suchmaschinen anbieten, um schnell zum Bilderangebot zu führen. Eine spannende Adresse ist *www.fotolia.com*, unter der weit über zwei Millionen Bilder angeboten werden, viele zu Reisezielen in aller Welt. In der Datenbank fanden sich 2007 z.B. über 100 Bilder zur kanarischen Insel Lanzarote. Die Bilder sind im Internet abrufbar. „Fotolia is the first worldwide social marketplace for royalty free stock images and illustrations" (http://en.fotolia .com/Info/AboutUs). Diese für das Internet typische Fotobörse versteht sich als

Mittler zwischen Fotografen und Bildkäufern, wobei einerseits Urheberrechte gewahrt bleiben, aber auch angemessene Honorare gezahlt werden. Damit will man sich vom Modell geschlossener Agenturen absetzen.

Jenseits dieses Bereichs kommen weitere Quellen in Betracht, von denen viele in dieser Form erst mit dem Internet Bedeutung erlangten. Insgesamt finden wir hier die drei Gruppen von Bilderangeboten wieder: staatliche Tourismusorganisationen mit Bildern, die meist frei verwertbar sind, dazu treten kommerziell orientierte Anbieter, die nicht vom Bilderhandel leben und Bilder – meist zu Werbezwecken – unentgeltlich zur Verfügung stellen. Und schließlich fotografierende Mitbürger, die Bilder von ihren Reiseabenteuern ins Netz stellen. Letztere sind typische Anbieter im Zeitalter von Web 2.0, in dem „user generated content" eine immer größere Rolle spielt, also Inhalte, die von den Nutzern selbst gestaltet werden. Auf der weltgrößten Fotoplattform *Flickr,* die über Suchmaschine zu erschließen ist, standen 2007 allein für die Ansiedlung Costa Teguise auf Lanzarote nahezu 1000 Fotos zur Verfügung. Auf der ebenfalls frei zugänglichen Plattform *Youtube* waren nahezu 500 Videosequenzen zu der griechischen Insel Rhodos zu sehen und 50 zur Nordseeinsel Wangerooge (Stand: 2007). Die meisten dieser Angebote sind nach traditionellen Maßstäben ästhetisch bedeutungslos, gleichwohl transportieren sie oft Perspektiven „von unten", den Blick von anonymen Reisenden auf die Ziele, was auch ganz ungewohnte Bilderwelten erschließt. Eine Warnung gehört auch dazu: Oft sind komplizierte Urheberrechtssituationen zu bewältigen.

Eine weitere Quelle für Bilder bietet *Google Earth.* Unter dieser Adresse findet sich die Welt, kartografiert in einer unendlichen Zahl miteinander vernetzter Satellitenaufnahmen (inzwischen auch von Flugzeugen, sowie Straßenaufnahmen aus Fußgängerhöhe etc.). Damit lassen sich Urlaubsziele oder Reiserouten genau markieren. An vielen Zielen haben Nutzer ihre Fotos platziert, auf denen die Umgebung eingefangen wurde, sie können mit einem Klick aufgerufen werden. Es gibt inzwischen viele zusätzliche Features, etwa 3D-Ansichten, Beschreibungen von touristischen Orten, Verbindungen zu Ortsbeschreibungen auf Wikipedia etc. sind dazugekommen. *Google Earth*-Erfinder John Hanke ist die Verbindung dieses neuen Instruments zum Tourismus sehr bewusst. „Die besten Aufnahmen haben wir von den Kanarischen Inseln. Denn die dortige Regionalverwaltung weiß, dass viele Touristen ihre Ferien mit Hilfe von *Google Earth* planen und hat uns deshalb das gesamte verfügbare Bildmaterial gegeben." (Hanke 2007: 107) Für multimediale Präsentationen bietet *Google Earth* ganz neue, oft noch keineswegs erschöpfte Möglichkeiten.

Im Internet verwischt sich auch die Differenz zwischen festem und bewegtem Bild, zwischen der Abbildung der Realität und der Virtualisierung des Abgebildeten – bis hin zur digitalen Manipulation, die für den Nutzer nicht erkennbar ist. Gleichwohl ergeben sich hier auch für Reisefilme und Dokumentationen aus fremden Welten ganz neue Möglichkeiten, sie können eigenständig auf Abruf ins Netz gestellt, in Datenbanken aufgenommen oder mit Textreportagen verknüpft werden. In Kapitel 5 hat Autor Weck unterstrichen, das bisher im Bereich Reise-TV viele Hoffnungen nicht erfüllt wurden. Er setzt aber große Hoffnungen in den Abruf von Videosendungen via Internet und hier insbesondere auf das neue Internet-Protokoll-TV (IPTV), das die gewohnte Fernsehqualität (oder sogar hoch auflösendes HDTV) per Abruf auf das heimische Gerät bringt.

10.5 Ton und Audio

Reisereportagen gibt es seit vielen Jahrzehnten auch im Medium Radio. Im alten öffentlichen Programmradio hatten sie ihren festen Sendeplatz; infolge von Formatierungen, Entwortungen und dem Trend zu leichter Präsentation verschwanden sie weitgehend. Ein bereits ehrwürdiges Alter hat das Funk-Reisemagazin des *NDR Zwischen Hamburg und Haiti – Das Reisemagazin mit Reportagen und Berichten über Menschen, Länder und Kulturen* erreicht, das – eigentlich unglaublich – seit 1951 auf Sendung ist. Weil das einst große Interesse geschwunden ist, liegt der Sendetermin (im Jahre 2007) am Sonntagmorgen um 9:30 auf der Wortfrequenz *NDR Info*, wo nicht gerade große Reichweiten zu erzielen sind. (www.ndrinfo.de/service/freizeit_reise/index.html).

Aber auch hier hilft das Internet weiter. Inzwischen werden die professionell produzierten und informativen Sendungen auch als Podcast angeboten, was ganz neue Möglichkeiten eröffnet: Die Reportage, die sich einst „versendete", steht nun, vom Sendetermin unabhängig, im Netz auf Abruf bereit. Sie kann vom Reiseinteressierten heruntergeladen werden, z. B. auf den iPod, und als Audio-Begleiter zum jeweiligen Reisziel eingesetzt werden. Inzwischen sind die NDR-Berichte auch auf senderunabhängigen Reiseportalen abrufbar, so dass wahrscheinlich ihre indirekte Reichweite viel größer ist, als die niedrige Sonntagmorgen-Quote erwarten lässt. Hier sollten die öffentlich-rechtlichen Anbieter darüber nachdenken, ob sie eine gemeinsame, leicht zugängliche Datenbank mit Reiseinformationen aller Art – inkl. Reisefilmen der Deutschen Welle, Reportagen der Auslandsmagazine, Reise-Weblogs etc. bestücken. Dazu könnte z. B. eine Weltkarte ins Internet gestellt werden, auf die die Reportage-Orte mit den entsprechenden Datenfiles verlinkt werden. So könnte ein wachsender Bestand von Informationen aller Art über andere Teile der Welt dokumentiert und zugänglich gemacht werden, ein ganz neuer, qualitätsvoller Service für Reiseinteressierte.

Den Bereich der Audio-Magazine hat inzwischen auch die *GEO*-Redaktion entdeckt – erstaunlich, wenn man bedenkt, dass die Familie der *GEO*-Magazine bisher vor allem mit hochklassigen Fotos glänzte. *GEO* bietet ein wöchentliches Reisemagazin *GEOaudio-Magazin* an, dabei befragen die Redakteure „GEO-Reporter nach ihren jüngsten Reiseerlebnissen, präsentieren Tipps für eigene Erkundungen, machen Mut zum Besuch entlegener Regionen" (www.geo.de/ GEO/reisen). Als Zugabe gibt es – fast – wöchentlich eine ausgewählte Reisereportage als kleines Hörbuch. Die Audio-Beiträge können als Podcast heruntergeladen und auch im Abonnement bezogen werden. Sie sind kostenfrei, werben aber naheliegenderweise mit ihrer engen Beziehung zur Redaktion für andere Produkte der *GEO*-Familie.

Unter den veränderten Bedingungen der Digitalisierung könnte es sehr wohl zu einer Renaissance der gesprochenen Reiseberichterstattung kommen. Technische Voraussetzungen dafür sind wiederum die neuen Speichermöglichkeiten und kleine Wiedergabegeräte, darunter Handys, iPods oder spezielle Computer Handhelds. Der Grund dafür sind die spezifischen medialen Nutzungsbedingungen vieler Reisender. Sie wollen sich bereits im Vorfeld auf eine Reise vorbereiten oder während der Anreise Anregungen erhalten. Wie bei dem modernen Radio als „Nebenher-Medium" kommen Audio-Angebote immer dann ins Spiel, wenn der Nutzer mit Anderem visuell beschäftigt ist, aber gern unterhalten oder informiert werden möchte, etwa bei der Auto- oder Bahnfahrt, bei der Orientierung vor Ort, bei der Besichtigung. Audio-Angebote auf einem wenige Gramm schweren iPod können den Reisenden viel problemloser begleiten als Bildschirmmedien (etwa der Laptop), die sich als sperriger erweisen. Schon heute werden viele Sehenswürdigkeiten, etwa Museen, über Audio-Guides erschlossen. Dabei macht der visuelle Eindruck den besonderen touristischen Reiz aus, eine Audio-Begleitung bietet ergänzend eine Tonkulisse und/oder begleitende Informationen. Es bleibt abzuwarten, ob hier ein neues Aktionsfeld für Reisejournalisten mit Audio/Radio-Erfahrung entsteht.

10.6 Interaktivität: Der Reisende wird aktiv

Ein besonderes Feature der Internet-Welt stellt ihre potentielle Interaktivität dar, also das Angebot von Kommunikationsströmen in beide Richtungen. Sie ermöglicht es sehr viel einfacher, als in der analogen Welt (wo es vor allem Leserbriefe gab), auf redaktionelle Angebote zu reagieren oder selbst Angebote einzustellen. Auf viele reisespezifische Angebote von Laien wurde oben bereits eingegangen, weil sie auch als Informations-Input für Journalisten gute Dienste leisten können. Hier geht es vor allem um die Einbindung des Nutzers – also Le-

sers, Hörers oder Zuschauers – in kurze Kommunikationswege mit den Redaktionen bzw. eigene redaktionsferne Angebote in der Szene der Reiseenthusiasten.
Inzwischen ist es im Online-Journalismus gängig geworden, dass in den
redaktionellen Teilen Möglichkeiten der Selbstdarstellung der Nutzer eingebaut
sind. Auf der Homepage von *GEO* werden Foren angeboten, in denen Reiseinteressierte chatten können. Inzwischen gibt es aber so viele vergleichbare Angebote, dass die Bereitschaft offensichtlich eher gering ausgeprägt ist, sich hier
auszutauschen. Jedenfalls hält sich die Zahl der Beiträge in Grenzen. Weiterhin
wird die „Frage der Woche" gestellt, wobei es um reisebezogene Themen und
reisebezogene Preise geht. Ebenso wird ein Wissenstest angeboten und E-Cards
können heruntergeladen und versandt werden. Eine Geo-Heftbörse ermöglicht
es Lesern, ihre Sammlung zu vervollständigen oder auch zu veräußern. Man
wird diese interaktiven Möglichkeiten weiter erproben, sie werden redaktionell
betreut, erfordern aber keinen großen Einsatz.

Ein weiteres Feld ist das des sogenannten Bürgerjournalismus oder „Citi-
zen Journalism". Dabei bieten Zeitungen die Voraussetzungen, um schreibenden
Laien ein Forum für ihre Beiträge zu geben. In derartigen Angeboten finden sich
immer auch Reiseberichte, von denen aber die wenigsten die hohen Anforderungen einer journalistisch komponierten Reisereportage erfüllen. Eher sind es
einfach gestrickte Berichte über die letzte Urlaubsreise, die durchaus für den
interessant sein können, der diese Strecke nachreisen möchte. Publizistischer
Ehrgeiz ist meist nicht damit verbunden.

Vorreiter in diesem Bereich ist die *Rheinische Post*, in ihrem Online-
Bereich *OPINIO – Leser schreiben für Leser* ist bereits eine umfängliche Datenbank mit Bürgerbeiträgen entstanden (www.rp-online.de). Ein Anreiz für
Autoren ist, dass einmal pro Woche ausgewählte Online-Artikel auch in ge-
druckter Form erscheinen. Im Internet findet sich die Untergruppe *Reise & Ausflug*, noch einmal aufgeteilt in *Ausflug* (kleine Trips), *Korrespondent* (Beiträge
von Deutschen im Ausland, etliche darunter aus Afghanistan) und *Reiseberichte*. Im Sommer 2007 wurden insgesamt 1500 Beiträge angeboten. Eine (nicht
sehr verlässliche) Suchmaschine bot z. B. ca. 15 Beiträge zu Namibia an, darunter im Sommer 2007 allein drei von einer offensichtlich reiselustigen Autorin
aus Moers. In Text und Bild gibt sie ihre persönlichen Eindrücke wieder – in
durchaus lesbarer Form. Dazu kommen weitere Möglichkeiten: Die *OPINIO*-
Redaktion sammelte im Sommer 2007 „Tipps für den Deutschlandurlaub". Bei
den einkommenden Vorschlägen verbanden sich individuelle Ratschläge und
wohlklingende Werbesprüche oft zu einer innigen Beziehung. Ein Tipp-Geber
empfiehlt einen Badesee zwischen Worms und Mainz und endet mit der An-
merkung: „Ich denke, dass mir Herr Willius, unser Bürgermeister, bald ein Bier
spendieren wird, bei der Reklame, die ich für ihn mache. – Da muss ich aber

auch meinen Namen eingeben. Soll ich? Lieber nicht, im Dorf wissen eh all, dass ich schreibe".

Man kann sich vorstellen, was für ein Fundus von reisespezifischen Informationen verfügbar wäre, wenn diese dezentral verwalteten Bestände auf gemeinsamen Plattformen nach einheitlichen Regeln zugänglich wären. Inzwischen haben sich jenseits der Online-Portale der klassischen Medien auch distinkte Plattformen gebildet, über die sich Reiselustige untereinander verständigen können. Für Hotels etwa ist *myhotel* aktiv, wo Bewertungen für Übernachtungsstätten weltweit abgegeben werden, einschließlich einer differenzierten Prozent-Einstufung und der Möglichkeit individueller Begründungen (www.myhotel.de). Andere Plattformen konzentrieren sich auf den Zugang zu öffentlich angebotenen Produkten, unter der Adresse *podster.de* können z.b. in großer Zahl Podcasts abgerufen werden, darunter über 100 zu Stichworten wie Reisen oder Reiseberichte (www.podster.de). Derzeit (2007) stehen aber keine leistungsfähigen Suchprogramme zur Verfügung, so dass das gezielte Auffinden eines Berichts nicht ganz leicht ist. Bestimmte kommerziell betriebene Portale bieten spezielle Serviceleistungen an, z. B. Preisfinder, die in Zusammenarbeit mit Reisebüros den jeweils günstigsten Preis anbieten können (www.askerus.de; www.myjack24.de), Preisvergleiche inklusive Billigflieger im Internet (www.discount.de und andere) oder Zugänge zu günstigen Leistungen und saisonalen Aktionen (www.mcflight.de und andere).

Hier gilt, dass viele Entwicklungen im Fluss sind und keinesfalls als abgeschlossen gelten können. Die enorme Materialfülle, dazu die Nähe von wichtigen und bedeutungslosen Informationen, die teilweise noch defizitäre Erfassung über Suchmaschinen, der Mangel an übergreifenden Plattformen machen die Navigation nach wie vor schwierig und zeitaufwendig. Der experimentelle Charakter der gesamten Szene wird in einem Bericht deutlich, den eine *GEO*-Redakteurin verfasst hat. Sie hatte den Ehrgeiz, eine Höhenwanderung in Tirol nur nach Informationen in Weblogs und Foren vorzubereiten. Im Web hatte sie viele Tipps erhalten, die schwierige Wanderung konnte erfolgreich beendet werden. „Weblogs waren weniger hilfreich als Foren. Nicht zuletzt, weil da die Kenner einer Region auch auf Fehler hinweisen. Und das zählt: die Qualität der Infos." Dann aber kommt die Einschränkung der Autorin: Die Recherche dauerte zehn Tage (Böhringer 2007).

Einen weiteren Schritt machen wir, wenn wir komplett in den Cyberspace als Parallelwelt abtauchen, in dem derzeit eine real anmutende Welt virtuell errichtet wird. *Second Life* ist hier der bedeutendste Anbieter, der sozusagen ein zweites Leben jenseits unserer realen Umgebung ermöglicht. (www.secondlife.com) Das besondere an *Second Life* ist, dass es dort sowohl ganz diesseitig hergeht – Häuser können gebaut, Läden geöffnet, Geschäfte gemacht werden – und es bieten sich alle Möglichkeiten einer phantasierten Welt – märchenhafte Kulissen, durch die der Besucher als Avatar fliegen kann. Es lag nahe, dass sich in diesem Umfeld, in dem bereits Sportkleider verkauft, Grundstücke angeboten und politische Wahlkampagnen gefahren werden, auch Reiseveranstalter niederlassen.

So hat ein Journalist die Reiseagentur www.synthravels.com gegründet, welche Neugierige einlädt, viele verschiedene Trips durch die digitale Wunderwelt zu unternehmen. *Geo saison* berichtete darüber: „Denn das ist das Schöne am Reisen in Second Life: jedes Ziel ist schnell und mühelos zu erreichen, da sich der Avatar teleportieren lässt. Das Verfahren funktioniert wie das Beamen in der Science-Fiction-Serie *Raumschiff Enterprise*. ... So geht es von Nakama aus, einem Japan-Imitat, direkt in den Second Louvre, der dem Pariser Museumspalast nachempfunden ist, wo aber nur Werke von *Second-Life*-Bewohnern ausgestellt werden. In Caledon leben die Bewohner wie im 19. Jahrhundert, auf XTC Island geht es nur um Sex – und Midnight City, das virtuelle Manhattan, ist so überlaufen, dass die Grafik schwerfällig wird...“ (Dugaro 2007: 18) Wäre es nicht reizvoll, das virtuelle Manhattan in einer Reportage mit dem echten Stadtteil im vibrierenden New York zu vergleichen?

Zuletzt sollte darauf verwiesen werden, dass sich all die hier beschriebenen Orte, Plattformen und Spielarten der Reiseberichterstattung selbst wieder für Berichte (Tests, Selbsterfahrungsreports, Glossen etc.) aus der Szene eignen. Bisher ist sie von Reisejournalisten erst wenig ausgelotet worden.

10.7 Technische Trends: Konvergenzen in Technik und Inhalt

Die digitale Technik ermöglicht die Verbindung bisher getrennter Aktivitäten. Diese technische Konvergenz wird bereits in beachtlichem Umfang praktiziert und führt damit zu realer Konvergenz, etwa bei der multimedialen Reiseberichterstattung, bei der Print- und audiovisuelle Präsentationen zusammenfließen können oder bei den Internet-Reiseportalen, wo Informationen zu Reisezielen direkt zu Buchungsmöglichkeiten weiterleiten. Diese Anwendungen werden auch tatsächlich genutzt: anders verlief es mit dem Reise-Shopping-TV, das bereits in den 90er Jahren mit großen Hoffnungen begann.. Eigentlich klang es verlockend, man präsentierte die Reiseziele in Videofilmchen mit leuchtenden Farben und guten Worten und animierte den Zuschauer, zum Telefon zu greifen und gleich zu buchen. Tatsächlich blieben die Erfolge dieses Vertriebswegs aber weit hinter den Erwartungen zurück, es gibt zwar derartige Angebote, aber sie dümpeln eher dahin, Programme sind inzwischen eingestellt worden. Ähnlich erging es der CD ROM mit touristischen Inhalten, die vor zehn Jahren quasi als

Wunderwaffe gehandelt wurde. In der ersten Auflage dieses Buches beschrieben wir ihre Vorteile: Sie hat viel größere Speicherkapazität als jedes Buch, ermöglicht zudem neben ausführlichen Texten eine Mischung von Reisevideo, Diashow und Bildband. Was dann auf den Markt kam, wurde kaum angenommen, sollte die CD ROM zur Reisevorbereitung daheim eingelegt werden, oder unterwegs im Laptop den Reisenden begleiten? Realistisch besehen, sind digitale Angebote immer wieder gescheitert, weil sie zwar gute Leistungen erbrachten, aber an den alltäglichen Bedürfnissen des Reisenden vorbei entwickelt worden waren.

Inzwischen ist die technische Entwicklung weiter, gigantische Speicher sind miniaturiert, die mobile Kommunikation hat eine neue Dimension erreicht und auch die Satellitennavigation steht mit eindrucksvollen Leistungen zur Verfügung. Man kann z. B. Handys mit installiertem GPS-Empfänger einsetzen, um sich – per Verkehrsmittel oder zu Fuss - in fremden Städten zu orientieren. Mobile Navigatoren bieten heute zu dem jeweils erreichten Ort umfangreiche Reiseinformationen an und in Zusammenarbeit mit dem ADAC stehen Geräte zur Verfügung, die neben Routenvorschlägen auch Sicherheitshinweise bieten, vor scharfen Kurven, Wildwechsel oder unbeschrankten Bahnübergängen warnen. Nordrhein-Westfalen wirbt damit, dass es auf der Grundlage von mobiler Kommunikation und satellitengestützter Navigation Erlebnispfade aufbaut; damit können aufwendige Installationen in der Landschaft vermieden werden, verstanden als Beitrag zum sanften und umweltgerechten Tourismus. (www.senne-portal.de) Ähnlich arbeitet ein elektronischer Begleiter, der im Nationalpark Berchtesgaden gemietet werden kann; diesen "Alpenranger" hängt man sich um, er erkennt den jeweiligen Standort und erzählt Geschichten über Naturereignisse, Tiere und vieles andere. Michelin verbindet seinen Navigator mit seinem Hotel- und Restaurant-Führer und informiert über die jeweils von ihm erteilten Restaurant-Sterne.

Internet-Erfinder Tim Berners-Lee beschreibt im Interview die zukünftigen Möglichkeiten der Netze unter dem Vorzeichen von Web 3.0

Frage: "Eine der ganz großen Innovationen im Internet soll der Aufbau des Semantic Web sein, der neuen, intelligenteren Variante des WWW. An dem Konzept arbeiten Sie bereits seit rund fünf Jahren. Was steckt dahinter?"

Berners-Lee: "Heute enthalten Internetseiten in erster Linie Informationen - Texte und Bilder -, deren Inhalte wir Menschen erfassen können. Computern hingegen bleibt der Inhalt der Seiten weitgehend verschlossen. Sie finden dort nichts als eine Ansammlung von Buchstaben. Wir wollen das Web nun so umgestalten, dass alle Dateien, Bilder oder Web-Seitenauch von Computern über alle Anwendungen hinweg verarbeitet und ausgetauscht werden können. Unabhängig davon, mit welchem Programm sie erstellt und mit welchem sie geöffnet werden. Dafür ist es vor allem erforderlich, die Daten in ihrer Funktion und Bedeutung genau zu beschreiben, also semantisch zu definieren.".

Frage: "Gibt es denn Möglichkeiten, die alte WWW-Welt mit dem Semantic Web zu verknüpfen, ohne alles umbauen zu müssen?

Berners-Lee: Zumindest teilweise. Bei vielen Web-Angeboten - etwa Nachrichtendiensten, Online-Shops oder Reise-Portalen stammen die Inhalte schon heute aus Datenbanken." ...

Frage: "Das klingt trotzdem ziemlich langwierig.

Berners-Lee: Das ist es auch. Aber auch der Aufbau des WWW ging nicht schneller. Es hat einige Jahre gedauert. Der Boom kam erst in den Neunziger Jahren."

(Berners-Lee 2006: 126-128)

Es liegt nahe, die genannen und bisher getrennt eingesetzten Techniken im Sinne der Konvergenz miteinander zu verknüpfen und damit ganz neue Lösungen anzubieten. State of the Art ist im Jahre 2007 sicherlich das Gerät *MERIAN scout NAVIGATOR*. (www.merian.de/merianscout/navigationssystem/pta/index .php) Dieses völlig neu entwickelte Gerät kostet ca. 800 Euro, passt als handheld in die Hand und verfügt über bisher unerreichte Leistungen. Es ist mit Karten für ganz Europa gefüttert, verfügt über Navigation und einen Traffic Message Channel (TMC)-Empfänger, kann also aktuelle Routenänderungen empfehlen. Dazu übernimmt er echte Reiseführer-Funktionen, da ca. 30.000 Ziele mit redaktionell bearbeiteten Beiträgen aus den Zeitschriften *Merian* und *Feinschmecker* eingespeichert sind. Weiterhin stehen 800 Audiobeiträge zur Verfügung, wobei mit Hilfe des Navigators erzählt wird, was gerade zur Verfügung steht. Die Funktionen heißen folgerichtig *DriveBy-AudioGuide* oder *Look-Ahead-Funktion*, wobei entlang von Routen interessante Punkte in der Umgebung (Points of Interest) vorab angezeigt werden. Es ist zu früh, etwas über die praktische Tauglichkeit derartiger Supermaschinen zu sagen, die Vergangenheit hat gezeigt, dass gerade multifunktional angelegte - und damit überladene - Maschinen den Nutzer überfordern und genau deswegen scheitern oder nur eingeschränkt eingesetzt werden (der programmierbare Viedeorecorder ist hier das Standardbeispiel). Gleichwohl wird hier deutlich, dass, welche Poten-

tiale in der digitalen Technik für die Weiterentwicklung der Reiseberichterstattung verborgen liegen

"Elegante Bars, trendige Lofts und moderne Bürobauten dazwischen Kunstwerke
aus Marmor und Stahl. Die Docks, einst das schmuddelige Hafenviertel von Bristol,
sind in den vergangenen Jahren richtig schick geworden. ´Den Lärm der Schiffs-
glocken und Werksirenen, die Rufe der Arbeiter, - all das kann man sich kaum noch
vorstellen´, sagt Martin Merry, Internetspezialist im europäischen Forschungszent-
rum von Hewlett-Packard (HP), das in der britischen Küstenstadt beheimatet ist.

Die Docks von einst wollen Merrys Kollegen nun zumindest virtuell auferstehen
lassen. Zusammen mit Forschern der Universität Bristol und Unterstützung der britischen Regierung haben sie im Projekt ´Mobile Bristol´ kleine Handheld-Computer
zu Hörführern für Touristen umgebaut - funkvernetzt und mit GPS-Empfängern gekoppelt. Der digitale Begleiter erkennt, wo der Benutzer gerade im Hafengelände
entlanggeht, gibt Erklärungen und lädt die Geräuschkulisse aus dem Netz."

(Kuhn 2006: 121)

Was bedeuten diese sich verändernden Rahmenbedingungen für die Zunft der
Reiseautoren? Zuerst einmal gilt, dass auch in digitalen Umgebungen der Inhalt
zählt, die beste Technik taugt nicht, wenn sie kein attraktives KnowHow vermittelt. Allerdings, angesichts der gigantischen Speichermöglichkeiten entsteht ein
regelrechter Sog in Richtung weiterer und immer detaillierter Reiseinformationen, was allerdings nur dann eine Chance haben wird, wenn die Nutzer bereit
sind, dafür auch zu bezahlen. Bei dem Angebot des *Merian scout NAVIGATOR*
werden in einer ersten Phase wohl vor allem bestehende Reisematerialien recycelt, übernommen von den Spezialmagazinen des Verlagshauses von *Merian*.
Offensichtlich besteht eine gute Chance, dass die früher eher getrennten Funktionen der aktuellen Reiseberichterstattung in den Medien und die eher zeitunge-
bundene Darstellung in Reisebüchern ineinander schmelzen werden. Aktualisierungen können dann auch auf mobilen Handhelds über das Internet abgerufen
werden. Autoren müssen angesichts dieser Entwicklung darauf achten, dass ihre
alten, aus der analogen Zeit überkommenen Urheberrechte unter fairen Bedingungen in digitale Umwelten überführt werden.

Für zukünftig tätige Autoren wird wichtig sein, dass die neuen Speichermedien eingepflegt werden müssen, alte Reportagen und Berichte müssen aktualisiert werden, neue Sachverhalte dargestellt werden. Wie auch sonst in der
Online-Kommunikation wird aus der Produktion, die einst auf den einen Publi-
kationstermin fixiert war, eine kontinuierliche Aktualisierung des Materials
erfolgen. Dazu tritt die Multimedialität der digitalen Wiedergabegeräte: Zu den
Texten kommen Bilder und Videosequenzen, ebenso wird es Audiosequenzen

geben, von denen der *scout* bereits 30 Stunden geladen hat. In der Tat eignen
sich mobile Reiseführer ja insbesondere dafür, den Menschen unterwegs, wenn
er die Sehenswürdigkeiten betrachtet, mit dazu gehörenden Erklärungen und
Erzählungen zu versorgen. Noch kaum bedacht sind die interaktiven Seiten der
neuen mobilen Kommunikation. Über Internet-Funktionen und mobile Kommunikation könnten zusätzliche externe Informationen eingeholt, Anfragen gestartet, Reservierungen getätigt oder selbst Beiträge ins Netz gestellt werden. In der
Summe wird es darum gehen, dass Reisejournalisten die neuen Entwicklungen
beobachten ohne in Hype zu verfallen. Die Rahmenbedingungen und die Prä-
sentationsformen werden sich allmählich verändern, wobei die alte Regel, dass
alte Medien nicht verschwinden (Buch, Print, Audio etc.), auch diesmal gelten
wird, gleichwohl wird Online auch ganz neue, bisher oft noch kaum antizipierte
Darstellungsformen entstehen lassen. In jedem Fall wird auch weiterhin die
professionelle Produktion von Inhalten einen hohen Stellenwert behalten, es
wird auch in Zukunft gelten: Content ist King.

10.8 Fazit

Zum Abschluss dieses Kapitels muss noch einmal betont werden, dass es hier
um ein Feld in ständiger Bewegung geht. Vieles wird derzeit erprobt, manches
wird verschwinden oder am Rande mitdümpeln, anderes wird den Charakter der
Reiseberichterstattung nachhaltig ändern. Das Leitbild der Zukunft sollte das
eines „multimedialen Erzählens" sein, bei dem alle bis hierher beschriebenen
Elemente in eine neue Qualität von Darstellung überführt werden, die man als
„audio-visuelles Gesamtereignis" (Rusch 2006) umschreiben könnte. Der Journalist der Zukunft sollte sich als Navigator in unruhigen digitalen Gewässern
begreifen, als Dompteur im Zirkusring multimedialer Ungebärdigkeit.

Literaturverzeichnis

Adam, Hans Christian/Fabian, Rainer (1981): Frühe Reisen mit der Kamera. Hamburg: Gruner und Jahr.

Aigner, Gottfried (1992): Ressort: Reise. Neue Verantwortung im Reisejournalismus. München: Ölschläger.

Albertson, Lesley A. (1977): Telecommunications as a Travel Substitute: Some Psychological, Organizational, and Social Aspects. In: Journal of Communication. 1977. Volume 27, Issue 2. S. 32-43.

Allan, Stuart (2006): Online News. Journalism and the Internet. Maidenhead [u.a.]: Open University Press.

Appelbaum, Judith (1992): Traveling the Rocky Road to Readers. In: Media Studies Journal. 1992. Volume 6, issue 3. S. 73-80.

Appeldorn, Werner van (1970): Der dokumentarische Film: Dramaturgie, Gestaltung, Technik. Bonn: Dümmler.

Arbeit im Paradies (1996): Interview mit Gerd Ludwig und Tom Kenndy in National Geographic. In: MediumMagazin. 1996. Ausgabe 2. S. 64 f

Ascherson, Neal (1995): Black Sea. London: Cape.

Autorenkollektiv der Sektion Journalistik der Karl-Marx-Universität Leipzig (Hg.) (1988): Einführung in die journalistische Methodik. 2. durchgesehene Auflage. Leipzig: Bibliographisches Institut.

Axel Springer AG (2006): Tourismus 2006. Berlin. Unter: www.mediapilot.de/omages/20060309/Tourismus 2006.pdf.

Baden in klaren Gewässern (1996): Funk Uhr vom 20.-26.07.1996. S. 74.

Bärtels, Gabriele (2007): Schreiben macht arm. In: Die Zeit. Nr. 45 (31.10.). S. 79.

Bartram, William (1791): Travels through North and South Carolina, Georgia, East and West Florida, the Cherokee Country, the Extensive Territories of the Muscogulges or Creek Confederacy, and the Country of the Chactaws. Philadelphia: James & Johnson. (Neuauflage bei Penguin Books. New York: Penguin Books, 1988).

Baumann, Hans D. (2007): Der Mythos vom Foto-Dokument. In: Journalist. 2007. Nr. 1. S. 46-49.

Bausinger, Hermann/Beyrer, Klaus/Korff, Gottfried (Hg.) (1991): Reisekultur. Von der Pilgerfahrt zum modernen Tourismus. München: Beck.

Bausinger, Hermann (1996): Wie die Deutschen zu Reiseweltmeistern werden. In: Stiftung Haus der Geschichte der Bundesrepublik Deutschland (Hg.) (1996): Endlich Urlaub! Die Deutschen Reisen. Köln: DuMont. S. 25-32.

Becker, Christoph/Job, Hubert/Witzel, Anke (1996): Tourismus und nachhaltige Entwicklung. Grundlagen und praktische Ansätze für den mitteleuropäischen Raum. Darmstadt: Wissenschaftliche Buchgesellschaft.

Becker, Hans (1938): Das Feuilleton der Berliner Tagespresse von 1848-1852. Ein Beitrag zur Geschichte des deutschen Feuilletons. Würzburg: Triltsch.

Becker, Jörg/Funiok, Rüdiger/Kleinsteuber, Hans J./Kramer, Dieter: Globale Solidarität durch weltweite Kommunikation? Stuttgart: Kohlhammer.

Beifuß, Hartmut/Blume, Jochen/Rauch, Friedrich (1984): Bildjournalismus. München: List.

Benedikt, Bene (1995): Wie Reiseträume ins Blatt kommen. In: Guilino, Heidi (Hg.) (1995): Reisejournalismus als Berufsfeld. Kulturvermittlung, Service, Tourismuskritik. Eichstätt: Katholische Universität Eichstätt. S. 15-21.

Benjamin, Walter (1927): Moskau. In: Kreatur. 1927. Band 1, Heft 1. S. 71-102. (Auch in: Benjamin, Walter (1972-1999): Gesammelte Schriften, Band IV.1. Hrsg. von Rolf Tiedemann und Hermann Schweppenhäuser. Unter Mitwirkung von Theodor W. Adorno und Gershom Scholem. 7 Bände und Supplement. Frankfurt am Main. S. 316–348).

Berners-Lee, Tim (2006): Radikal Anders (Interview). In: Wirtschaftswoche vom 25. September. S. 126-128.

Berquist, Goodwin (1990): The Rhetorical Travels of Robert T. Oliver. In: Rhetoric Review. 1990. Volume 1, No. 1 (Autumn). S. 173-183.

Beyrer, Klaus (1991): Im Coupé – Vom Zeitvertreib der Kutschfahrten. In: Bausinger, Hermann/Beyrer, Klaus/Korff, Gottfried (Hg.) (1991): Reisekultur. Von der Pilgerfahrt zum modernen Tourismus. München: Beck. S. 137-146.

Biernat, Ulla (2004): „Ich bin nicht der erste Fremde hier." – zur deutschsprachigen Reiseliteratur nach 1945. Würzburg: Königshausen & Neumann.

Bird, S. Elizabeth (1992): Travels in Nowhere Land: Ethnography and the "Impossible" Audience. In: Critical Studies in Mass Communication. 1992. Nr. 9 (3). S. 250-260.

Blum, Joachim (1995): Auch Fotos müssen redigiert werden. In: Sage & Schreibe. 1995. Nr. 7.

Böhringer, Christine (2007): Re: Höhenweg in Südtirol. In: GEO Saison – Island. 2007. Nr. 08. Zugänglich unter: www.geo.de/GEO/reisen/reisetipps/54508.html. (zuletzt aufgerufen am 22. Januar 2007).

Böll, Heinrich (1957): Irisches Tagebuch. Köln: Kiepenheuer & Witsch.

Bohm, Hark (1990): Fremde machen Angst. In: Klöcker, Michael/Tworuschka, Udo (Hg.): Miteinander – was sonst? Multikulturelle Gesellschaft im Brennpunkt. Köln/Wien: Böhlau. S. 22 f.

Boswell, James (1785): Journal of a Tour to the Hebrides with Samuel Johnson. London: Dilly.

Boswell, James (1768): An Account of Corsica: The Journal of a Tour to that Island; and Memoirs of Pascal Paoli; Illustrated with a New and Accurate Map of Corsica. The second edition. London: Dilly. (Neuauflage bei Oxford: Oxford University Press, 2005).

Braun, Ottmar L. (1993): (Urlaubs-)Reisemotive. In: Hahn, Heinz/ Kagelmann, H. Jürgen (1993): Tourismuspsychologie und Tourismussoziologie. München: Quintessenz. S. 199-207.

Brendel, Detlef/Grobe, Bernd E. (1976): Journalistisches Grundwissen. Darstellung der Formen und Mittel journalistischer Arbeit und Einführung in die Anwendung empirischer Daten in den Massenmedien. München: Verlag Dokumentation.

Brenner, Peter J. (Hg.) (1989): Der Reisebericht. Die Entwicklung einer Gattung in der deutschen Literatur. Frankfurt am Main: Suhrkamp.

Bryant, Jennings (1986): The Road Most Traveled: Yet Another Cultivation Critique. In: Journal of Broadcasting and Electronic Media.1986. Nr. 2. S. 50-69.

Buchholt, Axel/Schult Gerhard (Hg.) (1990): Fernseh-Journalismus: ein Handbuch für Ausbildung und Praxis. 3., erweiterte und völlig neu bearbeitete Auflage. München: List. (7. Auflage bei Berlin: Econ, 2006).

Burgett, Gordon (1991): The Travel Writer's Guide. Rocklin, CA: Prima Publishing.

Burghoff, Christel/Kresta, Edith (1995): Schöne Ferien. Tourismus zwischen Biotop und künstlichen Paradiesen. München: Beck.

Canetti, Elias (1967): Die Stimmen von Marrakesch. Aufzeichnungen nach einer Reise. München: Hanser.

Caputo, Robert (2005): Reisefotografie. Geheimnisse der Profi-Fotografie. Hg. von Charles Kogod. (Reihe: Der große National Geographic Photoguide). Hamburg: Gruner und Jahr.

Carver, Jonathan (1778): Travels through the Interior Parts of North America in the Years 1766, 1767, and 1768. London.

Chatwin, Bruce (1978): In Patagonia. New York: Summit Books.

Chatwin, Bruce (1987): The Songlines. New York: Viking. (Australien).

Chatwin, Bruce (1989): What am I Doing Here. New York: Viking. (Verschiedene Erdteile).

Chaucer, Geoffrey (1996): The Canterbury Tales. Stuttgart: Reclam. (Erstausgabe ca. 1380).

Cohen, Eric (1978): The Impact of Tourism on the Physical Environment. In: Annals of Tourism Research. 1978. Nr. 5(2). S. 215-239.

Cohen, Eric (1985): The Tourist Guide. The Origins, Structure and Dynamics of a Role. In: Annals of Tourism Research. 1985. Nr. 12. S. 5-29.

Cooper, James Fenimore (1827): The Red Rover. Philadelphia: Carey, Lea & Carey. (Neue Ausgabe: Ibid. (1991): The Red Rover: A Tale. Edited, with an historical introduction, by Thomas and Marianne Philbrick. Albany: State University of New York Press). (Nordamerika).

Cooper, James Fenimore (1829): The Borderers, or: The Wept of Wish-ton-Wish. Paris: A. and W. Galignani. (Neuere Ausgabe: Ibid., Wept of Wish-Ton-Wish. New York: AMS Press).

Cooper, James Fenimore (1830): The Water Witch. London: Colburn and Bentley. (Nordamerika).

Crichton, Michael (1989): Travels. London. MacMillan.

Crichton, Michael (1990): Jurassic Park. Arrow.

Cuddon, J. A. (1992): The Penguin Dictionary of Literary Terms and Literary Theory. London: Penguin Books.

De Botton, Alain (2007): Reisen ist die Suche nach etwas, das innerlich fehlt. In Kulturaustausch. Zeitschrift für internationale Perspektiven. 2007. Ausgabe 11. S. 16.

Defoe, Daniel (2007): Robinson Crusoe. Edited with an introduction by Thomas Keymer and notes by Thomas Keymer and James Kelly. Oxford/New York: Oxford University Press (Originalausgabe 1719). (England, Brasilien, Afrika, Südamerika).

Deutscher Presserat (1996): Publizistische Grundsätze (Pressekodex), Richtlinien für die publizistische Arbeit nach den Empfehlungen des Deutschen Presserats; Beschwerdeordnung [in der Fassung vom 14. Februar 1996]. Bonn.

Dial, Cynthia (2003): Travel Writing. London: Hodding Education.

Dickens, Charles (1839): Sketches by Boz. London: Chapman and Hall. (London)

Dickens, Charles (1842): American Notes for General Circulation. Paris: Baudry's European Library.

Dickens, Charles (1846): Pictures from Italy. New York: W. H. Colyer.

Drensek, Jürgen (2006): Konzentrierter Sachverstand (Interview). In: tageszeitung vom 4./5. März 2006. S. 15.

Dugaro, Maike (2007): Mit Säbelzahntigern fliegen. In: GEO SAISON. 2007. Nr. 9. S. 18 f.

Engels, Friedrich (1980): Die Lage der arbeitenden Klasse in England: nach eigner Anschauung und authentischen Quellen. München: Deutscher Taschenbuch-Verlag (Originalausgabe 1845).

Enos, Richard Leo (1992): Why Georgias of Leontini Traveled to Athen: A Study of Recent Epigraphical Evidence, in: Rhetoric Review. 1992. Nr. 1. S. 1-15.

Enzensberger, Hans Magnus (1968): Vergebliche Brandung der Ferne. Eine Theorie des Tourismus. In: ibid. (1968): Einzelheiten I. Frankfurt am Main: Suhrkamp. 149-167 (zuerst erschienen in: Merkur 12/1958).

Erskine, John et al. (1917): The Cambridge History of American Literature. Cambridge: Cambridge University Press.

Farnham, Thomas Jefferson (1843): Travels in the Great Western Prairies, the Anahuac and Rocky Mountains, and the Oregon Territory. London: Bentley.

Farnham, Thomas Jefferson (1849): Life, Adventures and Travels in California. New York: Nafis & Cornish.

Fasel, Christoph/Schneider, Wolf (1995): Schöne neue Kunstwelt. In: Spiegel special. 1995. Nr. 8. S. 31-33.

Faul, Stephanie (1997): Die Amerikaner pauschal, Frankfurt am Main: Fischer. (Originaltitel:The Xenophobe's Guide to The Americans, London 1994).

Fechner, Frank (2003): Medienrecht: Lehrbuch des gesamten Medienrechts unter besonderer Berücksichtigung von Presse, Rundfunk und Multimedia. Tübingen: Mohr-Siebeck.

Fiedler, Teja (1997): Amerika – O'zapft is in Tschortscha. In: stern. 1997. Nr. 8. S. 112 f.

Fielding, Henry (1755): The Journal of a Voyage to Lisbon. London: Millar.

Fischer, Volkhard (1992): Ausländerstereotype und Gedächtnis. Hamburg: Kovac.

Fleming, Peter (1933): Brazilian Adventure. London/Toronto: Cape.

Fleming, Peter (1936): News from Tartary; a Journey from Peking to Kashmir. London: Cape. (Reise von Peking nach Indien.)

Flöper, Berthold L. (Hg.) (1992): Ratgeber Freie Journalisten. 2, Auflage. Berlin: Vistas.

Flöper, Berthold L. (1995): Umworben und bedrängt. Wann wird der Journalist zum 'Amigo'?. In: Die Zeitung. 1995. Nr. 1. S. 20.

Florida ganz privat (1996): GEO SAISON. 1996. Nr. 3. S. 12

Föckler, Knut (1997): Sexappeal gewinnen! (Interview). In: Wirtschaftswoche vom 27.02.1997. S. 81 ff.

Forster, E. M. (1924): A Passage to India. London: E. Arnold & Co.

Frei, Bruno (1934): Von Reportagen und Reportern. Einige Bemerkungen zu Egon Erwin Kisch's neuem Buch „Eintritt verboten". In: Der Gegenangriff. 1934. 2. Jahrgang. Nr. 42. S. 4.

Frenzel, Michael (2006): Mehr vorgenommen (Interview). In: Wirtschaftswoche Nr. 19. vom 8. Mai 2006. S. 105-108.

Frey, Barbara (1945): Der Reisebericht in der deutschen Tageszeitung. Untersuchungen über Funktion und journalistische Umformung eines zeitungsfremden Stoffes von den Anfängen bis zum Beginn des 20. Jahrhunderts., Heidelberg (Diss. Phil.).

Friedrich, Margarete (Hg.) (1984): Die Fremden sehen: anlässlich der Filmreihe „Die Fremden sehen", Ethnologie und Film, des Filmmuseums im Münchner Stadtmuseum vom Januar bis April 1984. München: Trickster.

Fuchs, Christian (2006): Reisejournalismus: Zahlt mal schön selbst. In: Süddeutsche Zeitung vom 23.11.2006. www.sueddeutsche.de/reise/artikel/555/92463/print.html.

Fuchs, Christian (2007): Einladung mit Effekt. In: Journalist. 2007. Nr. 3. S. 32 f.

Furtwängler, Jürgen P. (1992): Das Selbst und das Fremde – Versuch zur Eröffnung einer psycho-xenologischen Perspektive. In: Duala-M'bedy, L. J. Bonny (Hg.): Das Begehren des Fremden. Tagungsbericht 1991 des Kaiserswerther Instituts für Xenologie. Essen: Verlag Die Blaue Eule.

Gail, Jörg (1563): Ein neuwes nützliches Raißbüchlein der fürnemesten Land und Stett. Augsburg: Othmar. (neu herausgegeben in: Krüger, Herbert (1974): Das älteste deutsche Routenhandbuch: Jörg Gails Raißbüchlein. Graz: Akademische Druck- u. Verlagsanstalt).

Ganser, Armin (1995): Reisejournalismus – für die Leser oder die Reiseindustrie. In: Guilino, Heidie (Hg.) (1995): Reisejournalismus als Berufsfeld. Eichstätt: Lehrstuhl für Journalistik II, Kath. Univ. Eichstätt. S. 32-42.

Garfinkel, Perry (1988): Travel Writing for Profit and Pleasure. New York: Plume.

Gerhardt, Rudolf (1996): Lesebuch für Schreiber. Vom journalistischen Umgang mit der Sprache. Ein Ratgeber in Beispielen. 4. Auflage. Frankfurt am Main: IMK.

Gehrs, Oliver (1996): Reisen im Kopf. In: taz vom 31.08.1996.

George, Don (2005): Lonely Planet's Guide to Travel Writing (with Charlotte Hindle). Oakland, CA: Lonely Planet.

Glaser, Horst Albert (Hg.) (1983): Deutsche Reiseliteratur. Eine Sozialgeschichte, Reinbek.

Gohlis, Tobias/Blittkowsky, Ralf (1999): Travelguide Internet. Köln: DuMont.

Golding, William (1954): Lord of the Flies. London: Faber and Faber.

Goethe, Johann Wolfgang von (2004): Italienische Reise. Frankfurt am Main: Insel.

Greene, Graham (1936): Journey without Maps. London: Heinemann. (Liberia)

Greene, Graham (1939): Lawless Roads: A Mexican Journey. London/New York: Longmans, Green and co. (Mexiko)

Greene, Graham (1969): Travels with my Aunt. New York: Viking Press. (Europa, Südamerika)

Griep, Wolfgang (1980): Reiseliteratur im späten 18. Jahrhundert. In: Grimminger, Rolf (Hg.): Hansers Sozialgeschichte der deutschen Literatur vom 16. Jahrhundert bis zur Gegenwart, München.

Grimminger, Rolf (Hg.) (1980): Hansers Sozialgeschichte der deutschen Literatur vom 16. Jahrhundert bis zur Gegenwart. München: Hanser.

Groth, Ernst (1941): Die Zeitung im Dienste des Fremdenverkehrs. Die Reisebeilage der Tageszeitung und ihre politische Aufgabe. Leipzig, (Diss. Phil.).

Günther, Armin (1996): Reflexive Erkenntnis und psychologische Forschung. Wiesbaden. DUV.

Günther, Carmen (1996): Im Land der großen Mutter. In: GLOBO Sonderheft Kanada. 1996. S. 103.

Guilino, Heidi (Hg.) (1995a): Reisejournalismus als Berufsfeld. Kulturvermittlung, Service, Tourismuskritik. Eichstätt: Lehrstuhl für Journalistik II, Kath. Univ. Eichstätt.

Guilino, Heidi (1995b): Von der Schwierigkeit, übers Reisen zu schreiben. In: Guilino (1995a). S. 5-8.

Guilino, Heidi (1996): Reisejournalismus: Träume im Test. In: journalist. 1996. Nr. 6. S. 10-18.

Güttler, Peter O.(1996): Sozialpsychologie. Soziale Einstellungen, Vorurteile, Einstellungsänderungen. München: Oldenbourg.

Haake, Wilmont (1967): Reisebericht, Reisefeuilleton und Reisewerbung. In: Jahrbuch der Absatz- und Verbrauchsforschung. 1967. Nr. 3. S. 306-326.

Hager, Martin (1997): Ein wahres Schottendasein. In: taz vom 18.01.1997.

Hahn, Heinz/ Kagelmann, H. Jürgen (1993): Tourismuspsychologie und Tourismussoziologie: ein Handbuch zur Tourismuswissenschaft. München: Quintessenz.

Haie, Edward (1593): Sir Humphrey Gilbert's Voyage to Newfoundland.

Hakluyt, Richard (1598): Principal Navigations, Voyages, Traffiques, and Discoveries of the English Nation. London. (Verschiedene Erdteile).

Haller, Michael (1991): Recherchieren. Ein Handbuch für Journalisten. 4. überarb. Auflage. München. Ölschläger.

Haller, Michael (2004): Recherchieren 6., überarb. Aufl. Konstanz. UVK Verl.-Ges.

Haller, Michael (1995): Die Reportage. Ein Handbuch für Journalisten, 3., überarb. Auflage. Konstanz: UVK Medien Ölschläger.

Haller, Michael (2006): Die Reportage - 5., überarb. Aufl. Konstanz. UVK Verl.-Ges.

Hamburger Journalistenschule (Hg.) (1996): Der Bildtext. Materialsammlung zum Unterricht. Hamburg.

Hamilton, Alexander (1907): Hamilton's Itinerarium : being a Narrative of a Journey from Annapolis, Maryland, through Delaware, Pennsylvania, New York, New Jersey, Connecticut, Rhode Island, Massachusetts and New Hampshire, from May to September, 1744. Saint Loius, Mo. Bixby.

Handke, Peter (1972): Der kurze Brief zum langen Abschied. Frankfurt am Main: Suhrkamp.

Hanke, John (2007): Das ist wie Rasenmähen. In: Wirtschaftswoche vom 3. September 2007. S. 106 f.

Heijnk, Stefan (1997): Textoptimierung für Printmedien. Theorie und Praxis journalistischer Textproduktion. Opladen: Westdeutscher Verlag.

Heine, Heinrich (1826): Harzreise. In: Der Gesellschafter. Jg. 10 (1826). S. 1-33.

Heine, Heinrich (1831): Reisebilder. Nachträge zu den Reisebildern (Italien. Englische Fragmente). Hamburg: Hoffmann und Campe.

Heinrichs, Hans-Jürgen (1993): Die geheimen Wunder des Reisens. Graz/Wien: Droschl.

Heise, Stephanie (2007): Wie im Museum. Reiseführer. In: Wirtschaftswoche vom 5. März: S. 83.

Heller, Georg (1997): Lügen wie gedruckt. Über den ganz alltäglichen Journalismus. Tübingen: Klöpfer und Meyer.

Hemingway, Ernest (1985): Dateline: Toronto. New York: Scribner's. (Reportagen aus den Jahren 1920-24, Europa).

Hennig, Christoph (1995): Die Lust der Lemminge. In: DIE ZEIT, Nr. 26. S. 51 f.

Hennig, Christoph (1997): Reiselust. Touristen, Tourismus und Urlaubskultur. Frankfurt am Main: Insel.

Hennig, Christoph (1999): Reiselust. Frankfurt am Main: Suhrkamp.

Hennig, Christoph et al. (Hg.) (1998): Voyage. Jahrbuch für Reise & Tourismusforschung 1998. Schwerpunktthema: Das Bild der Fremde – Reisen und Imagination. Bd. 2. Köln.

Herbers, Klaus (1986): Der Jakobsweg. Mit einem mittelalterlichen Pilgerführer unterwegs nach Santiago de Compostela. Tübingen: Narr.

Hermann, Helmut (1990): Das Reise-Foto-Buch. Reinbek bei Hamburg: Rowohlt.

Hermes, Johann Timotheus (1991): Sophiens Reise von Memel nach Sachsen. Berlin: Nicolai. (Erstmalig erschienen 1769-73).

High Adventure. The Story of the National Geographic Society (2003). National Geographic Society.

Hofstätter, Peter R. (1949): Die Psychologie der öffentlichen Meinung. Wien: Braumüller.

Hohn, Dorothea (2006): Spreu vom Weizen trennen. (Interview). In: tageszeitung vom 4./5. März 2006. S. 14.

Holland, Kai/Kuntz, Francoise (2007): Bildrecherche für Film und Fotografie. Konstanz: UVK-Verlag.

Holm, Carsten (1995): Urlaub auf Lau. In: Die Journalisten. Spiegel special. 1995. Nr. 1. S. 112.

Honold, Alexander (2004): Eine Fußspur in der Fremde oder von der unendlichen Sehnsucht nach Selbstfindung und Selbstverlust. Reisen als Erzählstoff und Kulturtechnik. In: Literaturen. Ausgabe 7/8. S. 8-12.

Hubmann, H. (1974): Urheber- und Verlagsrecht. 3., neubearbeitete Auflage. München: Beck.

Huxley, Aldous (1934): Beyond the Mexique Bay. London: Chatto & Windus.

l'Anson, Richard (2004): Travel Photography. A Guide to Taking Better Pictures. Second Edition. Oakland, CA: Lonely Planet Publications. (Australien).

Institut für Auslandsbeziehungen (Hg.): Exotische Welten – Europäische Phantasien. Stuttgart: Institut für Auslandsbeziehungen, Württembergischer Kunstverein.

Irving, Washington (1883): A Tour of the Prairies. New York: Lovell. (Nordamerika).

Irving, Washington (1836): Astoria, or Anecdotes of an Enterprise beyond the Rocky Mountains. Philadelphia: Carey, Lea, & Blanchard.

Irving, Washington (1849): Life, Adventures and Travels in California. New York: Nafis & Cornish.

Iwainsky, Thomas/Weck, Karl Alexander (2003): São Tomé e Príncipe. Reiseführer. Bremen: Cosmoglobe Communications GmbH.

Jessel, Hans (Hg.) (1994): Das große Sylt-Buch, Hamburg: Ellert und Richter.

Junge, Gabriele (1982): Die Presse und ihre Bedeutung für den Fremdenverkehr. Gezielter Einsatz der Presse in der Praxis. München: Huss.

Kalb, Gertrud (1981): Bildungsreise und literarischer Reisebericht – Studien zur englischen Reiseliteratur (1700-1850). Nürnberg: Carl.

Kerr, Alfred (1925): Yankee-Land. Eine Reise. Mosse. Berlin: Mosse.

Kieffer, Rob (1997): Die mörderische Eiffel. In: DIE ZEIT. 1997. Nr. 5. S. 57.

King, Elisabeth (1996): All the World Loves Paris. In: The Age vom 24. August 1996. Brisbane, Travel Section. 1.

Kipling, Rudyard (1888): Plain Tales from the Hills. London: W. Thacker & Co. (Indien).

Kipling, Rudyard (1901): Kim. New York: Doubleday.

Kisch, Egon Erwin (1930): Paradies Amerika. Berlin: Reiss.

Kleinsteuber, Hans J. (1992): Stereotype, Images und Vorurteile – Die Bilder in den Köpfen der Menschen. In: Wissenschaft und Fortschritt. 1992. Nr. 42. S. 50-53.

Kleinsteuber, Hans J. (1997): Reisejournalismus – eine Einführung. Opladen: Westdeutscher Verlag.

Kleinsteuber, Hans J. (2001): Reisejournalismus: Phantasieprodukte für den Ohrensessel? In: Tourismus Journal. 2001. Heft 1. S. 97-113.

Kleinsteuber, Hans J. (2002): Glokale Überwältigung oder Dialog der Kulturen. In: Jörg Becker/Rüdiger Funiok/Hans J. Kleinsteuber/Dieter Kramer: Globale Solidarität durch weltweite Kommunikation? Stuttgart: Kohlhammer. S. 111-154.

Kleinsteuber, Hans J. (2004): Bausteine für einen dialogischen Journalismus: Zur Umsetzung des Prinzips „Dialog der Kulturen". In: Klussmann, Jörgen (2004): Interkulturelle Kompetenz und Medienpraxis. Ein Handbuch. Frankfurt: Brandes & Apsel. S. 41-62.

Kliem, Thomas (2003): Reisemotive, Reiseverhalten und Wahrnehmungen deutscher Touristen in Norwegen als Grundlage der Entwicklung neuer Konzepte für die norwegische Tourismuswirtschaft. Duisburg/Essen: Univ. Diss.

Klöcker, Michael/Tworuschka, Udo (Hg.): Miteinander – was sonst? Multikulturelle Gesellschaft im Brennpunkt. Köln/Wien: Böhlau

Klussmann, Jörgen (2004): Interkulturelle Kompetenz und Medienpraxis. Ein Handbuch. Frankfurt: Brandes & Apsel.

Knieper, Thomas (1995): Infographiken. Das visuelle Informationspotential der Tageszeitung. München: Fischer.

Koch, Walter A. (1990): Natürlichkeit der Sprache und der Kultur. Bochum: Brockmeyer.

Köck, Christoph (Hg.) (2001): Reisebilder. Produktion und Reproduktion touristischer Wahrnehmung, Münster: Waxmann.

Kuhn, Thomas (2006): Total vernetzt. In: Wirtschaftswoche vom 25. September 2006. S. 121-124.

Kumbier, Dagmar/Schulz von Thun, Friedemann (Hg) (2006): Interkulturelle Kommunikation: Methoden, Modelle, Beispiele. Reinbek bei Hamburg: Rowohlt.

Kreye, Andrian (2006): Geschichten vom Ende der Welt. München: Droemer.

Kreuzer, Helmut/Prümm, Karl (1979): Fernsehsendungen und ihre Formen, Stuttgart: Reclam.

Kreuzfahrt für Behinderte (1996): Süddeutsche Zeitung vom 9. Juli 1996. S. 34.

Krohn, Heinrich (1987): Welche Lust gewährt das Reisen! Mit Kutsche, Schiff und Eisenbahn. München: Prestel.

Kuhr, Jens (1997): Konzeption eines Geographischen Reiseführers als zielgruppenorientiertes Bildungsangebot. Potsdam: Abt. Anthropogeographie und Geoinformatik des Instituts für Geographie und Geoökologie. Schriftenreihe Praxis Kultur- und Sozialgeographie.

Kürbis, Holger (2004): Hispania descripta. Von der Reise zum Bericht. Frankfurt am Main: Lang.

La Roche, Walter von (1991): Einführung in den praktischen Journalismus. Mit genauer Beschreibung aller Ausbildungswege. 12., neu überarbeitete Auflage München: List.

La Roche, Walter von (2006): Einführung in den praktischen Journalismus. Mit genauer Beschreibung aller Ausbildungswege. 17., neu überarbeitete Auflage Berlin: Ullstein.

Lawrence, David Herbert (1923): Sea and Sardinia. London: Secker.

Lippmann, Walter (1922): Public Opinion. New York: Harcourt. (Deutsch: Die öffentliche Meinung. München: Rütten & Loening, 1964).

Loppow, Bernd/Krohn, Olaf (1995): Überall ist Paradise Island. Ein Silvester-Cocktail aus Reiseberichten des vergangenen Jahres – oder was die klischeefeste Sonne-, Strand- und Säuselprosa enthüllt. In: DIE ZEIT. 1995 Nr. 1. S. 43.

Luger, Kurt (1994): Fluchthelfer in die Paradiese.In: aviso. 1994. Nr. 1. S. 9-12.

Luger, Kurt (1995): Kommunikation im Tourismus. Projektskizze für eine kommunikationswissenschaftliche Tourismusforschung. Unter: www.reisegeschichte.de/reisen/luger.htm. Zugriff am 04.08.2006.

Mandeville, John (1998): Travels. Woodbridge, Suffolk [u.a.]: Boydell & Brewer. (Original 1357). (Reisen durch verschiedene Erdteile).

Manz, Wolfgang (1968): Das Stereotyp. Zur Operationalisierung eines sozialwissenschaftlichen Begriffs. Meisenheim am Glan: Hain.

Marquart, Alfred (1982): Bericht. In: Roloff, Eckart Klaus (Hg.): Journalistische Textgattungen, Oldenburg und München. 15.

Martels, Zweder van (Hg.) (1994): Travel Fact and Travel Fiction. Studies on Fiction, Literary Tradition, Scholarly Discovery and Observations in Travel Writing. Leiden/New York: Brill.

Märtin, Ralf-Peter (1987): Lust am Reisen. Ein Lesebuch. München: Piper.

Mast, Claudia (Hg.) (1998): ABC des Journalismus.Konstanz: UVK Medien.

Maugham, Somerset (1951): The Complete Stories. London. Heinemann.

Maugham, Somerset (1953): Betörende Südsee, Zürich: Die Arche.

McLuhan, Marshall (1964): Understanding Media. The Exkursion of Man. New York.

Meier, Klaus (Hrsg.) (2002): Internet-Journalismus. 3. überarb. u. erw. Auflage. Konstanz: UVK.

Melville, Herman (1927): Moby Dick. Berlin: Knaur. (Atlantik, Antarktis). Orig. 1851.

Meyer, Werner (1995): Der Bildtext. In: MediumMagazin. 1995. Nr. 12. S. 54-57.

Mit Indianern Iglus bauen (1996): Süddeutsche Zeitung vom 9. Juli 1996. S. 38.

Müller, Marion G. (2003): Grundlagen der visuellen Kommunikation. Konstanz: UVK.

Müller, Marion G. (2005): Visualisierung. In: Weischenberg, Siegfried/Kleinsteuber, Hans J./ Pörksen, Bernhard, (Hg.) (2005): Handbuch Journalismus und Medien. Konstanz: UVK. S. 470-472.

NDR Fernsehen (2005): Streit um Privilegien – Schwere Vorwürfe gegen Reisejournalisten. Unter: www.3.ndr.de/ndrtv_pages_std/0,3147,OID1507834_REF2488,00html

Newby, Eric (1985): A Book of Travellers' Tales. London. Collins.

Nobel, Rolf (1997): Der Fotoreporter ist tot, es lebe der Fotoreporter. In: 'M'. 1997. Nr. 3. S. 6 f.

Noelle-Neumann, Elisabeth et al. (Hg.) (1994): Fischer Lexikon Publizistik/Massenkommunikation. Frankfurt am Main: Fischer.

Novalis (1802): Heinrich von Ofterdingen. Berlin.

Nowag, Werner/Schalkowski, Edmund (1997): Kommentar und Glosse. Konstanz: UVK Medien.

Nückel, Liselotte (1996): Brief vom VDRJ Ettlingen (03.10.). Ettlingen.

O'Gara, Elaine (1989): Travel Writer's Markets. Where to Sell Your Travel Articles and Place Your Press Releases. Harvard, MA: Harvard Common Press.

Öger, Vural (2006): Zu hoch gebaut (Interview). In: Die Zeit vom 22. Juni 2006. S. 68.

O'Neil, L. Peat (1996): Travel Writing: A Guide to Research, Writing, and Selling, Cincinnati, Ohio: Writer's Digest Books.

Opaschowski, Horst W. (1989): Tourismusforschung. Opladen: Leske + Budrich.

Ortlepp, Rainer (1995): Reise-PR zwischen Recherche und Bestechung. Hannover (vervielfältigtes Manuskript eines Vortrags).

Osmasreiter, Pia (1982): Travels Through the British Isles – Die Funktion des Reiseberichts im 18. Jahrhundert. Heidelberg: Winter.

Ostermann, Kai (2006): Spreu vom Weizen trennen. In: tageszeitung vom 4./5. März 2006. S. 14.

Panzer, Bärbel (1983): Die Reisebeschreibung als Gattung der philanthropischen Jugendliteratur in der zweiten Hälfte des 18. Jahrhunderts. Frankfurt am Main: Lang.

Paulot, Bruno (Hg.) (1982): Ein Bild und mehr als tausend Worte. Düsseldorf: Erb.

Peymani, Bijan (1996): Lukratives Geschäft vor allem für Spezialisten. In: fvw international – Die Zeitung für die deutsche Tourismuswirtschaft. 1996. Nr. 14. S. 16-18.

Pilgern zu Luther (1996): Süddeutsche Zeitung vom 09. 07.1996. S. 34.

Pohl, Klaus (Hg.) (1983): Ansichten der Ferne. Reisephotographie 1850 – Heute. Gießen: Anabas.

Pollig, Herrmann (1987): Exotische Welten – Europäische Phantasien. In: Institut für Auslandsbeziehungen (Hg.): Exotische Welten – Europäische Phantasien. Stuttgart: Institut für Auslandsbeziehungen, Württembergischer Kunstverein. S. 16-25.

Popper, Karl R. (1987): Auf der Suche nach einer besseren Welt. Vorträge und Aufsätze aus dreißig Jahren. München/Zürich: Piper.

Pörksen, Bernhard (2004): Trendbuch Journalismus. Köln: Halem.

Poser, Fabian von/ Krause, Rainer/ Rodrian, Hans W. (2006): Touristik Medien 2006. Redaktionen, Mediadaten, Adressen. Geretsried: srt.

Possin, Hans-Joachim (1972): Reisen und Literatur. Das Thema des Reisens in der englischen Literatur des 18. Jahrhunderts. Tübingen: Niemeyer.

Prahl, Hans-Werner und Steinecke, Albrecht (Hg.) (1981): Tourismus: für die Sekundarstufe. Arbeitstexte für den Unterricht. Stuttgart: Reclam.

Pürer, Heinz (1991): Praktischer Journalismus in Zeitung, Radio und Fernsehen. München: Ölschläger.

Pursche, Peter (1996): Schmeißen Sie den Gecko raus! In: GEO SAISON. 1996. Nr. 5. S. 86/87.

Quandt, Thorsten (2005): Journalisten im Netz: eine Untersuchung journalistischen Handelns in Online-Redaktionen. Wiesbaden: VS.

Reifenrath, Roderich (2006): Die Blattmacher. Berlin: Parthas.

Reiners, Ludwig (1976): Stilkunst. Ein Lehrbuch deutscher Prosa. München: Beck.

Reumann, Kurst (1994): Journalistische Darstellungsformen. In: Noelle-Neumann, Elisabeth et al. (Hg.) (1994): Fischer Lexikon Publizistik/Massenkommunikation. Frankfurt am Main: Fischer. S. 91-116.

Reuter, Christian (1696/7): Schelmuffskys Warhafftige Curiöse und sehr gefährliche Reisebeschreibung zu Wasser und Lande. Schelmerode.

Rez, Helmut et. al. (2006): Warum Karl und Keizo sich nerven. Eine Reise zum systematischen Verständnis interkultureller Missverständnisse. In: Kumbier, Dagmar und Schulz von Thun, Friedemann (Hg) (2006): Interkulturelle Kommunikation: Methoden, Modelle, Beispiele. Reinbek bei Hamburg: Rowohlt. S. 28-72.

Ribeiro, Joao Ubaldo (1991): Wo der Blick ins Leere geht. Betrachtungen eines Brasilianers über die Deutschen. In: DIE ZEIT. 1991. Nr. 41. S. 89 f.

Richter, Dieter (1991): Die Angst des Reisenden, die Gefahren der Reise. In: Bausinger, Hermann/Beyrer, Klaus/Korff, Gottfried (Hg.) (1991): Reisekultur. Von der Pilgerfahrt zum modernen Tourismus. München: Beck. S. 100-108.

Rogers, Raymond S.(1982): Movement on the Periphery: Foreign Travel as a First Amendment Right. In: Free Speech Yearbook, Nr. 21. S. 50-69.

Rogers Brown, Sharon (1993): American Travel Narratives as a Literary Genre from 1542 to 1832 – The Act of a Perpetual Journey. Lewiston: Mellen.

Roloff, Eckart Klaus (Hg.) (1982): Journalistische Textgattungen. München: Oldenbourg.

Romeiß-Stracke, Felizitas (2001): Tourismus gegen den Strich gebürstet. München: Profil Verlag.

Röper, Horst (1983): Elektronische Berichterstattung. Formen und Folgen der neuen Fernsehproduktion. Hamburg: Hans-Bredow-Institut.

Röper, Horst (1996): Redakteure unter Druck. In: DIE ZEIT vom 23. August 1996. S. 49.

Rossig, Julian J. (2007): Fotojournalismus. Konstanz (Reihe: Praktischer Journalismus 66).

Rowlandson, Mary (1682): A Narrative of the Captivity and Removes of Mrs. Mary Rowlandson. (Nordamerika, Ostküste)

Ruhe bitte! (1996): Hamburger Abendblatt vom 3./4. August 1996. S. 105.

Rusch, Doris Carmen (2006): Online-Journalismus. Frankfurt: Lang.

Sachsse, Rolf (2003): Bildjournalismus heute. Beruf, Ausbildung, Praxis. München: List.

Schaefer, Thomas (1996): Mord in der Idylle. In: DIE ZEIT. 1996. Nr. 29. S. 47.

Scharnberg, Manfred (1996): Glaubwürdiger als der Papst. In: MediumMagazin. 1996. Nr. 2. S. 62 f.

Scheer, Brigitte (1995): Special: Tourismus. Reinbek bei Hamburg: Rowohlt.

Scherer, Hans (1995): Stopover. Frankfurt am Main: Eichborn.

Scherer, Hans (1998): Meine erste Reise – sechzehn wahre Geschichten. Frankfurt/Leipzig: Insel.

Schilb, John (1992): „Traveling Theory" and the Defining of New Rhetorics. In: Rhetoric Review. 1992. Nr. 1. S. 34-48.

Schmiedendorf, Berit (2007): Alfred Neven DuMont: Der letzte Zeitungsbaron. In: Die Zeit. 2007. Nr. 4 vom 18. Januar. 26.

Schmidt, Peter Heinrich (1939): Goethe als Geograph. St. Gallen: Fehr. (Veröffentlichungen der Handels-Hochschule St. Gallen. Reihe B. Heft 4).

Schmitz-Forte, Achim (1992): Reisejournalismus. Eine Analyse unter publizistischen, ökonomischen und ethischen Aspekten. Hamburg.

Schmitz-Forte, Achim (1995): Die journalistische Reisebeschreibung nach 1945 am Beispiel des Kölner Stadt-Anzeigers und der Süddeutschen Zeitung. Frankfurt: Lang.

Schnedler, Thomas (2007): Ein Ordner voller Zweifelsfälle. In: message. 2007. Nr. 3. S. 10-15.

Schneider, Wolf/Raue, Paul-Josef (1996): Handbuch des Journalismus. Reinbek bei Hamburg: Rowohlt.

Schönbach, Klaus (1977): Trennung von Nachricht und Meinung – Empirische Untersuchung eines journalistischen Qualitätskriteriums. Freiburg/München: Alber.

Schrutka-Rechtenstamm, Adelheid (1998): Sehnsucht nach Natürlichkeit. Bilder vom ländlichen Leben im Tourismus. In: Hennig, Christoph et al. (Hg.) (1998): Voyage. Jahrbuch für Reise & Tourismusforschung 1998. Schwerpunktthema: Das Bild der Fremde – Reisen und Imagination. Bd. 2. Köln. S. 85-96.

Schult, G./ Buchholz, A. (Hg.) (1990): Fernseh-Journalismus. Ein Handbuch für Ausbildung und Praxis, München: List.

Schulz, Winfried (1990): Die Konstruktion von Realität in den Nachrichtenmedien. 2. Auflage. Freiburg: Alber.

Schwartz, David A. (1973): How Fast Does News Travel? In: Public Opinion Quarterly. 1973. Nr. 4. S. 625-627.

Schweizer Presserat (1992) 8.1.3 Probleme des Auto-, reise- und Sportjournslismus. Unter: www.presserat.ch_medienwirtschaft13.htm (28.1.2007).

Schwer, Bernd (1996): Links ab in Richtung Küste. In: GEO SAISON. 1996. Nr. 5. S. 22-35.

Shapiro, Michael (2004): A Sense of Place: Great Travel Writers talk about their Craft, Lives, and Inspiration. Berkeley, CA: Publishers Group West.

Shnayerson, Robert (1996): Die Suche nach dem Paradies. In: GEO SAISON. 1996. Nr. 12. S. 62-74 (Fotos: Dennis Marisco).

Sichtermann, Barbara (1995): Wir bleiben Schnüffeltiere. In: Spiegel special. 1995. Nr. 8. S. 28-30.

Simon, Dennis M./Ostrom, Charles W. Jr. (1989): The Impact of Televised Speeches and Foreign Travel on Presidential Approval. In: Public Opinion Quarterly. 1989. Nr. 1. S. 58-82.

Smith, John (1608): A True Relation of such Occurences and Accidents of Note as Hath Hapned in Virginia since the first Planting of that Colony. London.

Smith, John (1630): The True Travels, Adventures, and Observations of Captain John Smith in Europe, Asia, Africa, and America, from 1593 to 1629. London.

Smith, Sydney (1820): Review of Seybert's Annals of the United States. In: Edinburgh Review.

Smollett, Tobias George (1771): Humphrey Clinker. London: Johnston. (Badereise durch England und Schottland).

Smollett, Tobias George (1766): Travels through France and Italy. London: Baldwin.

Solcher, Lilo (2007): Preiswerter Reisejournalismus. Wettbewerbe, in denen (junge) Journalisten ihr Talent schulen können. In: Columbus. 2007. S. 51 f.

Sonderhüsken, Hermann (1991): Kleines Journalisten-Lexikon. Fachbegriffe und Berufsjargon. München: Ölschläger.

Spaeth, Andreas (1996): Bei Anruf Flug. In: MediumMagazin, Nr. 2: S. 70-73.

Spode, Hasso (1996): Zu den Eigentümlichkeiten unserer Zeit gehört das Massenreisen – Die Entstehung des modernen Tourismus. In: Haus der Geschichte der Bundesrepublik Deutschland (Hg.) (1996): Endlich Urlaub – Die Deutschen reisen. Köln: DuMont. S. 13-19.

Stamm, Peter von (1995): Alptraum – Alpentraum. In: Kosmos. 1995. Nr. 2. S. 27-33.

Stein, Conrad (1996): Auf du und du mit der Natur. In: GLOBO Sonderheft Kanada (1996). S. 118-120.

Steinbeck, John (1982): Travels with Charley. In Search of America. Hammondsworth, Middlesex: Penguin (Originalausgabe 1926).

Sterne, Laurence (1768): A Sentimental Journey through France and Italy. London: Becket and de Hondt.

Stewart, William E. (1978): Die Reisebeschreibung und ihre Theorie Im Deutschland des 18. Jahrhunderts. Bonn: Bouvier.

Stiftung Haus der Geschichte der Bundesrepublik Deutschland (Hg.) (1996): Endlich Urlaub! Die Deutschen Reisen. Köln: DuMont.

Stout, Janis P. (1983): The Journey Narrative in American Literature: Patterns and Departures. Westport, Connecticut: Greenwood.

Strauch, A. (2003): Der deutsche Reiseführermarkt. Strukturen und Tendenzen. In: Paderborner Geographische Studien. 2003. Band 16. S. 125-166.

Straßmann, Burkhard (2003): Im Bann der „Happy Few". In: Journalist. 2003. Nr. 12. S. 14-17.

Swift, Jonathan (1726): Travels into Several Remote Nations of the World. London: Motte.

Tacitus, Publius Cornelius (2006): Germania. Lateinisch-Deutsch. Zweisprachige Ausgabe. Köln.

Anaconda. (Erstveröffentlichung 98 n. Chr.).

Thomas Cook AG (Hrsg): Taschenbuch für die Touristik-Presse 2006/2007. Seefeld. Kroll.

Theroux, Paul (1975): The Great Railway Bazaar. Boston: Houghton Mifflin.

Theroux, Paul (1979): The Old Patagonian Express. Boston: Houghton Mifflin.

Theroux, Paul (1992): The Happy Isles of Oceania: Paddling the Pacific. London: Hamish Hamilton.

Theroux, Paul (1995):The Pillars of Hercules. New York: Putnam. (Mittelmeerraum).

Thimm, Tatjana (2002): Kulturwandel und Tourismus in Französisch-Polynesien. Göttingen: Duehrkohp & Radicke.

Thimm, Tatjana et. al (Hg) (2005): Fragile Inselwelten. Tourismus, Umwelt und indigene Kulturen. Bad Honnef: Horlemann Verlag.

Tillmanns, Lutz (1995): Auf Capri den Dosenöffner testen. Korrumpiertheit im Journalismus. In: Sage & Schreibe. 1995. Nr. 8. S. 12 f.

Toller, Ernst (1930): Quer Durch. Reisebilder und Reden. Berlin: Kiepenheuer (Erstausgabe 1926).

Tucholsky, Kurt: Das Zeitdorf. 1932.

Traub, Hans (1982): Bericht. In: Roloff, Eckart Klaus (Hg.) (1982): Journalistische Textgattungen. München: Oldenbourg.

Twain, Mark (1911): Letter to the Californian Pioneers. Oakland: DeWitt & Snelling.

Twain, Mark (1883): Life on the Mississippi. London: Chatto & Windus.

Underwood, Bruce/Rodrigues, Blanca/Uresti, Sandra Leal (1979): Travel News and Ads in Mexican Newspapers. In: Journalism Quarterly. 1979. Nr. 4: S. 868-870.

Unterwegs sein (1995): Themenheft von ZEIT-Magazin. 1995. Nr. 40.

Vallombreuse, Pierre de/Vallombreuse, Douja de (1994): In der Furcht des Donnergottes. In: GEO. 1994. Nr. 12. S. 37-54.

Vogeler, Heinrich (1925): Reise durch Russland. Dresden: Reissner.

von Breidenbach, Bernhard (1486): Die Heyligen Rheyssen gen Jherusalem. Meyntz: Rewich.

von Eichendorff, Joseph (2007): Aus dem Leben eines Taugenichts. Stuttgart: Reclam. (Erstausgabe 1826).

von Grimmelshausen, H. J. Christoffel (1659): Der fliegende Wandersmann nach dem Mond.

von Grimmelshausen, H. J. Christoffel (1668): Der abenteuerliche Simplicissimus Teusch, d. h. die Beschreibung des Lebens eines seltsamen Vaganten, genannt Melchior Sternfels von Fuchshaim etc.

Vorlaufer, Karl (1996): Tourismus in Entwicklungsländern. Möglichkeiten und Grenzen einer nachhaltigen Entwicklung durch Fremdenverkehr. Darmstadt: Wissenschaftliche Buchgesellschaft.

Wadenfels, Bernhard (1990): Der Stachel des Fremden, Frankfurt am Main: Suhrkamp.

Wagner, Friedrich A. (1962): Sinn und Unsinn der Reisebeilage. In: Die Anzeige. 1962. 1. Märzheft. S. 30.

Waller, Klaus (1982): Fotografie und Zeitung. Die alltägliche Manipulation. Düsseldorf: Zollhaus.

Waller, Klaus (1984): Bildunterschrift. In: Beifuß, Hartmut/Blume, Jochen/Rauch, Friedrich (1984): Bildjournalismus. München: List. S. 193-200.

Wallisch, Gianluca (1995): Journalistische Qualität. Definitionen – Modelle – Kritik. Konstanz: UVK.

Watzlawick, Paul (1983): Anleitung zum Unglücklichsein, München: Piper.

Waugh, Evelyn (1946): When the Going was Good. London: Duckworth. (Verschiedene Erdteile).

Weber, Max (1964): Politik als Beruf. Berlin: Duncker & Humboldt.

Wegner, Jochen (1998): Recherche Online. Ein Handbuch für Journalisten. Bonn: ZV.

Weischenberg, Siegfried (1988): Nachrichtenschreiben, Opladen: Westdeutscher Verlag.

Weischenberg, Siegfried (2001): Nachrichten-Journalismus. Anleitungen und Qualitätsstandards für die Medienpraxis. Wiesbaden: Westdeutscher Verlag.

Weischenberg, Siegfried (2002): Journalistik 2. Medienkommunikation: Theorie und Praxis. Wiesbaden: Westdeutscher Verlag.

Weischenberg, Siegfried/Kleinsteuber, Hans J./ Pörksen, Bernhard, (Hg.) (2005): Handbuch Journalismus und Medien. Konstanz: UVK.

Weissbusch, Siegfried (1996): Langsamer in die Zukunft. In: GLOBO Sonderheft Südsee und Hawaii. 1996. S. 67.

Wember, Bernhard (1983): Wie informiert das Fernsehen? München: List.

Wie der Luxus in die Wälder kam (1996): GLOBO Sonderheft Kanada. S. 103.

Wilke-Lammer, Renate/Lammer, Eckehard (1987): Sexotik – Biedermann im Paradies. In: Institut für Auslandsbeziehungen (Hg.) (1987): Exotische Welten Europäische Phantasien. Stuttgart: Institut für Auslandsbeziehungen, Württembergischer Kunstverein. S. 106-113.

Wilpert, Gero von (1964): Sachwörterbuch der Literatur, 4., verbesserte und erweiterte Auflage. Stuttgart: Kröner.

Wood, Larry (1977): Is Travel Writing a Growing Profession? In: Journalism Quarterly. 1977. Nr. 4. S. 761-764.

Wortley Montagu, Mary (1763): Letters of the Right Honourable Lady M—y W—y M—e . London: Becket and De Hondt. (Türkei).

Wuthenow, Ralph-Rainer (1980): Erfahrene Welt. Europäische Reiseliteratur im Zeitalter der Aufklärung. Frankfurt am Main: Insel.

ZAW (Zentralverband der deutschen Werbewirtschaft) (1996): Werbung in Deutschland. Bonn: ZAW.

Zimmer, Dieter E. (1991): Der Garten Eden. In: ZEIT-Magazin. 1991. Nr. 46. S. 56-64.

Zinsser, William (Hg.) (1991): They Went: The Art and Craft of Travel Writing. Boston: Houghton Mifflin.

Zobel, Louise Purwin (2002): The Travel Writer's Handbook. How to Write and Sell Your Own Travel Experiences. Chicago, Ill.: Surrey Books.

Linksammlung

Journalistenvereinigungen

www.vdrj.org (Vereinigung deutscher Reisejournalisten (VDRJ) e.V.)
www.ctour.de (Club der Tourismus-Journalisten Berlin/Brandenburg (CTOUR))

Reisezeitschriften Deutschland

www.adac.de/reisemagazin
www.abenteuer-reisen.de
www.alpen-journal.de
www.america-journal.de
www.at-reisemagazin.de
www.bergwelt.de
www.blue-travel.de
www.busenesstraveller.de
www.daydreams.de
www.irland-journal.de
www.merian.de
www.clever-reisen-magazin.de
www.fliegen-sparen.de
www.reisefieber-magazin.de
www.outdoor-magazin.com
www.americajournal.de
www.hb-verlag.de
www.reise-preise.de
www.trekkers-world.de
www.naturerleben-magazin.de
www.bahnextra.de
www.alpin.de
www.geo.de
www.hideaways.de
www.inasien.de
www.nordis.com
www.norrmagazin.de
www.paradise-productions.de/start_traveller.htm
www.reisenexclusiv.com
www.sued-afrika.de
www.tours-magazin.de
www.urlaubperfekt.net
www.vertraeglich-reisen.de
www.via-journal.de

Reisezeitschriften Österreich

www.city-tourist.net
www.eurocity.at
www.reiseaktuell.at
www.reisemagazin.at
www.landderberge.at

Reisezeitschriften Schweiz

www.htr.ch
www.schweizertouristik.ch
www.travelinside.ch
www.travelmanager.ch

Fachzeitschriften für Tourismus

www.fvw.de
www.touristikreport.de
www.touristik-aktuell.de
www.travel-one.net
www.traveltalk.de
www.travel-tribune.de
www.ahgz.de
www.der-hotelier.de
www.tophotel.de
www.journale.apa.at/cms/journale/shared/spektrum_Touristik.htm
www.fm-online.at
www.faktum.at
www.travelexpress.at
www.gast.at
www.travelexpress.at
www.tip-online.at

Tourismusorganisationen

www.deutschland-tourismus.de
www.deutscher-heilbaederverband.de
www.dehoga.de
www.drv.de
www.deutschertourismusverband.de

Sonstige deutsch

www.traveldiary.de
www.reiselinks.de
www.reise-linksammlung.de
www.reiseziele.com
www.reisegeschichte.de
www.reisejournalismus.info
www.touristiklinks.de

Sonstige englisch

www.worldhum.com
dir.yahoo.com/Recreation/Travel/News_and_Media/Magazines/
www.nationalgeographic.com/traveler
news.biztravelife.com/newsstand.htm
www.travelerstales.com
www.natja.org
www.satw.org
www.tjgonline.com
thorntree.lonelyplanet.com
www.worldtravelwatch.com
www.globetrotters.co.uk

Autoren

Prof. Dr. Hans J. Kleinsteuber, geb. 1943, ist Professor für Politische Wissenschaft und Journalistik an der Universität Hamburg. Leiter der Arbeitstelle Medien und Politik. Schwerpunkte seiner Arbeit sind: Politik, Ökonomie, Technik der Medien in Deutschland und in vergleichender Perspektive, speziell Europa, Nordamerika; Radio, Auslandsberichterstattung sowie Reisejournalismus. Forschungsaufenthalte u. a.: USA, Kanada, Australien, Japan. Mitglied europäischer und internationaler Forschergruppen.

Prof. Dr. Tatjana Thimm, geb. 1968, ist Professorin für Tourismusmanagement an der HTWG Konstanz. Schwerpunkte ihrer Arbeit sind: Tourismusmanagement, Stadt- und Regionalentwicklung, Qualitätsmanagement im Tourismus, Tourismusmarketing, Kommunikation im Tourismus, Nachhaltige Tourismusformen, Tourismus in Entwicklungsländern, Kulturtourismus, Interkulturelle Kommunikation, Kulturjournalismus und Reisejournalismus. Sie veröffentlichte Reisereportagen in *Matices* und *Verträglich Reisen*. Forschungs- und Lehraufenthalte u. a. in Französisch-Polynesien und China.

Mitautoren

Katharina Griese, geb. 1970, studierte Psychologie und Journalistik an der Universität Hamburg. Seit 1998 arbeitet sie als Mediatorin, Coach und Autorin. 2005 gründete sie die Unternehmung *iKon – Integratives Konfliktmanagement Hamburg*.

Sabine Neumann, geb. 1972, studierte Ostslavistik, Journalistik und Politische Wissenschaften in Hamburg. Sie war Pressesprecherin der Hamburger Behörde für Wissenschaft und Forschung und wechselte dann als Pressesprecherin zu Vattenfall.

Sonja Valentin, Theaterdramaturgin, geb. 1971, studierte Germanistik, Anglistik und Journalistik in Hamburg und London. Zahlreiche Theaterarbeiten in Wien, Hamburg und Berlin. Zurzeit Promotion über "Thomas Mann und die BBC".

Karl Alexander Weck, geb. 1964, ist freier Autor, Regisseur und Produzent von Dokumentarfilmen. Thematisch liegt sein Fokus dabei besonders auf den Bereichen Geschichte, Kultur, Wissenschaft und Reisen. Daneben berät er Medienunternehmen, wie den Bildungskanal *Da Vinci Learning* und engagiert sich für neue mediale Vertriebswege über *IPTV*. Seine universitäre Laufbahn und wissenschaftliche Ambition münden derzeit in der Vorbereitung des Promotionsvorhabens.

Sonja Wielow, geb. 1972, studierte in Hamburg Anglistik, Journalistik und Neuere Deutsche Literatur. Seit 2000 arbeitet sie beim NDR-Hörfunk als Reporterin, in den Nachrichten und als Autorin.

Verena Wolff, Jahrgang 1976, studierte Amerikanistik, Journalistik und Politische Wissenschaft in Hamburg und Washington, D.C. Sie volontierte bei der Deutschen Presseagentur und arbeitet seit mehreren Jahren als Freie für unterschiedliche On- und Offline-Produktionen. Thematische Schwerpunkte sind neben der Reiseberichterstattung ihr Steckenpferd Beruf & Bildung sowie Computer und Multimedia.

MIX
Papier aus verantwortungsvollen Quellen
Paper from responsible sources
FSC® C105338

If you have any concerns about our products,
you can contact us on
ProductSafety@springernature.com

In case Publisher is established outside the EU,
the EU authorized representative is:
Springer Nature Customer Service Center GmbH
Europaplatz 3, 69115 Heidelberg, Germany

Printed by Libri Plureos GmbH
in Hamburg, Germany